Realschule Bayern

Deutschbuch

Handreichungen für den Unterricht

10

Herausgegeben von
Gertraud Bildl

Erarbeitet von
Gertraud Bildl (Waldbüttelbrunn),
Daniela Brems (Würzburg),
Christian Fritsche (Erlangen),
Monika Hochleitner-Prell (Amberg),
Franziska Klingelhöfer (Viechtach),
Timo Koppitz (Höchberg),
Katrin Pfeuffer (Kitzingen),
Kerstin Scharwies (Hersbruck),
Sonja Wiesiollek (Baldham),
Gunder Wießmann (Neumarkt),
Stefanie Wolf (Parsberg) und
Anja Zwengauer (Wassertrüdingen)

Weitere Bestandteile des „Deutschbuchs" neben diesen „Handreichungen für den Unterricht" sind:
- Schülerband 10 (978-3-06-062424-9)
- Arbeitsheft 10 mit Lösungen (978-3-06-062430-0)
- Arbeitsheft 10 mit Lösungen und Übungs-CD-ROM (978-3-06-062448-5),
  CD-ROM: 978-3-06-062530-7
- Schulaufgabentrainer 10 mit Lösungen (978-3-06-062442-3)
- Literaturgeschichte 5–10 (978-3-06-061879-8)

Redaktion: Bernhard Lutz, Regensburg
Layoutkonzept und Umschlaggestaltung: werkstatt für gebrauchsgrafik, Berlin
(Foto: Shutterstock/Edyta Pawlowska)
Layout und technische Umsetzung: zweiband.media, Berlin

www.cornelsen.de

1. Auflage, 1. Druck 2016

Druck: AZ Druck und Datentechnik GmbH, Kempten

ISBN 978-3-06-062436-2

PEFC zertifiziert
Dieses Produkt stammt aus nachhaltig
bewirtschafteten Wäldern und kontrollierten
Quellen.
www.pefc.de
PEFC/04-31-2260

Inhaltsverzeichnis

Die beigefügte **CD-ROM** enthält alle Seiten dieser Handreichungen zum Ausdrucken als PDF- und als editierbare Microsoft®-Word®-Dateien sowie PPT-Folien für Beamer, OH-Projektor oder Whiteboard-Anwendungen.
Die Microsoft®-Word®-Dateien erlauben es, Schulaufgabenvorschläge, Tests und Kopiervorlagen problemlos den Anforderungen des Unterrichts anzupassen, indem einzelne Aspekte oder ganze Aufgaben geändert, zusätzliche Lernschritte eingefügt oder Teilaufgaben gestrafft und so das Anschauungs- und Übungsmaterial passgenau auf die Lerngruppe zugeschnitten wird.

Vorwort

1 Zur Grundkonzeption des Lehrwerks

Das „Deutschbuch" ist ein **integratives, kompetenzorientiertes** Lehrwerk. Es geht von der Erfahrung vieler Lehrerinnen und Lehrer aus, dass die Binnengliederung des Fachunterrichts in die Teildisziplinen „Sprache" und „Literatur" weder von den Gegenständen her gerechtfertigt ist noch dem pädagogischen Grundsatz entspricht, dass sich alles erfolgreiche Sprachlernen aus komplexen und realitätsnahen Lernsituationen heraus entwickelt. Mündliche und schriftliche Mitteilungen, Gebrauchs- oder Sachtexte eröffnen die Möglichkeit, einzelne Formulierungsentscheidungen sowie die Bedingungen sprachlichen Handelns zu reflektieren. Literarische Texte sind solche, in denen sich eine besondere Intensität an Sprache geltend macht. Insofern sind sie besonders geeignet, Sprachaufmerksamkeit zu erzeugen. Entsprechend ist die Integration von Sprache und Literatur im Fach Deutsch ein didaktisches Konzept, zu dem es – wie die Unterrichtspraxis zeigt – eigentlich keine Alternative gibt: „Die deutsche Sprache ist vom fachlichen Grundverständnis her Medium, Gegenstand und Unterrichtsprinzip zugleich. Von daher sind Darstellung und Erwerb der Kompetenzen im Fach Deutsch integrativ angelegt, werden immer aufeinander bezogen und zusammengeführt" (Beschlüsse der Kultusministerkonferenz. Bildungsstandards im Fach Deutsch für den Mittleren Schulabschluss, 2004). Auch der Lehrplan für die bayerische Realschule (2000) setzt die Integration voraus: „Im Unterricht werden die verschiedenen Teilbereiche nicht isoliert, sondern in enger Verflechtung miteinander behandelt, da die Schüler dadurch befähigt werden, die vermittelten Inhalte auf die Sprach- und Lebenswirklichkeit zu übertragen."

Integration im „Deutschbuch" heißt **Integration von den Gegenstandsstrukturen her und Integration von den intendierten Lernprozessen her.** So verstanden, steht die Integration der Systematik des Lernens nicht im Wege, sondern ergänzt sie: In der Regel wird zunächst systematisch innerhalb eines Lernbereichs / Kompetenzbereichs gearbeitet, um dann in einem zweiten Schritt Gegenstände aus einem anderen Bereich zu integrieren.

Ausgangspunkte der 12 Kapitel des vorliegenden Bandes sind im Sinne eines erfahrungsbezogenen Unterrichts Problemstellungen und Themen, die sich an der Alltagsrealität der Schülerinnen und Schüler orientieren. Besonders hervorzuheben sind dabei die Berücksichtigung des pädagogischen Leitthemas „An der Gestaltung von Gegenwart und Zukunft mitwirken" und die auf Lehrplanebene 3 genannten fächerverbindenden Unterrichtsvorhaben: Soziales Engagement, Politisches und gesellschaftliches Engagement, Farben, Formen und Töne, Herausforderungen der Zukunft. Sie erhalten ihre fachspezifische Ausprägung jeweils dadurch, dass in den auslösenden Lebens- und Lernsituationen Sprache zur Notwendigkeit wird und Texte Erfahrungen anderer Menschen zur Kenntnis bringen oder zur Diskussion stellen.

1.1 Die Lernbereiche / Kompetenzbereiche und ihre Integration

In dem praxisorientierten Unterrichtswerk wurde besonderer Wert darauf gelegt, die Lernbereiche / Kompetenzbereiche in didaktisch umsetzbare und – insbesondere unter dem Aspekt der Integration – miteinander verknüpfbare Einheiten zusammenzuführen. Die Entscheidung, das „Deutschbuch" in die Bereiche **„Sprechen, zuhören und schreiben", „Mit Texten und Medien umgehen", „Über Sprache nachdenken"** und **„Arbeitstechniken und Methoden"** zu gliedern, folgt der Auffächerung des Lehrplans sowie den KMK-Bildungsstandards 2004. Die Bereiche „Sprechen und zuhören" und „Schreiben" sind besonders eng miteinander verbunden, die meisten Schreibformate haben ihre Entsprechung im Mündlichen.

Der Bereich **„Arbeitstechniken und Methoden"** ist im „Deutschbuch" besonders hervorgehoben. Einerseits ist ihm ein eigenes, abschließendes Kapitel gewidmet, das die Vorbereitung auf die Abschlussprüfung zum Inhalt hat, andererseits sind viele Methoden nur in ihrer Anwendung auf bestimmte Inhalte sinnvoll und werden daher in den einzelnen Kapiteln behandelt (z. B. *„Einen Beschwerdebrief verfassen"* in Teilkapitel 1.3, *„Foren oder Blogs präsentieren"* in Teilkapitel 2.3 oder *„Gedichte kreativ präsentieren"* in Teilkapitel 7.3). Der Bereich „Arbeitstechniken und Methoden" wird deshalb nicht ausdrücklich in den unten näher beschriebenen Kapiteldreischritt integriert, sondern ist immer schon mitberücksichtigt.

Die Gesamtanlage des Lehrwerks folgt den Anforderungen zur umfassenden Bildung der Schülerinnen und Schüler. Nach einleitenden Kapiteln, die anhand einer besonders wichtigen altersspezifischen Themenstellung in das Deutschprogramm des jeweiligen Jahrgangs einführen (Kapitel 1 *„Ob im Beruf oder privat – Angemessen kommunizieren"* und Kapitel 2 *„Leben in Digitalien – Soziale Medien analysieren und diskutieren"*), folgen Kapitel zu den zentralen Lernbereichen / Kompetenzbereichen. Den Abschluss bildet ein Kapitel, das der Vorbereitung auf die Abschlussprüfung dient.

Die im bayerischen Lehrplan (2000) sowie in den KMK-Bildungsstandards (2004) für das Fach Deutsch herausgehobene Ausbildung mündlichen und schriftlichen Sprachvermögens spiegelt sich in Anlage und Gewichtung dieser Bereiche im „Deutschbuch" wider. Dass in den Abschnitten zu „Sprechen, zuhören und schreiben" sowie „Mit Texten und Medien umgehen" alle relevanten Aufsatzformen ausführliche Berücksichtigung finden, muss nicht eigens erwähnt werden. Hervorzuheben ist vielmehr, dass diese Arbeitsbereiche ein eigenes Profil gewonnen haben. Das „Deutschbuch" rückt mehrfach Sprechen / Schreiben ins Zentrum und schlägt von dort aus Brücken zu anderen fachspezifischen Tätigkeiten.

Die Entscheidung für eine angemessene Berücksichtigung der Leitprinzipien „Schüler- und Wissenschaftsorientierung" ist von den Herausgebern und Mitarbeitern des „Deutschbuchs" so getroffen, dass in jedem Einzelfall überlegt wird: „So viel Situations- und Erfahrungsanbindung wie möglich, so viel Fachsystematik wie nötig." Als Folge des durchgehend geforderten Prinzips **„Lernen in Zusammenhängen"** ergibt sich, dass das Lehrgangsprinzip im „Deutschbuch" nur noch dort Gültigkeit für die Organisation von Lernprozessen hat, wo fachlichem Klärungsbedarf anders nicht zu entsprechen ist, z. B. beim Aufbau einer „grammatischen" Verkehrssprache oder der Rechtschreibfähigkeit. Einheiten des Rechtschreibunterrichts können sich aber auch im Gefolge eines Schreibvorhabens oder im Anschluss an eine Sprachreflexion ergeben. Natürlich wird man auch die Grammatik als thematisiertes Sprachbewusstsein wiederfinden: Warum und wie unterteilen wir Wörter nach ihrer Leistung im Satz und nach ihren Bildungsregeln in „Wortarten", warum lernen wir verschiedene Satzfunktionen kennen? Es finden sich aber immer Angebote, die Sprachreflexion mit anderen Bereichen des Deutschunterrichts thematisch zu verklammern. Schreib- und Lesesituationen, kommunikative Verwendungssituationen oder auch Sprachspiele ermöglichen Einsichten in Bauformen, Funktionen und Leistungen der Sprache.

1.2 Das Prinzip der Integration in den einzelnen Kapiteln

„Integration" bedeutet im „Deutschbuch" nicht das Hintereinanderschalten von Arbeitsteilen aus den verschiedenen Sektoren des Deutschunterrichts, um überall ein gewisses Fortschreiten zu verzeichnen. Integration bedeutet für das Lehrwerk vielmehr **das gemeinsame Entwickeln traditionell unterschiedlich zugeordneter fachspezifischer Tätigkeiten in komplexen Lernsituationen.** So kann aus dem Umgang mit literarischen Texten eine kreative Schreibaufgabe, eine analytische Operation, eine Rechtschreibübung oder eine Sprachbetrachtung erwachsen – je nach Unterrichtskonstellation.

Die einzelnen Kapitel des „Deutschbuchs" sind nach dem **Prinzip des Dreischritts** aufgebaut:

1. Schritt: *Erwerb grundlegender Fachkompetenzen*
Im ersten Teilkapitel dominiert das systematische Arbeiten in einem der drei Lernbereiche / Kompetenzbereiche.

2. Schritt: *Integration und Vertiefung*
Im zweiten Teilkapitel werden ein weiterer Bereich oder eine Thematik mit fachübergreifendem Aspekt integriert, um die erworbenen Kompetenzen anzuwenden und zu vertiefen.

3. Schritt: *Schulaufgabentraining oder Projekt*
Das dritte Teilkapitel bietet je nach Lerngegenstand die Möglichkeit zur gezielten Vorbereitung einer schriftlichen Prüfung *(„Fit in …?")* oder einen Vorschlag für ein (bewertetes) Projekt.

Der jeweils dritte Lernbereich / Kompetenzbereich wird in allen Teilkapiteln durch einzelne Aufgabenstellungen integriert. Die Arbeitsaufträge verknüpfen den dominanten Bereich mit dem ergänzenden oder erweiternden Bereich. Der „Ausflug" über die Grenzen der Fachsystematik hinaus erfolgt also nicht nur auf der Ebene der Materialien, sondern konkret auf der Ebene der einzelnen Tätigkeiten der Schülerinnen und Schüler. Ersetzen und Umstellen etwa sind nicht nur Operationen des Grammatikunterrichts zur Bestimmung von Satzgliedern, sondern haben eine weitere Funktion beim Verbessern eigener Texte und beim Analysieren von Literatur.

Fachgrenzen überschreitendes Arbeiten findet sich ebenfalls in einer Reihe von Kapiteln, z. B. in Teilkapitel 2.3 *(„Projekt – Foren oder Blogs präsentieren")*, in Teilkapitel 3.2 *(„Auf und davon – Erörterungen mit Material schreiben")*, in Teilkapitel 8.1 *(„Leben und Überleben fern der Heimat – Die deutsche Exilliteratur von 1933 bis 1945")* oder in Kapitel 12, das nicht nur auf die Abschlussprüfung vorbereitet, sondern allgemeine Lernmethoden einübt.

Die Kapitel sind nicht darauf angelegt, vollständig erarbeitet zu werden. Je nach Lernsituation und Zeitrahmen können einzelne Teilkapitel oder auch nur wenige Abschnitte in der gewünschten Schwerpunktsetzung behandelt werden.

2 Didaktische Prinzipien in den Lernbereichen / Kompetenzbereichen

Das „Deutschbuch" folgt innerhalb der einzelnen Lern- bzw. Kompetenzbereiche **aktuellen fachdidaktisch begründeten Methoden**. Im Bereich „Sprechen, zuhören und schreiben" sind das die szenischen Verfahren und die prozessorientierte Schreibdidaktik, im Bereich „Über Sprache nachdenken" der integrative, funktionale und operative Grammatikunterricht und die neuen Methoden des Rechtschreibunterrichts. Im Bereich „Mit Texten und Medien umgehen" sind es vor allem der Einbezug der elektronischen Medien sowie der produktive Ansatz im Literaturunterricht. Das bedeutet, dass im „Deutschbuch" dem **kreativen Schreiben** in all seinen Formen, auch beim Erarbeiten literarischer Texte, ein angemessener Platz eingeräumt wird.

2.1 Sprechen, zuhören und schreiben

Der didaktisch-methodische Schwerpunkt im Bereich des „Sprechens" liegt nicht nur auf dem kommunikativen Grundansatz, der weiter ausgebaut wird, indem explizit Gesprächsregeln und bewusste Formen der Gesprächsführung angeboten und gelernt werden sollen. Immer wieder finden sich auch Anregungen für **gestaltendes Sprechen**, den freien Vortrag und die Präsentation von Prosatexten und Gedichten sowie das szenische Lesen mit verteilten Rollen. In Kommunikationssituationen, in denen vor und zu anderen gesprochen wird, ist aufmerksames **Zuhören** erforderlich. So kommt der Förderung des Hörverstehens und des aktiven Zuhörens eine besondere Aufgabe zu.

Durch die systematische Berücksichtigung **szenischer Verfahren** bei den Aufgabenstellungen und bei den Vorschlägen zur Projektarbeit soll gewährleistet werden, dass die künstlerische Komponente in diesem Arbeitsbereich angemessen vertreten wird.

Im Bereich „Schreiben" haben sich in der fachdidaktischen Diskussion erhebliche Veränderungen vollzogen. Nach der so genannten „kommunikativen Wende" in der Aufsatzdidaktik waren die traditionellen Aufsatzgattungen und deren Begründung als „Naturarten" der Schriftlichkeit stark in Zweifel gezogen worden. Schreiberziehung basiert heute auf bekannten Grundformen, die im Prozess des Schreibens differenziert angewendet werden. Die Einbeziehung des Adressaten, die Berücksichtigung der Schreibsituation und die Orientierung am Schreibziel beim Verfassen eigener Texte sind wesentliche Funktionen des Schreibvorgangs. Um den **Prozesscharakter des Schreibens** zu betonen, spricht das „Deutschbuch" vom Erzählen, Berichten oder Erörtern als Tätigkeiten.

Kreative Formen des Schreibens erhalten im „Deutschbuch" einen besonderen Stellenwert. Im Prozess des gestalterischen Schreibens reicht das Spektrum vom **freien, spontanen, textungebundenen Schreiben bis zum produktiv-gestaltenden Schreiben im Anschluss an Textvorlagen**.

Wichtig und neu hinzukommend zu allen Formen des Verfassens kontinuierlicher Texte ist das **funktionale Schreiben**. Es handelt sich um Arbeitstechniken der Schriftlichkeit, die nicht zu in sich geschlossenen Texten führen, wohl aber im Alltag zur Bewältigung von Lernsituationen große Bedeutung besitzen. Dazu gehören sowohl die bekannten „Notizzettel" und „Stichpunktsammlungen" als auch der schriftliche Entwurf von Argumentationsskizzen, die Mitschriften in Gesprächen und der Entwurf von Gliederungen für umfangreichere Ausführungen.

Eine besondere Art des funktionalen Schreibens ist das Bearbeiten eigener Texte. Der Arbeitsschwerpunkt **Textoptimierung** (mit und ohne Einbezug von Schreibprogrammen der PCs) besitzt ein großes Gewicht im gegenwärtigen Deutschunterricht. Unter dem Aspekt des Selbstkontrollierens und der eigenen Überprüfung des Lernfortschritts reicht dieses Verfahren bis zur Möglichkeit, Texte von Schülerinnen und Schülern erst nach der vorgenommenen Textverbesserung zu bewerten. Der Aufgabenschwerpunkt „Überarbeiten von Schülertexten" wird im „Deutschbuch" besonders in den Teilkapiteln *„Fit in …?"* immer wieder thematisiert und durch umfassende Checklisten zur Überprüfung eigener Schreibprodukte unterstützt. Dabei ist es Aufgabe der Lehrkraft und der Lerngruppe, im Sinne einer inneren Differenzierung und Individualisierung die jeweiligen Hinweise des Lehrbuchs, insbesondere auch zur Rechtschreibung, situativ angemessen zu nutzen.

2.2   Mit Texten und Medien umgehen

Besondere Aktualität kommt dem Bereich „Mit Texten und Medien umgehen" nicht zuletzt nach der PISA-Studie zu. **Das Lesen und Erfassen von Texten** gilt als eine **wesentliche Kompetenz** zum Erwerb von Wissen und ist damit eine wichtige Voraussetzung für die Teilhabe an unserer Kultur, für die Mitgestaltung gesellschaftlicher Entwicklungen und für die personale und berufliche Weiterentwicklung. Im „Deutschbuch" wird dem Rechnung getragen durch die Auswahl unterschiedlicher Texte und durch vielfältige Anregungen zum Lesen.

Den Schülerinnen und Schülern begegnen Texte sowohl in **kontinuierlicher**, schriftlicher Form – z.B. als literarische und anwendungsbezogene Texte – als auch in Form von **diskontinuierlichen Texten** – etwa als Grafiken, Tabellen, Schaubilder und Diagramme. Darüber hinaus rezipieren sie auch Texte in **audiovisuellem Format** (z.B. Medientexte wie Film und Fernsehen).

Bei der Textauswahl für das „Deutschbuch" werden unterschiedliche Gattungen, historische Zusammenhänge, Autorinnen und Autoren der Vergangenheit und Gegenwart sowie interkulturelle Themen berücksichtigt. Gleichfalls werden Texte aus dem Bereich der Erwachsenenliteratur, Sachtexte und solche aus audiovisuellen Medien vorgestellt. Ausschnitte aus modernen Romanen laden zum Weiterlesen als Klassenlektüre oder zur individuellen Lektüre ein.

Sach- und Gebrauchstexte werden vorwiegend unter dem Aspekt des Lesens, der Entnahme, Verknüpfung und Auswertung von Informationen angeboten. Entsprechende Aufgabenstellungen fördern das sinnerfassende Lesen und das Sichern, Reflektieren und Bewerten von Informationen. Dabei werden auch diskontinuierliche Texte und Bilder einbezogen.

Das „Deutschbuch" widmet dem **Umgang mit digitalen Medien** ein eigenes Kapitel (Kapitel 2 *„Leben in Digitalien – Soziale Medien analysieren und diskutieren"*). Darüber hinaus wird der Umgang mit Medien in weiteren Kapiteln integrativ und projektartig verortet. Überall dort, wo der Lerngegenstand es erfordert oder sinnvoll erscheinen lässt, werden Aufgabenstellungen zum Umgang und zur Verwendung der modernen Informations- und Kommunikationsmedien integriert, z.B. die Nutzung des Computers zur Internetrecherche (in Teilkapitel 8.3 *„Projekt: Den literarischen Markt veranschaulichen"*).

Eine wichtige Form der Auseinandersetzung mit Texten ist das **kreative und freie Schreiben** im Literaturunterricht. Gemeint sind unterschiedliche Formen des Wechsels der Schülerinnen und Schüler aus der Rezipienten- in die Produzentenrolle. Das „Deutschbuch" entwickelt hier verschiedene Vorschläge (etwa Teilkapitel 7.3 *„Gedichte kreativ präsentieren"*). Der Sinn dieses didaktischen Ansatzes ist es, den Schülerinnen und Schülern das Recht auf subjektive Formen des Verstehens zu verschaffen und ihnen nahezubringen, dass das fantasievolle Weiterdenken und das experimentierende Eingreifen in Gegenstände der Lektüre nicht deren Zerstörung bedeutet, sondern einen Weg zu besserem und tieferem Verstehen darstellen kann. Produktionsorientierte, kreative Arbeitsweisen beim Umgang mit Texten stellen eine wesentliche Ergänzung analytisch-hermeneutischer Methoden dar, die selbstverständlich ihre Berechtigung behalten.

2.3 Über Sprache nachdenken
Sprache untersuchen und grammatische Strukturen beherrschen

Im Bereich „Über Sprache nachdenken / Sprache untersuchen und grammatische Strukturen beherr-schen" ergeben sich wesentliche Innovationen. Besonders wichtig ist der Schritt vom systematischen Grammatikunterricht hin zur situativen, funktionalen und integrativen Sprachbetrachtung. Es geht um die **Abkehr vom Regel- und Auswendiglernen hin zum operativen Lernen**. Ausgangspunkt sind spontan gebildete subjektive („innere") Regeln, über die Schülerinnen und Schüler verfügen; Ziel ist die Schreibentscheidung des erwachsenen und kompetenten Schriftbenutzers. Dementsprechend sind die dem Bereich „Über Sprache nachdenken" zugeordneten Kapitel des „Deutschbuchs" so weit wie mög-lich nach dem integrativen Prinzip organisiert.

Der für die Beherrschung der Muttersprache bislang wenig wirksame Grammatikunterricht arbeitete vorwiegend an Definitionen von Wortarten und Satzformen. Er veranlasste die Jugendlichen, aus Bei-spielsätzen unter der Leitung des Lehrers „Regeln" abzuleiten und mit deren Hilfe die eigene Benut-zung der Schriftsprache zu verbessern, Fehler zu erkennen und zu vermeiden. Nur in den seltensten Fällen konnten dadurch sprachliche Defizite behoben werden. Auch zu einer hinreichenden Sicherheit in der Benutzung der grammatischen Terminologie kam es oft nicht.

Deswegen wird im „Deutschbuch" ein anderer Weg beschritten. Sprachliche Phänomene werden nicht mehr über Definitionen gelernt, sondern **funktional** eingeführt. Dabei sind sowohl die grammatischen Merkmale wichtig als auch deren semantische, syntaktische, stilistische oder kommunikative Funktion. Sprachwissen und anwendungsbezogenes Wissen hilft den Schülerinnen und Schülern, Situationen zu bewältigen, die metasprachliche Kompetenzen erfordern. Dies bezieht sich z. B. auf die Analyse von Texten, das Thematisieren sprachlicher Alltagssituationen, das Bewältigen von Schreibaufgaben sowie auf die Beherrschung der Rechtschreibung. Demzufolge werden Aspekte der Sprachreflexion auch in den Kapiteln der Bereiche „Sprechen, zuhören und schreiben" sowie „Mit Texten und Medien umgehen" aufgegriffen.

Damit ist zugleich das entscheidende Argument für die **Zuordnung des Rechtschreibunterrichts zur Sprachaufmerksamkeit** gefallen. Die deutsche Orthografie ist kein willkürliches Regelwerk mit vielen Ausnahmen, sondern eine auf plausiblen Grundsätzen aufgebaute Abfolge von Entscheidungen. Im Zentrum steht der übungsorientierte Erwerb von Rechtschreibstrategien. Ziel ist es, Sprachaufmerk-samkeit, d. h. Fehlersensibilität bei Schülerinnen und Schülern zu wecken und damit zugleich ihre Schreibkompetenz zu verbessern. Das geschieht in Form von Übungen, die darauf achten, dass Phänomene, die zwar sachsystematisch gesehen zusammengehören, einander im Lernprozess aber hemmen, im Buch voneinander getrennt angeboten werden.

Wer schreibt, möchte verstanden werden. Wer mit seinen Texten etwas bewirken will, muss sich des-halb an die Rechtschreibnormen halten. Um diesem Zusammenhang Rechnung zu tragen und ihn zur Motivation der Schülerinnen und Schüler fruchtbar zu machen, wird Rechtschreibung grundsätzlich aus **konkreten Sprachverwendungssituationen** heraus thematisiert. Dies geschieht in thematisch orien-tierten Rechtschreibkapiteln, in denen die Rechtschreibübungen aus Schreibsituationen, Schülertexten und Lesesituationen erwachsen. Über das Grammatik-/Rechtschreibkapitel (Kapitel 11) hinaus besteht in den übrigen Kapiteln des „Deutschbuchs" die Möglichkeit, Übungen zur Rechtschreibung angemes-sen einzubeziehen. Immer wieder bietet das „Deutschbuch" Anlässe, Fragen zur Rechtschreibung und Zeichensetzung integrativ aufzugreifen und zu sichern. Dabei wird ein besonderer Schwerpunkt auf unterschiedliche Verfahren der Überarbeitung von Schülertexten gelegt.

3   Methodische Entscheidungen

Die methodischen Entscheidungen kommen in besonderer Weise in den Aufgabenstellungen zum Aus-druck. Leitend sind die Prinzipien des themen- und kompetenzorientierten, induktiven Vorgehens. Da-rüber hinaus wird den Benutzern des „Deutschbuchs" vor allem das breite Spektrum an kreativen, handlungsorientierten und analytischen Aufgabenstellungen auffallen, die den Schülerinnen und Schü-lern auch die Möglichkeit eröffnen, über ihr Arbeiten zu reflektieren, z. B. in Teilkapitel 1.2 *„Der Ton* *macht die Musik – Situationsangemessen kommunizieren"*, Teilkapitel 2.2 *„Der Preis der Daten – Diskussionsrunden durchführen"*, Teilkapitel 7.3 *„Gedichte kreativ präsentieren"* oder in Teilkapitel 8.3 *„Den literarischen Markt veranschaulichen"*.

3.1 Aufgabenstellungen / Selbstständiges Lernen / Differenzierung

Eigenverantwortliches und handlungsorientiertes Arbeiten der Schülerinnen und Schüler fördern die Effizienz des Lernprozesses und stärken die Selbstständigkeit. Diese Zielsetzung wurde bei der Formulierung der Aufgabenstellungen besonders berücksichtigt.

Aufgabenstellungen haben im „Deutschbuch" manchmal einladenden Charakter, sie enthalten mehrere Vorschläge, die wahlweise realisiert werden können. Darin liegt auch eine Aufforderung an die Schülerinnen und Schüler, selbst mitzuentscheiden, welche Variante sie für sich aussuchen. Besonders bei Vorschlägen für Gruppenarbeit und in den projektartig angelegten Teilen des Unterrichts ist es wünschenswert, dass die Lerngruppe aushandelt und selbst organisiert, was jetzt von wem zu tun ist.

In besonderem Maße trägt das „Deutschbuch" der wachsenden Heterogenität der Lerngruppen Rechnung. Dieser wird mit einem einfachen, leicht umsetzbaren **Angebot zur Differenzierung** begegnet: An ausgewählten Stellen werden schwächeren Schülerinnen und Schülern optional zusätzliche Hilfen angeboten. Diese Aufgaben sind jeweils so gestellt, dass sie sich zur Selbstevaluation eignen. In Ausnahmefällen entsteht ein Produkt, das – gewinnbringend für alle – von der gesamten Lerngruppe überprüft wird.

3.2 Grundwissen

Eine wichtige Rolle für das selbstständige Lernen spielt das Grundwissen. Dort, wo in den Kapiteln das von den Schülerinnen und Schülern erarbeitete **„Wissen und Können"** gesichert werden muss, weil es die Grundlage für das weitere Vorgehen bildet, wird es zusammenfassend dargestellt. Auf diese Weise festigt sich auch die eingeführte Terminologie, sodass den Schülerinnen und Schülern die notwendigen Begriffe für ihre weiteren Lernaktivitäten zur Verfügung stehen. Die Autorinnen und Autoren des „Deutschbuchs" haben darauf geachtet, dass das Prinzip des entdeckenden Lernens dabei möglichst nicht beeinträchtigt wird.

Entlastende Funktion kommt dem Anhang zu: Dort wird das **Grundwissen** im Überblick dargestellt, sodass die Schülerinnen und Schüler es selbstständig nachschlagen können, wenn sie sich nicht im Kapitelzusammenhang bewegen. Gleichzeitig verschafft das Grundwissen den Lernenden einen Überblick über die vermittelten Kompetenzen. Es bietet somit einen wichtigen Hinweis für Leistungsanforderungen bei Prüfungen und anwendungsorientierten Lernsituationen.

3.3 Hinweise zur Arbeitsorganisation

Die Arbeitsorganisation bleibt in den Aufgabenstellungen weitgehend offen. Ob etwas als Gruppenarbeit oder Einzelaufgabe gelöst werden soll, ist zunächst einmal Angelegenheit der Lehrkraft und der Lerngruppe. Aber das Lehrbuch macht Vorschläge, die praxiserprobt sind.

Arbeitsschritte, Materialien und Aufgabenstellungen sind im „Deutschbuch" so organisiert, dass Lehrerinnen und Lehrer phasenweise eine stärker moderierende und prozessbegleitende Rolle einnehmen können. Diese Lehrmethoden erlauben den Schülerinnen und Schülern zunehmend ein selbsttätiges und mitverantwortliches Arbeiten, das ihre sozialen und kommunikativen Kompetenzen stärkt.

Die Kapitel des „Deutschbuchs" eröffnen vielfältige didaktische Möglichkeiten für eine situationsgerechte Aufbereitung im Unterricht. Je nach Lernsituation und vorgesehenem Zeitrahmen können dabei einzelne Teilkapitel oder auch nur wenige Abschnitte in der gewünschten Schwerpunktsetzung sinnvoll behandelt werden.

3.4 Freiarbeit

Freiarbeit ist den Schülerinnen und Schülern vielfach aus der Grundschule vertraut.

– Die **Handreichungen für den Unterricht** liefern zahlreiche Zusatzmaterialien, die zur Akzentuierung einzelner Aspekte oder auch zur Förderung besonders interessierter, aber auch schwächerer Schülerinnen und Schüler genutzt werden können. Hier sei besonders auf die **Kopiervorlagen** und **Differenzierungsmaterialien** am Ende der Kapitel verwiesen, die darüber hinaus (mit Lösungen für die Hand der Schülerinnen und Schüler zur Selbstevaluation) als Word- und PDF-Dateien auf der diesen Handreichungen beigefügten CD-ROM zugänglich sind.

– Das **Arbeitsheft** enthält ein besonders reichhaltiges Angebot an Freiarbeitsmaterialien. Da den Schülerinnen und Schülern zu sämtlichen Aufgaben die Lösungen in einem Beiheft vorliegen, ist hier die Chance des selbst gesteuerten Lernens im Sinne der Individualisierung und Differenzierung in besonderem Maße gegeben.

– Der **Schulaufgabentrainer** bietet mit methodisch abwechslungsreichen Übungen und verschiedenen Aufgabenformaten Möglichkeiten zur gezielten Vorbereitung auf Schulaufgaben. Die selbstständige Erarbeitung der Übungen und die eigene Überprüfung und Bewertung der Ergebnisse sind gerade für Prüfungsvorbereitungen sehr zu empfehlen, sowohl in fachlicher Hinsicht als auch zur Entlastung der Schülerinnen und Schüler in Stresssituationen.

4 Zusatzmaterialien rund um das „Deutschbuch"

Neben den vorliegenden **Handreichungen für den Unterricht** bietet der Verlag weiteres Übungsmaterial zum „Deutschbuch" an:

– Das **Arbeitsheft** dient mit vielen, methodisch abwechslungsreichen, oft spielerischen Übungen zu Rechtschreibung, Zeichensetzung und Grammatik sowie zum Verfassen von Erörterungen und zum Erschließen literarischer Texte der Festigung des Grundwissens und der Vorbereitung auf die Schulaufgaben. Mit seinen Tipp- und Merkkästen bietet es die Möglichkeit zur gezielten Wiederholung des für die jeweilige Übung notwendigen Fachwissens und eignet sich daher ebenso für den Einsatz im Unterricht als auch für Hausaufgaben und Freiarbeit (siehe 3.4). Das „Arbeitsheft" ist auch **mit Übungs-CD** erhältlich, die aber ebenso einzeln nachgekauft werden kann. Sie enthält Übungen zu allen Kompetenzbereichen, insbesondere zu Rechtschreibung und Grammatik, aber auch zum Aufsatz- und Lesetraining.

– Der **Schulaufgabentrainer** bietet passgenaues Übungsmaterial zu allen jeweils geforderten Aufgabentypen sowie Lernstands- bzw. Kompetenztests. Er enthält Übungsaufgaben aus allen prüfungsrelevanten Kompetenzbereichen und zeigt an unterschiedlichen Aufgabenformaten verschiedene Lösungsmöglichkeiten auf.

– Die Kopiervorlagenreihe **Ideen zur Jugendliteratur** enthält Arbeitsblätter zu aktuellen und schulerprobten Jugendromanen.

– Der Band **Deutschbuch Literaturgeschichte**, literaturgeschichtliches Lesebuch und Nachschlagewerk in einem, gibt anhand altersgemäßer literarischer Werke vom Mittelalter bis zur Gegenwart einen ersten Einblick in die deutschsprachige Literatur. Zahlreiche Abbildungen zeitgenössischer Werke der bildenden Kunst fördern die Leselust und helfen, die Texte einzuordnen. Moderatorentexte vermitteln ein Überblickswissen und stellen die Texte in den Kontext von Kultur, Mentalität, Politik und Wissenschaft ihrer Entstehungszeit.

– Das **Deutschbuch Hörbuch 9/10** enthält u. a. Erzählungen und Gedichte, die von prominenten Sprecherinnen und Sprechern vorgetragen werden. Indem das Hörbuch an die lange Kultur des Erzählens und Vorlesens anknüpft, weckt es die Fantasie der Schülerinnen und Schüler und fördert das Hörverstehen. Es bietet vielfältige Möglichkeiten zum Einsatz im Unterricht, kann z. B. Grundlagen für die Diskussion des interpretierenden Vortrags geben und Möglichkeiten für produktionsorientiertes Arbeiten schaffen. Das Booklet gibt methodische Hinweise zum Textverstehen auf der Basis des gestaltenden Sprechens.

Auf die zu dem jeweiligen Kapitel passenden **Zusatzmaterialien** wird in diesen Handreichungen am Ende eines jeden Kapitels verwiesen; ein kurzer Hinweis im fortlaufenden Text macht außerdem gezielt auf die korrespondierenden Beiträge aufmerksam.

Zur Aufgabennummerierung in diesen Handreichungen

1 Diese Form der Nummerierung verweist auf die entsprechenden Aufgabennummern im Schülerbuch. Auch die **Aufgabenlösungen** der Differenzierungs- und Zusatzmaterialien, der Lernerfolgskontrollen und Kopiervorlagen sind auf diese Weise kenntlich gemacht.

1 Diese Nummern kennzeichnen die **neuen Aufgaben** der Differenzierungs- und Zusatzmaterialien, der Lernerfolgskontrollen und Kopiervorlagen.

1 Ob im Beruf oder privat – Angemessen kommunizieren

Konzeption des Gesamtkapitels

Kommunikation ist eines der prägendsten Elemente der Gesellschaft. Sich verständlich zu äußern, sich selbst und die eigenen Anliegen vermitteln und präsentieren sowie Gespräche adressaten- und situationsgerecht führen zu können sind Basiskompetenzen, über die Schüler/-innen, die vor dem Berufseinstieg stehen, verfügen müssen. Deshalb setzt sich das Kapitel zum Ziel, sie für die jeweils geforderte Sprachebene zu sensibilisieren, gleich ob es sich nun um die sprachliche Bewältigung von Alltagssituationen oder die Abfassung standardisierter und persönlicher Anschreiben handelt.

Im ersten Teilkapitel (**„Mündliche Gesprächsformen – Alltagssituationen sprachlich meistern"**) setzen sich die Schüler/-innen mit dem Smalltalk auseinander und lernen mögliche Themen und Inhalte der zwanglosen Gespräche kennen. Neben der verbalen Kommunikation untersuchen sie auch die nonverbalen Mittel Gestik, Mimik und Körperhaltung.

Das zweite Teilkapitel (**„Der Ton macht die Musik – Situationsangemessen kommunizieren"**) übt standardisierte Schreiben, z. B. die Anfrage oder den Beschwerdebrief, hinsichtlich der korrekten Sprachebene und einer angemessenen Wortwahl ein. Als Beispiele für nichtstandardisierte Schreiben dienen Kondolenz-, Genesungs- und Einladungsschreiben.

Das dritte Teilkapitel (**„Fit in …? – Einen Beschwerdebrief verfassen"**) greift die Abfassung eines Beschwerdeschreibens als Thema einer Schulaufgabe auf. Die Schüler/-innen überarbeiten einen fehlerhafte Geschäftsbrief und überprüfen ihn anhand einer Checkliste.

Literaturhinweise

Brenner, Gerd: Fundgrube Methoden II: Für Deutsch und Fremdsprachen. Cornelsen Scriptor, Berlin 2007

Freund, Uwe: Schreibstil-Update – 8 einfache Strategien für erfolgreiche E-Mails und Briefe. up next edition, München 2014

Linker, Wolfgang J.: Kommunikative Kompetenz – Weniger ist mehr. Gabal, Offenbach 2009

Prescott, Edith: Das große Lehrbuch erfolgreicher Kommunikation und Redetechnik. Oesch, Zürich [2]2002

Rosenberg, Marshall B.: Gewaltfreie Kommunikation. Eine Sprache des Lebens. Junfermann, Paderborn 2016

Schulz von Thun, Friedemann: Miteinander reden 3: Das „innere Team" und situationsgerechte Kommunikation. Argon Balance, Berlin 2016

Watzke-Otte, Susanne: Small Talk – Souverän und formgewandt kommunizieren. Cornelsen, Berlin [2]2010

Inhalte	Kompetenzen

||S.13 Auftaktseite

Die Bilder der Auftaktseite stellen unterschiedliche Gesprächssituationen dar: den privaten / freundschaftlichen Smalltalk (Bild 1), das berufliche Vorstellungsgespräch (Bild 2), den beruflichen Smalltalk (Bild 3), das beruflich-hierarchische Gespräch (Bild 4).

 a/b Mögliche Übersicht:

Bild	Personen	Themen	Gesprächsregeln
1	Freunde	Kleidung, Musik, Alltagstratsch aus dem Freundeskreis	keine; freundschaftlicher Umgangston
2	Zwei Personalchefs und eine Bewerberin	Qualifikationen, Interessen, Hobbys	Bewerber ist zurückhaltend, antwortet gepflegt und formal-sprachlich korrekt auf die Fragen, stellt nur nach Aufforderung eigene Fragen
3	Eine Mitarbeiterin und ein Auszubildender	Erster Eindruck vom Unternehmen, Interessen, Anschluss, Wetter, Essen	Azubi kommuniziert hierarchiebewusst und eher defensiv
4	Eine Vorgesetzte und eine Auszubildende oder Verwaltungsfachangestellte	Berufsbezogene Anweisungen, Erklärungen oder Hinweise	Zustimmung bzw. Nachfragen durch die hierarchisch untergeordnete Person

 Mögliche weitere Aspekte: Themen, Hierarchien, Mimik, Gestik, Blickkontakt, Kleidung, Auftreten …

Siehe auch die **Folie** „Gesprächssituationen beschreiben".

1.1 Mündliche Gesprächsformen – Alltagssituationen sprachlich meistern

||S.14 Smalltalk privat und beruflich

||S.14 Privater Smalltalk

Thema: Ein neuer Schüler (Tobi) wird von einem Mitschüler nach dem Unterricht über seine Eindrücke befragt. Die Gesprächssituation ist privat, entspannt, hierarchiegleich und dialogisch.

a Mögliche Situationen für Smalltalk:
beim Sport: Fitnessstudio, Fußballplatz …; beim Einkaufen; in der Freizeit: Treffen mit Freunden, Dorffest …

b Mögliche Themen für einen Smalltalk: Wetter, Essen, Schulsituation, gemeinsame Freunde, Sport, Kleidung …

Mögliche Verlängerung des Gesprächs:
Tobi: Prima, das ist echt nett von dir.
Chris: Kein Thema. Wohin fährst du denn mit dem Bus? Nach Hause?
Tobi: Jep, wir sind erst vor zwei Wochen ins Dorf gezogen, da muss ich meinen Eltern fast jeden Nachmittag beim Einräumen helfen.
Chris: Warum seid ihr denn hierhergezogen?
Tobi: Mein Vater hat in der Stadt 'nen neuen Job angenommen. Er ist bei einer Bank.

4 Mögliche Übersicht:

Smalltalk ist …	
überflüssig	**hilfreich**
– Zeitverschwendung – unwichtige Inhalte – birgt Gefahr, etwas Falsches zu sagen – enthält mögliche Konfliktstoffe	– Kennenlernen neuer Menschen / Knüpfen von Kontakten – Austausch von Informationen und Meinungen – möglicher Beginn eines intensiveren Gesprächs

S. 15 Beruflicher Smalltalk

1 Wichtigste Tipps für einen Smalltalk:
- nach Gemeinsamkeiten suchen
- positive Stimmung und Sympathie erzeugen
- Zugang zum Gegenüber erschließen
- naheliegende Themen wählen
- Ansichten gegenseitig bestätigen
- zunächst oberflächlich bleiben, um ohne Gesichtsverlust das Gespräch auch wieder verlassen zu können
- nie mit Sachinformationen starten
- Interesse am Gesprächspartner zeigen
- zuhören
- auf das Gesagte eingehen und authentisch bleiben

2 **a** Mögliche Einordnung der Themen:

Geeignete Themen	Ungeeignete Themen
– Wetter – Interesse am Gegenüber – eigene Hobbys – Ort (Gebäude, Betrieb oder auch die Region)	– Religion – Politik – finanzielle Situation – persönliche Probleme – Gespräche über andere – Gerüchte

b Mögliche Gründe:
- Ein erster guter Eindruck könnte durch ungeeignete Themen schnell verwischt werden.
- Unterschiedliche Ansichten bzw. Meinungen sind möglich und könnten zu Konflikten führen.
- Peinlichkeiten sollte man sich ersparen.
- Gerüchte könnten durch Gesprächspartner in falsche Ohren geraten.
- Religion ist zu komplex, als dass man dieses Thema in einem kurzen Gespräch ansprechen sollte.

3 **a/b** Mögliche Antworten:
1. Guten Morgen, … Ja, ich konnte mich gestern noch durch ein wenig Sport regenerieren und bin dann bald ins Bett gegangen. Haben Sie ebenfalls Entspannung finden können?
2. Hi! Wir haben schon einige tolle Ideen, die wir aber noch nicht verraten wollen. Wir sind ja auch noch nicht 100%ig sicher, was es werden soll. Und bei euch? Bleibt ihr beim Torwandschießen?
3. Guten Morgen, Herr Müller! Ja, ich konnte heute mit meinem Vater mitfahren und musste nicht auf den Bus warten. Sie sind aber auch schon sehr bald hier. Haben Sie heute die Frühaufsicht?
4. Grüß Gott. Mein Name ist Oliver Schmidtsen, ich habe vorgestern im Marketing meine Ausbildung begonnen. Darf ich fragen, in welcher Abteilung Sie tätig sind?
5. Hallo, ja, das stimmt. Ich bin der Oliver. In welcher Abteilung arbeitest du denn?
6. Danke schön, ja. Ich bin in einer Stunde zum Sport verabredet. Ihnen natürlich ebenfalls einen erholsamen Feierabend.

4 Mögliche Gesprächseinstiege:

Bild 1: Oh, Sie haben ja nur zwei, drei Kleinigkeiten. Möchten Sie nicht nach vorne?

Bild 2: Der Bus ist heute aber besonders voll. Da haben die Schüler wohl eine Stunde früher Schluss gehabt?

Bild 3: Guten Morgen, Herr Maier! Darf ich heute wieder in Ihrem Team hospitieren oder würden Sie mir einen anderen Bereich empfehlen?

5 Mögliche Zuordnung:

Beruflicher Smalltalk	Privater Smalltalk	Begründung
Kontakte knüpfen	Kontakte knüpfen	In beiden Bereichen ist es wichtig, ein Netzwerk zu haben.
	Neue Freunde finden	Das ist im Beruf deutlich unwahrscheinlicher, könnte aber evtl. auch im beruflichen Umfeld Erfolg haben.
Zeit überbrücken		Das sollte man mit seinen Freunden nicht durch Smalltalk füllen müssen.
Informationen erhalten	Informationen erhalten	In beiden Bereichen ist es wichtig, durch Smalltalk an Informationen zu gelangen.
Peinliches Schweigen vermeiden	Peinliches Schweigen vermeiden	Auch diese Situation kann es beruflich und privat geben.
Anschluss finden	Anschluss finden	vor allem wenn man neu in einem Betrieb bzw. in eine fremde Umgebung gezogen ist
In ein bestehendes Team kommen		Smalltalk ist hier besonders wichtig, damit man die Einstellungen und Charaktere des Teams schneller kennenlernt.
	Spaß haben	eher im Privat- als im Berufsleben wichtig

6 **a** Man sollte keine wichtigen Dinge ohne eine auflockernde Gesprächseinleitung besprechen, ohne vorher ein wenig Smalltalk zu üben.

b Ein Auszubildender möchte beim Abteilungsleiter nach einem freien Tag fragen. Diese Anfrage wird er nicht ohne ein kurzes Vortasten und einen entspannenden Gesprächseinstieg stellen.

Siehe auch die **Kopiervorlagen 1** („Smalltalk in einem Rollenspiel üben") **und 2** („Ein Smalltalk-Beispiel ordnen").

S. 17 **Mimik und Gestik – Nonverbale Signale als Unterstützer**

1 **a** Mögliche Übersicht:

Bild	Deutung	Gedanken / Gefühle
1	bedrückt, nervös, enttäuscht	Situation ist unklar, man weiß nicht recht, was auf einen zukommt, man fühlt sich unwohl in seiner Haut.
2	nachdenklich, traurig	Person fühlt sich hin- und hergerissen, muss eine Situation erst einschätzen und ist deshalb ruhig.
3	heiter, erfreut	Positive Gefühle, die Situation ist entspannt.
4	ärgerlich	Schlechte Stimmung, die Person fühlt sich evtl. ungerecht behandelt.

| 5 | überrascht, erstaunt | Person wird unerwartet mit etwas konfrontiert, muss die Situation erst richtig einschätzen, kann danach entweder heiter oder ärgerlich werden. |
| 6 | zerknirscht, schuldbe-wusst | Person fühlt sich unwohl, hat evtl. einen eigenen Fehler erkannt. |

Siehe auch die **Folie** „Nonverbale Signale untersuchen".

2 Mimik ist ein wichtiger Bestandteil jeder Kommunikation und sollte deshalb bewusst eingesetzt werden. Eine übertriebene bzw. bewusst übertreibende Gesichtssprache birgt die Gefahr in sich, dass das Gegenüber die Übertreibung als Widerspruch zum Gesagten interpretieren könnte.

3 Mögliche weitere Gefühle: überrascht, amüsiert, ärgerlich, zornig, unsicher, froh, erlöst …

5 a Mögliche Übersicht:

Bild	Zuordnung	Erklärung
1	unsicher gegenüber dem Gesagten	Blick leicht nach unten, Arme sind verschränkt und deuten damit eine Art Abwehr an, gleichzeitig aber ein Lächeln auf den Lippen, was auf Zustimmung hindeuten könnte
2	ratlos	Kratzen am Kopf
3	ablehnend, verschlossen, auch ängstlich	Hand vor dem Mund, weit aufgerissene Augen
4	überheblich	selbstgefälliges „Lümmeln" auf einem Stuhl, entspannte Körperhaltung drückt große Sicherheit aus
5	konzentriert, nachdenklich	Blick nach schräg oben, Kopf leicht schief gelegt, Hände liegen aneinander
6	gelangweilt	Arme hinter dem Körper verschränkt, an die Wand gelehnt, leicht genervter Blick nach links oben, Mimik deutet auf Unzufriedenheit hin

Siehe auch die **Folie** „Mimik und Gestik untersuchen".

S. 19 Eigene Anliegen überzeugend vortragen

1 a Ziel: Die Schülersprecherin möchte von der Schulleitung Informationen zur Abschlussfeier bekommen.
Verlauf: Das Gespräch verläuft als eine Art Interview, wobei die Schulleiterin der Schülerin Hilfestellung gibt, mit welchen Überlegungen die gewünschten Informationen selbst erschlossen werden können.

b Das Gespräch verläuft in einer entspannten Atmosphäre, die Schulleiterin hilft der Schülerin, die sich allerdings besser auf das Gespräch hätte vorbereiten können.

2 **a** Möglicher Cluster:

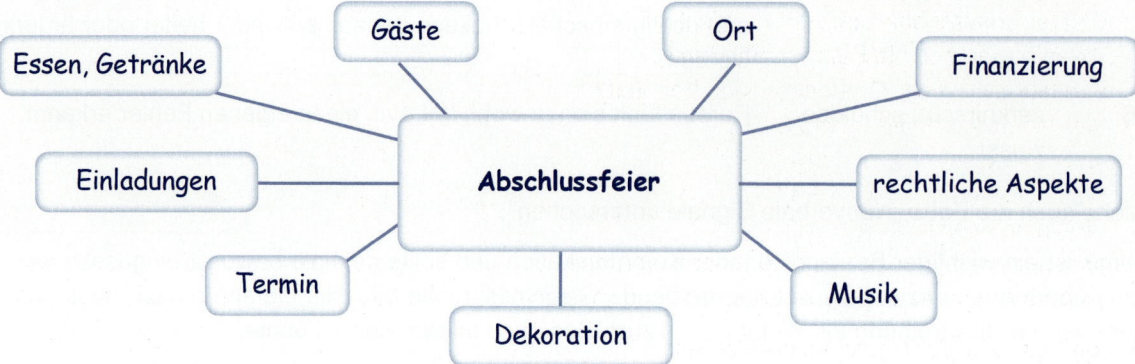

b Mögliche Wünsche und Fragen Janines:
- Wäre es möglich, bei schönem Wetter auch im Pausenhof zu feiern?
- Könnten Sie uns bitte die ungefähre Dauer – vielleicht mit den Uhrzeiten des letzten Jahres – nennen, damit wir dies in unser Einladungsschreiben aufnehmen können?
- Würden Sie uns evtl. die Kontaktdaten der Musiker geben, die im letzten Jahr nach dem Essen gespielt haben?
- Gibt es rechtliche Vorgaben, auf die wir achten müssen; müssen wir z. B. den Sachkostenaufwandsträger vorab um Erlaubnis fragen?
- Welche Ehrengäste dürfen wir keinesfalls vergessen?
- Gibt es vielleicht noch Dekorationsartikel aus den letzten Jahren, die wir noch verwenden könnten?
- Welche Art Essen können Sie uns denn aus Ihrer Erfahrung heraus empfehlen?
- Dürfen wir auch alkoholische Getränke ausschenken?

3 **a** Die in Aufgabe 2b gestellten Fragen können für dieses Gespräch verwendet werden.

1.2 Der Ton macht die Musik – Situationsangemessen kommunizieren

S. 20 **Standardisierte Schreiben verfassen**

S. 20 **Die Anfrage**

1 **a** Mögliche Ergänzung der Liste:
- Uhrzeit der Lieferung
- Angebot für verschiedene Speisen und Getränke
- Servicepersonal
- Teller und Besteck
- Anzahl der Gäste
- örtliche Begebenheiten (Können die Speisen vor Ort noch fertig zubereitet werden?)

b Wichtigste W-Fragen, auf welche die Schüler/-innen in ihrer Anfrage eingehen müssen:

Wer ist Ansprechpartner und Ausrichter?

Wann genau soll die Feier stattfinden?

Wie lange wird der Cateringservice benötigt?

Wo genau findet die Feier statt?

Wie viele Gäste werden erwartet?

Was soll angeboten werden?

Wohin soll geliefert werden?

Welcher Preisrahmen soll eingehalten werden?

Welche Alternativangebote sollten offeriert werden?

2 Budget: das zur Verfügung stehende Geld

Skonto: Preisnachlass für eine Ware oder Dienstleistung, wenn die Rechnung bis zu einem bestimmten Termin beglichen wird

Antipasti: italienisch für Vorspeisen

Fingerfood: englisch für Nahrungsmittel, die man auch ohne Besteck, also mit den Fingern essen kann

Vier-Gänge-Menü: ein Essen, das aus vier verschiedenen Gängen besteht

Mengenrabatt: gestaffelter Preisnachlass, jeweils ab einer bestimmten Kaufmenge

3 Mögliches Anfrageschreiben:

Sehr geehrte Damen und Herren,

wir, die Schülermitverwaltung der Leopold-Sonnemann-Realschule, würden uns freuen, wenn Ihr Unternehmen ein Angebot für ein Catering bei unserer Abschlussfeier erstellen könnte.

Diese findet am Freitag, den 18. Juli statt. Das Essen sollte gegen 18.30 Uhr beginnen. Für den Aufbau und das Anrichten der Speisen stünde Ihnen die Schulküche ab 17.30 Uhr zur Verfügung. In Ihrer Kalkulation sollten bitte auch das nötige Geschirr und das Besteck berücksichtigt sein.

Da unser Hausmeister am Folgetag nicht in der Schule ist, wäre eine Abholung Ihrer Materialien noch am Abend nach der Veranstaltung wünschenswert. Das Ende ist gegen 23 Uhr geplant. Wir rechnen mit ungefähr 300 Gästen und würden Sie bitten, uns bei der Kalkulation der jeweiligen Essensmengen zu beraten. Gibt es ab einer bestimmten Personenanzahl möglicherweise eine Rabattierung? Können Sie auch eine Auswahl an Getränken anbieten? Gerne würden wir uns auf Mineralwasser, Apfelsaftschorle und Cola beschränken.

Außerdem wäre es wünschenswert, wenn Sie die Möglichkeit eines Skontoabzugs für die Rechnungsstellung zusichern könnten.

Über eine zeitnahe Antwort würden wir uns freuen.

Mit freundlichen Grüßen

Janine Steinflecken

4 **a** Abkürzungen:

SgDuH = Sehr geehrte Damen und Herren

SMV = Schülermitverwaltung

gg. = gegen

a. A. = am Abend

i. H. = im Haus

ca. = circa

BM? = bis morgen

MfG = Mit freundlichen Grüßen

b Betreffzeile: Bitte um ein Cateringangebot für die Abschlussfeier

c Beispiel für eine Überarbeitung:

Sehr geehrte Damen und Herren,

die Schülermitverwaltung der Leopold-Sonnemann-Realschule bittet Sie um die Abgabe eines Angebots für das Catering zu unserer Abschlussfeier. Diese findet am Freitag, den 18. Juli statt. Das

Essen sollte gegen 18.30 Uhr beginnen. Für den Aufbau und das Anrichten der Speisen stünde Ihnen die Schulküche ab 17.30 Uhr zur Verfügung. In Ihrer Kalkulation sollten bitte auch das nötige Geschirr und das Besteck berücksichtigt sein.

Da unser Hausmeister am Folgetag nicht in der Schule ist, wäre eine Abholung Ihrer Materialien noch am Abend nach der Veranstaltung wünschenswert. Wir rechnen mit ungefähr 300 Gästen und würden Sie bitten, uns bei der Kalkulation der jeweiligen Essensmengen zu beraten. Können Sie außerdem auch eine Auswahl an Getränken anbieten? Gerne würden wir uns vornehmlich auf Mineralwasser, Apfelsaftschorle und Cola beschränken.

Über eine zeitnahe Antwort würden wir uns freuen.

Mit freundlichen Grüßen
Janine Steinflecken

5 **b** Die Kontaktaufnahme könnte telefonisch erfolgen, um einen ersten Überblick zu bekommen, welche Firmen das gewünschte Angebot liefern können. Die konkrete Anfrage sollte aber schriftlich erfolgen, da alle Parameter an unterschiedliche Anbieter geschickt werden können und da man nach Erhalt der Angebote direkte Vergleichsmöglichkeiten hat.

S. 21 Das Beschwerdeschreiben

1 **a** Bild 1: Essen nicht gemäß der Bestellung, zu wenig, zu viel
Bild 2: Musik zu laut, zu leise, unpassend, Technik fehlerhaft
Bild 3: Stromausfall, Sicherheitsmängel
Bild 4: Geruchsbelästigung, Essen geschmacklich nicht den Anforderungen entsprechend

2/3 Beispiel für ein Beschwerdeschreiben:

Sehr geehrte Damen und Herren,

leider müssen wir Ihnen mitteilen, dass die von Ihnen bei der Abschlussfeier der Realschule Höchberg am 18. Juli 2015 eingesetzte Technik bei Weitem nicht den vertraglich festgelegten Umfang erfüllte.

Für die musikalische Untermalung des Essens und der anschließenden Tanzveranstaltung hatten wir eine Soundanlage und eine Lichtanlage nebst Aufbau gebucht. Leider war die Musikanlage so leise, dass man bereits während des Essens die Musik nicht mehr hören konnte. Ähnlich verhielt es sich bei der Tanzveranstaltung. Eine Höherregelung der Musik war nicht möglich.

Hinzu kommt, dass die Lichtanlage nur zwei verschiedenfarbige Lampen enthielt, wir aber laut Vertrag fünf Lichteffekte und ein Stroboskoplicht gebucht hatten.

Bitte teilen Sie uns innerhalb einer Woche schriftlich mit, wie Sie die uns entstandenen Unannehmlichkeiten auszugleichen gedenken.

Mit freundlichen Grüßen
Janine Steinflecken

S. 23 Persönliche Schreiben zu besonderen Anlässen verfassen

S. 23 Kondolenz- und Genesungsschreiben

1 A = Kondolenzkarte für einen Todesfall
B = Genesungskarte

2 **a** Die Einleitungssätze benennen die Informationsquelle, durch die man vom Todesfall bzw. von der Erkrankung erfahren hat. Damit erklärt man dem Adressaten, weshalb bzw. durch wen man in Kenntnis gesetzt worden ist.

b Die Angebote beziehen sich immer auf Hilfestellungen. Entweder wird Hilfe durch das Übermitteln von Arbeitsmaterialien angeboten oder psychologische Unterstützung in einer schwierigen Situation – hier durch das Angebot eines „offenen Ohres".

c Die Angebote sollten nicht aufdringlich wirken und nicht auf eine gewisse Sensationslust hindeuten. Außerdem sollte man Hilfsangebote nur dann machen, wenn man sie auch einhalten und umsetzen kann.

3 Weitere Anlässe: Geburtstag, Hochzeit, Geburt eines Kindes, Bestehen einer Prüfung, Beförderung, Einladung zu einer Feier, sportlicher Erfolg, Berufung in ein besonderes Amt …

S.24 **Das Einladungsschreiben**

1 Beispiel für eine Überarbeitung:

Sehr geehrter Herr Bürgermeister Stachel,

auch in diesem Jahr wird die Leopold-Sonnemann-Realschule Höchberg eine große Abschlussfeier mit der Zeugnisübergabe für unsere Absolventen begehen. Dazu wollen wir Sie sehr herzlich einladen und gleichzeitig höflich anfragen, ob es Ihnen möglich wäre, wieder ein kurzes Grußwort im Umfang von etwa 5 bis 10 Minuten zu sprechen.
Die Feier findet am 18.07.2016 in der Mainlandhalle statt, Beginn ist um 16.30 Uhr.
Ihr Grußwort ist direkt im Anschluss an die Begrüßung durch unseren Schulleiter Herrn Steiner geplant.
Im Anhang finden Sie auch einen Programmzettel, dem Sie die weiteren Festredner entnehmen können.
Bitte teilen Sie uns bis Ende März 2016 mit, ob Sie unsere Einladung annehmen und ob Sie für das Grußwort zur Verfügung stehen. Über eine positive Rückmeldung würden sich die Schülerschaft, der Elternbeirat, der Förderverein, das Lehrerkollegium und die Schulleitung sehr freuen.

Mit freundlichen Grüßen im Namen der gesamten Schulgemeinschaft
Janine Steinflecken
1. Schülersprecherin

2 Durch die große Anzahl an Anfragen könnte eine E-Mail leicht übersehen bzw. versehentlich gelöscht werden.

3 a Bürgermeister, Landrat, Sponsoren, ehemalige Schulleiter, Förderverein, Elternbeirat, Sachkostenaufwandsträger, ehemaliges Personal, Verwaltung

S.25 1.3 Fit in …? – Einen Beschwerdebrief verfassen

1 a Wichtige Angaben der Aufgabenstellung:
   – Metzgerei und Catering GmbH Fuchs, Schillerstraße 13, 54321 Hungerstadt
   – Absender: i. V. der SMV Janine Steinflecken, Waldweg 3, 12345 Dörfchen
   – Grund der Beschwerde: fehlerhafte Lieferung – es fehlten der Tomaten-Mozzarella-Salat und die Orangensaftschorle; statt der gebackenen Champignons wurden marinierte Pilze mit Sprossen geliefert
   – Die vorab vereinbarten 2 % Skonto fehlen in der Rechnungsstellung.
   b Fehlende Angaben: Datum: 25.07.2015

2 Beispiel für eine Überarbeitung:

Beschwerde bezüglich des Caterings vom 25.7.2015 in Höchberg

Sehr geehrter Herr Fuchs,

leider muss ich Ihnen mitteilen, dass wir nur zum Teil mit dem Catering am Abend des 25.07.2015 in Höchberg durch Ihr Unternehmen zufrieden waren.
Die Speisen waren sehr schmackhaft und konnten unsere Erwartungen vollständig erfüllen. Allerdings fehlte beim Salatbuffet der gewünschte Tomaten-Mozzarella-Salat völlig.

Als Vorspeisen waren außerdem von uns gebackene Champignons bestellt, stattdessen lieferte Ihr Unternehmen marinierte Pilze mit Sprossen. Sicherlich können Sie anhand Ihrer Aufzeichnung diese Abweichungen nachvollziehen.

Zu guter Letzt mussten wir bei den Getränken auf die Orangensaftschorle verzichten, da diese bei der Lieferung nicht berücksichtigt wurde, obwohl es laut unserem Bestellzettel vermerkt war.

Ihre Rechnungsstellung erfolgte dann korrekt nach unseren Bestellungen. Bitte ändern Sie jedoch Ihre Rechnung, damit wir entsprechend Ihrer Lieferung auch nur die tatsächlich erhaltenen Positionen zu begleichen haben.

Leider haben wir auch das im Vorfeld vereinbarte Skontoangebot von 2 % nicht in der Rechnung finden können. Bitte berücksichtigen Sie diese Vereinbarung bei Ihrer erneuten Kalkulation.

Sicherlich werden Sie zu den oben genannten Punkten Stellung nehmen und uns eine geänderte Rechnung schicken. Wir bitten um eine Überarbeitung innerhalb der nächsten 14 Tage.

Mit freundlichen Grüßen
Janine Steinflecken

Vorschläge für einen Test oder eine Stegreifaufgabe

– Ein Smalltalk-Beispiel ordnen
  Siehe die **Kopiervorlage 2**.
– Ein Einladungsschreiben zur Abschlussfeier verfassen
– Einen Beschwerdebrief wegen einer falsch gelieferten Ware schreiben

Smalltalk in einem Rollenspiel üben (1 von 3)

Stellt euch folgende Situation vor: Ein neuer Schüler betritt das Klassenzimmer und stellt sich der Lehrkraft vor.
Überlegt, wie ein Smalltalk verlaufen könnte. Macht euch Notizen und spielt das Gespräch der Klasse vor.

Rollenkarte

Neuer Schüler
- Du bist neu an der Schule. Stell dich der Lehrkraft vor.
- Deine Eltern mussten umziehen, da dein Vater einen neuen Arbeitsplatz hat.
- Du willst sehr schnell in einen Sportverein.
- Du versuchst, sowohl die Lehrkraft als auch die Mitschüler darauf anzusprechen.

Rollenkarte

Klassenlehrer
- Du begrüßt den neuen Schüler und weist ihm einen Platz zu.
- Du fragst, wie es ihm bisher gefällt und ob er bereits Kontakte geknüpft hat.
- Du fragst nach seinen Noten, Interessen und Vorlieben.

Rollenkarte

Mitschüler 1
- Du fragst den Klassenlehrer nach deinen mündlichen Noten.
- Du begrüßt nach seiner Vorstellung den neuen Mitschüler.
- Du fragst ihn nach seinen Hobbys.

Rollenkarte

Mitschüler 2
- Du fragst den Klassenlehrer nach einer Änderung der Sitzordnung. Fall dabei aber nicht mit der Tür ins Haus, sondern beginne mit der Lehrkraft zunächst einen kurzen Smalltalk.

Kopiervorlage

Autor: Timo Koppitz

Smalltalk in einem Rollenspiel üben (2 von 3)

Stellt euch folgende Situation vor: Ein Azubi betritt seinen Ausbildungsbetrieb und trifft am Aufzug auf drei Azubis aus anderen Abteilungen.
Überlegt, wie ein Smalltalk verlaufen könnte. Macht euch Notizen und spielt das Gespräch der Klasse vor.

Rollenkarte

1. Azubi
- Begrüße die drei Azubis.
- Überlege dir einen „Eisbrecher" für den Beginn eines Smalltalks mit den Azubis, die bereits am Aufzug warten.
- Weitere mögliche Smalltalk-Themen:

_____

_____

Rollenkarte

2. Azubi
- Begrüße Azubi 1.
- Frage ihn nach seiner Abteilung.
- Weitere mögliche Smalltalk-Themen:

_____

_____

Rollenkarte

3. Azubi
- Begrüße Azubi 1.
- Frage Azubi 4, ob er Azubi 1 schon einmal im Betrieb gesehen hat.
- Weitere mögliche Smalltalk-Themen:

_____

_____

Rollenkarte

4. Azubi
- Begrüße Azubi 1.
- Antworte Azubi 3 auf seine Frage.
- Weitere mögliche Smalltalk-Themen:

_____

_____

Cornelsen   Autor: Timo Koppitz

Kopiervorlage

Kapitel 1
KV 1, Blatt 2

Smalltalk in einem Rollenspiel üben (3 von 3)

Beobachtungsbogen

Situation des Smalltalks: _____

Name / Funktion des Sprechenden: _____

	sinnvoll / angemessen	nicht sinnvoll / nicht angemessen
„Eisbrecher"		
Gesprächsthemen • • • •		
Mimik		
Gestik		
Körperhaltung		
Sprechlautstärke		
Sprache allgemein		

Verbesserungsvorschläge:

_____

_____

_____

_____

_____

Autor: Timo Koppitz

Kopiervorlage

Kapitel 1

KV 1, Blatt 3

Ein Smalltalk-Beispiel ordnen

Beispiel 1

Stell dir folgende Situation vor: Du triffst eine Lehrkraft deiner Schule im Stadtpark.
Ordnet das Gespräch in eine sinnvolle Reihenfolge. Spielt es anschließend mit korrekter Mimik und Gestik der Klasse vor.

Dir auch.

Ja. Es ist doch endlich mal wieder schönes Wetter. Gehst du auch spazieren?

Ja, ich habe es zum Glück nicht weit hierher. Ihr habt doch heute Englisch-Schulaufgabe geschrieben?

Ist alles gut gelaufen?

Danke, Frau Kaiser. Ihnen einen schönen Tag noch.

Na ja, eigentlich schon, aber bei zwei Fragen war ich mir doch recht unsicher.

Ja, ich habe noch ein wenig Zeit, bis ich mich mit Michael treffe. Und morgen soll es ja wieder regnen.

Wohnen Sie hier in der Nähe?

Hallo, Frau Kaiser. Na, nutzen Sie das schöne Wetter auch für einen Spaziergang?

Na, dann grüße mal Michael recht schön von mir. Ich wünsche dir alles Gute für die Schule!

Beispiel 2

Stell dir folgende Situation vor: Du bist auf einer Fortbildung. Es ist gerade Pause und du willst dir einen Kaffee am Buffet nehmen.
Ordnet das Gespräch in eine sinnvolle Reihenfolge. Spielt es anschließend mit korrekter Mimik und Gestik der Klasse vor.

Ja, er macht es ziemlich interessant, nicht wahr?

Nur zweimal. Aber ich war jedes Mal begeistert. Woher kennen Sie ihn?

Ah, ich habe eines seiner Bücher gelesen: Motivation im Beruf.

Das kenne ich auch. Super, finden Sie nicht auch?

Das finde ich auch. Waren Sie schon öfter auf Vorträgen von ihm?

Ja, gern. Vielen Dank. Nehmen Sie anschließend auch am Workshop von Doktor Kaiser teil?

Darf ich Ihnen auch gleich einen Kaffee einschenken?

Allerdings. Oh, ich denke, wir müssen wieder in den Tagungsraum.

Ein Smalltalk-Beispiel ordnen (KV 2)

Lösungen

Beispiel 1

- Hallo, Frau Kaiser. Na, nutzen Sie das schöne Wetter auch für einen Spaziergang?
- Ja. Es ist doch endlich mal wieder schönes Wetter. Gehst du auch spazieren?
- Ja, ich habe noch ein wenig Zeit, bis ich mich mit Michael treffe. Und morgen soll es ja wieder regnen. Wohnen Sie hier in der Nähe?
- Ja, ich habe es zum Glück nicht weit hierher. Ihr habt doch heute Englisch-Schulaufgabe geschrieben? Ist alles gut gelaufen?
- Na ja, eigentlich schon, aber bei zwei Fragen war ich mir doch recht unsicher.
- Na, dann grüße mal Michael recht schön von mir. Ich wünsche dir alles Gute für die Schule!
- Danke, Frau Kaiser. Ihnen einen schönen Tag noch.
- Dir auch.

Beispiel 2

- Darf ich Ihnen auch gleich einen Kaffee einschenken?
- Ja, gern. Vielen Dank. Nehmen Sie anschließend auch am Workshop von Doktor Kaiser teil?
- Ja, er macht es ziemlich interessant, nicht wahr?
- Das finde ich auch. Waren Sie schon öfter auf Vorträgen von ihm?
- Nur zweimal. Aber ich war jedes Mal begeistert. Woher kennen Sie ihn?
- Ah, ich habe eines seiner Bücher gelesen: Motivation im Beruf.
- Das kenne ich auch. Super, finden Sie nicht auch?
- Allerdings. Oh, ich denke, wir müssen wieder in den Tagungsraum.

2 Leben in Digitalien – Soziale Medien analysieren und diskutieren

Konzeption des Gesamtkapitels

Das Kapitel befasst sich mit Kompetenzen, die in unserer heutigen Gesellschaft unabdingbar sind. Zum einen müssen die Schüler/-innen über eine nachhaltige Medienkompetenz verfügen, die dazu befähigt, Medien zu analysieren und kritisch zu hinterfragen. Zum anderen sollen die Jugendlichen in der Lage sein, über Themen zu diskutieren und zu debattieren. Dem überzeugenden Argumentieren, das im Deutschunterricht einen großen Raum einnimmt, kommt hierbei eine wesentliche Rolle zu.

Das erste Teilkapitel (**„Fremd und nah – Soziale Medien untersuchen"**) ist schwerpunktmäßig dem Kompetenzbereich „Mit Texten und Medien umgehen" zugeordnet. Untersucht werden die sozialen Medien, die laut JIM-Studie 2015 das Fernsehen als beliebteste mediale Aktivität bei den 12- bis 19-Jährigen hinter dem Handy / Smartphone und Internet auf Platz drei verdrängt haben. Somit wird direkt an die Erfahrungswelt der Jugendlichen angeknüpft, weshalb zu Beginn des Kapitels das Vorwissen aktiviert wird, um anschließend allgemeingültige Merkmale sozialer Medien zu erarbeiten. Ausgehend von dieser Definition analysieren die Schüler/-innen mit Hilfe entsprechender Hintergrundinformationen jenes Medienangebot kritisch und werden sich bewusst, dass soziale Medien unsere Lebenswelt stark verändert haben und auch enorme Gefahren in sich bergen. Abschließend wird ein reflektierter und verantwortungsvoller Umgang mit den sozialen Medien angeregt.

Diesem Anspruch ist auch das zweite Teilkapitel (**„Der Preis der Daten – Diskussionsrunden durchführen"**) verpflichtet. Durch das erworbene Wissen soll es den Lernenden erleichtert werden, zu entsprechenden Themen eine weitere Kompetenz, nämlich ihre Gesprächs- und Diskussionsfähigkeit, zu vervollkommnen. Dabei wird an die vorhergehenden Jahrgangsstufen angeknüpft, im Hinblick auf „Jugend debattiert" vor allem an die Jahrgangsstufe 8. Es stehen nicht nur unterschiedliche Diskussionsformen, Regeln und Argumentationstechniken im Fokus, sondern auch das aktive Zuhören und die Beobachtung von Diskussionsrunden.

Das dritte Teilkapitel (**„Projekt – Foren oder Blogs präsentieren"**) vereint beide vorausgegangenen Einheiten, weil es die Schüler/-innen mit Diskussionen im Netz konfrontiert. Dabei werden Unterschiede zwischen realen und virtuellen Diskussionen eruiert und Möglichkeiten dargestellt, auf welche Weise man im Netz seinen Standpunkt vertreten kann. Mit Hilfe bestimmter Kriterien sollen die Jugendlichen schließlich Blogs und Foren differenziert untersuchen und die Ergebnisse präsentieren.

Literaturhinweise

Dürscheid, Christa u. a.: Ist ein Freund noch ein Freund? Facebook und Sprachwandel. In: Der Deutschunterricht 2/2013

Hielscher, Frank u. a.: Debattieren unterrichten. Seelze [3]2013

Jugend debattiert. Informationen für Lehrer. Hg. v. der Gemeinnützigen Hertie-Stiftung. Frankfurt/M. 2009

Jugend debattiert. Informationen für Schüler. Hg. v. der Gemeinnützigen Hertie-Stiftung. Frankfurt/M. 2009

Medienführerschein Bayern. Materialien für die 8. und 9. Jahrgangsstufe für Lehrerinnen und Lehrer. Hg. v. der Stiftung Medienpädagogik Bayern. München 2014

Neue Medien – recherchieren, produzieren, präsentieren. Deutschunterricht 6/2008

Sprache und Kommunikation im Web 2.0. Der Deutschunterricht 6/2012

www.jugend-debattiert.de
www.klicksafe.de
www.mpfs.de/index.php?id=276 (JIM-Studie)

Inhalte

Kompetenzen

Die Schülerinnen und Schüler können

– den Einfluss der sozialen Medien auf den
Einzelnen und die Gesellschaft erkennen
– Besonderheiten der Kommunikation im Internet
untersuchen
– den Begriff „soziale Medien" erklären und
Merkmale nennen

– Informationen zusammenfassen und
wiedergeben
– die Bedeutungserweiterung des Wortes
„Freund" verstehen
– argumentative und appellative Schreibformen
anwenden

– essenzielle rechtliche Bestimmungen im
Internet in Bezug auf eigene Posts beachten
– die Gefahren der sozialen Medien erläutern
und diesen kritisch begegnen

– Manipulation durch die sozialen Medien
erkennen
– eine Diskussion inhaltlich vorbereiten
– eine Fishbowl-Diskussion durchführen
– Diskussionen aufmerksam verfolgen und
die Informationen differenziert verarbeiten
– anderen aktiv zuhören und Argumente
weiterführen

– weiterführende (kreative und argumentative)
Aufgaben formulieren
– weiterführende Aufgaben an einen TGA
schlüssig anknüpfen

– die verschiedenen Rollen bei einer Debatte
aufzählen
– Kriterien einer überzeugenden Argumentation
formulieren
– eine Debatte vorbereiten, durchführen und
bewerten
– Kriterien einer gelungenen Debatte zuordnen
– Bewertungsbögen beurteilen und erstellen
– ein konstruktives Feedback formulieren

– reale und virtuelle Diskussionen vergleichen
– Vorteile des Diskutierens im Netz erklären
– eine Netiquette für Diskussionen im Internet
verfassen
– Foren von Blogs unterscheiden
– im Team Foren oder Blogs auf ihre Qualität
hin untersuchen und präsentieren

||| S.27 Auftaktseite

1 Die Fotos verdeutlichen die unterschiedlichen Kommunikationsformen und ermöglichen somit einen Einstieg in die Thematik. Auf beiden Fotos wird kommuniziert. Die Jugendlichen auf dem rechten Foto unterhalten sich face-to-face. Dabei fallen die zugewandte Körperhaltung, der Blickkontakt mit der freundlichen Mimik sowie die Gestik auf.

Auf dem linken Foto hingegen wurden die Köpfe durch Bildschirme ersetzt, welche die Seiten eines sozialen Netzwerks zeigen. Der Junge und das Mädchen unterhalten sich über das soziale Netzwerk. Nonverbale Aspekte fallen dabei aber komplett weg, was durch die starre Körperhaltung evident wird. Siehe hierzu auch die **Folie** „Kommunikationsverhalten beschreiben".

2 **a** Die Schüler/-innen könnten folgende soziale Medien nennen: Facebook, Wikipedia, YouNow, Instagram, Twitter, Pinterest, Flickr, Google+, YouTube, meinVZ.

Man sollte sich als Lehrkraft mit Hilfe der JIM-Studie, die jedes Jahr publiziert wird, über die beliebtesten Online-Communitys informieren, da sich der Stellenwert mancher Communitys rasch ändern kann. Allerdings werden in der Studie auch Instant-Messaging-Dienste zu den Online-Communitys gerechnet. Die Studie ist online einsehbar: www.mpfs.de/index.php?id=276

b Folgende Antworten der Schüler/-innen sind denkbar:
- kostenlose Nutzung
- Senden von E-Mails oder Unterhaltung im Chat
- Kontaktpflege mit Menschen auf der ganzen Welt
- Gestaltung eines eigenen Profils
- rascher Austausch von Fotos oder Clips
- Information über die Aktivitäten von Freunden oder auch Prominenten
- Liken oder Kommentieren von Posts
- Suche nach Leuten oder Knüpfen neuer Kontakte
- Spiele

2.1 Fremd und nah – Soziale Medien untersuchen

||| S.28 Privates öffentlich? – Soziale Medien und ihre Merkmale

1 Folgende Aspekte findet man in den Zeilen 18 ff.:
- Verlust des Wissens um wahre Freundschaft
- Verlernen der realen Kommunikation
- Manipulation
- Fehlende Privatsphäre
- Betonung des Kommerz

2 Den Schülerinnen und Schülern könnte das rasche Kommunizieren fehlen, ebenso die Bestätigung, die man durch „Gefällt mir"-Klicks erhält. Zudem verliert man leichter den Kontakt zu Freunden, die weiter entfernt leben, und bekommt weniger mit, was in deren Leben gerade passiert.

Durch Facebook erhält man leicht Zugang zu den Erfahrungen und Meinungen der anderen, was sich wiederum auf das eigene Verhalten auswirken kann. Privates ist somit öffentlicher und die Welt durch die kurzen Kommunikationswege kleiner geworden.

3 Merkmale vieler sozialer Netzwerke:
- Erstellen eines eigenen Profils nach der Anmeldung
- Freundeslisten
- verschiedene Kommunikationsmöglichkeiten (Chat, Nachricht, Pinnwand)
- Posten von Fotos, Clips, Texten, Links etc.
- „Gefällt mir"-Angaben

4 Beispiel für einen Blogeintrag:
30 Minuten – 1800 Sekunden war Facebook heute nicht erreichbar. Habt ihr es mitbekommen?
Als ich mich heute um kurz nach 10 Uhr bei Facebook einloggen wollte, kam lediglich die Fehlermeldung „Sorry, something went wrong". Sofort prüfte ich, ob ich mich vertippt hatte – nein. Die Internetverbindung funktionierte auch einwandfrei. Also nochmals: www.facebook.de. Erneut nicht das so vertraute Anmeldefenster des sozialen Netzwerks. Es störte und ärgerte mich in diesem Moment sehr, denn ich musste endlich die neuen Urlaubsfotos posten, damit Jule und Max zu sehen bekamen, wie fantastisch das Meer war. Kurzzeitig überlegte ich, ob ich Jule eine SMS senden und wir uns verabreden sollten, damit ich ihr die Fotos zeigen konnte. In diesem Moment erhielt ich eine Nachricht von ihr. Sie fragte mich, ob bei mir Facebook auch nicht ginge. Das beruhigte mich und wir trafen uns doch tatsächlich offline, obwohl man sich bald darauf wieder einloggen konnte, wie ich feststellte …

5 **a**   A Permanenz   B Kontextwechsel   C Interesse   D Auffindbarkeit

b Es bietet sich hier an, die Schüler/-innen in Gruppen einzuteilen, sodass jeweils die Vor- und Nachteile von realer Kommunikation bzw. die Vor- und Nachteile der Internetkommunikation erarbeitet werden.

Reale Kommunikation	
Vorteile	**Nachteile**
– Einsatz von Mimik und Gestik, um das Gesagte zu unterstreichen – Interpretationsmöglichkeit der Mimik und Gestik des Gesprächspartners – sofortige Reaktion auf das Gesagte möglich – eindeutiger Kontext des Gesagten – Flüchtigkeit von Gesagtem	– keine zeitversetzte Kommunikation möglich – i. d. R. keine Speicherung des Gesagten – Gebundenheit an den Ort – oft Dominanz der Unterhaltung durch einen Gesprächspartner

Internetkommunikation	
Vorteile	**Nachteile**
– zeitversetzte Kommunikation → Speicherung der Unterhaltung – rascher Austausch mit Gleichgesinnten auf der ganzen Welt – ungezwungene Unterhaltung durch Anonymität	– keine Mimik und Gestik – Datenmissbrauch – Vortäuschung einer falschen Identität – Informationsflut – Verfälschung der Aussage durch Kontextwechsel

S. 30   Gemeinsam einsam? – Freundschaft in sozialen Netzwerken betrachten

1 **a** Wenn sich die Schüler/-innen im Plenum nicht trauen sollten, die Anzahl ihrer Freunde in einem sozialen Netzwerk zu nennen, kann man sie anonym auf eine Folie schreiben und anschließend mit der Grafik vergleichen lassen.
Siehe hierzu die **Folie** „Freundschaft in sozialen Netzwerken untersuchen".

33

b Eine große Anzahl von Freunden stellt für viele Jugendliche einen Indikator dafür dar, dass jemand in der Peergroup sehr beliebt ist.

c In der Realität ist eine solch große Freundeszahl unmöglich, da man derart viele Kontakte überhaupt nicht pflegen kann. Untersuchungen haben ergeben, dass man in der Realität maximal 150 Freundschaften aufrechterhalten kann. (Vgl. www.zeit.de/digital/internet/2010-08/soziale-netzwerke-freunde /seite-2)

2 a Mögliche überraschende / interessante Aspekte:
- Zunahme der Einsamkeit und Depressionen bei Jugendlichen (Z. 4–9)
- Reduzierung des Wohlbefindens (Z. 18–20)
- Reduzierung des Ego auf ein angelegtes Profil (Z. 30–33)
- Inszenierung von Scheinwelten (Z. 33–37)
- Keine Vergleichbarkeit von realen und virtuellen Freundschaften (Z. 63–73)

b Zweck der Aufgabe ist es, sich nochmals intensiver mit dem Text auseinanderzusetzen. Die Reaktionen in den Klassen werden wohl unterschiedlich sein. Folgende Aspekte können von den Schülerinnen und Schülern evtl. angeführt werden, sei es zustimmend oder ablehnend:
- Man vergleicht sich in den sozialen Netzwerken gerne mit anderen und entwickelt Neid auf andere (Z. 38–44).
- Die virtuelle Welt ersetzt die reale Welt (Z. 56–59).
- In erster Linie werden positive Erlebnisse gepostet (Z. 68 f.).
- Reale Gefühle können im Netz nicht passend vermittelt werden (Z. 72 f.).

3 a Unter Defiziterfahrung (Z. 44) versteht man – unter Bezug auf den Text – das Gefühl der Unzufriedenheit bei Jugendlichen, das durch den Vergleich des eigenen Profils mit dem der anderen Nutzer ausgelöst wird. Diese Nutzer führen offenbar ein erfolgreicheres, spannenderes und aufregenderes Leben als man selbst.

b Die Schüler/-innen werden i. d. R. zustimmen, dass man seltener negative Erfahrungen postet als positive.

4 a Die Definition der Schüler/-innen könnte so lauten: Ein Freund ist eine Person, die einem nahesteht, mit der man gerne Zeit verbringt und etwas unternimmt. Man erzählt sich vieles, vertraut dem anderen und kann auf dessen Unterstützung in schweren Zeiten bauen.
Es bietet sich an, die einzelnen Definitionen im Plenum auf Gemeinsamkeiten zu untersuchen. Man kann die Schüler/-innen auch Zitate im Internet über Freundschaft recherchieren lassen. Freunde in Netzwerken sind oft auch nur flüchtige Bekannte. Daher kann man beispielsweise bei Facebook seine Freunde in Kategorien einteilen: enge Freunde, Freunde, Bekannte.

b Reale Freundschaften:
- Es wird oftmals eher Kritik geäußert, was zu Konflikten führen kann (Z. 64–67). Im Netz hingegen wird solchen Auseinandersetzungen eher aus dem Weg gegangen.
- Man teilt dem Freund mit, dass es einem schlecht geht (Z. 68 f.).
- Auch eine Rückmeldung mit dem Ausdruck der eigenen Gefühle ist in einem persönlichen Gespräch direkter möglich (Z. 72 f.), beispielsweise durch Gesten.

5 Möglicher **Leserbrief**:
Stellungnahme zum Artikel „Hunderte ‚Freunde' bei Facebook – und doch alleine"
Sehr geehrter Herr Laage,
wie in Ihrem Artikel „Hunderte ‚Freunde' bei Facebook – und doch alleine" zu lesen war, sind viele Jugendliche heute trotz ihrer zahlreichen Freunde in sozialen Netzwerken einsam oder gar depressiv. Online-Communitys würden also eher negative Gefühle beim Nutzer hinterlassen. Diesen Aspekten stimme ich teilweise zu.
Zunächst haben Sie damit recht, dass sich viele Jugendliche auf Facebook mit anderen vergleichen und dass sich rasch Neid entwickelt, wenn Freunde offenbar ein aufregenderes und scheinbar glück-

licheres Leben führen als man selbst. Dies kann zu einem Gefühl des Ausgeschlossenseins führen, obgleich das vermutlich nur die wenigsten zugeben würden.

Als einen weiteren Aspekt möchte ich noch den Druck für die jungen Nutzer anführen, endlich auch einmal wieder etwas posten zu müssen, denn nur wer etwas mitzuteilen hat, wird letztendlich auch im Netz beachtet.

Wenn man aber im realen Leben seinen Freundeskreis hat und diese Kontakte pflegt, erhält man dort immer wieder ein positives Feedback, um das Vertrauen in sich selbst zu stärken und negative Erlebnisse zu kompensieren. Den meisten von uns dürfte somit der Unterschied zwischen einem „echten" und einem „virtuellen" Freund bewusst sein. Zudem gibt es durchaus auch Posts, bei denen man sich einfach für die eigenen Freunde mitfreut.

Problematisch wird es allerdings für Einzelgänger oder Außenseiter, deren soziales Leben sich tatsächlich nur auf den virtuellen Raum beschränkt und die sich dort eine Bestätigung erhoffen, die sie im realen Leben vergebens suchen.

Insofern stimme ich Herrn Heinzlmaiers Forderung zu, reale Freundschaften durch gemeinsames Erleben zu stärken.

Mit freundlichen Grüßen

Möglicher **Aufruf**:

Trefft euch mal wieder offline!

Kennt ihr das? Bereits auf dem Nachhauseweg von der Schule und zu Hause ist man erst einmal damit beschäftigt, die neuesten Posts der Online-Freunde zu liken oder zu kommentieren und das eigene Profil zu aktualisieren, damit jeder weiß, was gerade im eigenen Leben los ist.

Aber wann habt ihr das letzte Mal ein wirkliches Gespräch mit euren „echten" Freunden geführt oder etwas mit ihnen unternommen? Wann habt ihr das letzte Mal so richtig gestritten, dass die Fetzen flogen, gemeinsam gelacht, Spaß gehabt oder einfach nur gemeinsam gechillt? – Schon eine Zeit lang her?

Ihr wisst aber schon, dass nur reale Freunde
- euch geduldig zuhören?
- euch anlächeln?
- euch umarmen?
- euch trösten?
- euch ermutigen?
- euch konstruktive Kritik geben?
- einfach für euch da sein können?!

Überzeugt? Dann mal los: Trefft euch offline!

S. 32 Meine Daten, deine Daten, unsere Daten?! – Mit sozialen Medien verantwortungsvoll umgehen

1 Mögliche Antworten der Schüler/-innen:
- Party am See: Ein Mitschnitt könnte gesetzlich verboten sein und bestraft werden können.
- Foto: Nina wird sich sehr darüber aufregen, dass Klara sie gegen ihren Willen fotografiert und das Bild in einem sozialen Netzwerk veröffentlich hat.
- Kommentar: Frau Richter wird durch die Aussage beleidigt. Klara kann dazu aufgefordert werden, den Post zu löschen.

2 a Entwurf eines Beitrags für die Schülerzeitung:
Viele von euch sind im Internet aktiv und bei sozialen Netzwerken angemeldet. Doch wie es für unser alltägliches Zusammenleben klare (gesetzliche) Regeln gibt, sind solche auch im Internet zu beachten. Denn dort ist keinesfalls alles erlaubt. Hier ein kleiner Überblick:
- Was darfst du im Netz?
  Du darfst alles, was du selbst fotografiert, geschrieben, aufgenommen hast usw. im Internet veröffentlichen, wenn du dabei nicht die Rechte anderer verletzt.

– Was darfst du nicht im Netz?

Du darfst keine Fotos von anderen ohne deren Erlaubnis posten.

Du darfst niemanden beleidigen oder Lügen über ihn verbreiten.

Du darfst keine Texte, Lieder usw., die jemand anderes geschrieben oder aufgenommen hat, ohne dessen Zustimmung posten.

b Wichtige datenschutzrechtliche Bestimmungen leiten sich vom Grundrecht der freien Entfaltung der eigenen Persönlichkeit ab (Art. 2 GG).

c Folgende Rechte hat Klara missachtet:
- Party am See: Urheberrecht
- Foto: Recht am eigenen Bild
- Kommentar: Allgemeines Persönlichkeitsrecht (Schutz der Ehre)

3 a Ein Junge wird über das Internet und das Handy gemobbt. Ein Foto von ihm, das jemandem nicht gefiel, wurde zum Auslöser dafür, dass er nun schlimme Anfeindungen über sich ergehen lassen muss.

b In der virtuellen Welt stehen sich Täter und Opfer nicht direkt gegenüber. Die Täter trauen sich somit viel brutaler vorzugehen, da sie keine unmittelbare Reaktion des Opfers befürchten müssen. Zudem bietet das Netz eine gewisse Anonymität.

4 Gründe für die große Belastung durch Cybermobbing:
- Anfeindungen können über das Internet und das Handy äußerst rasch verbreitet werden, sodass innerhalb kürzester Zeit beispielsweise eine ganze Schule im Besitz eines beleidigenden Fotos oder Videos sein kann. Der Täterkreis kann also nicht einzugrenzende Ausmaße annehmen.
- Zudem kann man nie sicher sein, ob wirklich alle Beleidigungen gelöscht worden sind und nicht irgendwann wieder auftauchen.
- Das Mobbing kann zu jeder Tages- und Nachtzeit stattfinden. Es gibt keinen Rückzugsort mehr.

5 Den Schülerinnen und Schülern kann man die Internetseite www.klicksafe.de nennen, die zahlreiche Informationen bietet. Die Inhalte dieser Thematik können auch für die schriftliche Erörterung in der Abschlussprüfung relevant sein.

Mögliche Folgen für das Mobbingopfer:
- Physische Folgen: Kopf- und Bauchschmerzen, Übelkeit, Schlaf- und Essstörungen
- Psychische Folgen und Verhaltensänderungen: Aggressionen, Rückzug und Isolation, Leistungsabfall in der Schule, Depressionen, Selbstmord

Tipps, was ihr selbst gegen Cybermobbing tun könnt:
- Antwortet nicht auf Beleidigungen und versucht, den Nutzer zu blocken.
- Bei einigen Anbietern kann man Anfeindungen melden. Nutzt diese Funktion.
- Fertigt Kopien der Beschimpfungen an, damit ihr Beweise vorlegen könnt.
- Erzählt das Problem einer erwachsenen Person, der ihr vertraut. Dies kann beispielsweise ein Familienmitglied oder eine Lehrkraft sein.
- Informiert anschließend gemeinsam die Schule und / oder die Polizei.

2.2 Der Preis der Daten – Diskussionsrunden durchführen

S. 34 Was sind wir wert? – Eine Fishbowl-Diskussion durchführen

1 a Unsere Aktivitäten im Netz hinterlassen Spuren. Soziale Netzwerke, aber auch Suchmaschinen sammeln unsere Daten. Diese verkaufen sie an Unternehmen, die damit zielgerichtet Werbung schalten können, weil sie vieles über unsere Lebensgewohnheiten erfahren und unsere Vorlieben kennen. Jeder Nutzer ist für Facebook 40 bis 50 Euro wert.

b Vielen Schülerinnen und Schülern dürfte vermutlich schon einmal während einer Google-Recherche Werbung zu Kleidung oder Smartphones angezeigt worden sein.

2 a Die kostenlose Nutzung von sozialen Netzwerken bezahlen wir mit der Preisgabe unserer persönlichen Daten. Diese bilden eine wesentliche Geschäftsgrundlage von Facebook. Die Daten werden an Unternehmen weiterverkauft, die auf der Basis unserer Angaben zielgenaue Werbung schalten können.

b Wenn man möglichst wenig Daten in seinem Profil hinterlässt und eher ein passiver als ein aktiver Nutzer des Netzwerks ist, fällt es Facebook schwer, zielgerichtete Werbung zu schalten.

3 Mögliche Tabelle:

Registrierungsdaten	Handlungen
– Name – Geschlecht – E-Mail-Adresse – Wohnort – Geburtstag	– „Gefällt-mir"-Klicks – Kommentare – Statusmeldungen – Teilnahme an Gruppen und Veranstaltungen – Nutzung der E-Mail- und Chat-Funktion – Eingehen von Freundschaften – Postings (Fotos, Videos, Texte)

4 Es ist sinnvoll, positive und negative Aspekte zur Behauptung erarbeiten zu lassen. Die Schüler/-innen sollten vorher die Möglichkeit erhalten, im Internet zu recherchieren.
Mögliche Übersicht:

Positive Aspekte	Negative Aspekte

– Nutzung der so genannten Big Data von bereits 10 Prozent der deutschen Firmen → Steigerung der Gewinne für Unternehmen, positiv für die Wirtschaftsentwicklung
– Erstellung von Prognosen im Hinblick auf Gesundheit, Sicherheit und Verkehr → Verbesserung des Alltags für die Allgemeinheit
– frühzeitige Erkennung von Gefahren → Minimierung von Risiken
– Sammlung von Daten keine neue Erscheinung, sondern bereits im analogen Raum vorhanden, z. B. Überwachungskameras, Krankenkassenkarte, Bankkarte, Navigationssysteme etc.
	– Einblendung von personalisierter Werbung (können manche auch als positiven Aspekt einordnen)
	  • kein Schutz der Privatsphäre
	  • Gefahr der Manipulation der Daten
	  • Gefahr der Diskriminierung
	  • soziale Kontrolle einer Gesellschaft
	  • Einschränkung unserer Entscheidungs- und Handlungsfreiheit
	– Gefahr der Überwachung durch bestimmte Unternehmen, z. B. von Amazon, Google, Apple, Facebook → Macht
	– plötzlicher Bedeutungsgewinn von scheinbar wertlosen, unendlichen Daten
	– untergeordnete Rolle des persönlichen Eindrucks, z. B. präzise Vorhersage der Leistungsfähigkeit eines Bewerbers anhand der Auswertung eines Profils möglich

Siehe auch die **Folie** „Die Fishbowl-Diskussion beschreiben" sowie die **Kopiervorlagen 1** („Technik des Mitschreibens einer Diskussion anwenden") **und 2** („Bewertungsbogen").

S. 36 Digitale Diät: Eine gute Idee? – Aktives Zuhören trainieren

1 **a** Mögliche Rede:

– Warum sollte von Schülern unserer Schule eine „digitale Diät" durchgeführt werden?

Ich finde es gut, wenn an unserer Schule eine „digitale Diät" durchgeführt wird, denn in einer solchen Woche würden wir sehr genau darüber nachdenken, welchen Stellenwert die verschiedenen Medien in unserem alltäglichen Leben haben. Wir könnten erkennen, wann und wo sie uns fehlen, aber auch, was wir dadurch gewinnen, dass wir keine Zeit mehr vor dem PC oder mit dem Handy verbringen. Das eigene Medienverhalten würde somit einmal kritisch unter die Lupe genommen.

Infolgedessen hätte man mehr Zeit und wäre weniger gestresst. Die ständige Erreichbarkeit und der Zwang, SMS und Mails zu beantworten oder das Facebook-Profil zu aktualisieren, fielen weg.

Zudem hätten wir die Chance, in der Woche als Klasse zusammenzuwachsen. Da wir alle offline wären, hätten wir viel Zeit, uns zu verabreden und etwas miteinander zu unternehmen. Wir würden wieder zusammen sein statt jeder allein zu Hause vor dem PC oder Handy. Das wäre sicherlich gut für die Klassengemeinschaft. Daher spreche ich mich klar für eine „digitale Diät" an unserer Schule aus.

– Warum sollte von Schülern unserer Schule keine „digitale Diät" durchgeführt werden?

Ich bin dagegen, an unserer Schule eine „digitale Diät" durchzuführen. Die Zeit, in der wir auf diese Medien verzichten, würde nur eine Ausnahme darstellen und kaum etwas an unserem zukünftigen Verhalten ändern. Welchen Sinn sollte es also haben, eine Woche auf alles zu verzichten, um dann so weiterzumachen wie zuvor?

Des Weiteren leben wir heutzutage in einer technisierten Welt und Gesellschaft, in der PC und Handy selbstverständlich für fast alle Menschen sind. Es erleichtert uns tagtäglich das rasche und unkomplizierte Kommunizieren. Man könnte leicht Freunde verlieren, die weiter entfernt wohnen. Zu bedenken gebe ich auch, dass uns das Internet für wichtige Arbeiten in der Schule fehlt, wenn man etwas recherchieren oder nachlesen möchte.

Nun wiederholt der Partner, was gesagt wurde.

b Durch die vorangegangene Aufgabe haben die Schüler/-innen bereits Argumente an der Hand, die sie nun einsetzen können. Sinnvoll ist es, Pro- und Kontra-Argumente abwechselnd vorzutragen.

Anknüpfen	Kommentieren	Weiterführen
Du sagst, dass man durch die „digitale Diät" mehr Zeit hätte und weniger unter Druck stünde.	Da stimme ich dir zwar zu, aber jeder von uns kann selbst entscheiden, wie viel Raum er den Medien in seinem Leben geben will.	Ich spreche mich daher gegen eine „digitale Diät" aus, da Internet und Computer wichtige und unverzichtbare Arbeitsmittel für die Schule sind.
Du behauptest, Internet und Computer würden uns in der Zeit der „digitalen Diät" für wichtige Arbeiten fehlen.	Das sehe ich nicht so. Wenn es ein Projekt der Schule ist, wäre es sehr unwahrscheinlich, gerade in dieser Zeit etwas am PC erledigen zu müssen.	Nicht vergessen darf man, dass eine „digitale Diät" die Chance bietet, sich wieder mehr mit den Klassenkameraden oder anderen Freunden zu treffen.
Du erwähnst die Chance, in dieser Projektphase wieder mehr die sozialen Kontakte real zu pflegen.	Dem möchte ich nicht widersprechen, weil einem mehr Zeit zur Verfügung steht, sich offline zu treffen.	Allerdings sollte man bedenken, dass nicht alle Freunde auf die gleiche Schule gehen oder am gleichen Ort wohnen. Zu diesen könnte man während des Versuchs den Kontakt verlieren.

Du meinst, dass man während der „digitalen Diät" leicht den Kontakt zu weiter entfernt wohnenden Freunden verliert, die auf eine andere Schule gehen.	Natürlich besteht diese Gefahr. Aber wahre Freundschaften hängen nicht unbedingt von der Quantität der Kontakte ab. Des Weiteren könnte man seine Freunde im Voraus über diese „digitale Diät" informieren.	Es gibt noch einen weiteren Aspekt, der für eine „digitale Diät" spricht. Man würde einmal gezwungen sein, über sein eigenes Medienverhalten nachzudenken.
Du gibst zu bedenken, eine „digitale Diät" fordere das Nachdenken über das eigene Medienverhalten.	Gegen deine Auffassung möchte ich einwenden, dass ein Nachdenken über das eigene Medienverhalten immer möglich ist, auch dann, wenn man Medien nutzt.	Deshalb spreche ich mich gegen ein solches Projekt aus. Ich finde es weitaus sinnvoller, sich dabei zu beobachten, wie man Medien nutzt.

Siehe auch die **Kopiervorlage 3** („Aktives Zuhören trainieren").

▌▌S.38 Digitale Diät: Sinnvoll oder überflüssig? – Debattieren

1 **a** Unterscheidung von Diskussion und Debatte:
  – Diskussion: Eine „digitale Diät" machen – sinnvoll oder überflüssig?
  Eine Diskussion besitzt keinen festgelegten Sitz- und Redeplan. Jeder Teilnehmer kann zu jeder Zeit seinen Redebeitrag bringen. Das Ende ist offen. Eine Diskussion kann auch ohne Moderation erfolgen.
  – Debatte: Soll einmal im Jahr an unserer Schule eine „digitale Diät" stattfinden, bei der alle Schüler sich verpflichten, sieben Tage lang auf moderne Medien zu verzichten?
  Eine Debatte folgt einer klaren Struktur mit festgelegtem Sitzplan, einem neutralen Moderator und größtenteils einer bestimmten Reihenfolge der Redner. Ziel der Debatte ist es, dass sich jeder Teilnehmer klar zur Debattenfrage positioniert, dieser also zustimmt oder diese verneint.

b Ergänzung der Mindmap:

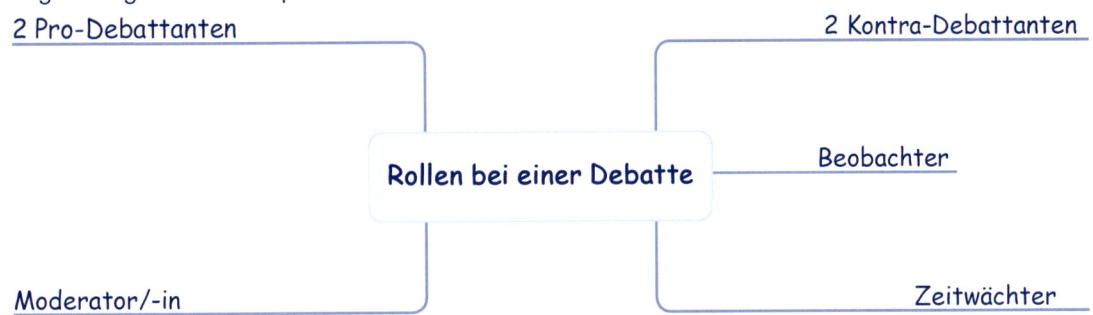

2 Pro-Debattanten

2 Kontra-Debattanten

Rollen bei einer Debatte

Beobachter

Moderator/-in

Zeitwächter

2 **a** Die drei Teile einer Debatte:

Eröffnungsrunde	freie Aussprache	Schlussrunde
– Rede und Gegenrede (Pro 1 – Kontra 1, Pro 2 – Kontra 2) – Streitfrage aus der persönlichen Sicht beantworten	– Diskussion im freien Wechsel	– Rednerreihenfolge wie in der Eröffnungsrunde – Keine neuen Argumente – Streitfrage aus der Sicht der neu gewonnenen Erkenntnisse beantworten

b Behauptung / These, Begründung, Beispiel, Rückführung / Folgerung c Das stärkste Argument darf auf keinen Fall am Anfang ausgeführt werden. Bei „Jugend debattiert" ist es üblich, zunächst ein Argument mit mittlerer Überzeugungskraft, dann ein schwaches und zum Schluss ein starkes Argument darzulegen. Daneben kann aber auch die Variante verwendet werden, welche die Schüler/-innen vom Aufsatz her kennen: vom schwächsten zum stärksten Argument.

3 Durch den Text auf Seite 36 im Schülerbuch und die Vorübungen sollten die Schüler/-innen nun genügend Material an der Hand haben, um eine Debatte inhaltlich füllen zu können. Hier noch einmal mögliche Stichpunkte zum Thema:

Pro „digitale Diät":
- kritisches Hinterfragen des eigenen Medienverhaltens
- Gewinn an Zeit, um soziale Kontakte real zu pflegen oder Hobbys nachzugehen
- kein Druck, ständig das eigene Profil zu aktualisieren oder Posts zu liken
- befreiendes Gefühl, indem man nicht ständig erreichbar ist
- tatsächliche Veränderung des Medienkonsums nach dieser Erfahrung
- Verbesserung der Konzentration und Aufmerksamkeit → Sensibilisierung für die Umgebung

Kontra „digitale Diät":
- digitale Medien als essenzieller Bestandteil unserer heutigen Gesellschaft
- Wegfall des raschen und unkomplizierten Kommunizierens
- Verlust an sozialen Kontakten
- keine Recherche im Netz möglich
- kritische Hinterfragung des Medienverhaltens auch bei Benutzung möglich
- freie Entscheidung des Einzelnen, welchen Stellenwert er den Medien in seinem Leben einräumt
- verzögerte Informationen über aktuelle Themen

4 Mögliche Stichpunkte:
- Pro „Führerschein" zum richtigen Verhalten in den sozialen Medien:
  - zentrale Rolle der sozialen Medien im Leben von Jugendlichen
  - wachsendes Nutzungsinteresse gerade in der Pubertät
  - rechtliche Aufklärung der Schüler/-innen notwendig
  - Aufklärung der Schüler/-innen über die „Spuren" im Internet und den Datenmissbrauch
  - nachhaltige Medienkompetenz in der Gesellschaft und im Beruf unabdingbar
  - oft geringes Wissen der Eltern oder Erziehungsberechtigten über soziale Medien
  - Sensibilisierung für die Thematik auch bei Schülerinnen und Schülern aus bildungsfernen Elternhäusern
  - feste Verankerung der Medienerziehung im Lehrplan und im Schulalltag
- Kontra „Führerschein":
  - zusätzlicher Leistungsdruck für Schüler/-innen
  - organisatorischer Aufwand für Schulen (beteiligte Fächer? Lehrer? Erstellung von Materialien)
  - Fortbildung von Lehrkräften erforderlich → Kosten
  - technische Ausstattung der Schule erforderlich
  - Medienerziehung als Teil der elterlichen Erziehungsarbeit

5 a Zuordnung der Kriterien:
  - Ausdrucksvermögen: Sagt der Redner, was er meint?
  - Gesprächsfähigkeit: Geht der Redner auf die anderen ein?
  - Überzeugungskraft: Wie gut begründet der Redner, was er sagt?
  - Sachkenntnis: Weiß der Redner, worum es geht?

b Die Kriterien sind plausibel, jedoch wäre zusätzlicher Platz notwendig, um die Namen der Debattanten oder wichtige Aspekte des Gesagten notieren zu können.

c Formulierungshilfen für ein Feedback:

- – Dir ist es gelungen …
- – Du hast es geschafft …
- – (Sehr) Überzeugend war …
- – Gut gefallen hat mir …

- – Ich würde dir empfehlen …
- – In Zukunft solltest du beachten …
- – Ich gebe dir den Tipp …
- – Es wäre noch überzeugender, wenn …

Es sollte darauf geachtet werden, dass das Feedback jeweils nur einen positiven Aspekt und einen Tipp für die Zukunft enthält. Beispiel:

Gut gefallen hat mir dein detailliertes Wissen über die Thematik. Du konntest überzeugende Daten und Fakten anführen. Für die Zukunft würde ich dir empfehlen, noch mehr auf die Argumente deiner Mitdebattierenden einzugehen / das Thema konzentrierter anzugehen / zu ausführliche Beispiele zu vermeiden …

S.41 2.3 Projekt – Foren oder Blogs präsentieren

1 a Abweichungen von der Standardsprache:
- – zum Teil Verzicht auf Interpunktion, vor allem auf Satzschlusszeichen
- – Emoticons, um Stimmungen und Gefühlszustände auszudrücken und dem Geschriebenen Nachdruck zu verleihen
- – Abkürzungen, z. B. BTT (Back To Topic)
- – Bevorzugung der Kleinschreibung
- – Ellipsen
- – umgangssprachliche, dialektale oder jugendsprachliche Ausdrücke
- – Wörter in Großbuchstaben im Sinn von Schreien

b Im Netz wird die Rechtschreibung häufig ignoriert, um schneller kommunizieren zu können. Selbst für versierte Tipper ist es auf Dauer mühsam, all das zu schreiben, was man sagen will.

2 a Eine Diskussion im Netz ist nicht an Ort und Raum gebunden. Non- (Mimik, Gestik, Blickkontakt) und paraverbale Aspekte (Lautstärke, Sprachtempo) spielen dabei keine Rolle.

b Ein mündlicher Ton bringt zum Ausdruck, dass es in der Regel eher informelle Diskussionen sind.

c Vorteile des Diskutierens im Netz:
- – Möglichkeit des zeitversetzten Diskutierens an unterschiedlichen Orten
- – Angebot an unzähligen Diskussionspartnern
- – bequemer Austausch mit Gleichgesinnten zu unterschiedlichen Themen
- – unkomplizierter Verweis auf Fakten und Daten mit Hilfe von Links auf entsprechende Seiten (Quellenangaben)
- – Getipptes kann nochmals korrigiert oder überarbeitet werden
- – Anonymität

3 a Der Begriff „Netiquette" umfasst Verhaltensregeln für das Kommunizieren im Internet. Sie sind mit den Gesprächsregeln in der Realität vergleichbar und zielen auf einen respektvollen, höflichen und toleranten Umgangston im Netz ab.

b Mögliche „Netiquette":
- – freundlicher und respektvoller Umgangston
- – sachliche Kritik
- – keine Schimpfwörter
- – keine Beleidigungen oder Diskriminierungen
- – zum Thema passende Beiträge
- – maßvolle Verwendung von Smileys, Sonderzeichen oder durchgehenden Großbuchstaben
- – keine Preisgabe von privaten Daten
- – Quellenangaben bei Verwendung von Texten, Bildern etc.
- – Ignorieren von Provokationen

4 Auf Foren werden häufig Lösungen für die unterschiedlichsten Probleme angeboten. Nutzer lesen oft dort nach, was geschrieben wurde, ohne aktiv mitzudiskutieren.

5 b Ein Forum ist ein virtueller Raum, in dem Nutzer über bestimmte Themen diskutieren. Ein Blog hingegen ist eine Art öffentlich einsehbares Tagebuch. Dort schreibt der Blogger seine Gedanken, Erfahrungen oder Erlebnisse nieder.

6 a Während Foren von Schülerinnen und Schülern eher genutzt werden, dürften Blogs vermutlich eine untergeordnete Rolle spielen.

b Für die Präsentation soll im Klassenzimmer ein Zugang zum Internet bestehen, damit die Schüler/ -innen direkt auf die Seiten zugreifen und konkrete Beispiele aufzeigen können. Von der Lehrkraft können auch bestimmte Foren und Blogs zur Untersuchung angeboten werden.
Beispiel: Das Forum auf www.mitmischen.de (Jugendportal des Deutschen Bundestages)
- – Wer soll mit dieser Internetseite angesprochen werden? – Jugendliche, die sich für politische und aktuelle Themen interessieren
- – Ist sie übersichtlich gestaltet? – Die Seite ist übersichtlich gestaltet, indem zunächst die Kategorien („Aktuelles Weltgeschehen", „Workshops", „Fraktionen und Parteien" usw.) gezeigt werden, die dann wiederum viele weitere Threads umfassen.
- – Gibt es eine Netiquette? – Der Link zur Netiquette ist immer sichtbar, auch wenn man bereits ein Forum betreten hat.
- – Inwieweit sind die typischen Merkmale der Netzsprache zu finden? – Auffällig ist, dass sich die meisten um eine korrekte Groß- und Kleinschreibung bemühen. Auch Emoticons und Abkürzungen findet man kaum. Dies hängt wohl mit der Thematik dieser Foren zusammen. Die Nutzer wollen zeigen, dass sie um eine gewisse Sachlichkeit und Seriosität bemüht sind. So entschuldigt sich sogar ein Mitdiskutierender, dass er es nicht so mit der Rechtschreibung habe.
- – Beteiligen sich viele Nutzer an einer Diskussion oder werden Einträge häufig kommentiert? – Während es zu manchen Threads gar keine Antworten gibt, z. B. zu „Ist die Klimadebatte berechtigt?" oder „Überwachung durch Kameras in der Öffentlichkeit", findet man beispielsweise zu „Neue Medien in den Schulunterricht integrieren" 33 Antworten, wobei der erste Beitrag von 2011 und der letzte von 2015 stammt.
- – Was gefällt euch an dieser Seite besonders gut oder was stört euch? – Auf den meisten Foren für Jugendliche werden eher Alltagsthemen behandelt. Auf diesem Forum kann man gut verfolgen, was Jugendliche zum aktuellen Weltgeschehen denken, und man kann, wenn man möchte, auch selbst mitdiskutieren. Evtl. findet man Anregungen für Inhalte, die in Fächern wie Sozialkunde, Geschichte, Religion oder Deutsch genutzt werden können.

Technik des Mitschreibens einer Diskussion anwenden (1 von 2)

1 **a** Lest die folgenden Regeln zur Mitschrift und stellt sie wieder vom Kopf auf die Füße:

Regeln zur Mitschrift im Kopfstand
– platzsparend mit dem Notizblatt umgehen
– so viel wie möglich auf den Rand schreiben
– in ganzen Sätzen formulieren
– auf keinen Fall Abkürzungen oder gar Symbole verwenden
– möglichst alles schriftlich festhalten

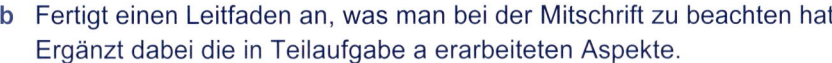

VORSICHT FEHLER!

b Fertigt einen Leitfaden an, was man bei der Mitschrift zu beachten hat.
Ergänzt dabei die in Teilaufgabe a erarbeiteten Aspekte.

2 **a** Vier Schüler/-innen lesen folgende Diskussion mit verteilten Rollen.
Schreibt die Diskussion mit. Beachtet dabei die in Aufgabe 1b erarbeiteten Regeln.

Eva: Zurzeit wird an unserer Schule darüber diskutiert, ob alle Schüler verpflichtend ein Tablet kaufen sollen, sodass es als Unterrichtsmaterial genutzt werden kann. Die Schule wird dafür mit WLAN ausgerüstet und digitale Tafeln werden angeschafft, mit denen die Tablets verbunden werden können. Ich befürworte diese Idee nicht, denn es fallen hohe Kosten an, die die Eltern tragen müssen.

Tom: Damit hast du recht. Gerade für Schüler aus sozial schwächeren Familien könnte dies ein Problem sein.

Christina: Es stimmt, dass der finanzielle Aufwand für manche Familien zu groß ist. Allerdings könnte man hier eine Lösung mit dem Förderverein suchen oder ortsansässige Firmen als Sponsoren gewinnen.

Ben: Mit dem Einsatz von Tablets würde man Papierkosten sparen.

Tom: Natürlich würde man das, aber durch den hohen Preis für die Tablets entstünden trotzdem mehr Kosten, als Kosten wegfielen.

Christina: Dennoch sollte man noch etwas bei den wegfallenden Kopien bedenken: Die Lehrer sparen Zeit, wenn sie nicht mehr die Arbeitsblätter kopieren müssten.

Kopiervorlage

Autoren: Stefanie Wolf, Frank Schneider

Kapitel 2
KV 1, Blatt 1

Technik des Mitschreibens einer Diskussion anwenden (2 von 2)

Ben: Außerdem ist der Umweltaspekt nicht zu verachten, wenn Unmengen an Papier eingespart werden. So wie viele Unternehmen mittlerweile ein „papierloses Büro" umsetzen wollen, wären wir eine „papierlose Schule".

Eva: Dies mag richtig sein. Ich stelle mir aber noch eine weitere Frage: Werden wir Schüler nicht zu sehr von den Tablets abgelenkt, sodass wir überhaupt nichts mehr vom Unterricht mitbekommen?

Ben: In der Anfangsphase mag das Tablet wohl schon interessanter als der Unterricht sein. Aber nach einer gewissen Zeit werden wir uns daran gewöhnt haben und sie ebenso selbstverständlich wie heute unsere Hefte ansehen.

Christina: Außerdem sind wir auch oft abgelenkt und passen nicht auf, obwohl wir kein Tablet haben. Der Nachbar genügt.

Tom: Ein Gesichtspunkt würde meiner Meinung nach schon für die Tablets sprechen: Man trainiert wichtige Kompetenzen, die später von uns im Beruf verlangt werden, beispielsweise Präsentationen zu halten oder im Internet zu recherchieren.

Eva: Aber das machen wir doch jetzt auch schon. Dann eben am PC im IT-Raum oder am Tablet zu Hause.

b Arbeitet mit einem Lernpartner / einer Lernpartnerin. Einer von euch fasst anhand der Mitschrift die Diskussion zusammen, indem er die Argumente der Diskutierenden nennt. Der Zuhörende vergleicht anschließend die Zusammenfassung mit seiner Mitschrift und macht notfalls Ergänzungen.

Kopiervorlage

Autoren: Stefanie Wolf, Frank Schneider

Kapitel 2
KV 1, Blatt 2

Bewertungsbogen

	Pro 1	Notizen	Pro 2	Notizen	Kontra 1	Notizen	Kontra 2	Notizen
Sachkenntnis								
5 | ausgezeichnet vorbereitet								
4 | genau informiert								
3 | kennt die wichtigsten Fakten								
2 | weiß einigermaßen Bescheid								
1 | kennt sich kaum aus								
0 | kennt sich gar nicht aus								
Ausdrucksvermögen								
5 | einprägsam und originell								
4 | klar und anschaulich								
3 | verständlich und flüssig								
2 | einigermaßen verständlich								
1 | gerade noch verständlich								
0 | nicht verständlich								
Gesprächsfähigkeit								
5 | sehr aufmerksam								
4 | gut								
3 | zum Teil gut								
2 | manchmal								
1 | wenig								
0 | überhaupt nicht								
Überzeugungskraft								
5 | immer überzeugend								
4 | stets gut								
3 | teils gut, teils schlecht								
2 | teilweise								
1 | kaum								
0 | überhaupt nicht								
Summe:								

Nach: Jugend debattiert. Informationen für Lehrer. Hg. v. der Gemeinnützigen Hertie-Stiftung. Frankfurt/M. 2009
Jugend debattiert. Informationen für Schüler. Hg. v. der Gemeinnützigen Hertie-Stiftung. Frankfurt/M. 2009

Autorin: Stefanie Wolf

Kapitel 2

KV 2

Kopiervorlage

Aktives Zuhören trainieren (1 von 2)

1 **a** Vergleicht die Bilder und beschreibt die Unterschiede.

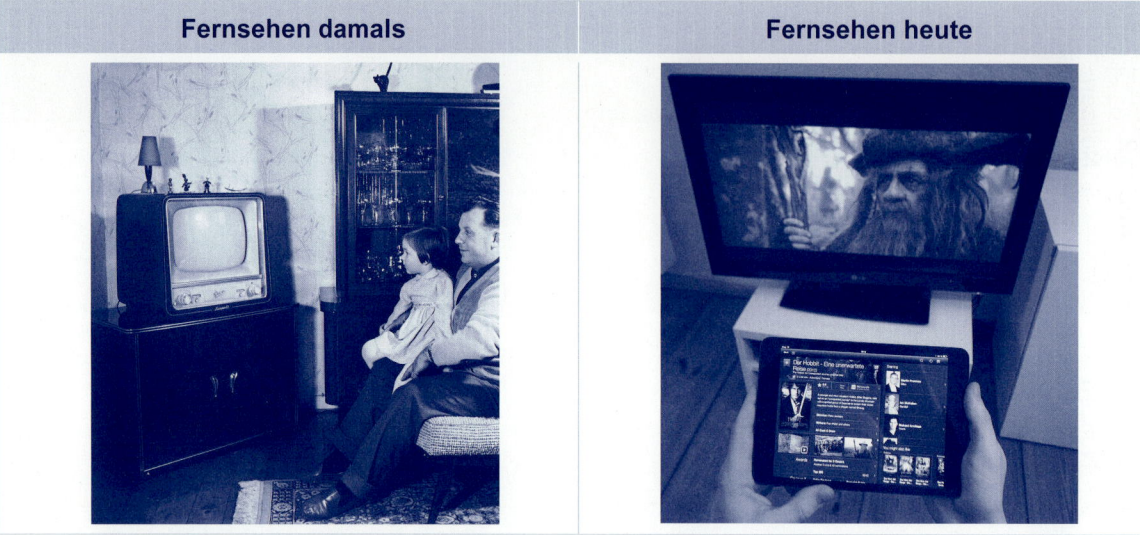

| Fernsehen damals | Fernsehen heute |

b Erklärt mit eigenen Worten, was man unter „Second Screen" versteht.

2 **a** Lest die beiden folgenden Textauszüge:

Text 1:

Second Screen

Risiken beim Fernsehen mit Smartphone
von Christine Haas

Im Chat mit den Freunden über die gerade laufende Lieblingsserie diskutieren oder mal schnell die Schauspieler googeln – viele Kinder und Jugendliche legen ihre Smartphones und
5 Tablets beim Fernsehen nicht mehr aus der Hand. Die mobilen Geräte werden dabei zum so genannten Second Screen, also zum zweiten Bildschirm neben der Mattscheibe. Winfred Kaminski, Professor am Institut für Medien
10 forschung und Medienpädagogik an der Fachhochschule Köln, sieht dieses Phänomen kritisch:
„Was ich denke, ist, dass die Kinder dadurch einerseits lernen, parallel aufmerksam zu sein,
15 aber andererseits verlernen, sich auf eine Sache zu konzentrieren und auch einmal dabeizubleiben, wenn es nicht so ganz hoch hergeht, wenn die Spannung nicht so dramatisch ist."
Und es gibt noch weitere Risiken. Immer mehr
20 Sender versuchen, Zuschauer durch interaktive Angebote an ihr Programm zu binden. „Werde Juror und damit Teil der Show" – so wirbt etwa

RTL für seine neue Musik-Castingshow „Rising Star". Mitmachen ist dabei ganz einfach: Die Zuschauer müssen nur die App zur Sen- 25 dung auf ihr Smartphone runterladen. Und mit der können sie dann abstimmen, welcher Kandidat in die nächste Runde kommen soll. Wer will, kann auch ein Foto von sich freischalten. Das erscheint dann neben vielen anderen auf 30 einer großen Leinwand im Studio. Genau dabei sollten Eltern aufpassen, rät Kristin Langer. Sie ist Mediencoach der Initiative „Schau hin, was dein Kind mit Medien macht". „Wenn ich ein Foto oder eine Nachricht freigebe oder poste, 35 mache ich mir als Kind oder Jugendlicher wenig Gedanken darum: Wie viele Millionen Menschen sehen das? Das kann was Gutes haben, aber je nachdem wie vorteilhaft das Foto ist, kann das auch eine negative Konsequenz haben. Diese Zusammenhänge müssen wir als Erwachsene den Kindern vor Augen führen."

www.deutschlandfunk.de/second-screen-risiken-beim-fernsehen-mit-smartphone.697.de.html?dram:article_id=300833
[12.05.2016]

Autorin: Stefanie Wolf
Fotos: akg-images; picture alliance / dpa Themendienst

Kapitel 2

KV 3, Blatt 1

Kopiervorlage

Aktives Zuhören trainieren (2 von 2)

Text 2:

Wisch dir was

von Laura Hertreiter und Jürgen Schmieder

Ein Bildschirm vor der Nase, ein zweiter in der Hand: Gehörten früher nur Bier und Chips zu einem gemütlichen Fernsehabend, können viele Zuschauer – laut Studien bis zur Hälfte der
5 Deutschen – mittlerweile auch vor dem TV-Gerät nicht mehr auf ihr Smartphone oder den Tablet-PC als Second Screen, als zweiten Bildschirm, verzichten. Weil das ständige Tippen, Wischen und Scrollen bei Facebook, Twitter
10 oder einfach nur einem Online-Shoppingportal das Publikum mehr und mehr abzulenken droht, haben sich die Sender zum Kampf um die Aufmerksamkeit gerüstet. Und einen wilden Digitalmix für den Zweitbildschirm geschaffen.
15 Einige wenige Beispiele aus dem Riesenangebot, das den Zuschauer online bei der Sendermarke halten soll: RTL lässt die Zuschauer in Chatrooms über laufende Sendungen diskutieren, Vox stellt Rezepte aus Kochshows auf die
20 Webseite, Pro Sieben veranstaltet Online-Rätselraten und Arte und die ARD experimentieren mit Krimis, die das Publikum im Netz lösen soll. Das ZDF zeigt im Mai einen Thriller über ein Handy, das sich verselbstständigt, ein
25 dazugehöriges Programm soll zeigen, wie sich das anfühlt. „Zu Beginn des Films aktiviert,

beginnt die App nicht nur im Film, sondern auch in der Realität auf dem mobilen Endgerät des Zuschauers zu agieren", heißt es in der Presseankündigung. 30
[…]
Bleibt die Frage, warum den Zuschauern ein Bildschirm immer seltener genügt. Schlechteres Programm? Geringeres Konzentrationsvermögen? Buschow winkt ab. „Nebenbei zu bügeln oder einen Snack aus der Küche zu holen war 35 schon immer üblich, nur eben nicht messbar." Der größte Teil derer, die nebenbei auf Smartphones tippen, nutzen Studien zufolge Whatsapp, Facebook und Twitter.
Einer der Hauptgründe sei der Wunsch, laufen- 40 de Sendungen zu kommentieren. Stammtisch also. Neu ist das nicht. „Das Bedürfnis, sich über das, was auf der Mattscheibe läuft, auszutauschen, ist so alt wie das Fernsehen selbst", sagt Buschow. Aphorismen[1], Witze, Lästereien 45 und Wutausbrüche haben sich nur vom Wohnzimmer ins Netz verlagert.

www.sueddeutsche.de/medien/trend-zum-second-screen-wisch-dir-was-1.1942035 [12.05.2016]

---

1 **Aphorismus:** kurze Lebensweisheit

b Unterstreicht positive und negative Aspekte des „Second Screen".
Übertragt anschließend die Tabelle in euer Heft und haltet darin positive und negative Aspekte fest.

Positive Aspekte „Second Screen"	Negative Aspekte „Second Screen"
…	…

c Ergänzt die Tabelle um weitere Aspekte.

3 Trainiert das aktive Zuhören. Findet euch zu Kleingruppen zusammen und bildet nach dem Vorbild auf Seite 35 in eurem Schülerbuch einen Stuhlkreis. Jemand beginnt, einen Aspekt des „Second Screen" darzulegen. Daraufhin knüpft der Nächste von euch im Uhrzeigersinn an das Argument an, kommentiert es und führt es mit einem neuen Argument weiter.

Techniken des Mitschreibens einer Diskussion anwenden (KV 1)

Lösungen

1 **a/b** Regeln zur Mitschrift:
- – Das Notizblatt muss groß genug sein (evtl. DIN A3), um übersichtlich mitschreiben zu können.
- – Ein Rand bleibt für nachträgliche Ergänzungen frei.
- – Das Gesagte hält man in knappen und verständlichen Stichpunkten fest.
- – Abkürzungen und Symbole sparen Zeit und stellen logische Zusammenhänge her.
- – Nur das Wichtigste sollte mitgeschrieben werden.

Weitere Aspekte:
- – Wesentliches kann man durch Unterstreichungen kennzeichnen.
- – Spiegelstriche und Nummerierungen strukturieren die Mitschrift.

2 **a/b** Mitschrift der Diskussion (die Argumente sind unterstrichen):

Eva: Thema: Tablet + digitale Tafeln an unserer Schule Pflicht (WLAN)

⚡ <u>hohe Kosten für Eltern</u>

    ↖

Tom: ⚡ sozial schwächere Familien

  ↑

Christina: Lösung: Förderverein + Sponsoren (Firmen vor Ort)

Ben: ⊕ <u>Papierkosten</u> ↓

Tom: Kosten Tablets ←→ Kopierkosten

Christina: ⊕ keine Kopien → <u>Zeitersparnis für Lehrer</u>

Ben: ⊕ <u>Umwelt „papierlose Schule"</u>

Eva: Zust. S von Tablets <u>abgelenkt</u>?

Ben: Ja am Anfang. ABER Gewöhnung an Tablets

Christina: auch heute Ablenkung im U, z. B. durch Nachbar

Tom: ⊕ <u>Kompetenzen für Beruf</u>: Internetrecherche + Präsentation

Eva: ⚡ HEUTE im IT- Raum oder zu Hause

✂ ---

Aktives Zuhören trainieren (KV 2)

Lösungen

1 **a** Foto 1 zeigt eine Familie beim Fernsehen. Dabei ist die volle Aufmerksamkeit aller Familienmitglieder auf das Fernsehprogramm gerichtet. Foto 2 hingegen zeigt eine Person, die vor dem laufenden Fernseher sitzt, dabei aber noch ein Tablet benützt. Die Aufmerksamkeit ist also geteilt.

b Unter „Second Screen" versteht man die parallele Nutzung von zwei Bildschirmen. Neben dem Fernsehgerät wird also ein Handy, Tablet oder ein Notebook benutzt, mit dem man i. d. R. im Internet surft. Dabei muss die Nutzung des Internets thematisch nicht mit dem Fernsehprogramm zusammenhängen. Der Begriff „Second Screen" im engeren Sinne meint das Abrufen von Informationen oder Handlungen im Netz, die tatsächlich etwas mit der laufenden Sendung im Fernsehen zu tun haben.

2 **b** Mögliche Tabelle:

Positive Aspekte „Second Screen"	Negative Aspekte „Second Screen"
– Förderung der parallelen Aufmerksamkeit (T 1, Z. 14) – direktes Kommentieren der Sendung (T 2, Z. 40 f.) – Austausch mit anderen im Netz über die Sendung (T 2, Z. 42 ff.) → Gemeinschaftserlebnis – bessere Abstimmung der TV-Programme mit dem Geschmack des Publikums	– Verlernen der Konzentration auf eine Sache (T 1, Z. 15 f.) → Aufmerksamkeit auf „Second Screen" gerichtet – Bindung an Sender durch interaktive Angebote (T 1, Z. 20 f.) – leichtfertiger Umgang mit persönlichen Daten (T 1, Z. 34 ff.) – Informationsflut – Datensammlung

3 Möglicher Beginn:

Schüler 1: Ich halte „Second Screen" für eine gute Sache, da dadurch gerade bei Kindern und Jugendlichen die parallele Aufmerksamkeit gefördert wird. Der Kompetenz „Multitasking" wird also Rechnung getragen.

Schüler 2: Du siehst „Second Screen" als positiv an, weil man sich so im Multitasking trainiert. In Maßen ausgeübt, stimme ich dir zu. Aber gerade junge Menschen verlernen dadurch, sich auf eine Sache zu konzentrieren, auch wenn sie einmal langweilig sein sollte.

Schüler 3: Du hältst „Second Screen" für problematisch, weil dadurch die Konzentrationsfähigkeit abnimmt. Dem stimme ich vollkommen zu. In diesem Zusammenhang ist auch noch zu erwähnen, dass man mit Informationen überschüttet wird, die man alle gar nicht mehr aufnehmen und verarbeiten kann.

Lösungen

Cornelsen

3 Der Weg ist das Ziel? – Erörtern

Konzeption des Gesamtkapitels

Das Kapitel behandelt zwei Formen des Erörterns, wie sie in der 10. Jahrgangsstufe sowohl für Schulaufgaben als auch für die Abschlussprüfung relevant sind: die Erörterung ohne Material als Hilfestellung und die Erörterung, bei der Informationsmaterial zur Verfügung gestellt wird. Die Jugendlichen sollen in diesem Kapitel dazu befähigt werden, zu einem vorgegebenen Thema, das komplexere Sachverhalte zu Grunde legt und Probleme aus ihrem Erfahrungsbereich aufgreift, begründet, strukturiert und logisch nachvollziehbar in angemessener sprachlicher Form schriftlich Stellung zu nehmen.

Im ersten Teilkapitel (**„Spielsucht? – Ein Thema erörtern"**) wiederholen die Schüler/-innen die ihnen bereits aus der Jahrgangsstufe 9 bekannten Teilschritte, die für das Verfassen einer Erörterung notwendig sind. Dazu zählen als Vorarbeiten die Erschließung des Themas, das Sammeln von Ideen sowie das anschließende Strukturieren der Ideen in einer logisch durchdachten Gliederung. Die Schüler/-innen setzen sich vertiefend mit dem Aufbau einer Argumentation auseinander und lernen Möglichkeiten kennen, die einzelnen Argumentationen und Teile des Aufsatzes sprachlich flüssig miteinander zu verbinden. Mögliche Gedanken für die Einleitung und verschiedene Varianten, einen Schluss auszuformulieren, runden das Teilkapitel ab.

Im zweiten Teilkapitel (**„Auf und davon – Erörterungen mit Material schreiben"**) werden die Schüler/-innen angeleitet, anhand vorgegebener Materialien eine Erörterung zu schreiben. Sie lernen, die für das Thema relevanten Informationen dem Material zu entnehmen, die Informationen zu ordnen und logisch in einer Gliederung zu strukturieren. Mehrere Übungen zeigen den Jugendlichen auf, wie sie die in den Materialien gewonnenen Ergebnisse im Hauptteil ihrer Erörterung verarbeiten können.

Das dritte Teilkapitel (**„Fit in …? – Eine zweigliedrige Erörterung verfassen"**) bereitet die Schüler/-innen auf die konkrete Prüfungssituation vor, sei es für eine Schulaufgabe oder die Abschlussprüfung der Realschule. Sie verbessern und überarbeiten ein Schülerbeispiel, das inhaltliche, formale und sprachliche Mängel aufweist.

Literaturhinweise

Argumentieren. Praxis Deutsch 160/2000

Meinungen bilden. Praxis Deutsch 211/2008

Schneider, Frank / Tetling, Klaus: Argumentierend schreiben. In: Becker-Mrotzek, Michael / Böttcher, Ingrid: Schreibkompetenz entwickeln und beurteilen. Cornelsen Scriptor, Berlin [2]2012, S. 216–242

Dies.: Zum Argumentieren motivieren. In: Deutschunterricht (Westermann) 3/2011, S. 44–47

Spinner, Kaspar H.: Was gehört zu einer guten Argumentation? In: Praxis Deutsch 203/2007, S. 21–24

Streit und Konflikt. Praxis Deutsch 174/2002

Winkler, Iris: Argumentierendes Schreiben. In: Abraham, Ulf u. a. (Hg.): Schreibförderung und Schreiberziehung. Eine Einführung für Schule und Unterricht. Auer, Donauwörth 2005, S. 88–98

Winkler, Iris / Heublein, Karoline / Theel, Stefanie: Nicht immer auf das Ganze schauen. Teilkompetenzen beim argumentierenden Schreiben überprüfen und fördern. In: Praxis Deutsch 214/2009, S. 34–43

Inhalte

Kompetenzen

Die Schülerinnen und Schüler können

– die Art des Themas sowie Schlüsselbegriffe und Einschränkungen in der Themastellung erkennen

– eigene Ideen zu einem Thema finden
– ihre Gedanken inhaltlich logisch ordnen

– aus der Stoffsammlung nach formalen Vorgaben eine inhaltlich logisch strukturierte Gliederung erstellen

– aus einem Pool von Einleitungsgedanken den für die von ihnen zu bearbeitende Themastellung geeigneten auswählen
– eine Einleitung mit den Bestandteilen Einleitungsgedanke, Überleitung, Themafrage(n) verfassen

– die Bestandteile einer Argumentation erkennen und anwenden
– eine Argumentation logisch nachvollziehbar formulieren

– aus einem Pool von Schlussgedanken den für die verfasste Erörterung geeigneten auswählen
– den Schluss als Abrundung der Erörterung verfassen

– sich über Materialien einen Überblick verschaffen

– erkennen, welche Information sich für die Hinführung zum Thema eignet

– den Materialien die für die Themastellung wesentlichen Informationen entnehmen
– die Informationen ordnen und eine logisch aufgebaute Gliederung erstellen

– die Informationen in eigenen Worten wiedergeben und an geeigneter Stelle in ihre Erörterung einbauen

– eine Karikatur beschreiben

– die Themafrage mit einem geeigneten Schlussgedanken abrunden

– einen Aufsatz mit Hilfe von Korrekturanmerkungen inhaltlich, formal und sprachlich überarbeiten
– die Überarbeitung mit Hilfe einer Checkliste überprüfen

⫾ S. 43 Auftaktseite

Die Auftaktseite bietet einen Bildimpuls, zu dem heute nahezu jeder Jugendliche Assoziationen hat: Jugendliche, die vor einem Bildschirm sitzen und mittels Konsole und / oder Internet spielen. Die Schüler/-innen werden damit auf das Thema Spielen eingestimmt und reflektieren eigenes Spielverhalten. Sie erkennen, dass Spielen positive und negative Aspekte beinhalten kann, und werden so an die Thematik von Kapitel 3.1 herangeführt.

1   a   Mögliche Gedanken: Spaß haben, spielen mit Freunden, Freizeit, Neues entdecken …

     b   Positive Gefühle: Freude am Spielen, Freude daran, gemeinsam etwas zu tun
Negative Gefühle: Angst, keine Alternativen zu dieser Form von Spielen mehr zu haben, abhängig zu werden

2   a   Gesellschaftsspiele, Computerspiele, Outdoorspiele …

Siehe hierzu auch die **Folie** „Ein Foto beschreiben".

3.1   Spielsucht? – Ein Thema erörtern

⫾ S. 44 Das Thema erschließen

1   A eingliedrig, B eingliedrig, C zweigliedrig, D zweigliedrig, E eingliedrig

2   A Vorteil, B weshalb, C Ursachen, Probleme, D Auslöser, Folgen, E Maßnahmen

3   a   Schlüsselbegriffe: Spielsucht, Problem, Ursachen, Folgen
Mögliche Einschränkung: Es geht um Spielsucht, nicht um Alkohol-, Drogensucht etc.

     b   Spielsucht ist das unwiderstehliche Verlangen zu spielen, etwa am Computer oder an Automaten. Dieses Verlangen kann, obwohl es offensichtlich schädlich ist, nicht unterdrückt oder kontrolliert werden und der Süchtige muss ihm nachgeben.

     c   … Onlinespiele, Spiele an Automaten, Poker, Blackjack, Roulette …

4   a   Es ist nicht nur nach Ursachen und Folgen einer Spielsucht gefragt, sondern auch nach Maßnahmen, wie ihr vorgebeugt werden kann. Es handelt sich also um ein dreigliedriges Thema.

     b   Im Hauptteil müssen Ursachen, Folgen und Maßnahmen erörtert werden (I./II./III.).

5   a   Wenn man sich für oder gegen etwas entscheiden soll, muss man zuerst Vor- und Nachteile abwägen.

     c   Im Hauptteil der Erörterung stehen Vor- und Nachteile sowie die eigene begründete Meinung.

⫾ S. 46 Ideen sammeln, den Stoff ordnen

2   Mögliche Streichungen:
- „Kick", weil Adrenalin den Kick beinhaltet
- „Noten werden schlechter" steckt in Leistungsabfall

3 **a/b** Mögliche Lösung (konkrete Beispiele sind unterstrichen):

Ursachen	Folgen
Neugier	Aggressionen
Gruppenzwang	Probleme in der Beziehung
„Kick"	Ausreden und Lügen
Man kommt leicht an die Spiele (Altersbegrenzung?)	Noten werden schlechter
Will in eine heile Welt fliehen	Man verliert seinen Job
Adrenalin	Gefährdung sozialer Kontakte
Einmal „Held" sein	Abrutschen in weitere Süchte
Persönliche Probleme	Verlust der Kontrolle über das eigene Verhalten
Nach Verlust wieder Geld gewinnen	Depressionen
Der zu bezahlende Einsatz ist anfangs gering	Leistungsabfall

c Ursachen
- – vonseiten des Einzelnen: Neugier, „Kick", Flucht in eine heile Welt (einmal Held sein), persönliche Probleme, materielle Probleme (nach Verlust wieder Gewinne)
- – vonseiten des Freundeskreises: Gruppenzwang
- – vonseiten der Familie: mangelnde Aufsicht durch die Eltern, keine Erziehung zum Verzicht
- – vonseiten der Gesellschaft: leichter Zugang zu Spielen, niedriger Anfangseinsatz

Folgen
- – im Freundeskreis und in der Familie: Probleme in der Beziehung (Aggressionen, Ausreden und Lügen), Gefährdung sozialer Kontakte
- – in Schule oder Arbeitsleben: Leistungsabfall, Verlust des Jobs
- – im persönlichen Bereich: Verlust der Kontrolle über das eigene Verhalten (Abrutschen in weitere Süchte), gesundheitliche Probleme (Depressionen)

S. 47 Die Gliederung erstellen

1 **a** Unterteilung in A Einleitung, B Hauptteil, C Schluss; Argumente im Hauptteil: angeführt im Nominalstil

b Im Hauptteil wird in I. Vorteile und II. Nachteile untergliedert. Es werden zwei Aspekte eines Themas erörtert (1., 2.), unter den Oberbegriffen stehen Argumente (a, b).

2 **a** A Einleitung; B Hauptteil: Themafrage; im Hauptteil I. Vorteile und II. Nachteile; 1., 2. Oberpunkte; a), b) einzelne Argumente

b „Fehlende Hausaufgaben" und „schlechtere Noten" sind konkrete Beispiele in der Argumentation „Probleme in der Schule".

c Umformung in eine numerische Gliederung:
A Immer mehr Jugendliche jobben.
B Welche Vor- und Nachteile bringt das Jobben in der Freizeit mit sich?
    1. Vorteile eines Jobs neben der Schule
    1.1 Vorbereitung auf das Berufsleben
    1.1.1 Entfalten persönlicher Fähigkeiten
    1.1.2 Möglicher Einblick in den Wunschberuf

    1.2   Schritt in Richtung Selbstständigkeit
    1.2.1 Eigener Verdienst
    1.2.2 Übernahme von Verantwortung
    2.   Nachteile eines Jobs neben der Schule
    2.1   Fehlende Freizeit
    2.1.1 Vernachlässigung sozialer Kontakte
    2.1.2 Vernachlässigung von Hobbys
    2.2   Probleme in der Schule
  C Das Jobben nach Schulschluss ist nicht jedem Schüler zu empfehlen.

3 Mögliche Gliederung:

A …

B Was sind mögliche Ursachen für eine Spielsucht? Welche Folgen kann Spielsucht haben?
    I. Mögliche Ursachen
       1. Vonseiten des Einzelnen
          a) Neugier auf das Spielerlebnis
          b) „Kick" durch Adrenalinausstoß
          c) Persönliche Probleme
          d) Flucht in eine heile Welt
          e) Materielle Probleme
       2. Vonseiten des Freundeskreises und der Familie: Gruppenzwang
       3. Vonseiten der Gesellschaft
          a) Leichter Zugang zu Spielen
          b) Niedriger Anfangseinsatz
    II. Mögliche Folgen
       1. In Schule und Arbeitsleben
          a) Leistungsabfall
          b) Verlust des Jobs
       2. Im Freundeskreis und in der Familie
          a) Probleme in der Beziehung
          b) Gefährdung sozialer Kontakte
       3. Im persönlichen Bereich
          a) Gesundheitliche Probleme
          b) Abrutschen in weitere Süchte

C …

4 Nominalstil:

– erneuter Geldgewinn nach Verlusten
– Chance, einmal „Held" zu sein
– Verlust des Jobs

||| S. 49 Die Einleitung verfassen

1/3 Spielsucht kann als ein Zustand definiert werden, bei dem ein Mensch nach dem Beginn des Spielens die Kontrolle über sein Tun verliert, sodass er trotz negativer Folgen für ihn nicht mehr aufhören kann zu spielen **(= Einleitungsgedanke)**. Diese Form der Sucht ist ein ernst zu nehmendes Problem **(= Überleitung)**. Was dazu beitragen kann, dass Menschen spielsüchtig werden, und welche negativen Auswirkungen die Sucht haben kann, wird im Folgenden erörtert **(= Themafrage)**.

2 Definition

4 **a** Beispiel 1: Gegenteil
   Beispiel 2: aktuelles Ereignis

   b Mögliche Einleitungsgedanken: historischer Rückblick, Zitat, persönliches Erlebnis, Statistik

5 Nach den im Jahr 2014 veröffentlichten Zahlen der Bundeszentrale für gesundheitliche Aufklärung gibt es in Deutschland ca. 438 000 spielsüchtige Menschen. Obwohl die Zahl – verglichen mit der Einwohnerzahl Deutschlands – zunächst nicht sehr hoch erscheint, ist die Spielsucht dennoch ein ernst zu nehmendes Problem. Aus welchem Grund Menschen spielsüchtig werden können und welche Folgen die Sucht haben kann, wird im Folgenden erörtert.

S.51 Die Argumentation im Hauptteil der Erörterung

1 Behauptung   Begründung   Beleg / Beispiel   Abrundung
Die Verfügbarkeit der Spiele durch das Internet ist ein wesentlicher Faktor, der die Suchtgefahr erhöht. Zahlreiche Onlinegames sind ohne Altersbegrenzung freigegeben. Jeder, der sich für ein Spiel interessiert, kann sich die Anwendung – meist in den niedrigen Levels – kostenlos herunterladen. Die Anzahl der angebotenen Onlinespiele ist immens. Schon Kinder werden auf diese Weise zu einem Download und zum Spielen verführt. Nach den Filmen „Drachenzähmen leicht gemacht 1 und 2" gab es eine Vielzahl an Spielen, in denen Kinder virtuell Drachen füttern und trainieren konnten. So bekam im Prinzip jeder, der Zugang zu einem Computer, einem Tablet und dem Internet hatte, die Möglichkeit, diese Spiele zu nutzen. Glücksspiele im Internet, die einen Geldeinsatz verlangen, sind in der Regel erst ab 18 Jahren freigegeben. Es erscheint dann zwar der Hinweis auf diese Altersgrenze, diese lässt sich jedoch leicht umgehen, da meist nur ein Häkchen online hinter das geforderte Alter zu setzen ist und das wahre Alter des Spielers nicht überprüft wird. Ohne die permanente Verfügbarkeit von Spielen im Internet gäbe es vielleicht weniger Spielsüchtige in Deutschland.

2 **a** B – E – A – C – D

b Behauptung   Begründung   Beleg / Beispiel   Abrundung
Eine weitere negative Folge, die Spielsucht mit sich bringen kann, ist, dass der Spielsüchtige soziale Kontakte gefährdet. Ein Süchtiger braucht sehr viel Zeit, um seine Sucht zu befriedigen. Besucht er etwa regelmäßig ein Spielkasino oder spielt Onlinegames vor dem Bildschirm, sind dies oft Stunden, die für Freunde oder die Familie verloren gehen. Gemeinsame Unternehmungen mit der Familie, wie etwa Tagesausflüge, sind bei Spielsüchtigen kaum mehr möglich, da diese Zeit sonst nicht für das Spielen zur Verfügung stünde. Manchmal versuchen Menschen mit Spielsucht auch, mittels Lügen oder Ausreden die Zeit zu „gewinnen", um beispielsweise fern von zu Hause eine Spielstätte zu besuchen. Findet der Partner heraus, dass er belogen wurde, ist dies nicht selten – ebenso wie die fehlende Zeit – ein Grund, die Beziehung zu beenden.

3 Beispiel für den Gesichtspunkt „Verschuldung":
Auch eine mögliche Verschuldung des Spielsüchtigen ist ein Problem. Nicht immer reicht das Taschengeld, das monatlich verdiente oder ersparte Geld aus, um das regelmäßige Spielen zu finanzieren. Zwar erkennen die Betroffenen, dass kein eigenes Geld für Spieleinsätze oder Internetrechnungen mehr vorhanden ist. Durch den Zwang, spielen zu müssen, leihen sie sich jedoch häufig das Geld bei Freunden oder Bekannten oder nehmen einen Kredit bei der Bank auf. Da hohe Gewinne bei Spielen nur äußerst selten vorkommen, ist auch das geliehene Geld oft schnell verbraucht, der Spielsüchtige treibt so nach und nach in den finanziellen Ruin.

4 Die Argumentation ist nicht gelungen, weil konkrete Beispiele / Belege für mögliche Probleme, Genussmittel und negative Auswirkungen fehlen.

5 **a** Die Reihenfolge der Bausteine ist vertauscht.

b Behauptung   Begründung   Beleg / Beispiel   Abrundung
In der virtuellen Welt hat prinzipiell jeder, der neu mit dem Spielen beginnt, die Chance, ein Held zu werden. Sorgen des Alltags, wie etwa die Tatsache, dass sich der Spieler in der Schule oder in der Arbeitswelt von Lehrkräften bzw. Vorgesetzten ungerecht behandelt fühlt, können im Spiel ausgeblendet werden. Durch geschicktes strategisches Handeln und flinke Reaktionen hat auch jemand, der sich im wirklichen Leben unterdrückt fühlt, die Möglichkeit, andere durch seine Taten zu

beeindrucken – so etwa bei den Spielen „Risen" oder „Sacred". Für den Spieler ist dieser Erfolg eine positive Erfahrung, die mit einem guten Gefühl einhergeht. Die Onlinegames erlauben es dem User also, aus dem Alltag in eine andere Welt zu fliehen.
Viele Spieler wollen diese Erfahrung immer wieder machen und rutschen so eventuell in eine Spielsucht ab.

6 Dies bedeutet demnach …: zwischen Behauptung und Begründung oder zwischen Begründung / Belegen und der Abrundung
Beachtenswert ist auch, dass …: zwischen zwei Begründungen
An der geschilderten Situation zeigt sich besonders deutlich …: zwischen Begründung / Belegen und der Abrundung

7 Beispiel für eine verbesserte Version:
Leidet ein Mensch bereits an Spielsucht, ist es nicht selten, dass er zudem noch in eine weitere Sucht abrutscht. Die Probleme, die der Spielsüchtige hat, führen dazu, dass er diese vergessen möchte. Verschuldung oder Konflikte innerhalb der Familie können solche Probleme sein. So wendet er sich beispielsweise Genussmitteln wie Alkohol, Zigaretten oder gar illegalen Drogen zu und konsumiert diese so lange, bis er von ihnen abhängig ist. Bewusstseinstrübungen und schließlich der völlige Verlust der Kontrolle über sich selbst können die Folgen einer Alkohol- oder Drogensucht sein und das Leben des Spielsüchtigen zusätzlich extrem belasten.

8 Zu den persönlichen Problemen zählen neben der Gefahr, in weitere Süchte abzurutschen, auch gesundheitliche Beeinträchtigungen, welche die Spielsucht bedingen kann.
Durch das viele Sitzen vor dem Bildschirm, etwa bei Onlinegames, entstehen häufig Haltungsschäden und dadurch Rückenschmerzen. Die Muskulatur, die kaum mehr beansprucht wird, baut sich bei vielen Süchtigen ab, das Immunsystem wird durch die fehlende Bewegung an der frischen Luft geschwächt. Auch das Sehvermögen kann dadurch, dass der Süchtige die meiste Zeit vor dem Bildschirm verbringt, und durch die schnellen Bildfolgen beeinträchtigt werden. Zudem nimmt häufig die Konzentrationsfähigkeit ab. In Therapiezentren für Spielsüchtige müssen dann in der Regel auch diese negativen körperlichen Folgen der Sucht behandelt werden.

S. 54 Den Schluss schreiben

1 a Ergänzung der Schlussvarianten:
Beispiel 1 Weder die Auslöser von Spielsucht noch die möglichen negativen Folgen dieser Sucht dürfen unterschätzt werden. Es gibt in Deutschland aus diesem Grund bereits zahlreiche Aufklärungskampagnen. Nicht nur die Bundeszentrale für gesundheitliche Aufklärung hat sich der Suchtprävention verschrieben, auch viele weitere Organisationen, Aktionsbündnisse und Selbsthilfegruppen haben Projekte zur Warnung vor Spielsucht ins Leben gerufen. Es bleibt also zu hoffen, dass die Zahl der Spielsüchtigen in Zukunft sinken wird.
Beispiel 2 Die Argumentationen führen deutlich vor Augen, dass die Gefahren, die von übermäßigem und unkontrolliertem Spielen ausgehen, nicht unterschätzt werden dürfen. Auch zeigt sich, wie leicht man in eine Spielsucht abrutschen kann.
Jedoch denke ich, dass die Anzahl der Süchtigen in Deutschland im Vergleich zu Alkohol- oder Zigarettensüchtigen relativ gering ist. Ich selbst spiele täglich Onlinegames mit meinen Freunden. Dennoch bin ich mir sicher, dass ich nicht suchtgefährdet bin.

b Beispiel 1: Ausdruck eines Wunsches für die Zukunft
Beispiel 2: persönliche Stellungnahme

2 Beispiel für einen Schluss:

Die Argumentationen zeigen deutlich, dass die Gefahr, in eine Spielsucht abzurutschen, tatsächlich gegeben ist. Dennoch ist es meiner Meinung nach normal, dass sich gerade Jugendliche oft viele Stunden beispielsweise mit Onlinegames beschäftigen. Eine zeitliche Selbstbeschränkung oder eine zeitliche Vorgabe vonseiten der Eltern, wie lange gespielt werden darf, wäre vielleicht hilfreich und im Idealfall von den Jugendlichen besser zu akzeptieren als ein gänzliches Spielverbot.

Zu einer weiteren Übung siehe die **Kopiervorlage 1** („Eine zweigliedrige Erörterung schreiben"). Sie kann auch als Test oder Schulaufgabe eingesetzt werden.

S. 56 3.2 Auf und davon – Erörterungen mit Material schreiben

2 Zweigliedriges Thema
Schlüsselbegriffe: verlassen – Heimatland – Probleme – auseinandersetzen
Einschränkung: neue Umgebung

3 Zeitung, Internet, Nachrichten, im eigenen Ort, z. B. Belegung der Turnhalle mit Flüchtlingen, Aufnahmeeinrichtungen in der eigenen Stadt

S. 60 Das Material überblicken

3 Material 1 (Diagramm): Einleitung
Material 2 (Kunstaktion): Einleitung
Material 3 (Umfrage): Hauptteil → Warum verlassen Menschen ihr Heimatland?
Material 4 (Karikatur): Hauptteil → Warum verlassen Menschen ihr Heimatland?
Material 5 (Interview): Hauptteil → Warum verlassen Menschen ihr Heimatland? Mit welchen Problemen müssen sie sich in ihrer neuen Umgebung auseinandersetzen?
Material 6 (Homepage): Hauptteil → Warum verlassen Menschen ihr Heimatland?
Material 8 (Zitat): Einleitung oder Schluss

S. 60 Material für die Einleitung auswerten

1 a 1 Die Zahl der Asyl-Erstanträge in Deutschland ist im Jahr 2013 auf über einhunderttausend Anträge angestiegen. = richtig
  2 Die Kurve zeigt, dass die Anzahl der Asyl-Erstanträge in Deutschland noch nie höher war als im Jahr 2013. = falsch
  3 Den größten Anteil der Asylsuchenden stellen Menschen aus Syrien. = richtig
  4 Im Vergleich zum Jahr 2012 hat sich die Zahl der Asylanträge fast verdoppelt. = falsch

 c Für eine Einleitung interessant: Anzahl der Asylanträge 2013, Anzahl der Asylanträge in den letzten Jahren steigend …

Siehe hierzu auch die **Folie** „Ein Diagramm auswerten".

2 Beispiel für eine Einleitung:

Zwar war die Anzahl der Asyl-Erstanträge im Jahr 1995 höher als im Jahr 2013, das Schaubild zeigt aber, dass in den beiden folgenden Jahren die Zahl der in Deutschland Schutzsuchenden gestiegen ist. Es stellt sich die Frage, welche Gründe dafür verantwortlich sind, dass Menschen ihre Heimat verlassen müssen, aber auch die Frage, mit welchen Problemen Flüchtlinge und Auswanderer in ihrer neuen Umgebung zurechtkommen müssen.

3 Vervollständigung der fehlenden Angaben:

Der Geschäftsführer der weltweiten Hilfsorganisation Misereor, Martin Bröckelmann-Simon, wies darauf hin, dass das 20. Jahrhundert als Jahrhundert der Flucht benannt worden sei. In diesem Zeitraum habe es mehr als 80 Millionen Flüchtlinge weltweit gegeben.

Im Vergleich dazu seien jedoch zu Beginn des 21. Jahrhunderts bereits mehr als 50 Millionen Menschen auf der Flucht, eine Situation, auf die man sich laut Bröckelmann-Simon einstellen müsse (vgl. Material 7).

Liest man derartige Aussagen und führt sich die aktuelle Situation der Asylsuchenden in Bayern vor Augen, drängt sich die Frage auf, aus welchen Gründen Menschen ihr Heimatland verlassen und mit welchen Problemen sie sich in ihrer neuen Heimat auseinandersetzen müssen.

4 Beispiel für eine Einleitung mit Informationen aus Material 2 und 3:

Beschäftigt man sich mit der Frage nach den Ursachen, weshalb Menschen ihre Heimat verlassen, so muss man berücksichtigen, dass Menschen dazu gezwungen werden, ihre Heimat zu verlassen (Material 2), dass Menschen aber auch freiwillig ihrem Heimatland den Rücken kehren (Material 3). In der neuen Umgebung haben jedoch beide Gruppen häufig mit ähnlichen Schwierigkeiten zu kämpfen.

Welche Gründe Menschen zum Verlassen des Heimatlandes bewegen und mit welchen Problemen sie in der neuen Umgebung konfrontiert werden können, wird im Folgenden erörtert.

S.61 Von der Stoffsammlung zur Gliederung

1 a–c Mögliche Tabelle:

Warum verlassen Menschen ihr Heimatland?	
persönliche Gründe	mehr Lebensqualität (Mat. 3) Neuanfang (Mat. 3)
gesellschaftlich-politische Gründe	Diskriminierung (Mat. 5) Verfolgung (Mat. 5) Krieg und Terror (eigene Idee)
wirtschaftliche Gründe	höhere Löhne (eigene Idee) bessere Arbeitsmöglichkeiten (eigene Idee) Steuerersparnis (Mat. 3) geringere Lebenshaltungskosten (Mat. 3)
klimabedingte Gründe	Naturkatastrophen (Mat. 6) Hungersnöte (Mat. 6)

2 a–c Mögliche Tabelle:

Mit welchen Problemen müssen sie sich in ihrer neuen Umgebung auseinandersetzen?	
persönliche Probleme	Heimweh fehlende Sprachkenntnisse (Mat. 5) Leben in Notunterkünften
gesellschaftliche Probleme	andere Kultur, andere Werte wenig (Weiter-)Bildungsmöglichkeiten Fremdenfeindlichkeit (lange) Wartezeit bis zur Aufenthaltsgenehmigung (Mat. 5)

Gliederung:

A Nie waren so viele Menschen auf der Flucht wie im 21. Jahrhundert. (Mat. 7)

B Warum verlassen Menschen ihr Heimatland? Mit welchen Problemen müssen sie sich in ihrer neuen Umgebung auseinandersetzen?

    I. Gründe, sein Heimatland zu verlassen
        1. Wirtschaftliche Gründe
            a) Höhere Löhne
            b) Bessere Arbeitsmöglichkeiten
            b) Steuerersparnis
            c) Geringere Lebenshaltungskosten
        2. Persönliche Gründe
            a) Mehr Lebensqualität
            b) Neuanfang
        3. Klimabedingte Gründe
            a) Naturkatastrophen
            b) Hungersnöte
        4. Gesellschaftliche / politische Gründe
            a) Diskriminierung
            b) Verfolgung
            c) Krieg und Terror
    II. Probleme in der neuen Umgebung
        1. Persönliche Probleme
            a) Heimweh
            b) Fehlende Sprachkenntnisse
            c) Leben in Notunterkünften
        2. Gesellschaftliche Probleme
            a) Lange Wartezeit bis zur Aufenthaltsgenehmigung
            b) Wenig (Weiter-)Bildungsmöglichkeiten
            c) Andere Kultur und anderes Wertesystem
            d) Fremdenfeindlichkeit

C Die Zahl der Flüchtlinge weltweit wird wahrscheinlich noch weiter ansteigen.

 Informationen aus dem Material in den Hauptteil einarbeiten

1 Behauptungen:

Warum verlassen Menschen ihr Heimatland?

- Höhere Löhne in anderen Ländern können ausschlaggebend dafür sein, die Heimat zu verlassen.
- Manche Menschen verlassen ihr Heimatland, um an einem anderen Ort Steuern zu sparen.
- Geringere Lebenshaltungskosten in der neuen Umgebung können Menschen dazu bewegen, aus ihrem Herkunftsland wegzuziehen.
- Nicht selten ist die bessere Lebensqualität in einem anderen Land der Grund, die eigene Heimat zu verlassen.
- Wer die Heimat verlässt, erhofft sich nicht selten anderswo einen Neuanfang für sein Leben.
- Vielfach zwingen Naturkatastrophen Menschen, ihre Heimat für immer zu verlassen.
- Klimabedingte Hungersnöte machen es Menschen oft unmöglich, in ihrer Heimat zu bleiben.
- Zu den Menschen, die ihr Heimatland verlassen, gehören oft auch solche, die unter Diskriminierung in der Gesellschaft leiden.
- Menschen, die auf Grund von Verfolgung in ihrem Heimatland nicht sicher sind, haben oft keine andere Möglichkeit, als dieses zu verlassen.
- Krieg und Terror im eigenen Land sind schwerwiegende Gründe, die Menschen zur Flucht aus der Heimat zwingen.

Mit welchen Problemen müssen sie sich in ihrer neuen Umgebung auseinandersetzen?
– Das Heimweh ist oftmals so stark, dass es zu einer enormen Belastung wird.
– Fehlende Sprachkenntnisse sind eines der größten Hindernisse für eine gelingende Integration in der neuen Umgebung.
– Das Leben in Notunterkünften ist vielfach nicht konfliktfrei und wird von den meisten Flüchtlingen als sehr belastend empfunden.
– Oftmals müssen Flüchtlinge lange Zeiten der Ungewissheit ertragen, bis feststeht, ob von den Behörden eine Aufenthaltsgenehmigung erteilt werden kann.
– Die Motivation, sich in der neuen Heimat zu bilden bzw. weiterzubilden, ist bei vielen Flüchtlingen stark vorhanden, oft fehlt es jedoch an geeigneten Angeboten.
– Eine Kultur und ein damit verbundenes Wertesystem, die sich vielfach extrem von der eigenen Kultur und den eigenen Werten unterscheiden, machen den Neuanfang in der Fremde oft nicht leicht.
– Immer wieder kommt es vor, dass die Flüchtlinge in ihrer neuen Umgebung mit Fremdenfeindlichkeit konfrontiert werden.

2 a Gliederungspunkt: Oberpunkt „Klimabedingte Gründe", Argument „Hungersnöte"

b <u>Behauptung</u>   <u>Begründung</u>   <u>Beleg / Beispiel</u>   <u>Abrundung</u>
<u>Daneben kann auch der Klimawandel ein Auslöser dafür sein, dass Menschen ihre Heimat verlassen.</u> <u>Immer wieder kommt es – bedingt durch das sich verändernde Klima – zu Waldbränden, Flutkatastrophen und zu lang anhaltenden Dürreperioden.</u> <u>Regnet es beispielsweise am Horn von Afrika Wochen und Monate nicht (vgl. Material 6), so können die Menschen dort nicht einmal mehr das Nötigste ernten. Sie leben aber größtenteils von der Landwirtschaft, um sich selbst und ihre Familien zu ernähren.</u> <u>Es bleibt vielen häufig keine Wahl. Sie müssen das Dorf oder die Heimatregion verlassen, in der Hoffnung, sich an einem anderen Ort wieder eine Existenz aufbauen zu können.</u>
→ Die Argumentation ist logisch nachvollziehbar.

3 Mangelnde Sprachkenntnisse sind eine der häufigsten Schwierigkeiten, mit denen Migranten zu kämpfen haben. Nicht nur im alltäglichen Leben bereiten diese den Einwanderern und Flüchtlingen oft Probleme. Beispielsweise werden Wegbeschreibungen oder Durchsagen in Bussen und Zügen nicht verstanden, was dazu führen kann, dass Ziele nicht pünktlich oder gar nicht erreicht werden. Kann sich ein Mensch auf Deutsch nicht gut verständigen, wird er von manchen Mitmenschen zudem als dumm eingeschätzt, obwohl die Intelligenz mit den Sprachkenntnissen zunächst nichts zu tun hat. Teilweise bekommen Migranten deshalb nur niedrigqualifizierte Arbeit und keine Möglichkeiten der Weiterbildung, weshalb sie sich als minderwertig und überflüssig für die Gesellschaft empfinden.

5 a–c Verwendet wurde Material 3.
Daneben spielen auch wirtschaftliche Gründe eine Rolle, weshalb Menschen ihr Heimatland verlassen. Wie Material 3 entnommen werden kann, befürchten 7,3 % von 3000 Befragten, dass sie nach ihrem Eintritt in den Ruhestand in Deutschland unter Altersarmut leiden könnten. Sie erhoffen sich an Orten, wie etwa auf der Insel Mallorca, einen Mehrwert ihrer Rente, weil z. B. Mieten und Fixkosten, wie die Wasser- oder Stromrechnung, auf dieser Insel deutlich günstiger sind und das so eingesparte Geld für andere Dinge zur Verfügung steht.
Eine Auswanderung kann jedoch auch für Reiche von Vorteil sein, wenn man die Spitzensteuersätze bedenkt. Länder wie beispielsweise die Schweiz oder Monaco erheben auf ein hohes Einkommen deutlich weniger Steuern, als dies in Deutschland der Fall ist. Auch für sehr wohlhabende Menschen ist der finanzielle Aspekt also ein möglicher Anstoß zur Auswanderung.

S. 64 Eine Karikatur auswerten

1 a Auf dem Bild ist eine Ruinenlandschaft zu sehen. Erkennbar ist dies an den zerstörten Häusern und den Trümmern, die auf der Straße liegen. Im Vordergrund befindet sich ein Schild mit der Aufschrift „Syrien". Am Himmel nähern sich zwei Kampfjets, die Bomben abwerfen. Ein Jet trägt eine deutsche, einer eine französische Kennzeichnung. Im Vordergrund rechts ist eine Familie (Vater, Mutter,

Kind) zu sehen, die wegläuft. In der Sprechblase der Frau ist „Nichts wie weg!!" zu lesen, in der des Vaters wird das Ziel spezifiziert: „Ab nach Deutschland!!"

b Die Familie will offensichtlich weg aus Syrien, ihr Ziel ist Deutschland. Durch die deutsche Kennzeichnung am Kampfjet und das Wort „Deutschland" in der Sprechblase wird die Ironie, welche die Karikatur enthält, deutlich: Seit Anfang des Jahres 2016 fliegen deutsche Tornado-Kampfjets Einsätze in Syrien. Es werden Bomben abgeworfen, welche die Menschen in Syrien dazu bringen, nach Deutschland zu fliehen. Gleichzeitig übt der Zeichner der Karikatur Kritik an Deutschland: Durch den Tornado-Einsatz bombt sich Deutschland syrische Flüchtlinge selbst ins Land.

c Gliederungspunkt „Krieg und Terror" unter Oberpunkt „Gesellschaftliche / politische Gründe", sein Heimatland zu verlassen

Siehe hierzu auch die **Folie** „Eine Karikatur auswerten".

S.64 Den Schluss verfassen

2 Verwendbare Informationen:
– Zu Beginn des 21. Jahrhunderts: bereits mehr als 50 Millionen Flüchtlinge
– Das 21. Jahrhundert wird weitaus mehr ein Jahrhundert der Flucht als das 20. Jahrhundert
– Gesellschaft muss sich darauf einstellen

3 Betrachtet man die im Hauptteil genannten Ursachen, weshalb Menschen ihr Heimatland verlassen, so ist anzunehmen, dass, bedingt durch die zahlreichen Krisengebiete, weltweit künftig noch viel mehr Menschen zur Flucht gezwungen werden, als dies heute schon der Fall ist. Diese Ansicht vertritt auch der Geschäftsführer der Hilfsorganisation Misereor, Martin Bröckelmann-Simon, der darauf hinweist, dass das 21. Jahrhundert noch weit mehr als das 20. Jahrhundert ein Jahrhundert der Flucht werde, worauf wir uns einstellen müssten (Material 7).

S.65 3.3 Fit in …? – Eine zweigliedrige Erörterung verfassen

1 a Zweigliedriges Thema

b Einschränkungen: immer länger, eigene Wohnung

2 Mögliche Gliederungspunkte: Bequemlichkeit, „klammernde" Eltern, Treffpunkt: eigene Wohnung
Gliederung:
A In Deutschland verlassen Menschen erst im Durchschnitt mit 25 Jahren endgültig ihr Elternhaus.
B Warum wohnen junge Menschen immer länger zu Hause bei ihren Eltern? Was spricht dafür, sich eine eigene Wohnung zu suchen?
I. Ursachen für das „Nesthocken"
   1. Bequemlichkeit
   2. Geringere Kosten
   3. Schwieriger Immobilienmarkt
   4. Angst vor Veränderung
   5. „Klammern" der Eltern
II. Gründe, die für eine eigene Wohnung sprechen
   1. Erziehung zur Selbstständigkeit
   2. Mehr Kontakt zu Gleichaltrigen (WG)
   3. Größere Freiheit
      a) Beliebige Tagesgestaltung
      b) Zwanglose Treffen mit Freunden
      c) Freie Gestaltung der Wohnung
C Sobald ich genug Geld verdiene, werde ich mir eine eigene Wohnung suchen.

3 Mögliche Überarbeitung.

Neuesten Statistiken zufolge verlassen junge Menschen in Deutschland im Durchschnitt erst mit 25 Jahren endgültig ihr Elternhaus. Im Vergleich zu anderen europäischen Ländern ist dies ein sehr später Zeitpunkt für die Selbstständigkeit. Es drängt sich deshalb die Frage auf, weshalb junge Menschen immer länger zu Hause bei ihren Eltern wohnen und was dafürspräche, dass sie sich eine eigene Wohnung nehmen.

Zunächst sollen die Gründe erörtert werden, weshalb es junge Menschen oft vorziehen, lange im Elternhaus wohnen zu bleiben.

Ein Grund könnte die Bequemlichkeit sein. Viele junge Erwachsene lassen sich lieber von den Eltern „bedienen", als selbst für sich zu sorgen. Da es sich beim Elternhaus nur um einen Haushalt handelt, wird häufig beispielsweise gemeinsam gegessen. Die Rollenverteilung innerhalb der Familie bleibt vielfach die alte: Die Mutter kocht für die Familie, die erwachsenen Kinder sind nicht gezwungen, selbst eine Mahlzeit zuzubereiten. Auch die schmutzige Wäsche wird zu Hause oft von der Mutter für alle gewaschen. Darum müssten sich nach einem Auszug die jungen Erwachsenen selbst kümmern.

Aber auch Eltern, die ihre Kinder nicht loslassen wollen, können eine Ursache für das „Nesthocken" der Sprösslinge sein. Es gibt Situationen, in denen es verständlich ist, dass Eltern oder Elternteile den Wunsch haben, dass das Kind lange zu Hause lebt. Ist eine Mutter beispielsweise alleinerziehend und hat keinen Partner oder haben Eltern nur ein Kind, so wäre das Haus nach dem Auszug des Sprösslings plötzlich leer. Heutzutage haben Eltern in Deutschland zudem vielfach eine sehr enge Bindung zu ihren Kindern. Sie tun jahrelang alles für den Nachwuchs und pflegen vielfach ein eher freundschaftliches als autoritäres Verhältnis zu ihm. Sollte das Kind ausziehen, fehlt Vater und Mutter in den genannten Fällen der Mittelpunkt ihres Lebens, eine Tatsache, mit der manche Eltern nicht zurechtkommen, da sie eigene Interessen sehr lange Zeit vernachlässigt haben. Demzufolge nehmen sie gelegentlich lieber einen „Nesthocker" in Kauf als sich im eigenen Leben neu orientieren zu müssen. In diesem Fall verhindern die eigenen Eltern das Selbstständigwerden der Kinder.

Neben der Möglichkeit, den Tagesablauf beliebig zu gestalten, ist auch die, sich außerhalb von Kneipen oder Diskos mit Freunden treffen zu können, ein Aspekt, der für eine eigene Wohnung spricht. Sich an öffentlichen Orten zu verabreden ist gelegentlich schwierig, wenn die Öffnungszeiten der Restaurants, Cafés etc. nicht mit den Zeiten übereinstimmen, zu denen die jungen Erwachsenen gemeinsam etwas unternehmen wollen. Die Wohnung der Eltern stellt oft keine Alternative dar, da sich Eltern beispielsweise spät am Abend oder nachts durch Besucher gestört fühlen können. Ohne eine eigene Wohnung sind solche zwanglosen Treffen deshalb kaum möglich.

All diese Argumente zeigen, dass es zwar verständliche Gründe gibt, lange im Elternhaus wohnen zu bleiben, für mich steht jedoch außer Frage, dass ich mir eine eigene Wohnung nehme, sobald ich selbst Geld verdiene.

Weiteres Übungsmaterial

Deutschbuch Arbeitsheft 10
- Erörtern – Schriftlich argumentieren, S 10–17
- Eine Erörterung mit Informationsmaterial schreiben, S. 18–27

Deutschbuch Schulaufgabentrainer 10
- Mitglied in einem Sportverein – ja oder nein?
  Eine zweigliedrige Erörterung schreiben, S. 3–9
- Jugendliche in der Schuldenfalle
  Eine materialgestützte Erörterung verfassen, S. 10–21

Eine zweigliedrige Erörterung schreiben (1 von 7)

Thema

Was spricht dafür, was dagegen, den Urlaub in einem Ferienclub zu verbringen?

Urlaub im Magic Life Club in Belek (Türkei), 2009

1 Notiert, um welche Art der Themastellung es sich handelt.

Einleitung

2 Lest den folgenden kurzen Text. Schreibt auf, welche Möglichkeit der Einleitung sich daraus für eure Erörterung ergeben kann.

Unter einem Cluburlaub ist eine besondere Form des Urlaubs zu verstehen. Die so genannte Clubanlage ist in der Regel räumlich von der Umgebung abgetrennt. Die Feriengäste verbringen ihren Urlaub größtenteils, vielfach ausschließlich im Club und verlassen das Gelände kaum, was auf Grund von verschiedenen Restaurants, Einkaufsmöglichkeiten und den Freizeitaktivitäten, die den gesamten Tagesablauf bestimmen, in der Regel auch nicht nötig ist.

Einleitungsmöglichkeit: _____

3 Verfasst selbst eine Einleitung, in der ihr die Informationen aus dem Text in Aufgabe 2 verwendet.

_____

_____

_____

_____

_____

_____

_____

Kopiervorlage •••

Autorin: Monika Hochleitner-Prell
Foto: action press/Braun, Matthias V

Kapitel 3

KV 1, Blatt 1

Eine zweigliedrige Erörterung schreiben (2 von 7)

Den Stoff ordnen

4 Markiert in der folgenden Stoffsammlung alle Aspekte, die konkrete Beispiele zu einzelnen Argumentationen darstellen:

- kann Menschen mit gleichen Interessen treffen
- Volleyball spielen
- Tagesablauf ist durchgeplant
- Animateure drängen einen zum Mitmachen
- Stundenplan mit verschiedensten Sportangeboten
- wie eine große Familie
- man trifft kaum Einheimische
- belästigt durch Lärm
- man kann keine Radtour, Ausflüge etc. auf eigene Faust unternehmen
- in neue Sportarten „hineinschnuppern"
- „all inclusive" und trotzdem zusätzlich zahlen
- bekannte Clubs oft sehr teuer
- wenig individuell
- lernt Kultur kaum kennen

Die Gliederung erstellen

5 Erstellt mit Hilfe der Stoffsammlung eine Gliederung. Die vorgegebene Struktur hilft euch dabei. Achtet auf den Nominalstil.

A ...

B ...

   I. ...

      1. Mehr Bequemlichkeit

      2. ...

      3. ...

      4. ...

   II. ...

      1. ...

      2. Finanzielle Aspekte

        a) ...

        b) ...

      3. ...

      4. ...

C ...

Eine zweigliedrige Erörterung schreiben (3 von 7)

Argumentation im Hauptteil

6 Seht euch die Textbausteine an, die richtig zusammengesetzt eine Argumentation zum Gliederungspunkt „Kaum Kennenlernen von Kultur und Menschen des Urlaubslandes" ergeben.
Nummeriert die Textbausteine in der richtigen Reihenfolge.

_____ Die Urlauber verbringen oft die gesamte Zeit ihres Aufenthalts innerhalb der Clubanlage

oder nehmen lediglich an organisierten Ausflügen teil.

_____ Für Menschen, die viel über Land und Leute erfahren möchten, ist Cluburlaub deshalb

keine empfehlenswerte Alternative zu Individualreisen.

_____ Im Ferienclub gibt es zwar vielfach Folkloreaufführungen, bei denen etwa landestypische

traditionelle Tänze wie der Flamenco in Spanien gezeigt werden, Kontakt zu den Tänzern

haben die Touristen im Normalfall jedoch nicht. Das vom Club zusammengestellte Ausflugs-

programm zeigt ebenfalls nur sehr kleine Ausschnitte aus dem Alltagsleben der Einheimi-

schen, etwa wenn die Besichtigung eines Fischereihafens angeboten wird. Auch hier fehlt die

Gelegenheit, über einen längeren Zeitraum hinweg den Alltag im Urlaubsland zu beobachten

und so kulturelle Unterschiede oder Ähnlichkeiten zum Leben in Deutschland zu entdecken.

_____ ist die Tatsache, dass es bei dieser Form des Urlaubs häufig schwer ist, die Menschen und

die Kultur des Urlaubslandes wirklich kennenzulernen.

_____ Ein weiterer negativer Aspekt, der sich aus einem Cluburlaub ergibt,

7 Schreibt die Argumentation in euer Heft.

Autorin: Monika Hochleitner-Prell

Kapitel 3

KV 1, Blatt 3

Kopiervorlage •••

Eine zweigliedrige Erörterung schreiben (4 von 7)

Den Schluss schreiben

8 | Schreibt auf, um welche Art des Schlussgedankens es sich bei den folgenden Texten handelt:

Die genannten Nachteile, die ein Urlaub in einem Ferienclub mit sich bringt, sind nicht von der Hand zu weisen. Obwohl ich selbst schon mit dem Gedanken gespielt hatte, einmal diese besondere Form des Urlaubs auszuprobieren, werde ich auch künftig lieber meine freie Zeit in einem schönen Ferienhaus verbringen.

_____

Dass sich trotz der genannten Nachteile der Urlaub in Clubanlagen immer größerer Beliebtheit erfreut, ist an der stetig wachsenden Zahl neu eröffneter Ferienclubs abzulesen. Diese Entwicklung wird meiner Meinung nach in den nächsten Jahren anhalten und es werden viele zusätzliche Ferienclubs das Angebot für Menschen, die diese besondere Form des Urlaubs schätzen, bereichern.

_____

9 | Verfasst einen Schluss, indem ihr eine persönliche Stellungnahme formuliert.

_____

_____

_____

_____

_____

Autorin: Monika Hochleitner-Prell

Kapitel 3

KV 1, Blatt 4

Kopiervorlage •••

Eine zweigliedrige Erörterung schreiben (5 von 7)

Thema

Was spricht dafür, was dagegen, den Urlaub in einem Ferienclub zu verbringen?

*Urlaub im Magic Life Club
in Belek (Türkei), 2009*

1 Kreuzt an, um welche Art der Themastellung es sich handelt.

eingliedrig ☐

zweigliedrig ☐

Entscheidungsfrage ☐

Einleitung

2 Streicht durch, welche der folgenden Möglichkeiten ihr für die Einleitung der Erörterung nicht zur Verfügung habt:
– Formulierung eines Wunsches
– Historischer Rückblick
– Aktuelles Ereignis
– Definition des Themabegriffs
– Ausblick auf die Zukunft
– Kompromissvorschlag oder Nennung einer Alternative
– Zusammenfassung der Argumentationen
– Zitat

3 Lest den folgenden kurzen Text. Schreibt auf, welche Möglichkeit der Einleitung sich daraus für eure Erörterung ergeben kann.
Unter einem Cluburlaub ist eine besondere Form des Urlaubs zu verstehen. Die so genannte Clubanlage ist in der Regel räumlich von der Umgebung abgetrennt. Die Feriengäste verbringen ihren Urlaub größtenteils, vielfach ausschließlich im Club und verlassen das Gelände kaum, was auf Grund von verschiedenen Restaurants, Einkaufsmöglichkeiten und den Freizeitaktivitäten, die den gesamten Tagesablauf bestimmen, in der Regel auch nicht nötig ist.

Einleitungsmöglichkeit: _____

4 Notiert die Elemente, aus denen die Einleitung einer Erörterung besteht.

_____

_____

5 Schreibt mit Hilfe der Informationen in Aufgabe 3 eine Einleitung.

Eine zweigliedrige Erörterung schreiben (6 von 7)

Den Stoff ordnen

6   Markiert in der folgenden Stoffsammlung alle Aspekte, die konkrete Beispiele zu einzelnen Argumentationen darstellen:
- kann Menschen mit gleichen Interessen treffen
- Volleyball spielen
- Tagesablauf ist durchgeplant
- Animateure drängen einen zum Mitmachen
- Stundenplan mit verschiedensten Sportangeboten
- wie eine große Familie
- man trifft kaum Einheimische
- belästigt durch Lärm
- man kann keine Radtour, Ausflüge etc. auf eigene Faust unternehmen
- in neue Sportarten „hineinschnuppern"
- „all inclusive" und trotzdem zusätzlich zahlen
- bekannte Clubs oft sehr teuer
- wenig individuell
- lernt Kultur kaum kennen

7   Wandelt die folgenden Formulierungen in den Nominalstil um:

Kann Menschen mit gleichen Interessen treffen _____

Tagesablauf ist durchgeplant _____

belästigt durch Lärm _____

„all inclusive" und trotzdem zusätzlich zahlen _____

Die Gliederung erstellen

8   Vervollständigt die Gliederung. Nehmt dazu die Ergebnisse von Aufgabe 4 zu Hilfe.

A   …

B   …

    I.   …

      1. Mehr Bequemlichkeit

      2. Kontakt …

      3. Möglichkeit, Neues …

      4. Gemeinschaftsgefühl

    II.   Nachteile eines Cluburlaubs

      1. Fehlende Individualität

      2. …

        a) Hohe Buchungskosten in bekannten Clubs

        b) Zusatzkosten trotz „all inclusive"

      3. Fehlende Ruhe im Club

      4. Kaum Kennenlernen von Kultur und Menschen des Urlaubslandes

C   Cluburlaub stellt für mich keine Alternative zu einem selbst organisierten Urlaub dar.

Eine zweigliedrige Erörterung schreiben (7 von 7)

Argumentation im Hauptteil

9 Seht euch die folgende Argumentation zum Gliederungspunkt „Kaum Kennenlernen von Kultur und Menschen des Urlaubslandes" an. Markiert mit verschiedenen Farben, wo sich in der Argumentation die Elemente **Behauptung – Begründung – Beispiel – Abrundung – Überleitung** befinden.

Ein weiterer negativer Aspekt, der sich aus einem Cluburlaub ergibt, ist die Tatsache, dass es bei dieser Form des Urlaubs häufig schwer ist, die Menschen und die Kultur des Urlaubslandes wirklich kennenzulernen.

Die Urlauber verbringen oft die gesamte Zeit ihres Aufenthalts innerhalb der Clubanlage oder nehmen lediglich an organisierten Ausflügen teil. Im Ferienclub gibt es zwar vielfach Folkloreaufführungen, bei denen etwa landestypische traditionelle Tänze wie der Flamenco in Spanien gezeigt werden, Kontakt zu den Tänzern haben die Touristen im Normalfall jedoch nicht.

Das vom Club zusammengestellte Ausflugsprogramm zeigt ebenfalls nur sehr kleine Ausschnitte aus dem Alltagsleben der Einheimischen, etwa wenn die Besichtigung eines Fischereihafens angeboten wird. Auch hier fehlt die Gelegenheit, über einen längeren Zeitraum hinweg den Alltag im Urlaubsland zu beobachten und so kulturelle Unterschiede oder Ähnlichkeiten zum Leben in Deutschland zu entdecken.

Für Menschen, die viel über Land und Leute erfahren möchten, ist Cluburlaub deshalb keine empfehlenswerte Alternative zu Individualreisen.

Den Schluss schreiben

10 Kreuzt an, welche Möglichkeiten ihr für die Formulierung des Schlusses habt.

Zitat	☐	Ausblick auf die Zukunft	☐
aktuelles Ereignis	☐	Schlussfolgerung	☐
Kompromissvorschlag	☐	Zusammenfassung der Argumentationen	
Formulierung eines Wunsches	☐	aus dem Hauptteil	☐

11 Die folgenden Texte formulieren die möglichen Schlussgedanken **Ausblick auf die Zukunft, Kompromissvorschlag und persönliche Stellungnahme.**
Stellt fest, in welchem Text welcher Schlussgedanke enthalten ist.

A Die genannten Nachteile, die ein Urlaub in einem Ferienclub mit sich bringt, sind nicht von der Hand zu weisen. Obwohl ich selbst schon mit dem Gedanken gespielt hatte, einmal diese besondere Form des Urlaubs auszuprobieren, werde ich auch künftig lieber meine freie Zeit in einem schönen Ferienhaus verbringen.

B Dass sich trotz der genannten Nachteile der Urlaub in Clubanlagen immer größerer Beliebtheit erfreut, ist an der stetig wachsenden Zahl neu eröffneter Ferienclubs abzulesen. Diese Entwicklung wird meiner Meinung nach in den nächsten Jahren anhalten und es werden viele zusätzliche Ferienclubs das Angebot für Menschen, die diese besondere Form des Urlaubs schätzen, bereichern.

C Die Argumentationen im Hauptteil führen deutlich vor Augen, dass es annähernd gleich viele Vor- und Nachteile bei einem Cluburlaub gibt. Wer prinzipiell nicht auf einen Urlaub in einer Ferienanlage verzichten möchte, könnte bei der Urlaubsplanung deshalb auf Abwechslung achten und Cluburlaub und Individualreisen im Wechsel buchen.

A: _____

B: _____

C: _____

Kopiervorlage ●○○

Eine zweigliedrige Erörterung schreiben (KV 1)

Lösungen ●●●

1 Zweigliedrige Erörterung: Was spricht dafür, was dagegen …?

2 Einleitungsmöglichkeit: Definition

3 Beispiel für eine Einleitung:
Unter einem Cluburlaub ist eine besondere Form des Urlaubs zu verstehen. Die so genannte Clubanlage ist in der Regel räumlich von der Umgebung abgetrennt. Die Feriengäste verbringen ihren Urlaub größtenteils, vielfach ausschließlich im Club und verlassen das Gelände kaum, was auf Grund von verschiedenen Restaurants, Einkaufsmöglichkeiten und Freizeitaktivitäten, die den gesamten Tagesablauf bestimmen, in der Regel auch nicht nötig ist. Obwohl diese Form des Urlaubs zahlreiche Anhänger hat, gibt es auch kritische Stimmen. Welche Vor- und welche Nachteile ein Urlaub in einem Ferienclub mit sich bringt, wird deshalb im Folgenden erörtert.

4 Konkrete Beispiele zu einzelnen Aspekten:
– Volleyball spielen
– belästigt durch Lärm
– man kann keine Radtour, Ausflüge etc. auf eigene Faust unternehmen

5 Beispiel für eine Gliederung:
A Cluburlaub ist eine besondere Form des Urlaubs.
B Was spricht dafür, was dagegen, den Urlaub in einem Club zu verbringen?
   I. Vorteile
      1. Mehr Bequemlichkeit
      2. Kontakt zu Menschen mit gleichen Interessen
      3. Möglichkeit, Neues auszuprobieren
      4. Gemeinschaftsgefühl
   II. Nachteile eines Cluburlaubs
      1. Fehlende Individualität
      2. Finanzielle Aspekte
         a) Hohe Buchungskosten in bekannten Clubs
         b) Zusatzkosten trotz „all inclusive"
      3. Fehlende Ruhe im Club
      4. Kaum Kennenlernen von Kultur und Menschen des Urlaubslandes
C Cluburlaub stellt für mich keine Alternative zu einem selbst organisierten Urlaub dar.

6/7 Nummerierung der Textbausteine:
3 Die Urlauber verbringen …
5 Für Menschen, die …
4 Im Ferienclub gibt es zwar …
2 ist die Tatsache, dass …
1 Ein weiterer negativer Aspekt, der …

8 Persönliche Stellungnahme – Ausblick auf die Zukunft

9 Beispiel für einen Schluss:
Die Argumentationen im Hauptteil führen deutlich vor Augen, dass es annähernd gleich viele Vor- und Nachteile bei einem Cluburlaub gibt. Wer prinzipiell nicht auf einen Urlaub in einer Ferienanlage verzichten möchte, könnte bei der Urlaubsplanung auf Abwechslung achten und Cluburlaub und Individualreisen im Wechsel buchen.

Lösungen ●○○

1 Siehe Aufgabe 1, Lösung ●●●.

2 Gestrichen sind:
- Formulierung eines Wunsches
- Ausblick auf die Zukunft
- Kompromissvorschlag oder Nennung einer Alternative
- Zusammenfassung der Argumentationen

3 Siehe Aufgabe 2, Lösung ●●●.

4 Einleitungsgedanke, Überleitung, Themafrage

5 Siehe Aufgabe 3, Lösung ●●●.

6 Siehe Aufgabe 4, Lösung ●●●.

7 Nominalstil:
- Kontakt zu Menschen mit gleichen Interessen
- Durchgeplanter Tagesablauf
- Lärmbelästigung
- Zusatzkosten trotz „all inclusive"

8 Siehe Aufgabe 5, Lösung ●●●.

9 Behauptung – Begründung – Beispiel – Abrundung – Überleitung
Ein weiterer negativer Aspekt, der sich aus einem Cluburlaub ergibt, ist die Tatsache, dass es bei dieser Form des Urlaubs häufig schwer ist, die Menschen und die Kultur des Urlaubslandes wirklich kennenzulernen. Die Urlauber verbringen oft die gesamte Zeit ihres Aufenthalts innerhalb der Clubanlage oder nehmen lediglich an organisierten Ausflügen teil. Im Ferienclub gibt es zwar vielfach Folkloreaufführungen, bei denen etwa landestypische traditionelle Tänze wie der Flamenco in Spanien gezeigt werden, Kontakt zu den Tänzern haben die Touristen im Normalfall jedoch nicht.
Das vom Club zusammengestellte Ausflugsprogramm zeigt ebenfalls nur sehr kleine Ausschnitte aus dem Alltagsleben der Einheimischen, etwa wenn die Besichtigung eines Fischereihafens angeboten wird. Auch hier fehlt die Gelegenheit, über einen längeren Zeitraum hinweg den Alltag im Urlaubsland zu beobachten und so kulturelle Unterschiede oder Ähnlichkeiten zum Leben in Deutschland zu entdecken.
Für Menschen, die viel über Land und Leute erfahren möchten, ist Cluburlaub deshalb keine empfehlenswerte Alternative zu Individualreisen.

10 Angekreuzt sind:
- Kompromissvorschlag
- Formulierung eines Wunsches
- Ausblick auf die Zukunft
- Schlussfolgerung
- Zusammenfassung der Argumentationen aus dem Hauptteil

11 Text A = Ausblick auf die Zukunft, Text B = Kompromissvorschlag, Text C = Persönliche Stellungnahme

4 Scharfe Zunge, spitze Feder – Satire und Satirisches

Konzeption des Gesamtkapitels

In diesem Kapitel lernen die Schüler/-innen die Bandbreite satirischer Darstellungsformen kennen und unterscheiden: Anhand von Karikaturen, Parodien, Kabarettstücken, Liedtexten, Gedichten sowie kurzen Erzählungen erfahren und verstehen sie, dass der Begriff „Satire" nicht als Textsorte verwendet wird, sondern dass es sich um eine Darstellungsweise handelt, die in den unterschiedlichsten Formen auftreten kann.

Inhaltlich erstreckt sich die Textauswahl von humorvollen und witzigen bis hin zu absurden und bissigen Darstellungen, sodass es im Unterricht – angeleitet durch vielfältige Aufgabenstellungen – mit Sicherheit zu lustigen Szenen, aber auch zu tieferen Diskussionen kommen wird. Neben offenen Aufgaben, die dazu einladen, kreativ mit den Texten umzugehen, liegt der Schwerpunkt des Kapitels jedoch darauf, bereits vermittelte Kompetenzen der Texterschließung aus vorherigen Jahrgangsstufen zu wiederholen und speziell im Hinblick auf satirische Texte zu erweitern, um selbstständig einen textgebundenen Aufsatz (TGA) verfassen zu können.

Im ersten Teilkapitel (**„Skurrile Verhaltensweisen auf Korn nehmen – Parodie und Kabarett"**) lernen die Schüler/-innen Beispiele der satirischen Darstellungsformen Parodie und Kabarett kennen, gestalten nach einem literarischen Vorbild selbst eine Parodie und spielen ein Kabarettstück nach. Es folgen weitere satirische Texte, z. B. Fernsehbeiträge oder Songs und Gedichte, anhand derer die Jugendlichen kreativ Satiren verfassen, aber auch über Ausmaß und Tragweite satirischer Darstellungen diskutieren sollen.

Im zweiten Teilkapitel (**„Satirische Texte in einem TGA beschreiben"**) festigen die Schüler/-innen an einem Textbeispiel ihre Kenntnisse zum Abfassen eines TGA. Sie werden dazu angeleitet, den Inhalt zu erschließen, eine Einleitung zu formulieren und besondere Merkmale, z. B. widersprüchliche Situationen, ironische Bemerkungen oder Übertreibungen, zu analysieren und sprachliche Mittel zu untersuchen.

Das dritte Teilkapitel (**„Fit in ...? – Einen satirischen Text in einem TGA beschreiben"**) zielt auf die Vorbereitung einer Schulaufgabe ab. Die Schüler/-innen wenden ihre Kenntnisse zur Erschließung eines satirischen Textes an, indem sie den ausformulierten Vorschlag eines TGA überarbeiten.

Literaturhinweise

Morawietz, Holger: Politische Satire im Internet. Fundstellen für den Unterricht in Deutsch und den Gesellschaftswissenschaften. In: Schulmagazin 7/8, 2014

Tucholsky, Kurt / Fritsche, Jürgen: Kurt Tucholsky: Satirisches, Lustiges, Nachdenkliches. Die 20 schönsten Geschichten und Glossen. Hörbuch. Masterpieces 2015

Wenmakers, Julia: Rechtliche Grenzen der neuen Formen von Satire im Fernsehen. Wo hört bei Stefan Raab und Harald Schmidt der Spaß auf? Kovač, Hamburg 2009

www.der-postillon.com/
www.spiegel.de/spam/
www.titanic-magazin.de/
www.welt.de/satire/
www.zeit.de/thema/satire

Inhalte	Kompetenzen

Die Schülerinnen und Schüler können

– sprachliche und inhaltliche Merkmale einer Parodie erkennen
– Texte nach literarischen Vorbildern gestalten
– Texte verfremden und kreativ mit Texten umgehen

– kabarettistische Texte verstehen, betont selbst vortragen und durch Gestik und Mimik unterstützt vorspielen

– Methoden der Texterschließung sicher anwenden
– Inhalt und wesentliche Merkmale satirischer Texte selbstständig erschließen
– sprachliche Besonderheiten in satirischen Texten erkennen und analysieren

– sich kritisch zum Inhalt satirischer Texte äußern
– Möglichkeiten und Grenzen von Satire kennenlernen und sich darüber in Diskussionen äußern

– Methoden der Texterschließung sicher anwenden
– den Inhalt einer Satire zusammenfassen und schriftlich wiedergeben

– die Einleitung eines TGA selbstständig und sicher formulieren

– Merkmale satirischer Darstellungsformen selbstständig analysieren und mit Fachbegriffen schriftlich beschreiben

– die Wirkung stilistischer und sprachlicher Mittel in satirischen Texten beschreiben
– kreativ mit Texten umgehen und selbst eine Satire verfassen

– den Überarbeitungsbedarf eines ausformulierten TGA erkennen und einen Beispiel-TGA selbstständig überarbeiten

Auftaktseite

Schon durch die verschiedenen satirischen Darstellungen auf der Auftaktseite (Karikatur, satirischer Textauszug aus einer digitalen Zeitung) soll deutlich werden, dass es sich bei einer Satire nicht um eine Textsorte handelt, sondern um eine spöttisch-belustigende Darstellung, die in den unterschiedlichsten Formen auftreten kann.

1 a Die Karikatur nimmt die Naivität eines Facebook- und Twitter-Nutzers aufs Korn und stellt dessen arglosen Umgang mit dem Internet bloß. Der Text kritisiert die menschliche Tendenz zur Verallgemeinerung und die Leidenschaft, unreflektiert Daten zu sammeln.

b Belustigend wirken die Darstellungen, weil dem Internetnutzer auf Grund seines ständigen Surfens bereits jeglicher Bezug zur Realität abhanden gekommen ist, sodass er die Möglichkeit, ausgehorcht zu werden, nicht in Betracht zieht. Verfassungsschützer und Geheimdienstler sind ihm auf den Fersen, er aber freut sich über die große Zahl von „Freunden" und „Followern".
Die Aufgaben, die den Grundschülern gestellt wurden, waren nicht etwa einfache altersangemessene Grundrechenaufgaben, sondern Aufgaben, welche die Mehrheit der Bevölkerung sicher ebenfalls nicht hätte lösen können. Das überzogene Anspruchsniveau hat mit der Grundschule nichts zu tun.

Siehe auch die **Folie** „Eine Karikatur untersuchen".

2 Karikaturen und ähnlich witzig wirkende Texte bieten z. B. überregionale Zeitungen und Magazine wie „Spiegel" oder „Focus". Siehe auch die Internetseiten unter „Literaturhinweise".

4.1 Skurrile Verhaltensweisen aufs Korn nehmen – Parodie und Kabarett

S.68 **Wolf ohne festen Wohnsitz – Eine Parodie erkennen und in satirischer Weise fortführen**

Thaddäus Troll: **Rotkäppchen auf Amtsdeutsch**

1 a Jedem Schüler / Jeder Schülerin ist das Märchen vom Rotkäppchen aus verschiedenen Darstellungen sicherlich bekannt, sei es durch Vorlesen der Geschichte aus dem Märchenbuch der Gebrüder Grimm oder eine Aufführung im Kasperltheater. Es gehört zu den bekanntesten Erzählungen Europas. Die Verfremdung durch Thaddäus Troll fällt leicht ins Auge; inhaltlich folgt die Version genau dem Märchen, verändert aber sprachlich den Stil des Märchens.

b Troll verwendet keine märchenhaften Wendungen, z. B. „Es war einmal ...", sondern zahlreiche Substantivierungen und Begriffe aus der Beamtensprache. Dadurch wirkt das Märchen wie ein Polizeibericht, der den Leser staunen lässt, wie aus dem naiven, kleinen Rotkäppchen, das in der Wiese neben dem Weg Blumen pflückt, eine Straftäterin wird, die Vorschriften nicht beachtet.

2 Der Autor möchte auf die unpersönliche und komplexe Behörden- und Fachsprache aufmerksam machen, die in vielen Fällen kaum mehr zu verstehen ist. Darüber hinaus spielt er auf die zunehmende Bürokratisierung an, in der Akten mit Strichcodes und unpersönliche Kennziffern vorherrschen.

3 a Der Autor hebt das Märchen auf eine formale Sprachebene und setzt es in den Nominalstil, indem er übertrieben zahlreiche Substantivierungen verwendet, sodass die Erzählung zu einem unpersönlichen Tatsachenbericht wird.

b Ohne die Originalfassung mit ihren erzählerischen, märchenhaften Elementen zu kennen, kann die Parodie nicht auf den ersten Blick als solche erkannt werden.

4 Originalfassung:

[...] Der sich auf einem Dienstgang befindliche und im Forstwesen zuständige Waldbeamte B. vernahm Schnarchgeräusche und stellte deren Urheberschaft seitens des Tiermaules fest. Er reichte bei seiner vorgesetzten Dienststelle ein Tötungsgesuch ein, das dortseits zuschlägig beschieden und pro Schuss bezuschusst wurde. Nach Beschaffung einer Pulverschießvorrichtung zu Jagdzwecken gab er in wahrgenommener Einflussnahme auf das Raubwesen einen Schuss ab.

Dieses wurde in Fortführung der Raubtiervernichtungsaktion auf Kreisebene nach Empfangnahme des Geschosses ablebig. Die gespreizte Beinhaltung des Totgutes weckte in dem Schussgeber die Vermutung, dass der Leichnam Menschenmaterial beinhalte. Zwecks diesbezüglicher Feststellung öffnete er unter Zuhilfenahme eines Messers den Kadaver zur Totvermarktung und stieß hierbei auf die noch lebhafte R. nebst beigehefteter Großmutter. Durch die unverhoffte Wiederbelebung bemächtigte sich beider Personen ein gesteigertes, amtlich nicht zulässiges Lebensgefühl, dem sie durch groben Unfug, öffentliches Ärgernis erregenden Lärm und Nichtbeachtung anderer Polizeiverordnungen Ausdruck verliehen, was ihre Haftpflichtigmachung zur Folge hatte. Der Vorfall wurde von den kulturschaffenden Gebrüdern Grimm zu Protokoll genommen und stark bekinderten Familien in Märchenform zustellig gemacht.

Wenn die Beteiligten nicht durch Hinschied abgegangen und in Fortfall gekommen sind, sind dieselben derzeitig noch lebhaft.

www.zeit.de/1984/52/rotkaeppchen-auf-amtsdeutsch [07.03.2016]

5 **a** Die Schüler/-innen sollten sich vor ihrer Bearbeitung überlegen, welche Thematik sie aufs Korn nehmen und mit welchen ironisch-witzigen Beispielen sie diese ausgestalten wollen. Beispiel: die zunehmende Technisierung der Welt, in der man sich nur mit Navi auf den Weg macht und durch stupides Befolgen der Richtungsanweisungen in einer Wiese landet. Auch der Hinweis, dass das Märchen ganz anders ausgehen kann, sollte gegeben werden. Das Rotkäppchen kann auch, wie in zahlreichen Fassungen aus dem 20. Jahrhundert, keineswegs naiv und unschuldig, sondern emanzipiert und intelligent dargestellt werden. Nicht nur der Inhalt, auch die Sprache kann verändert werden.

Mögliche Beispiele:

Gruppe 1:

Wir schreiben das Jahr 2199, in dem ein Mädchen lebte, das zum Fahren in dem schwerelosen, automatikgesteuerten Transfire immer einen roten Sauerstoffhelm trug und daher den Avatar Rotkäppchen innehatte. Als sie heute Morgen auf ihren unter die Haut implantierten digitalen Messenger am Handgelenk blickte, fiel ihr die rot blinkende E-Mail ihrer Mutter auf mit der Info, dass das Netzwerk der Großmutter bedroht werde. Schnell surfte sie zu dem mit ihrer Homepage verlinkten Überwachungskontrollstick der Großmutter, umging die Firewall und bemerkte weitere Angreifer, die sich in das Netzwerk der Wohnimmobilie ihrer Oma hacken wollten.

Sie entschied, dass es wohl besser wäre, nicht nur virtuell, sondern auch physisch vor Ort zu sein, und schwang sich mit ihrem roten Helm in dem Transfire auf die Autobahn. Mit dem GPS-gesteuerten Navigationsgerät schnell den Zielort lokalisiert und den High-Speed-Chip eingelegt, las sie nebenbei noch mal den letzten Chat mit ihrer Oma und überlegte, ob sie ihr noch etwas für ihre neu installierte Festplatte mitbringen sollte. Da im Speicherplatz noch freie Bytes waren, legte sie dort ein paar Überraschungsdaten für sie ab. Im Schein des Transfires wölbte sich plötzlich ein mutierter schwarzer Schatten neben ihr auf. Schon zückte sie ihre erst gestern aus dem Internet eingetroffene Laserpistole, um diesen unschädlich zu machen. Aber als sie den Berührungssensor zum Abschuss mit dem Finger abscannen wollte, fiel ihr ein, dass sie gestern vergessen hatte, die Laserpistole zu programmieren. Doch der Erkennungssensor war sehr sensibel und gab schon den Abschuss frei. Anstatt des erwarteten Laserschusses zischte mit voller Geschwindigkeit ein Speckstück heraus. Schwups, hatte dieses der schwarze Schatten verschlungen und rülpste so laut, dass die Vibrationen den Transfire mit dem Rotkäppchen abseits der Datenautobahn in die wireless Stratosphäre katapultierten. Das Navigationsgerät verlor die Kontrollverbindung zum GPS-Satelliten und das Rotkäppchen flog mutterseelenallein und schwerelos irgendwo im WorldWideWeb herum.

Gruppe 2:

Ich habe mal so ne Story gehört: Da war mal ne echt coole Frau, die hatte sich die Haare so rot gefärbt und meist einen knallengen Lederdress mit nem roten Cape an, dass sie überall nur noch als Rotkäppchen angequatscht wurde. Aber die wohnte noch bei ihrer Mama, denn auf Arbeit hatte sie noch keinen Bock. Da kam aber manchmal die Mutter und gab ihr nen Job. Sie musste halt mal ihrer Omma was bringen, irgendso nen Korb. Das interessierte sie nicht die Bohne, was da drin war. Vielleicht konnte sie ja auch bisschen Kohle absahnen. Zum Glück war der Wagen grad nicht kaputt und sie musste sich nicht zu Fuß zu der Alten durch die Waldstraßen quälen. Kaum war sie ein paar Kilometer gedüst, wurde der Weg immer schlechter und holpriger. Ein bescheuerter Feldweg halt. Die ganze Karre wird staubig von dem elenden Blütenstaub! Wenn mich dann mit der dreckigen Karre jemand sieht. Voll uncool, ej!, dachte sie sich. Mit einem Affenzahn brauste sie die Schotter-straße entlang, dass der Staub noch mehr aufgewirbelt wurde. Im Augenwinkel sah sie den Wolf: Was macht denn dieser zottelige Assi da am Rand? Was glotzt der so blöd rüber? Will der per Anhalter mitfahren?

b Weitere Ideen:
- Eine Parodie in schwäbischer, unterfränkischer oder bayerischer Mundart zu verfassen, in der nicht nur der typische Dialekt verwendet wird, sondern auch regionale Merkmale wie Käsespätz-le, Zwiebelplotz oder Weißwürste eingearbeitet werden
- Eine inhaltliche Veränderung mit einem anderen Schluss, z. B. ein emanzipiertes Rotkäppchen, das mit dem Wolf diskutiert, ihm sein schändliches Vorhaben vor Augen hält und mit zahlreichen Argumenten letztlich umstimmt
- Witzige Umgestaltungen aus der Literatur können als Beispiele herangezogen werden, z. B. die Parodie von Catherine Storr, in der die schlaue Polly den Wolf austrickst („Pollykäppchen"), oder „Rotkäppchen '65" von Anneliese Meinert, als die Mutter zu einem Rendezvous möchte und das Rotkäppchen im Sportwagen am Wolf vorbeirast. Daneben findet sich „Little Red Riding Hood" von Roald Dahl. Hier erschießt anstelle des Jägers das Rotkäppchen selbst den Wolf mit einer Pistole und trägt seinen Pelz. Auch ein Sketch von Otto Waalkes ist bekannt.

▌S.70 Der Enkeltrick – Ein Kabarettstück hören und vorspielen

Auch im Fernsehen oder auf Kleinkunstbühnen begegnet man satirischen Beiträgen, manchmal zu aktuellen politischen Themen, meist aber Szenen aus dem Alltag, die man ohne detailreiches Hinter-grundwissen verstehen kann.

Susanne Hasenstab ist zusammen mit Tanja Brandhauer, Vic Schlusky und Emil Emaille seit einigen Jahren auf den Theaterkabarettbühnen im Aschaffenburger Raum unterwegs; sie „babbeln" auf hes-sisch-unterfränkisch mal humorvoll, mal spöttisch über alltägliche Minidramen.

Susanne Hasenstab: **Der Enkeltrick**

1 Das Kabarettstück lässt letztlich offen, um wen es sich bei dem Anrufer tatsächlich handelt: um einen Kriminellen, der vorgibt, ein Enkel zu sein, um der senilen Oma Geld zu entlocken, oder um den Enkel, der sich nur sehr selten meldet, besonders dann, wenn er Geld braucht.

2 Die Oma könnte ihrerseits schlauer als der wahre oder falsche Enkel sein. Nachdem von ihr Geld ver-langt wird, bringt sie den „Enkeltrick" ins Spiel, von dem sie in „XY" gehört hat, und droht sogar mit der Polizei. Ob es sich um den wahren oder vorgetäuschten Enkel handelt, bleibt gleich: In beiden Fällen wimmelt sie das Ansinnen um Geld ab.

3 a Die Aufgabe dient sowohl dazu, das Vortragen und Vorspielen von Texten zu üben sowie Gestik und Mimik satirisch zu übersteigern, als auch dazu, das Hörverstehen zu üben.

b Der Dialekt macht die Szene lebensnah und authentisch.

Siehe auch die **Folie** „Den ‚Enkeltrick' beschreiben".

S.71 Wer schön ist, muss leiden – Merkmale satirischer Texte untersuchen

Eckart von Hirschhausen: **Wer schön ist, muss leiden**

1 a Der erste Eindruck nach dem Lesen des satirischen Textes ist sicherlich geschlechterspezifisch unterschiedlich. Darüber hinaus regen die einzelnen Beispiele für Schönheitsoperationen zu Diskussionen innerhalb der Klasse an.

b Gesellschaftliche Umstände und menschliche Schwächen:
- allgemeiner Schönheitswahn, der durch die Medien vermittelt wird. Derzeit erleben wir eine Inflation des Begriffs „schön" in allen Bereichen: Schöner wohnen, schönste Gemeinde, Schönheit für Haut und Haar, Schönheits- bzw. Misswahlen wie Miss Germany, Model-Sendungen wie „Germany's Next Topmodel").
- zunehmende Schönheitsoperationen (auch live im Fernsehen übertragen)
- laufend neue Studien zum Thema Ernährung, immer neue Diäten in diversen Zeitschriften und im Internet, Diätenwahn der Gesellschaft
- zunehmender Trend zur Erweiterung des Leistungsspektrums bei Ärzten oder Verlagerung von Facharztleistungen auf Heilpraktiker, Kosmetikerinnen (Botoxunterspritzungen etc.)
- immer jünger werdende Klientel, die Eingriffe am eigenen Körper vornehmen lässt; Selbstdarstellungswahn (auch durch Selfies in Facebook gefördert)
- Suggestion von Makellosigkeit mit Hilfe von Fotobearbeitungsprogrammen
- vielfältige und zahlreiche Hotlines auf Grund eines gesteigerten Aufklärungsbedürfnisses und Sicherheitswahns in vielen Bereichen der Gesellschaft (im Text ironisches Wortspiel „nach 20 Uhr eine Tagescreme aufgetragen", Z. 66)
- Verinnerlichung von Klischees: Eine Frau muss in erster Linie schön sein.
- Reduktion des anderen Geschlechts auf Aussehen und Äußerlichkeiten
- eigene Lebensausrichtung oder Einschätzung des anderen anhand von Sternzeichen/ Horoskopen, Handlinien

2 Wortspiele und Mehrdeutigkeiten:
- „Nackte Zahlen" (Z. 11): Mehrdeutigkeit des Worts „nackt" (Anspielung auf den Schönheitswahn und die Ästhetik)
- Neue Brüste zum Abitur (Z. 35 f.): Schönheitsoperationen als Belohnung (absurde Aufteilung des Brustpaares auf das mündliche und schriftliche Abitur)
- Beine brechen/verlängern, um größer zu wirken mit Hilfe von Photoshop – mit beiden Beinen auf den Boden kommen (Z. 39 ff.): Anspielung auf die eigentliche Funktion von Beinen, aber auch auf die Redensart „auf dem Boden bleiben" = die Realität nicht vergessen, Selbstbewusstsein ausstrahlen
- Zuwachsraten im Botoxgeschäft – Zulähmungsraten (Z. 48 ff.): Anspielung auf die lähmende Wirkung des Nervengifts
- Schwinden der Lebensfreude bei schönen Frauen im Alter – längeres Leben von Frauen (Z. 96 ff.): Anspielung auf die statistisch höhere Lebenserwartung der Frauen
- Ärzte von Schönheitsoperationen werden zu Opfern – „unschön" (Z. 113 ff.): mehrdeutiger Gebrauch des Worts „schön": hier für Handlungen
- „face-lifting" – „fate-shifting" (Z. 133): Anspielung darauf, nicht nur durch Verändern und Verschönern des körperlichen Erscheinungsbilds das Leben zu verschönern bzw. zu verbessern, sondern auch durch Eingriffe in eine vorausbestimmte Zukunft bzw. das Schicksal selbst. Hirschhausen führt die Schönheitsoperationen ad absurdum und wirft die Frage auf: Inwieweit kann das eigene Leben durch Verschönerung des Äußeren oder gar der Lebenslinien verändert/ verbessert werden? Liegt es nicht eigentlich am Selbstbewusstsein des Einzelnen?

3 Durch die ironische Darstellung seiner eigenen Operation (Waschbrettbauch mit Fett unterspritzen lassen, Z. 119 ff.) entlockt er dem Zuhörer ein Schmunzeln, da keiner ernsthaft glaubt, dass jemand einen von vielen begehrten Waschbrettbauch mittels einer Operation in ein Bierbäuchlein verwandeln lässt, nur damit das andere Geschlecht mehr die inneren Werte beachtet. Er meint eigentlich das Gegenteil dessen, was er sagt, und zeigt damit die Absurdität der gesamten Schönheitsoperationenindustrie auf. Denn eigentlich möchte niemand nur auf seine äußere Erscheinung reduziert werden.

Auch die Operation der Handlinienkurven ist ironisch gemeint: Obwohl vielleicht jemand an Handlinien und vorgegebenes Schicksal glaubt, ist auch diesem Jemand bewusst, dass er die eigene Zukunft nicht durch eine Operation von Handlinienkurven verändern kann.

4 Besonders durch die medizinischen Fachbegriffe und das statistische Zahlenmaterial wirken Hirschhausens Thesen kompetent und glaubwürdig. Sie werden aber gleich darauf durch konkrete, im Zusammenhang paradoxe oder übertriebene Beispiele ad absurdum geführt und ins Lächerliche gezogen.

III S.75 Ja mei is des schee – Was darf Satire? Wo endet Satire?

III S.75 Chris Boettcher: **10 Meter Geh'**

III S.76 Erich Kästner: **Karriere?**

1 a Chris Boettcher kritisiert die Berufsfindung junger Menschen mittels Casting-Shows und besonders die mangelnde Intelligenz einiger Mädchen mit dem Berufswunsch Model, da sie nicht mehr können, als wenige Meter geradeaus gehen.

Erich Kästner kritisiert ebenfalls den Berufswunsch Model und die Frauen, die sich gerne schön anziehen und aus verschiedenen Zeitschriften lächeln, in Wirklichkeit sich jedoch die Kleidung, die sie auf den Fotos tragen, selbst nicht leisten können.

b Beide Autoren nehmen das Modeldasein aufs Korn. Chris Boettcher prangert vor allem die Dummheit und geringe Intelligenz der Models an, die nicht mehr leisten wollen bzw. können, als 10 Meter geradeaus zu laufen. Erich Kästner hingegen kritisiert das Scheindasein vor der Kamera: Obwohl man als Model teuren Schmuck und Pelze auf den Fotos trägt, kann man sich auf Grund des spärlichen Verdienstes in der Realität kaum etwas zum Essen leisten. Schönheit ist für Kästner zwar eine Gabe bzw. ein Talent (V. 33), aber insgesamt für Erfolg bzw. für das Verdienen von Geld zu wenig.

2 a Bestimmt kennen die Schüler/-innen die Casting-Show „Germany's Next Topmodel" und daher auch die Juroren der Sendung bzw. einiger Staffeln: das Model Heidi Klum, den Modelagenten Amin Payman, das Model und den Choreografen Bruce Darnell. Schaljapin und Solf sind den Schülerinnen und Schülern sicherlich nicht bekannt. Ramona Silvaré ist vermutlich ein fiktiver Künstlername, der schön klingt und Exklusivität andeutet.

b Die Lehrkraft sollte das Gespräch dahingehend führen, dass verschiedene Personenkreise manche Dinge lockerer sehen, z. B. Jugendliche unter sich, als andere (Eltern, Rektor, Polizei), und ebenso aufzeigen, dass man als Person des öffentlichen Lebens mit derartigem Spott leben muss.

3 Mitschüler (oder auch Lehrer) öffentlich nicht nur witzig darzustellen, sondern bissig zu verspotten, schießt über das Ziel eines satirischen Beitrags (in der Schülerzeitung oder innerhalb der Klasse) hinaus und ist persönlich verletzend. Eine gute Satire, die nicht unter dem Deckmantel des Humors bloßstellen will, verfolgt immer ein bestimmtes Ziel und zeigt eine konstruktive Perspektive auf.

4 Mögliches Beispiel für einen satirischen Songtext zum Thema „Traummänner" in Anlehnung an Kästners „Karriere":

Es gibt da eine Sorte junge Herren,
Die haben nichts, als eine dunkle Sonnenbrille.
Sie fahren reichlich parfümierte Karren
Und gehen mit dir, wohin ihr Wille.

Sie sitzen mit ihrem Machogehabe
In ihrem fetten BMW, dem 5er,
Lächeln und pfeifen mit voller Hingabe
Jedem Rock hinterher.

Sie denken sich die Sache ziemlich leicht
Und gehen, um keine Zeit zu verlieren,
Den Weg, auf dem man heute viel erreicht,
Das heißt: Sie schicken Selfies von ihren Nieren.

Man legt den Waschbrettbauch dann in der Galerie ab,
Zwischen …

Ein schicker Bauch und ne coole Karre
Sind fraglos ganz nett anzusehn,
Doch das alleine? Nichts als das alleine
Ist etwas wenig, falls ihr sonst nichts könnt.

Was nützen einem tolle Selfies,
Was soll das Gehabe und das ganze Drum und Dran,
Wenn man schließlich kaum eine SMS,
Obwohl man möchte, ohne Rechtschreibfehler tippen kann?

Zur Problematik „Was darf Satire? Wo endet Satire" siehe die **Kopiervorlagen 1** („Eine Karikatur untersuchen") **und 2** („Ein Interview auswerten").

4.2 Satirische Texte in einem TGA beschreiben

S.78 Den Inhalt verstehen und erschließen

Kurt Tucholsky: **Ratschläge für einen schlechten Redner**

1 Die Aufgabe dient dazu, die Schülermeinungen zu bündeln und Begründungen zu diskutieren, und auch dazu, den Witz des Textes, der in der maßlosen Übertreibung und in der Paradoxie liegt, aufzuzeigen.

2 Klärung von Fremd- und ungewöhnlichen Wörtern:
- Laie: eine Person, die auf einem Gebiet überhaupt keine Kenntnisse besitzt
- (in einem Kolleg) sich wähnend: fälschlicherweise annehmen, man säße in einer Lehrveranstaltung
- Historie: geschichtliche Hintergründe
- Kinkerlitzchen: unbedeutende Kleinigkeiten
- Monolog: Selbstgespräch
- Pointe: überraschende Wendung am Ende einer Geschichte
- geschichtele: abschweifend erzählen

3 Mögliche Inhaltszusammenfassung:

Kurt Tucholsky beginnt seine satirische Textrede mit einem ganz konkreten, ironisch gemeinten Beispiel, wie man eine Rede möglichst umständlich beginnen lassen kann und den Zuhörer abschreckt. Im Verlauf seines Vortrags gibt er weitere Ratschläge, indem er dazu auffordert, immer eine schwer verständliche Sprache zu verwenden und am besten die Rede abzulesen.

Mit einem Seitenhieb verweist er auf die Reichstagsabgeordneten seiner Zeit und kritisiert indirekt, dass diese auch nie frei reden.

Auch besonders lange Schachtelsätze seien vorteilhaft, so Tucholsky weiter, ebenso wie das Abschweifen vom Thema oder die Anreicherung der Rede mit statistischem Zahlenmaterial. Darüber hinaus sollte man sich nicht um die Reaktionen des Publikums kümmern, sondern an seinem Monolog festhalten. Immer wieder spricht der Autor den Leser direkt an und versucht ihn mit überspitzt formulierten Erklärungen von seinen Ratschlägen zu überzeugen. Um seine Tipps zu unterstreichen, führt er selbst weit hergeholte und vom Thema abschweifende Beispiele von den alten Römern oder der Vorzeit der Chinesen an. Bewusst übertreibt er in seinen Aufforderungen, um dem Leser die Absurdität seiner Ratschläge vor Augen zu führen.

Spätestens im letzten Absatz (Z. 101 ff.) wird klar, dass man eigentlich genau das Gegenteil von Tucholskys Ratschlägen tun sollte, um eine vorbildliche Rede zu halten.

4 Mögliche Übersicht:

Merkmale eines schlechten Redners	Ratschläge für einen guten Redner
– lange, weitschweifige Einleitung – steife Anrede – Ablesen der Rede – möglichst schwer verständliche Sprache, lange Schachtelsätze – Abschweifen vom Thema, umständliche und weit ausholende Erklärungen, Ausbau geschichtlicher Hintergründe – keine Rücksicht auf die Resonanz im Publikum, Monolog halten – ab und zu Wasser trinken – Einbau zahlreicher Statistiken und schwer zu merkenden Zahlenmaterials – den Schluss lange vor dem eigentlichen Ende ankündigen – lange Redezeit, Ausdehnung ohne Rücksicht auf die Konzentrationsfähigkeit der Zuhörer	**Vortragsbeginn:** – knappe Einleitung, die zum Thema hinführt – ruhig und langsam sprechen, nicht aufgeregt wirken – lebendige Anrede **Sprache:** – leicht verständliche Sprache, einfache Wortwahl – kurze Sätze, v. a. Hauptsätze – deutliche Aussprache **Auftreten des Redners:** – selbstbewusst – freier Vortrag – Reaktionen des Publikums wahrnehmen, Blickkontakt halten – den Worten angepasste / die Worte unterstützende Gestik und Mimik einsetzen – bewusst Humor verwenden – Begeisterung wecken **Inhalt:** – logische Thematik, strukturiert und gegliedert – zielstrebig / roter Faden, keine Abschweifungen – gute Recherche der Thematik (Vorbereitung) – nur Tatsachen erwähnen – evtl. Anschauungsobjekte zur Unterstützung **Abschluss der Rede:** – angemessene Redezeit, nicht länger als 30 bis 40 min (Konzentrationsfähigkeit der Zuhörer beachten) – kurz und bündig ein Fazit formulieren

S. 80 Die Einleitung eines TGA formulieren

1 Die Aussage des dritten Spiegelstrichs („Tucholsky übt Kritik an schlechten Rednern, indem er ihnen einen Spiegel vorhält und ihre unprofessionelle Vortragstechnik ironisch lobt") fasst das Thema des Textes am treffendsten zusammen. Denn die Kernaussage in der Einleitung soll das Thema der Satire knapp wiedergeben und auch andeuten, welche Missstände der Verfasser anprangert. Sie sollte nicht zu ausführlich, aber dennoch aussagekräftig sein. Alle anderen Aussagen geben den Inhalt des satirischen Textes nur ungenau wieder.

2 Beispiel für eine Einleitung:

Der satirische Text „Ratschläge für einen schlechten Redner" von Kurt Tucholsky erschien 1930. Der Autor zählt zu den bekanntesten deutschen Kritikern und Satirikern. Er übt in seinem Text Kritik an schlechten Rednern, indem er ihnen einen Spiegel vorhält und ihre unprofessionelle Vortragstechnik ironisch lobt.

S. 81 Merkmale satirischer Darstellungsformen analysieren

1 a Tucholsky wollte besonders die Reichstagsabgeordneten seiner Zeit treffen.

b Zudem kritisiert er Vortragende, die sich für professionelle Redner halten, obwohl sie niemals frei sprechen und viel zu komplizierte und langweilige Reden vortragen.

c Tucholsky spricht den Leser mit der Aufforderung „Fang nie mit dem Anfang an …" direkt an. Er liefert dazu gleich ein konkretes Beispiel für einen Redeanfang: „Meine Damen und meine Herren! Bevor ich zum Thema […], lassen Sie mich Ihnen kurz …" (Z. 3 ff.). Obwohl er das Wörtchen „kurz" verwendet, rät er dem Redner, möglichst noch vor dem Anfang weit auszuholen. Somit schafft er eine widersprüchliche Situation, denn dadurch gewinnt kein Redner „die Herzen und Ohren der Zuhörer" (Z. 12 f.). Das Gesagte ist ironisch gemeint.

d Weitere Textstellen:
   – „Sprich nicht frei – das macht einen so unruhigen Eindruck. […]" (Z. 17–22) „Nimm dir doch ein Beispiel an unsern professionellen Rednern […]. Die schreiben sich sicherlich zu Hause auf, wann sie ‚Hört! Hört' rufen." (Z. 26–31)
   – „Fang immer bei den alten Römern an […] geschichtlichen Hintergründe der Sache." (Z. 47–49) – „Ich habe einmal an der Sorbonne einen chinesischen Studenten sprechen hören […] ‚seit dem Jahre 2000 vor Christi Geburt'." (Z. 51–57)

e Beispiele für Übertreibungen:
   – „Die schreiben sich sicherlich zu Hause auf, wann sie ‚Hört! Hört' rufen." (Z. 29 ff.)
   – „Kündige den Schluss deiner Rede lange vorher an […], und dann beginne deine Rede von vorn und rede noch eine halbe Stunde." (Z. 101–105)
   – „Sprich nie unter anderthalb Stunden, sonst lohnt es sich gar nicht erst anzufangen." (Z. 108 f.)

2 Mögliche Weiterführung:

Anschaulich und mit konkreten Beispielen werden alle Tipps untermauert. Zur Aufforderung „Fang immer bei den alten Römern an […] geschichtlichen Hintergründe der Sache" (Z. 47-49) gibt Tucholsky das Beispiel: „Ich habe einmal an der Sorbonne einen chinesischen Studenten sprechen hören […] ‚seit dem Jahre 2000 vor Christi Geburt'" (Z. 51-57).

Auch dadurch, dass er zahlreiche Übertreibungen einbaut, wirken seine Ratschläge zwar belustigend und absurd, dennoch übt er damit indirekte Kritik an langweiligen oder besonders langen Reden. Als Textbeispiele können Z. 101-105 („Kündige den Schluss […] an […], und dann beginne deine Rede von vorn und rede noch eine halbe Stunde") oder Z. 108 f. („Sprich nie unter anderthalb Stunden, sonst lohnt es sich gar nicht erst anzufangen") angeführt werden.

S. 82 Die sprachlichen Mittel untersuchen

1 a Stilmittel:
  - Ironie / Übertreibung: „[…] da jeder imstande ist, zehn verschiedene Zahlen mühelos zu behalten"
  - umgangssprachliche Wortwahl: „Immer gib ihm Historie, immer gib ihm."
  - bildhafte Vergleiche: „Die Leute sind doch nicht in deinen Vortrag gekommen, um lebendiges Leben zu hören, sondern das, was sie auch in Büchern nachschlagen können …"

  b Tucholsky verwendet zahlreiche Imperativsätze, um den Text möglichst eindringlich zu gestalten und den Leser mit den (ironisch) gemeinten Ratschlägen direkt anzusprechen.

  c Auch Wiederholungen, vor allem der Imperative: „Fang […] an" (Z. 1, 47), „Sprich" (Z. 17, 33, 35, 71, 108) oder „immer" (Z. 1, 15, 47, 67, 73, 96 f.), dienen dazu, seine Ratschläge möglichst eindringlich wirken zu lassen. Ellipsen wie „Immer schön umständlich" (Z. 15 f.) oder „… du Laie" (Z. 25) verkürzen den Satzbau und wirken dadurch ebenfalls wie Imperative.

2 Beispiel für eine Sprachanalyse:
In Tucholskys Text sind besondere stilistische und sprachliche Mittel zu finden, mit denen er die gewollt satirische Wirkung erreicht. Das Stilmittel der Übertreibung, das typisch für satirische Texte ist, findet sich z. B. in dem Satz „[…] da jeder imstande ist, zehn verschiedene Zahlen mühelos zu behalten" (Z. 98 f.). Dadurch wird die Situation anschaulich, aber gleichzeitig absurd dargestellt, was sehr belustigend wirkt. Weiterhin lassen sich umgangssprachliche Wendungen wie „Immer gib ihm Historie, immer gib ihm" (Z. 67 f.) erkennen, die seine Tipps freundschaftlich und nicht von oben herab klingen lassen. Auch durch bildhafte Vergleiche wie „Die Leute sind doch nicht in deinen Vortrag gekommen, um lebendiges Leben zu hören, sondern das, was sie auch in Büchern nachschlagen können …" (Z. 63–67) oder „Fang immer bei den alten Römern an" (Z. 47) bringt Tucholsky seine Tipps anschaulich dem Leser nahe.
Außerdem fallen zahlreiche Imperativsätze auf, z. B. „Fang nie mit dem Anfang an" (Z. 1), „Sprich nicht frei" (Z. 17) oder „Du musst […]" (Z. 75). Damit unterstützt Tucholsky den appellativen und eindringlichen Stil seiner Ratschläge.
Eine Besonderheit des Textes sind die vielen Wiederholungen, vor allem der Imperative: „Fang […] an" (Z. 1, 47), „Sprich" (Z. 17, 33, 35, 71, 108) und „immer" (Z. 1, 15, 47, 67, 73, 96 f.), und der elliptische Satzbau („Immer schön umständlich", Z. 15 f. oder „… du Laie", Z. 25), welche die Sätze auf das Wesentliche verkürzen und diese dadurch ebenfalls wie Imperative wirken lassen.

3 In Tucholskys Text fehlen z. B. unpassende Wörter, die aus anderen Bereichen entlehnt wurden. Der Text ist relativ einfach gestaltet, er enthält daher auch keine Wortspiele, Mehrdeutigkeiten oder Neologismen, die oftmals kompliziert wirken oder erst allmählich den Witz erkennen lassen.

4 Beispiel zum Thema „Ratschläge für vorbildliches Verhalten im Schulbus":
Drängle gleich zu Anfang vor und schubse stets Kleinere, das ist besonders wichtig, denn du tust ihnen damit nur einen Gefallen und bereitest sie indirekt auf das Leben vor. So können sie sich frühzeitig an die Ellbogentaktik im Berufsleben gewöhnen. Merke dir: Drängle immer vor, denn dann hast du bessere Chancen, einen Sitzplatz zu ergattern. Die kleinen Fünftklässler haben ja junge Beine und stehen gerne. Sie sind eh immer aktiv und können kaum stillsitzen. Das wird den Lehrer freuen, dann sind die Kleinen durch das Stehen und Schleppen ihres Schulranzens vorher ausgepowert und sitzen gerne in den nächsten Schulstunden.
Wenn du im Bus bist, besetze stets mindestens fünf Plätze, man kann nie wissen, ob heute doch zwei oder drei deiner Freunde an der vorletzten Station noch zusteigen. Außerdem braucht deine Schultasche auch ihren Platz, denn sie ist ganz neu und sollte nicht am Boden stehen und dreckig werden. Denke immer daran, dass du damit deiner Mutter eine Freude machst, wenn du deine Schulsachen besonders ordentlich hältst und pflegst. Kümmere dich nicht darum, wenn Leute dich

fragen, ob sie sich auf einen von dir besetzten Platz setzen dürfen – das sind Kinkerlitzchen. Schau einfach weg und behandle sie wie Luft, auch wenn sie sich aufregen. Du willst dich doch nicht streiten und durch die vielen freien Plätze um dich herum hast du auch schön Abstand, sodass dich nichts aufregen kann und du völlig ausgeruht nachher in den Unterricht kommst. So musst du das machen: Nimm dir ein Beispiel an den Leuten, die immer ihre Kopfhörer im Ohr haben und so laut Musik hören, dass sie die anderen Leute nicht hören. Da kommt man gechillt durch die Busfahrt und das Geschrei der Kleinen oder die dummen Sprüche älterer Leute dringen gar nicht an deine Ohren …

Zu weiteren Texten siehe die **Kopiervorlagen 3** („Textbezogene Aufgaben zu einer Satire bearbeiten") **und 4** („Einen satirischen Text beschreiben").

4.3 Fit in …? – Einen satirischen Text in einem TGA beschreiben

S. 84 Ephraim Kishon: **Ringelspiel**

1 Beispiel für eine Überarbeitung:

Der Text „Ringelspiel" stammt von dem israelischen Schriftsteller Ephraim Kishon, der zu den meistgelesenen Autoren weltweit gehört. Es handelt sich um einen satirischen Text, in dem eine Pralinenschachtel immer wieder neu verschenkt wird und am Ende nach vielen Jahren wieder beim ersten Absender anlangt.

Nach einem kurzen Vorspann, in dem der Autor erklärt, dass er unliebsame Präsente aufhebt und in verschiedene Kategorien einteilt, um sie dann bei passendem Anlass wieder weiterzuverschenken, klingelt es an der Tür und er und seine Frau bekommen von einem Freund eine Pralinenschachtel überreicht. Sehr erfreut nehmen sie diese entgegen, denn Pralinen und Bonbonnieren eignen sich äußerst gut zur Wiederverwendung, da sie für zahlreiche Anlässe passen. Anstatt sie aber nun zu den anderen nützlichen und unbrauchbaren Geschenken zu legen, überkommt sie der Heißhunger und sie reißen die Schokopralinenschachtel auf. Entsetzt müssen sie erkennen, dass die Schokolade uralt und damit ungenießbar ist. Der gute Freund wird zur Rede gestellt und gibt zu, die Pralinen von einem anderen als Präsent erhalten zu haben. Dieser wiederum erinnert sich, dass er sie auch von einem anderen Bekannten bekommen hat usw. Die Nachforschungen führen letztlich über verschiedene Geschenkanlässe wie Geburten oder Geburtstage sowie Hausbau … wieder zu dem Erzähler und seiner Frau zurück. Sie beide haben die Pralinenschachtel schon vor Jahren weitergegeben, weil in ihrem Geschenkefundus nichts Passendes für die Wohnungseinweihung ihrer Tante zu finden war.

Über den weiten Weg der Pralinenschachtel staunend und über sich selbst lachend, kommen sie zu dem Schluss, dass sie diese Schokolade leider aus dem Geschenkekreislauf nehmen müssen.

Bei der kurzen Erzählung von Kishon handelt es sich um einen satirischen Text, da sich zahlreiche satirische Elemente finden lassen: Der Autor nimmt nämlich die menschliche Schwäche aufs Korn, unliebsame Geschenke aufzuheben, um diese dann irgendwann weiterzuverschenken. Ironisch führt der Ich-Erzähler im Text an, dass er dafür sehr organisiert vorgehe (Z. 1) und sogar einen „nach Fächern eingeteilten Kasten" für „unbrauchbare Geschenke zur künftigen Wiederverwendung" (Z. 4 f.) besäße.

Die Akribie, mit der das Ehepaar die Nachforschungen über die Herkunft einer kleinen, netten Pralinenschachtel betreibt, ist völlig übertrieben und wirkt zudem sehr belustigend auf den Leser, da das Paar jeden Schenker gnadenlos entlarvt und ihm das Messer auf die Brust setzt. Jeder muss genauestens Auskunft geben, von wem er seinerseits die Pralinen bekommen hatte: „Mit einem Wutschrei stürzten wir uns auf […] und zogen ihn derb zur Verantwortung." (Z. 49 ff.) Radikal und aggressiv forscht das

Ehepaar immer weiter, bis die Erzählung am Schluss in die Pointe mündet, dass sie vor ewigen Zeiten selbst „blutenden Herzens die Bonbonniere" (Z. 73 f.) weiterverschenkt hatten.

Betrachtet man die Sprache des Textes genauer hinsichtlich Wortwahl und rhetorischer Mittel, so sind auch Sprache und Stil von einer satirischen Darstellungsweise geprägt.

Der Autor nutzt zahlreiche beschreibende Adjektive zur detaillierten Darstellung der Situation, z. B. „unwiderstehliches Verlangen" (Z. 38), oder er bezeichnet die Pralinen ironisch als „bräunliche Kieselsteine mit leichtem Moosbelag" (Z. 44 f.).

Das gleiche Ziel verfolgen auch die bewusst eingesetzten Adverbien wie „tonlos" (Z. 46), „betörend" (Z. 24), „bleich und bebend" (Z. 51).

Ebenso fallen belustigende Übertreibungen auf, z. B. „Zitternd vor Gier" (Z. 40) oder „mit einem Wutschrei stürzten wir uns auf Benzion Ziegler" (Z. 49 f.), die die Erzählung wiederum anschaulich machen und humorvoll und witzig wirken. Bildhaft wirken auch die abwechslungsreichen und treffenden Verben wie „abgelegt" (Z. 12), „rissen" (Z. 40 f.), „prallten zurück" (Z. 42 f.), „schüttelten" (Z. 50).

Fremdwörter wie „registriert, klassifiziert" (Z. 7), „talmisilberne" (Z. 12), „allegorisch" (Z. 25) zeigen die Genauigkeit, mit der das Ehepaar alles einordnet und kennzeichnet. Sie wirken in diesem Zusammenhang gleichfalls wieder witzig und spöttisch.

Vorrangige Absicht des Autors ist es natürlich, mit dem witzigen Inhalt der Satire und dem bewussten Einsatz von Stilmitteln zu unterhalten und dem Leser Vergnügen beim Lesen zu bereiten. Darüber hinaus will er auch die Problematik des Schenkens ansprechen. Indem Kishon spöttisch zeigt, dass Geschenke oftmals nicht liebevoll und individuell ausgesucht, sondern oberflächlich und nüchtern einfach weitergegeben werden, prangert er die Scheinheiligkeit der Menschen beim Geschenkemachen an. Im satirischen Text „Ringelspiel" hält er ihnen einen Spiegel ihrer eigenen Verhaltensweisen vor und möchte einerseits dazu auffordern, über sich selbst zu lachen, andererseits auch eine kritische Beurteilung des eigenen Schenkverhaltens erwirken.

Vorschläge für einen Test oder eine Schulaufgabe

- Textbezogene Aufgaben zu einer Satire bearbeiten
  Siehe die **Kopiervorlage 3**.
- Einen satirischen Text beschreiben
  Siehe die **Kopiervorlage 4**.

Weiteres Übungsmaterial

Deutschbuch Arbeitsheft 10
- Satirische Texte verstehen, S. 44–51
  Kurt Tucholsky: Was darf Satire?
  Ephraim Kishon: Hebräisch
  Zippert meint … Die tödliche Dosis Wurst
  Loriot: Elefanten-Creme
  Gerhard Polt: Die Idylle
  Dieter Hildebrandt: Helmut Kohl spricht Matthias Claudius

Deutschbuch Schulaufgabentrainer 10
- „Mein kleines gelbes Schicksal"
  Einen TGA zu einem satirischen Text verfassen, S. 72–79

Eine Karikatur untersuchen (1 von 2)

1 Das französische Satiremagazin „Charlie Hebdo" zeigte in der Ausgabe 9/2015 auf der Titelseite den toten Aylan Kurdi am Strand unter der Überschrift „So nah am Ziel …" und daneben das Werbeschild einer Fast-Food-Kette mit der Aufschrift „Zwei Kindermenüs zum Preis von einem".
Sucht im Internet nach der Karikatur und lasst sie auf euch wirken.

2 Recherchiert, auf welches Ereignis oder Problem sich die Karikatur bezieht.

_____

_____

3 Notiert spontan eure ersten Gedanken zur Karikatur.

_____

_____

_____

4 „Charlie Hebdo" gilt als eines der bedeutendsten Satiremagazine Frankreichs. Bei einem islamistischen Terroranschlag wurden im Januar 2015 elf Menschen in der Redaktion in Paris getötet. Im September 2015 erhielt die Zeitschrift den Medienpreis M100. Hervorgehoben wurde dabei der Mut weiterzumachen und das Engagement der Zeitschrift für die Meinungsfreiheit als grundlegenden Baustein für Freiheit und Demokratie in Europa.
Erklärt vor diesem Hintergrund, worauf die Karikatur eigentlich abzielt.

_____

_____

_____

5 Begründet, ob ihr die Karikatur veröffentlichen würdet oder nicht, z. B. als Chefredakteur einer Zeitung, im Internet teilen oder per Handy als Bild weiterleiten würdet.

_____

_____

_____

_____

Autorin: Daniela Brems

Kapitel 4

Kopiervorlage •••

Eine Karikatur untersuchen (2 von 2)

1 Das französische Satiremagazin „Charlie Hebdo" zeigte in der Ausgabe 9/2015 auf der Titelseite den toten Aylan Kurdi am Strand unter der Überschrift „So nah am Ziel ..." und daneben das Werbeschild einer Fast-Food-Kette mit der Aufschrift „Zwei Kindermenüs zum Preis von einem".
Sucht im Internet nach der Karikatur und lasst sie auf euch wirken.

2 Viele Flüchtlinge sterben derzeit auf dem Weg nach Europa. Zählt Fluchtgründe, Fluchtwege und deren Gefahren auf.

_____

_____

3 Notiert spontan eure ersten Gedanken zur Karikatur.

_____

_____

4 „Charlie Hebdo" gilt als eines der bedeutendsten Satiremagazine Frankreichs. Bei einem islamistischen Terroranschlag wurden im Januar 2015 elf Menschen in der Redaktion in Paris getötet. Im September 2015 erhielt die Zeitschrift den Medienpreis M100. Hervorgehoben wurde dabei der Mut weiterzumachen und das Engagement der Zeitschrift für die Meinungsfreiheit als grundlegenden Baustein für Freiheit und Demokratie in Europa.
Erklärt vor diesem Hintergrund, worauf die Karikatur eigentlich abzielt. Wählt aus den folgenden Möglichkeiten aus:

☐	Die Zeitschrift macht sich über die missglückte Flucht des Jungen so kurz vor dem Ziel lustig.
☐	Sie macht darauf aufmerksam, dass Europa zu wenig tut und meist nur hilflos zuschaut, wenn solche Bilder von toten Flüchtlingen Realität werden.
☐	Der Junge wird verspottet, weil er nicht schwimmen kann.
☐	Die Situation soll lustig wirken, weil der tote Junge nun keine zwei Kindermenüs mehr bekommt.
☐	Es wird kritisiert, dass im Westen sogar Kinder schon als Konsumenten umworben werden.
☐	Es wirft ein neues Licht auf die Scheinheiligkeit der Europäer und ihre angebliche Willkommenskultur.

5 Begründet, ob ihr die Karikatur veröffentlichen würdet oder nicht, z. B. als Chefredakteur einer Zeitung, im Internet teilen oder per Handy als Bild weiterleiten würdet.

_____

_____

_____

Cornelsen

Autorin: Daniela Brems

Ein Interview auswerten (1 von 2)

Satire in der Flüchtlingskrise
„Stachel in der Political Correctness"

Die Karikatur des französischen Satiremagazins *Charlie Hebdo* löste Empörung aus, weil sie den toten syrischen Jungen Aylan Kurdi unter der Überschrift „So nahe am Ziel …" zeigt. Daneben steht ein Plakat mit McDonald's-Werbung: „Zwei Kindermenüs für den Preis von einem". Gibt es Grenzen für Satire, wenn es an die Würde des Todes oder auch die eines Menschen geht?
Ein Gespräch mit Alexander Filipović, Professor für Medienethik an der Hochschule für Philosophie München.

Von Klara Fröhlich

Süddeutsche Zeitung: Herr Filipović, dass die „Charlie Hebdo"-Karikatur viele Menschen angesprochen hat, ist verständlich. Aber was genau an der Karikatur löste so viel Verärge-
5 rung aus?

Alexander Filipović: Diese Karikatur arbeitet ganz klar mit Schockelementen. Wir kennen das Foto von Aylan Kurdi alle, weil es zur Ikone für die Flüchtlingskrise geworden ist und durch
10 alle Medien ging. Diese Karikatur bezieht sich auf das Bild. Da liegt der tote Junge am Strand. Auf dem Schild daneben ist ein McDonald's-Clown. Klar, dass da Leute sofort drauf anspringen und sich aufregen. Es ist ein Stachel
15 in der Political Correctness.

Süddeutsche Zeitung: Was heißt das?

Alexander Filipović: Es gibt eine gesellschaftsweite Regelung, was politisch korrekt ist, was in der Gesellschaft gesagt werden darf und
20 was nicht. Das ist mit neuen Normen und Werten, mit einer geschlechtergerechten Sprache und fairem sprachlichem Verhalten gegenüber Minderheiten verbunden. Die Leute setzen Moral allerdings mit dieser politischen Korrekt-
25 heit gleich. Das ist aber etwas ganz anderes. Satire spielt an dieser Stelle mit den Grenzen.

Süddeutsche Zeitung: Was Satire ja auch eigentlich machen soll, oder?

Alexander Filipović: Ja, schon. Aber sie muss
30 eine konstruktive Perspektive haben, die man auch erkennen muss. Wir merken an den Diskussionen um Satire eher, dass wir Schwierigkeiten haben, in der Öffentlichkeit über Werte und Moral zu streiten. Wenn die Leute sich die
35 Karikatur mal in Ruhe angucken würden, zwei Tage lang nichts posten und erst mal überlegen würden, was sie darstellen könnte, dann wäre viel gewonnen.

Süddeutsche Zeitung: Zu was für einer Er-
40 kenntnis würden die Leute dann kommen?

Alexander Filipović: Dass sich die Karikatur nicht über das Kind lustig macht, sondern eher ins Bewusstsein holen will, dass Flüchtlinge in eine Welt kommen, in der nicht alles so perfekt ist, wie sie glauben. Oder wie wir selbst glau- 45 ben. Hier gibt es McDonald's, Konsum und einen niveaulosen Markt. Wir sollen uns nicht so vorkommen, als lebten wir im gelobten Land. […]

Süddeutsche Zeitung: Das Bild von dem toten 50 Aylan hätten Sie in Medien nicht gezeigt, die Karikatur schon. Warum?

Alexander Filipović: Es ist erst mal eine Zeichnung und deswegen etwas anderes als ein Foto. Bei dem Foto würde ich dafür plädie- 55 ren, es so nicht in der Zeitung zu zeigen, weil es Menschen vielleicht so berührt oder ergreift, dass sie das gar nicht wollen. Leser sollten selbst entscheiden können, ob sie es angucken wollen oder nicht. 60

Süddeutsche Zeitung: Und bei der Karikatur ist das nicht so?

Alexander Filipović: Nein, sie bezieht sich zwar auf dieses Bild. Aber es ist eine abstrahierte Zeichnung, bei der man keinen Ge- 65 sichtsausdruck sieht. Das ist ein großer Unterschied.

Süddeutsche Zeitung: Trotzdem stellt sich die Frage, ob man den Tod dieses kleinen Jungen für so eine Botschaft benutzen darf. 70

Alexander Filipović: Ja, das stimmt. Aber dadurch, dass dieses Bild eine Ikone der Flüchtlingskrise geworden ist, finde ich das in Ordnung. Denn es geht nicht in erster Linie um den Jungen, sondern um den Umgang westlicher Gesellschaften mit der Flüchtlingskrise. […]

Süddeutsche Zeitung: Also darf man Ihrer Meinung nach humorvoll auf das Leid und auch auf den Tod von Menschen in Satire eingehen?

Autorin: Daniela Brems

Ein Interview auswerten (2 von 2)

Alexander Filipović: Ich glaube nicht, dass es bei Satire immer humorvoll zugehen muss. Die „Charlie Hebdo"-Satire ist in keiner Weise witzig und die ist auch nicht witzig gemeint.

85 **Süddeutsche Zeitung:** Wo liegt denn dann die Grenze zu schlechter Satire?

Alexander Filipović: Satire sollte eine Botschaft haben, aus der man etwas lernen kann. In Bezug auf diesen Punkt kann man Satire

90 auch kritisieren. Wenn beispielsweise die kriti- sche Botschaft zu dünn ist. Trotzdem müssen wir lernen, mit aus dem Kontext gerissener Satire umzugehen. Gerade in einer Zeit, in der Kommunikation schneller und schneller wird, müssen Menschen selbst begreifen, wie sie mit 95 Satire umgehen wollen. Dann ist es nämlich auch Moral.

Süddeutsche Zeitung, 23. September 2015;
www.sueddeutsche.de/kultur/satire-in-der-fluechtlingkrise-
stachel-in-der-political-correctness-1.2659349 [10.03.2016]

1 Erläutert, warum manche Satiren und speziell die Karikatur des toten Flüchtlingsjungen abstoßend wirken und vielen Menschen zu weit gehen.

_____

_____

_____

2 Fasst zusammen, welche Bildaussage nach Meinung des Wissenschaftlers hinter der Karikatur steckt, die sich jedoch erst nach einigem Überlegen einstellen würde.

_____

_____

_____

3 Erklärt, worin sich eine gute Satire von einer schlechten unterscheidet.

_____

_____

_____

Cornelsen

Autorin: Daniela Brems

Kopiervorlage

Textbezogene Aufgaben zu einer Satire bearbeiten (1 von 8)

Erich Kästner: **Das Märchen von der Vernunft**

Emil Erich Kästner (*1899 in Dresden; † 1974 in München) zählt zu den bekanntesten deutschen Schriftstellern. Er verfasste zahlreiche humorvolle und kritische Gedichte sowie satirische Texte vor allem für das Kabarett. Bekannt geworden ist er besonders durch seine Kinderbücher, z. B. „Emil und die Detektive", „Das doppelte Lottchen", „Das fliegende Klassenzimmer".

Es war einmal ein netter alter Herr, der hatte die Unart, sich ab und zu vernünftige Dinge auszudenken. Das heißt: Zur Unart wurde seine Gewohnheit eigentlich erst dadurch, dass er
5 das, was er sich jeweils ausgedacht hatte, nicht für sich behielt, sondern den Fachleuten vorzutragen pflegte. Da er reich und trotz seiner plausiblen Einfälle angesehen war, mussten sie ihm, wenn auch mit knirschenden Ohren, aufs
10 Geduldigste zuhören. Und es gibt gewiss für Fachleute keine ärgere Qual als die, lächelnden Gesichts einem vernünftigen Vorschlage zu lauschen. Denn die Vernunft, das weiß jeder, vereinfacht das Schwierige in einer Weise, die
15 den Männern vom Fach nicht geheuer und somit ungeheuerlich erscheinen muss. Sie empfinden dergleichen zu Recht als einen unerlaubten Eingriff in ihre mühsam erworbenen und verteidigten Befugnisse. Was, fragt man sich
20 mit ihnen, sollten die Ärmsten wirklich tun, wenn nicht sie herrschten, sondern statt ihrer die Vernunft regierte! Nun also.
Eines Tages wurde der nette alte Herr während einer Sitzung gemeldet, an der die wichtigsten
25 Staatsmänner der Erde teilnahmen, um, wie verlautete, die irdischen Zwiste und Nöte aus der Welt zu schaffen. „Allmächtiger!", dachten sie. „Wer weiß, was er heute mit uns und seiner dummen Vernunft wieder vorhat!" Und dann
30 ließen sie ihn hereinbitten. Er kam, verbeugte sich ein wenig altmodisch und nahm Platz. Er lächelte. Sie lächelten. Schließlich ergriff er das Wort.

„Meine Herren Staatshäupter und Staatsoberhäupter", sagte er, „ich habe, wie ich glaube, 35 einen brauchbaren Gedanken gehabt; man hat ihn auf seine praktische Verwendbarkeit geprüft; ich möchte ihn in Ihrem Kreise vortragen. Hören Sie mir bitte zu. Sie sind es nicht mir, doch der Vernunft sind Sie's schuldig." Sie 40 nickten, gequält lächelnd, mit ihren Staatshäuptern, und er fuhr fort: „Sie haben sich vorgenommen, Ihren Völkern Ruhe und Frieden zu sichern, und das kann zunächst und vernünftigerweise, so verschieden Ihre ökonomischen 45 Ansichten auch sein mögen, nur bedeuten, dass Ihnen an der Zufriedenheit aller Erdbewohner gelegen ist. Oder irre ich mich in diesem Punkte?"
„Bewahre!", riefen sie. „Keineswegs! Wo den- 50 ken Sie hin, netter alter Herr!" „Wie schön!", meinte er. „Dann ist Ihr Problem gelöst. Ich beglückwünsche Sie und Ihre Völker. Fahren Sie heim und bewilligen Sie aus den Finanzen Ihrer Staaten, im Rahmen der jeweiligen Ver- 55 fassung und geschlüsselt nach Vermögen, miteinander einen Betrag, den ich genauestens habe errechnen lassen und zum Schluss nennen werde! Mit dieser Summe wird Folgendes geschehen: Jede Familie in jedem Ihrer Länder 60 erhält eine kleine, hübsche Villa mit sechs Zimmern, einen Garten und einer Garage sowie ein Auto zum Geschenk. Und da hintendrein der gedachte Betrag noch immer nicht aufgebraucht sein wird, können Sie, auch das ist 65 kalkuliert, in jedem Ort der Erde, der mehr als fünftausend Einwohner zählt, eine neue Schule und ein modernes Krankenhaus bauen lassen. Ich beneide Sie. Denn obwohl ich nicht glaube, dass die materiellen Dinge die höchsten irdischen Güter verkörpern, bin ich vernünftig genug, um einzusehen, dass der Frieden zwischen den Völkern zuerst von der äußeren Zufriedenheit der Menschen abhängt. Wenn ich eben sagte, dass ich Sie beneide, habe ich

Kopiervorlage ●●●/●○○

Autorin: Daniela Brems

Kapitel 4
KV 3, Blatt 1

Textbezogene Aufgaben zu einer Satire bearbeiten (2 von 8)

gelogen. Ich bin glücklich." Der nette alte Herr griff in seine Brusttasche und zündete sich eine kleine Zigarre an.

Die übrigen Anwesenden lächelten verzerrt.
80 Endlich gab sich das oberste der Staatsoberhäupter einen Ruck und fragte mit heiserer Stimme: „Wie hoch ist der für Ihre Zwecke vorgesehene Betrag?"

„Für meine Zwecke?", fragte der nette alte Herr
85 zurück, und man konnte aus seinem Ton ein leichtes Befremden heraushören.

„Nun reden Sie schon!", rief das zweihöchste Staatsoberhaupt unwillig. „Wie viel Geld würde für den kleinen Scherz gebraucht?"

90 „Eine Billion Dollar", antwortete der nette alte Herr ruhig. „Eine Milliarde hat tausend Millionen, und eine Billion hat tausend Milliarden. Es handelt sich um eine Eins mit zwölf Nullen." Dann rauchte er wieder an seiner kleinen
95 Zigarre herum.

„Sie sind wohl vollkommen blödsinnig!", schrie jemand. Auch ein Staatsoberhaupt.

Der nette alte Herr setzte sich gerade und blickte den Schreier verwundert an. „Wie kommen
100 Sie denn darauf?", fragte er. „Es handelt sich natürlich um viel Geld. Aber der letzte Krieg hat, wie die Statistik ausweist, ganz genauso viel gekostet!"

Da brachen die Staatshäupter und Staatsober-
105 häupter in tobendes Gelächter aus. Man brüllte

geradezu. Man schlug sich und einander auf die Schenkel, krähte wie am Spieß und wischte sich die Lachtränen aus den Augen.

Der nette alte Herr schaute ratlos von einem zum andern. „Ich begreife Ihre Heiterkeit nicht 110 ganz", sagte er. „Wollen Sie mir gütigst erklären, was Ihnen solchen Spaß macht? Wenn ein langer Krieg eine Billion gekostet hat, warum sollte dann ein langer Frieden nicht dasselbe wert sein? Was, um alles in der Welt, ist denn 115 daran komisch?"

Nun lachten sie alle noch lauter. Es war ein rechtes Höllengelächter. Einer konnte es im Sitzen nicht mehr aushalten. Er sprang auf, hielt sich die schmerzenden Seiten und rief mit der 120 letzten ihm zu Gebote stehenden Kraft: „Sie alter Schafskopf! Ein Krieg – ein Krieg ist doch etwas ganz anderes!"

Die Staatshäupter, der nette alte Herr und ihre lustige Unterhaltung sind völlig frei erfunden. 125 Dass der Krieg eine Billion Dollar gekostet hat und was man sonst für denselben Betrag leisten könnte, soll, versicherte eine in der „Frankfurter Neuen Presse" zitierte amerikanische Statistik, hingegen zutreffen.

Erich Kästner: Werke. Hg. v. Franz Josef Görtz.
Bd. II: Wir sind so frei. Chansons, Kabarett, Kleine Prosa.
Hanser, München 1998, S. 160 ff.

Kopiervorlage ●●●/●○○

Textbezogene Aufgaben zu einer Satire bearbeiten (3 von 8)

1   In diesem „Wordle" (= engl., dt.: Wortwolke) sind die Wörter der Satire nach ihrer Häufigkeit dargestellt. Je größer, desto häufiger sind sie im Text verwendet. Notiert die zentralen Begriffe des Textes.

_____

_____

_____

2   Markiert im Text alle Stellen, in denen einerseits „Vernunft", „vernünftig", „vernünftigerweise" und andererseits „dumm", „blödsinnig", „Schafskopf" vorkommen. Was fällt euch auf?

_____

_____

3   **a**   Unterstreicht im Text die Merkmale eines Märchens.

        b   Erklärt, welche Funktion der letzte Abschnitt hat, der mit dem Wort „zutreffend" endet.

_____

_____

_____

Textbezogene Aufgaben zu einer Satire bearbeiten (4 von 8)

4 Trotz der humorvollen Darstellung ist es Ziel jeder guten Satire, eine bestimmte Botschaft zu vermitteln, die sich jedoch nicht offen zeigt. Worin besteht Kästners „Botschaft"?

_____

_____

_____

5 a Satirische Texte weisen bestimmte stilistische und sprachliche Merkmale auf, die dazu dienen, ihre Kritik besonders wirkungsvoll zum Ausdruck zu bringen. Zählt Merkmale eines satirischen Textes auf.

b Überprüft anschließend, welche Merkmale auf Kästners Text zutreffen, und notiert in Stichpunkten die Belege aus dem Text (mit Zeilenangaben).

c Fasst eure Ergebnisse zum Nachweis einer Satire in sinnvoll verknüpften Sätzen zusammen. Lasst auch eure Überlegungen zu den Aufgaben 1 bis 5 mit einfließen. Ihr könnt den folgenden Text nutzen und weiterführen:

Kästners Erzählung enthält zahlreiche Merkmale eines satirischen Textes, mit denen er die gewollt humorvolle und zugleich kritische Wirkung erreicht. Um Kritik an den Staatsmännern zu üben, verpackt er diese in die Form eines ironischen Märchens. Schon der erste Satz macht dies deutlich und beginnt wie in einem Märchen üblich mit „Es war einmal ein netter alter Herr", um dann gleich ironisch zu werden und humorvoll zu bemerken: „der hatte die Unart, sich ab und zu vernünftige Dinge auszudenken" (Z. 1 ff.). Im gesamten Text spielt Kästner mit den Begriffen „Vernunft", „vernünftig" oder – im Gegensatz dazu – mit den Wörtern „dumm" oder „blödsinnig" …

Textbezogene Aufgaben zu einer Satire bearbeiten (5 von 8)

1 In diesem „Wordle" (= engl., dt.: Wortwolke) sind die Wörter der Satire nach ihrer Häufigkeit dargestellt. Je größer, desto häufiger sind sie im Text verwendet. Notiert die zentralen Begriffe des Textes.

_____

_____

_____

2 Markiert im Text alle Stellen, in denen einerseits „Vernunft", „vernünftig", „vernünftigerweise" und andererseits „dumm", „blödsinnig", „Schafskopf" vorkommen. Was fällt euch auf?

_____

_____

3 **a** Unterstreicht im Text die Merkmale eines Märchens.

b Wie wirkt der letzte Abschnitt, der mit dem Wort „zutreffend" endet, auf euch?

_____

_____

_____

Kopiervorlage ●○○

Cornelsen

Autorin: Daniela Brems
Illustration: © wordle.net

Textbezogene Aufgaben zu einer Satire bearbeiten (6 von 8)

4 Trotz der humorvollen Darstellung ist es Ziel jeder guten Satire, eine bestimmte Botschaft zu vermitteln, die sich jedoch nicht offen zeigt. Worin besteht Kästners „Botschaft"?
Kreuzt an, was euch am wahrscheinlichsten erscheint.

☐	Er präsentiert seine Kritik an aktuellen politischen Missständen in Form eines Märchens und führt die Staatsmänner aller Länder als machtbesessen, eigennützig und unvernünftig vor.
☐	Er macht auf lustige Weise einen einfachen Vorschlag zur Verbesserung der Weltpolitik.
☐	Er hält den Staatsmännern ihre unvernünftigen Handlungsweisen vor Augen, die letztlich zu Kriegen führen, deren Kosten so hoch sind, dass man jedem Menschen ein zufriedenes Leben in einer Villa mit sechs Zimmern ermöglichen könnte.

5 **a** Satirische Texte weisen bestimmte stilistische und sprachliche Merkmale auf, die dazu dienen, ihre Kritik besonders wirkungsvoll zum Ausdruck zu bringen. Kreuze an, welche auf Kästners Satire zutreffen.

☐	Humorvolle Übertreibung	
☐	Belustigende, bildhafte Vergleiche oder Metaphern	
☐	Konkrete und anschauliche Beispiele	
☐	Ironische Darstellungen	
☐	Erheiternde Wortspiele/ Mehrdeutigkeiten	
☐	Wechsel der Perspektive	
☐	Umgangssprachliche Wendungen	
☐	Aus anderen Bereichen entlehnte Wörter, Widersprüchlichkeiten	
☐	Neologismen	

b Notiere in Stichpunkten die Belege (mit Zeilenangaben).

Kopiervorlage ●○○

 Autorin: Daniela Brems

Kapitel 4
KV 3, Blatt 6

Textbezogene Aufgaben zu einer Satire bearbeiten (7 von 8)

c Fasst eure Ergebnisse zum Nachweis einer Satire in sinnvoll verknüpften Sätzen zusammen. Ihr könnt folgenden Text nutzen und darin Stilmittel aus der Teilaufgabe b, Wirkung, Textpassagen oder Zeilenangaben einfügen. Orientiert euch bei den Lücken am Wortkasten.

> widersprüchlicher • Wortspiel • Schafskopf • Es war einmal ein netter alter Herr •
> umgangssprachliche Wendungen • ironisch • dumme Vernunft • krähte wie am Spieß •
> anschaulich • machtbesessen • Übertreibung • altmodisch • Vernunft •
> Zufriedenheit aller Erdbewohner • konkreten und anschaulichen Beispielen •
> Eine Billion Dollar […], eine Eins mit zwölf Nullen • Kritik • entlehnte • Eines Tages

Kästners Erzählung enthält zahlreiche Merkmale eines satirischen Textes, mit denen er die

gewollt humorvolle und zugleich kritische Wirkung erreicht. Um _____ an den

Staatsmännern zu üben, verpackt er diese in die Form eines ironischen Märchens. Schon der

erste Satz macht dies deutlich und beginnt wie in einem Märchen üblich mit

_____ , um dann gleich

_____ zu werden und humorvoll zu bemerken: „der hatte die Unart, sich

ab und zu vernünftige Dinge auszudenken" (Z. 1 ff.). Im gesamten Text spielt Kästner mit den

Begriffen „Vernunft", „vernünftig" oder – im Gegensatz dazu – mit den Wörtern „dumm" oder

„blödsinnig", indem er sie ironischerweise genau im umgekehrten Sinn verwendet. An der Stelle,

an der die Handlung mit „Eines Tages" einsetzt, wird „dumm" mit „Vernunft" kombiniert

(_____), sodass ein _____ Begriff

entsteht und Spannung erzeugt wird. Auch das _____ „[…] die den Männern vom

Fach nicht geheuer und somit ungeheuerlich erscheinen muss" (Z. 14 ff.) unterstützt dies und

regt zum Nachdenken an.

Während die Staatsmänner den alten Herrn und seine vernünftigen Vorschläge am Anfang noch

belächeln, steigert sich Kästners Erzählung mit dem für Satiren typischen Stilmittel der

_____ in ein „rechtes Höllengelächter" (Z. 118), wobei man

_____ und „sich die Lachtränen aus den Augen

[wischte]" (Z. 107 f.). Dieses übertriebene, mit bildhaften Begriffen und lustig wirkenden

Cornelsen   Autorin: Daniela Brems   Kapitel 4

Kopiervorlage ●○○

Textbezogene Aufgaben zu einer Satire bearbeiten (8 von 8)

Vergleichen überaus genau geschilderte Gelächter in Zusammenhang mit dem Wort „Krieg"

lässt die Situation sehr _____, aber gleichzeitig absurd wirken.

Vor allem ab der Szene, als der alte Mann mit _____

aufwartet („Jede Familie in jedem Ihrer Länder erhält eine kleine hübsche Villa [...] modernes

Krankenhaus bauen lassen", Z. 60 ff.) und die Zahl _____

(Z. 90 f.) nennt, schlägt die Situation in Unvernunft um. Es fallen beleidigende Wörter wie

„blödsinnig" (Z. 96) und _____ (Z. 122), das Wort _____ kommt

nicht mehr vor. Die Staatsoberhäupter lachen immer lauter und hirnloser und sind weit davon

entfernt, den Vorschlag überhaupt zu prüfen.

Weiterhin lassen sich _____ wie „Wo

denken Sie hin, netter alter Herr!" (Z. 50 f.), „Nun reden Sie schon!" (Z. 87), „Sie sind wohl voll-

kommen blödsinnig!" (Z. 96) oder „Sie alter Schafskopf!" (Z. 121 f.) finden, die das Märchen recht

realitätsnah erscheinen lassen. Gleichzeitig verwendet Kästner aus der Welt des Märchens

_____ Wörter, welche die Erzählung _____ wirken

lassen, z. B. „Es war einmal" (Z. 1) oder _____ (Z. 23). Auch die

Personen und ihre Beschreibung gleichen denen im Märchen, z. B. „Da er reich und trotz seiner

plausiblen Einfälle angesehen war" (Z. 7 f.). Der nette alte Herr spricht von „irdischen Zwiste[n]

und Nöte[n]" (Z. 26), „Ruhe und Frieden" (Z. 43) oder der _____

_____ (Z. 47), während die Staatsmänner gelangweilt denken:

_____

(Z. 28 f.). So präsentiert Kästner seine Kritik an aktuellen politischen Missständen durch eine

überspitzte Darstellung in Form eines Märchens und führt die Staatsmänner aller Länder als

_____, eigennützig und unvernünftig vor.

Autorin: Daniela Brems

Einen satirischen Text beschreiben (1 von 2)

1 Woran denkt ihr bei dem Wort „Erholung"?
Schreibt eure Gedanken in einen Cluster.

2 Lest die folgende Satire.

Ephraim Kishon: **Erholung**

Es begann damit, dass mich die beste Ehefrau von allen aus heiterem Himmel fragte, wo wir dieses Jahr unseren unvergesslichen Urlaub verbringen würden.

5 „Du brauchst Urlaub", diagnostizierte die Allerbeste. „Du brauchst ihn dringend."
Meine Stellungnahme war kurz, präzise und unwiderruflich: „Auf meinem Schreibtisch türmt sich die unerledigte Arbeit, daher kann 10 ich mir keinen Urlaub leisten. Ja, mehr noch: Ich fühle mich stark, kerngesund, überraschend jung und das Allerletzte, was ich momentan brauche, ist ein Urlaub. Also, vergessen wir das. Und damit basta. Endgültig."

15 Die nächsten zwei Tage verbrachte ich am Telefon, um in irgendeinem Ferienort ein menschenwürdiges Logis zu ergattern. Letzten Endes buchte ich irgendetwas in einem gottverlassenen galiläischen Kuhdorf, von dessen 20 Existenz ich noch nie gehört hatte. Ich buchte nicht etwa, weil ich so sehr darauf erpicht war, die einheimischen Kühe kennenzulernen, sondern vielmehr, weil nach zweitägigem telefonischen Amoklauf mein rechter Zeigefinger und 25 das linke Ohr Anzeichen einer vorübergehenden Lähmung aufwiesen.

Alles, was ich dann noch zu tun hatte, war, eine neue Badehose zu besorgen, weil meine alte zum Polieren des Tafelsilbers zweckentfremdet worden war. Gleich darauf musste ich sie wie- 30 der umtauschen, weil der weibliche Teil der Familie angesichts der zu weiten Neuerwerbung in unmäßiges Prusten ausbrach.
Die nächste Badehose war zwar lila, dafür aber wie maßgeschneidert. 35
Ich musste auch eine neue Sonnenbrille kaufen, weil die alte von der Sonne ausgeblichen war, ein Paar Sandalen, ein neues Sicherheitsschloss für unsere Wohnungstür sowie Mottenkugeln und eine robuste Reiseschreibmaschine. 40
Auch ein neuer Koffer war dringend erforderlich, um den Hotelportiers zu imponieren, eine Unterwassertaschenlampe und Vitaminpillen gegen Skorbut.
Dazu eine Unmenge Schlaftabletten sowie ein 45 großer Reisewecker, um den Sonnenaufgang nicht zu versäumen.
Selbstverständlich eine Familienpackung Sonnenöl, ein Transistorradio für die Sportnachrichten, Fischfangausrüstung mit einer Packung 50

Kopiervorlage

Einen satirischen Text beschreiben (2 von 2)

frischer Würmer, eine neue leichtere Haarbürste, ein standesgemäßer Pyjama, vier Kilo Traubenzucker, Reiseshampoo, Schlankheitstees, Goebbels' Tagebuch, ein Moskitonetz und ei-
55 nen neuen Wagen. Dann war nicht mehr viel zu tun. Ich musste nur noch veranlassen, dass uns die Morgenzeitung an die Urlaubsadresse nachgeschickt wird, dass unser Nachbar Felix Selig täglich unseren Briefkasten leert, dass der
60 Briefträger die eingeschriebene Post, falls welche käme, Selig aushändigt, dass Frau Blum die Bewässerung unserer Zimmerpflanzen übernimmt, dass der Hund, die Katze, die Kinder sowie der Goldfisch in die Obhut der Großel-
65 tern kommen, dass zwei diplomierte Krankenschwestern die Großeltern fachgerecht überwachen, dass Frau Geiger die Reserveschlüssel zu unserer Wohnung aufbewahrt, um ein Auge auf bevorstehende Wasserrohrbrüche zu haben,

wenn möglich vielleicht von Zeit zu Zeit die 70 Lichter aufzudrehen und Lärm zu machen, um etwaige Einbrecher zu verscheuchen, und dass Felix Selig ein Auge auf Frau Geiger habe, während sie in unserer Wohnung herumschnüffelt. 75
Zu guter Letzt musste ich noch die Wohnung mit einer Zwei-Wochen-Ration Insektenschutzmittel aussprühen, Gas, Wasser und Strom abdrehen, den Telefonkundendienst beauftragen, eine umfangreiche Krankenversicherung ab- 80 schließen sowie Butter, Margarine und sonstige verderbliche Esswaren aus dem Kühlschrank entfernen.
Dann allerdings brauchte ich dringend Urlaub.
Die beste Ehefrau von allen hatte wieder einmal 85 recht gehabt.

Ephraim Kishon: Abraham kann nichts dafür. Langen Müller in der F. A. Herbig Verlagsbuchhandlung, München 1984

3 Klärt die Bedeutung der folgenden Wörter aus dem Zusammenhang oder mit Hilfe eines Wörterbuchs:
diagnostizieren • Logis • imponieren • robust • Skorbut.

4 Erklärt die folgenden Formulierungen so, wie sie im Text gemeint sind:
aus heiterem Himmel • ein menschenwürdiges Logis ergattern • ein gottverlassenes Kuhdorf • ein telefonischer Amoklauf.

5 a Welche Verhaltensweisen oder Zustände kritisiert Kishon? Notiert Beispiele und erklärt jeweils, worin die Kritik besteht.

b An welchen Stellen überzeichnet Kishon? Nennt Beispiele.

6 Fasst den Inhalt der Satire kurz zusammen. Geht dabei von der Überschrift aus.

7 Schreibt selbst eine kleine Satire zum Thema „Urlaub". Betrachtet dazu das Foto und versucht neben dem Dargestellten auch auf die Geräusche und Empfindungen der Leute zu achten. Überlegt, welche Missstände man bei einem Strandurlaub dieser Art anprangern und ins Lächerliche ziehen könnte.

Überfüllter Strand in Kühlungsborn, 2007

Autorin: Daniela Brems
Foto: action press/Frank Söllner

Kapitel 4
KV 4, Blatt 2

Kopiervorlage

Eine Karikatur untersuchen (KV 1)

Lösungen

2 Die Karikatur bezieht sich auf den Tod des dreijährigen syrischen Jungen Aylan Kurdi, dessen Foto in vielen Zeitungen abgedruckt wurde und um die Welt ging. Seine Leiche wurde, nachdem das von Schleppern zur Verfügung gestellte Schlauchboot mit seinen Eltern, Geschwistern, ihm und anderen Flüchtlingen gekentert war, am Strand vor der türkischen Stadt Bodrum gefunden.

2 Fluchtgründe: (Bürger-)Krieg, Angst vor Bomben, Zerstörung, Verfolgung, Inhaftierung, Folter, Sehnsucht nach Frieden …
Fluchtwege: zu Fuß über weite Strecken, Gebirgsketten, unwegsames Gelände, mit Hilfe von bezahlten Schleusern versteckt in Lastwägen oder seeuntüchtigen Booten …
Gefahren: Absturz in unwegsamem Gelände, Raub, Mord, Verschleppung, Vergewaltigung, Tod durch Ersticken, Ertrinken oder Erfrieren, Entkräftung, unhaltbare hygienische Zustände in Lagern, Krankheiten, Seuchen, Schnittverletzungen beim Klettern über Zäune …

3 Mögliche erste Gedanken: geschmacklos, abstoßend, zynisch, hetzerisch, geht zu weit, schießt über das Ziel hinaus …

4 Mögliche Ziele der Karikatur:
– Die Zeitschrift macht darauf aufmerksam, dass Europa zu wenig tut und meist nur hilflos zuschaut, wenn solche Bilder von toten Flüchtlingen Realität werden.
– Es wird kritisiert, dass im Westen sogar Kinder schon als Konsumenten umworben werden.
– Es wirft ein neues Licht auf die Scheinheiligkeit der Europäer und ihre angebliche Willkommenskultur.

5 Mögliche Schülermeinungen:
– Ja, weil in Deutschland, anders als in vielen islamischen Staaten, Meinungs- und Pressefreiheit herrscht und weil ich Leute zum Nachdenken anregen will, auch um den Preis, andere manchmal zu schockieren. Viele Satiren sind grenzwertig, das macht sie ja so interessant.
– Nein, die Karikatur geht mir zu weit und ich kann eine Veröffentlichung nicht mit meinen Moralvorstellungen vereinbaren. Es verletzt den guten Geschmack.

✂ --

Ein Interview auswerten (KV 2)

Lösungen

1 „Es gibt eine gesellschaftsweite Regelung, was politisch korrekt ist, was in der Gesellschaft gesagt werden darf und was nicht. Das ist mit neuen Normen und Werten, mit einer geschlechtergerechten Sprache und fairem sprachlichem Verhalten gegenüber Minderheiten verbunden." (Z. 17 ff.)

2 „Dass sich die Karikatur nicht über das Kind lustig macht, sondern eher ins Bewusstsein holen will, dass Flüchtlinge in eine Welt kommen, in der nicht alles so perfekt ist, wie sie glauben. Oder wie wir selbst glauben. Hier gibt es McDonald's, Konsum und einen niveaulosen Markt. Wir sollen uns nicht so vorkommen, als lebten wir im gelobten Land." (Z. 41 ff.)

3 Sie „muss eine konstruktive Perspektive haben, die man auch erkennen muss." (Z. 29 ff.) „Satire sollte eine Botschaft haben, aus der man etwas lernen kann. In Bezug auf diesen Punkt kann man Satire auch kritisieren. Wenn beispielsweise die kritische Botschaft zu dünn ist." (Z. 87 ff.)

Textbezogene Aufgaben zu einer Satire bearbeiten (KV 3)

Lösungen ●●● / ●○○

1 Der zentrale Begriff ist Vernunft. Weitere Begriffe sind: netter alter Herr, Krieg, Frieden, Betrag, Billion, Staatsoberhäupter, Völker, Welt, Zufriedenheit …

2 Die Wörter Vernunft, vernünftig und vernünftigerweise werden sehr häufig und eindringlich gebraucht und die Argumente, in denen sie enthalten sind, sind relativ einfach, logisch und verständlich, sodass die Staatsmänner nur zustimmen können. Erst als der alte Herr eine konkrete Zahl nennt, wendet sich die Situation zur Unvernunft. Die beleidigenden Wörter blödsinnig und Schafskopf fallen und das Wort Vernunft kommt nicht mehr vor.
Mit der Kombination von „dumm" und „Vernunft" (Z. 29) entsteht ein Widerspruch zwischen Adjektiv und Substantiv und wird Spannung erzeugt.

3 a Die Merkmale eines Märchens finden sich vor allem in der sprachlichen Gestaltung:
- Typische Märchenanfänge wie „Es war einmal …", „Eines Tages"
- Typische Personendarstellungen wie „reicher, netter alter Herr", „Staatsoberhäupter", „Da er reich und trotz seiner plausiblen Einfälle angesehen war"
- Beschreibende und anschauliche Adjektive wie „knirschende Ohren", „heisere Stimme", „tobendes Gelächter" oder altertümlich wirkende Wortgruppen wie „irdische Zwiste und Nöte", „Ruhe und Frieden", „Zufriedenheit aller Erdbewohner", „Allmächtiger!"
- Es fehlen inhaltliche Merkmale wie die Zahlensymbolik, z. B. drei Wünsche, drei Rätsel, oder dass letztlich das Gute über das Böse siegt (Vernunft siegt über Unvernunft), auch der alte Mann wird durch seine Tat bzw. Idee nicht zum Helden.

b Der letzte Abschnitt wirkt sehr sachlich und nennt die Fakten. Er führt das Märchen in die Realität mit ihren Kriegen und deren immensen Kosten zurück.

4 Kästners „Botschaft" besteht in seiner Überzeugung, dass die Mittel, die für das Führen von Kriegen aufgewendet werden müssen, besser angewandt wären, wenn sie der Zufriedenheit und dem Wohlstand der Bevölkerung dienten. Er zeichnet die Staatsmänner aller Länder als unvernünftig, machtbesessen und eigennützig.

5 a/b Merkmale einer Satire und Textbeispiele:
- Humorvolle Übertreibung: „Es war ein rechtes Höllengelächter […] rief mit der letzten ihm zu Gebote stehenden Kraft." (Z. 117 ff.)
- Belustigende, bildhafte Vergleiche oder Metaphern: „[…] krähte wie am Spieß und wischte sich die Lachtränen aus den Augen." (Z. 107 f.); „[…] hielt sich die schmerzenden Seiten […]" (Z. 119 f.)
- Konkrete und anschauliche Beispiele: „Jede Familie in jedem Ihrer Länder […] modernes Krankenhaus bauen lassen." (Z. 60 ff.); „Eine Billion Dollar […], eine Eins mit zwölf Nullen" (Z. 90 ff.)
- Ironische Darstellungen: „[…] hatte die Unart, sich ab und zu vernünftige Dinge auszudenken." (Z. 1 ff.); „Da er reich und trotz seiner plausiblen Einfälle angesehen war" (Z. 7 f.); „Was […] sollten die Ärmsten wirklich tun, wenn nicht sie herrschten, sondern statt ihrer die Vernunft regierte!" (Z. 19 ff.)
- Erheiternde Wortspiele / Mehrdeutigkeiten: „[…] die den Männern vom Fach nicht geheuer und somit ungeheuerlich erscheinen muss." (Z. 17 ff.)
- Umgangssprachliche Wendungen: „Wo denken Sie hin, netter alter Herr!" (Z. 50 f.); „Nun reden Sie schon!" (Z. 87); „Sie sind wohl vollkommen blödsinnig!" (Z. 96); „Sie alter Schafskopf!" (Z. 121 f.)
- Aus anderen Bereichen entlehnte Wörter, Widersprüchlichkeiten: „Es war einmal" (Z. 1); „Eines Tages" (Z. 23); „Da er reich und trotz seiner plausiblen Einfälle angesehen war" (Z. 7 f.); „die irdischen Zwiste und Nöte" (Z. 26); „Allmächtiger!" (Z. 27); „Ruhe und Frieden" (Z. 43); „Zufriedenheit aller Erdbewohner" (Z. 47); „dumme Vernunft" (Z. 29)

c   Kästners Erzählung enthält zahlreiche Merkmale eines satirischen Textes, mit denen er die gewollt humorvolle und zugleich kritische Wirkung erreicht. Um Kritik an den Staatsmännern zu üben, verpackt er diese in die Form eines ironischen Märchens. Schon der erste Satz macht dies deutlich und beginnt wie in einem Märchen üblich mit „Es war einmal ein netter alter Herr", um dann gleich ironisch zu werden und humorvoll zu bemerken: „der hatte die Unart, sich ab und zu vernünftige Dinge auszudenken" (Z. 1 ff.). Im gesamten Text spielt Kästner mit den Begriffen „Vernunft", „vernünftig" oder – im Gegensatz dazu – mit den Wörtern „dumm" oder „blödsinnig", indem er sie ironischerweise genau im umgekehrten Sinn verwendet. An der Stelle, an der die Handlung mit „Eines Tages" einsetzt, wird „dumm" mit „Vernunft" kombiniert („dumme Vernunft"), sodass ein widersprüchlicher Begriff entsteht und Spannung erzeugt wird. Auch das Wortspiel „[…] die den Männern vom Fach nicht geheuer und somit ungeheuerlich erscheinen muss" (Z. 14 ff.) unterstützt dies und regt zum Nachdenken an.

Während die Staatsmänner den alten Herrn und seine vernünftigen Vorschläge am Anfang noch belächeln, steigert sich Kästners Erzählung mit dem für Satiren typischen Stilmittel der Übertreibung in ein „rechtes Höllengelächter" (Z. 118), wobei man „krähte wie am Spieß" und „sich die Lachtränen aus den Augen [wischte]" (Z. 107 f.). Dieses übertriebene, mit bildhaften Begriffen und lustig wirkenden Vergleichen überaus genau geschilderte Gelächter in Zusammenhang mit dem Wort „Krieg" lässt die Situation sehr anschaulich, aber gleichzeitig absurd wirken.

Vor allem ab der Szene, als der alte Mann mit konkreten Beispielen aufwartet („Jede Familie in jedem Ihrer Länder erhält eine kleine hübsche Villa […] modernes Krankenhaus bauen lassen", Z. 60 ff.) und die Zahl „Eine Billion Dollar […], eine Eins mit zwölf Nullen" (Z. 90 f.) nennt, schlägt die Situation in Unvernunft um. Es fallen beleidigende Wörter wie „blödsinnig" (Z. 96) und „Schafskopf" (Z. 122), das Wort „Vernunft" kommt nicht mehr vor. Die Staatsoberhäupter lachen immer lauter und hirnloser und sind weit davon entfernt, den Vorschlag überhaupt zu prüfen.

Weiterhin lassen sich umgangssprachliche Wendungen wie „Wo denken Sie hin, netter alter Herr!" (Z. 50 f.), „Nun reden Sie schon!" (Z. 87), „Sie sind wohl vollkommen blödsinnig!" (Z. 96) oder „Sie alter Schafskopf!" (Z. 121 f.) finden, die das Märchen recht realitätsnah erscheinen lassen. Gleichzeitig verwendet Kästner aus der Welt des Märchens entlehnte Wörter, welche die Erzählung altmodisch wirken lassen, z. B. „Es war einmal" (Z. 1) oder „Eines Tages" (Z. 23). Auch die Personen und ihre Beschreibung gleichen denen im Märchen, z. B. „Da er reich und trotz seiner plausiblen Einfälle angesehen war" (Z. 7 f.). Der nette alte Herr spricht von „irdischen Zwiste[n] und Nöte[n]" (Z. 26), „Ruhe und Frieden" (Z. 43) oder der „Zufriedenheit aller Erdbewohner" (Z. 47), während die Staatsmänner gelangweilt denken: „Wer weiß, was er heute mit uns und seiner dummen Vernunft wieder vorhat!" (Z. 28 f.). So präsentiert Kästner seine Kritik an aktuellen politischen Missständen durch eine überspitzte Darstellung in Form eines Märchens und führt die Staatsmänner aller Länder als machtbesessen, eigennützig und unvernünftig vor.

✂ -

Einen satirischen Text beschreiben (KV 4)

Lösungen

1 Mögliche Cluster-Begriffe: Urlaub, Sandstrand, Wellness, Nichtstun, Erholung, Sonne, Ruhe …

3 diagnostizieren: durch Untersuchung (eine Krankheit) feststellen
Logis: Unterkunft
imponieren: beeindrucken
robust: stark, kräftig
Skorbut: durch Vitaminmangel verursachte Krankheit

4 aus heiterem Himmel: überraschend, unerwartet

ein menschenwürdiges Logis ergattern: eine ruhige und saubere Unterkunft auftreiben

ein gottverlassenes Kuhdorf: ein sehr einsam gelegenes kleines Dorf

ein telefonischer Amoklauf: (hier:) endloses Telefonieren

5 **a** Kishon kritisiert die manchmal immensen und aufwendigen Vorbereitungen für einen Urlaub und zieht damit gesellschaftliche Verhaltensweisen vor einem Urlaub ins Lächerliche. Zahlreiche Dinge müssen im Vorfeld noch erledigt und genau geplant werden, damit der Urlaub reibungslos verläuft, und so ergibt sich eine lange Liste mit selbst auferlegten Pflichten, die dazu führen, dass man nach dem Stress der noch zu erledigenden Aufgaben wirklich Erholung nötig hat.
Beispiele:

– Zwei Tage am Telefon zu verbringen, um eine passende und schöne Unterkunft zu buchen, bedeutet mehr Stress, als zu Hause in der geschmackvoll eingerichteten, sauberen Wohnung zu bleiben, da es relativ schwierig ist, innerhalb kürzester Zeit eine bezahlbare Unterkunft zu finden, die keinesfalls unter dem Niveau des eigenen Zuhauses liegen darf. (Z. 15 ff.)

– Eine passende Kleidung und ein neuer Koffer müssen besorgt werden, um am Urlaubsort Eindruck zu machen oder nicht als Sonderling zu gelten; das kostet Zeit und Geld. (Z. 27 ff.)

– Auf Annehmlichkeiten wie die an den Urlaubsort nachgesendete Zeitung möchte man nicht verzichten. (Z. 56 ff.)

– Personen, welche die Wohnung im Blick haben und vorsorglich Einbrecher abschrecken, müssen ausgesucht und instruiert werden. Einbrecher beobachten allerdings genau dann die Wohnung, wenn die Aufpasser vorgeben, dass sie bewohnt ist, oder Wasserrohrbrüche passieren genau dann, wenn jemand zufällig im Keller nach dem Rechten sieht. (Z. 58 ff.)

– Verderbliche Essensreste müssen dringend aus dem Kühlschrank entfernt werden, wobei es auf das Gleiche hinausläuft, ob man sie nun vor dem Urlaub oder danach wegwirft, da sie ja meist in geschlossenen Plastikbechern aufbewahrt werden, die man entweder sowieso komplett nach Gebrauch wegwirft oder ausspült, bevor man etwas Neues hineingibt. (Z. 81 ff.)

b Einige Verhaltensweisen scheinen maßlos übertrieben und wirken dadurch äußerst lustig, z. B. der Kauf von Vitaminpillen gegen Skorbut, das Besorgen einer Fischfangausrüstung mit frischen Würmern oder von vier Kilo Traubenzucker, das Engagieren zweier diplomierter Krankenschwestern für die Großeltern oder das Versprühen einer Zwei-Wochen-Ration Insektenschutzmittel …
Allerdings erkennt man sich – abhängig von persönlichen Vorlieben, Sichtweisen oder vom Pflichtgefühl – in manchen Verhaltensweisen wieder, auch wenn diese vielleicht für andere übertrieben scheinen, z. B. Lichter aufdrehen und Lärm machen, um Einbrecher abzuschrecken, Transistorradio für Sportnachrichten mitnehmen, leichtere Haarbürste im Gepäck verstauen, Morgenzeitung an die Urlaubsadresse nachsenden lassen …

6 In dem satirischen Text „Erholung" von Ephraim Kishon beschreibt ein Ich-Erzähler seine zahlreichen Vorbereitungen für einen erholsamen Urlaub.
Der Text beginnt ganz realistisch und harmlos damit, dass der Ich-Erzähler von seiner Frau aufgefordert wird, doch wieder einmal Urlaub zu machen. Obwohl er weder Lust dazu verspürt noch eine Notwendigkeit sieht, sich zu erholen, lässt er sich doch überreden und beginnt seiner Frau zuliebe einen Urlaub zu organisieren. Doch schon das Finden und Buchen einer passenden Unterkunft gestaltet sich für ihn nervenaufreibend und je näher der Urlaub heranrückt, desto mehr arten die Planung und die zahlreichen Aufgaben, die noch vor dem Urlaub zu erledigen sind, damit dieser reibungslos verläuft, in Stress aus. Es beginnt beim Kauf neuer Kleidung, beim Besorgen des adäquaten Reisegepäcks und der richtigen Reiseapotheke, setzt sich fort in der Änderung der Zeitungsadresse, im Abschließen von Versicherungen oder im Beauftragen von Personen, die die Blumen gießen, den Briefkasten leeren, die Kinder und Tiere versorgen und Einbrecher abschrecken und endet beim Organisieren weiterer Leute, welche die aufpassenden Personen wiederum kontrollieren, damit alles ordentlich abläuft. Schließlich muss daran gedacht werden, das Wasser abzudrehen, Insektenschutz zu versprühen und den Kühlschrank sauber aufgeräumt zu hinterlassen. Die Aktivitäten werden immer hektischer und absurder.

Lösungen

Erschöpft und ausgelaugt gibt der Ich-Erzähler letztlich zu, dass seine Frau wie immer recht hatte und er wirklich urlaubsreif ist.

Auf Grund der Überschrift und der ersten beiden Textabschnitte erwartet der Leser eine Erzählung über einen erholsamen Urlaub, doch Kishon nimmt die manchmal aufwendigen Vorbereitungen für einen Urlaub ins Visier und zieht damit menschliche Verhaltensweisen vor einem Urlaub ins Lächerliche. Obwohl einiges maßlos übertrieben scheint und äußerst lustig wirkt, erkennt sich so mancher, der meint, vor dem Urlaub dringend noch einiges erledigen zu müssen, wieder. So gelingt es Kishon, den Leser zum Schmunzeln über sich selbst zu bringen und ihn zum Nachdenken darüber anzuregen, wie viel Stress ein bisschen „Erholung" bedeutet.

7 Hilfestellungen und Anregungen:

– lang ersehnter Urlaub, Vorfreude etc.
– jedoch: stundenlange, nervtötende Anreise, Fahrt im engen, stickigen Bus, Stau, Quengeln der Kinder im Auto
– am Traumziel: übervoller Strand, kaum ein Platz für die eigene Decke zu ergattern, kein Sonnenschirm frei, Tausende von Menschen, nackte Leiber nach Sonnenöl riechend, Gedränge im Wasser, brütende Hitze, Kiosk und Toiletten kilometerweit entfernt, bei der Rückkehr Platz vor lauter Leuten nicht gefunden, Kinder auf Grund der zahlreichen Menschen nicht im Blick, Geschrei, Lärm von Menschen und Booten, plärrende Kinder, lärmende Jugendliche, Müll im Wasser und am Strand …
– anstatt zartem Meeresrauschen, entspanntem Liegen am Strand unter schattigen Palmen, erfrischender Luftbrise und Abkühlung im sauberen Wasser

Lösungen

5 Gesagtes, Gemeintes, Gedachtes – Literarische Kurzformen erschließen

Konzeption des Gesamtkapitels

Die Schüler/-innen setzen sich in diesem Kapitel mit literarischen Kurzformen wie der Kurzgeschichte und der Parabel auseinander. Auf die in der 9. Jahrgangsstufe gewonnenen Kenntnisse und erworbenen Kompetenzen aufbauend, üben sie Methoden der Texterschließung hinsichtlich Inhalt, Sprache und Figurencharakteristik ein. Gleichzeitig wiederholen die Jugendlichen die bekannten textsortenspezifischen Merkmale bzw. lernen für die Parabel neue kennen. Durch Anregungen zum kreativen Umgang mit den literarischen Texten werden unterschiedliche Aussagen zum Thema Kommunikation herausgearbeitet, verglichen und kritisch hinterfragt. Dadurch, dass dieses Thema allen verwendeten Texten zu Grunde liegt, erhalten die Lernenden die Möglichkeit, sich mit deren verschiedenen Seiten und den daraus resultierenden Problemen auseinanderzusetzen.

Das erste Teilkapitel (**„Und was ist mit mir? – Klassische Kurzgeschichten erschließen"**) vermittelt anhand von zwei Erzähltexten die Kompetenzen, einen Textinhalt zusammenzufassen, die Sprache zu untersuchen und Figuren zu charakterisieren. Zugleich wird die Kurzgeschichte als Textsorte im jeweils zeitgeschichtlichen Zusammenhang beleuchtet und somit auch ein Bezug zum Autor hergestellt, was letztlich auch dem Verfassen der Einleitung eines TGA dient. Weiterhin werden die Möglichkeiten, den Schluss eines TGA zu schreiben, wiederholt und mit Hilfe von Anregungen vertieft, was unter anderem dazu anregt, zwischen Textaussage und eigenem Leben einen Bezug herzustellen.

Im zweiten Teilkapitel (**„Ungesagt: Das interessante Gegenüber – Mit literarischen Kurzformen arbeiten"**) liegt der Fokus zunächst auf der inhaltlichen Erschließung einer Parabel. Die Merkmale dieser Textsorte sind den Schülerinnen und Schülern möglicherweise nicht mehr geläufig und deshalb werden Unterschiede zur bekannten Textsorte Kurzgeschichte erarbeitet. Anhand eines moderneren Textes wird die Bandbreite der weiterführenden Aufgaben erschlossen. Abschließend wird die Gestaltung eines Textes nach dem literarischen Vorbild der Kurzgeschichte eingeübt, wobei ein Handlungsgerüst vorgegeben ist, was auch der abschließenden Wiederholung der Textsortenmerkmale dient.

Das dritte Teilkapitel (**„Fit in …? – Einen TGA zu einer Kurzgeschichte schreiben"**) bereitet eine Schulaufgabe vor. Die Schüler/-innen schreiben eine zusammenhängende Texterschließung, wobei deren Inhalte in Form einer ausführlichen Gliederung vorgegeben sind, sodass die in den vorangegangenen Teilkapiteln erworbenen Fähigkeiten und Kompetenzen umgesetzt werden können. Außerdem regt dieses Teilkapitel zum kritischen Überarbeiten des eigenen Textes mit Hilfe einer Checkliste an.

Literaturhinweise

Hummel, Christine (Hg.): Kürzestgeschichten: Texte und Materialien für den Unterricht. Reclam, Stuttgart 2010

Langbein, Elvira / Lange, Rosemarie (Hg.): Rund um kurze Geschichten. Cornelsen, Berlin 2005

Mayr, Otto: Moderne Kurzgeschichten: Ausgearbeitete Stundenbilder mit Texten, Arbeitsblättern und Bildmaterial. Auer, Donauwörth [2]2012

Literarische Texte werten. Praxis Deutsch 241/2013

Müller, Michael (Hg.): Franz Kafka. Erzählungen. Reclam, Stuttgart 1995

Neue Kurzprosa. Praxis Deutsch 11/2007

Neueste Kurzprosa. Praxis Deutsch 249/2015

Spinner, Kaspar H.: Kurzgeschichten – Kurze Prosa: Grundlagen, Methoden, Anregungen für die Unterrichtspraxis. Kallmeyer, Seelze-Velber 2012

Inhalte	Kompetenzen

Die Schülerinnen und Schüler können

– Methoden der Texterschließung anwenden
– den Inhalt einer Kurzgeschichte schriftlich
zusammenfassen
– den Aufbau einer Kurzgeschichte bestimmen
und belegen
– die Textsorte kriteriengeleitet bestimmen

– einen Bezug zwischen der Vita des Autors und
der Handlung herstellen
– eine Einleitung selbstständig und sprachlich
sicher formulieren

– sprachliche Besonderheiten analysieren und
mit Fachbegriffen erklären
– Aussagen des Verfassers in Bezug zu seinem
Werk setzen
– Zitierregeln bei der Textanalyse anwenden

– die Hauptfiguren analysieren, diese bewerten
und eine Charakterisierung schreiben
– eine Kurzgeschichte als Textsorte im literatur-
geschichtlichen Kontext erschließen

– einen TGA sprachlich sicher abschließen

– eine Parabel erschließen und deren Aussage
benennen
– Unterschiede und Gemeinsamkeiten von
Parabel und Kurzgeschichte erkennen
– eine Parabel weiterschreiben

– weiterführende (kreative und argumentative)
Aufgaben formulieren
– weiterführende Aufgaben an einen TGA
schlüssig anknüpfen

– einen Text nach literarischem Vorbild gestalten,
bewerten und überarbeiten

– die Gliederung eines TGA formulieren
– mit Hilfe einer Gliederung einen zusammenhängenden TGA verfassen und überarbeiten

▐▌ S.89 Auftaktseite

▐ **1** Wolke mit Regen = Regen / Niederschlag, Kleeblatt = Glück, Einbahnstraße, Taube = Frieden, männlich, weiblich, Kerze = Hoffnung, Regenschirm = vor Niederschlag schützen, Fisch = christliches Fischsymbol, Kreuz = Pluszeichen, Achtelnote mit Punkt = Viertelnote, ☹ = negativ, lateinisches Kreuz = christliches Kreuz, Einfahrt verboten, ☺ = positiv, weinendes Auge = Tränen / Trauer, Herz = Liebe, Wolke, dahinter Sonne = Bewölkung, Tai Chi = Gleichgewicht

▐ **2** Symbole sind Bedeutungsträger mit Wiedererkennungswert, die im Alltag unterschiedliche Funktionen erfüllen. So dienen sie im Straßenverkehr oder beim Einkaufen der Orientierung und informieren kurz und knapp über Verbote oder Gebote. Das Tragen von Symbolen drückt ein Zugehörigkeitsgefühl beispielsweise zu einer religiösen Gruppe aus.

▐ **3** Ein Symbol ist ein Sinnbild oder bildhaftes Zeichen mit großer Allgemeingültigkeit. So können Symbole in der Literatur dazu dienen, komplexe Inhalte zu verdeutlichen. Ein Gegenstand oder eine Person wird zum anschaulichen Stellvertreter für eine größere Sache. So symbolisiert z. B. die Wand in Kurt Martis „Neapel sehen" (vgl. Kopiervorlage 1) eine Trennung zwischen Arbeitsleben in der Fabrik und Privatleben mit Haus und Garten. Gleichzeitig bedeutet die Wand aber auch eine Barriere für die Hauptfigur, um mit seinem Arbeitsleben abschließen zu können.

Mit Symbolen in kurzen Geschichten können Literaten ihre Vorstellung von existenziellen Wahrheiten verdeutlichen. Dies lässt sich anhand Borcherts kurzer Geschichte „Die Kirschen" (Schülerbuch, S. 90 f.) belegen. Einerseits symbolisieren die Kirschen in einer Zeit der Not und des Mangels die Grundlage für das Überleben, andererseits auch, dass eine echte Kommunikation in der existenziellen Not nicht möglich ist und das eigene Überleben über Empathie gestellt wird. Dass die mit Kirschen gefüllte Tasse zerbrochen ist, spiegelt auch das Leben in Trümmern und die erlittenen Verluste in der Nachkriegszeit wider.

Siehe hierzu auch die **Folie** „Symbole untersuchen".

5.1 Und was ist mit mir? – Klassische Kurzgeschichten erschließen

▐▌ S.90 Inhalt und Aufbau einer Kurzgeschichte untersuchen

Wolfgang Borchert: **Die Kirschen** (1946)

▐ **1** Die Kurzgeschichte erscheint dadurch, dass sie sehr wenig äußere Handlung, dafür aber viel inneres Geschehen beinhaltet, zunächst eventuell schwer erschließbar.

▐ **2** Hinweise auf Handlungszeit und -ort:
– Der Alltag von zwei Menschen: „Vater" (Z. 23) und „Junge" (Z. 24)
– Lebensmittelknappheit: Kirschen als etwas Besonderes („Jetzt isst er die Kirschen auf, die für mich sind, dachte er", Z. 1 f.; „Dabei sollte ich sie essen. Ich hab doch das Fieber", Z. 12 f.)
– Krankheit: Fieber des Jungen („Junge, du musst doch zu Bett. Mit dem Fieber, Junge. Du musst sofort zu Bett", Z. 24 f.)
→ Nachkriegszeit in Deutschland

▐ **3** Die Erzählperspektive ist in dieser Kurzgeschichte vielschichtig.
– Z. 1–6: innerer Monolog des Jungen → Ich-Erzähler, personale Erzählhaltung
– Z. 6–12: auktorialer Er-Erzähler, der die Gedanken und Gefühle des Jungen kennt (vgl. Z. 11 f.: „Alles voll Kirschen, dachte der Kranke, alles voll Kirschen.") und die äußere Handlung erzählt (vgl. Z. 6 f.: „Der Kranke stand auf …")

- Z. 12–21: innerer Monolog des Jungen → Ich-Erzähler, personale Erzählhaltung
- Z. 22–Ende: auktorialer Er-Erzähler und Wiedergabe von direkten Reden („Ich komme nicht wieder hoch, lächelte er und verzog das Gesicht", Z. 37 f.; „Waren sie schön kalt?, flüsterte er, ja?", Z. 43 f.)

4 a/b Mögliche Tabelle:

Schlagwörter	Verdacht	Vorwurf	Erkenntnis	Scham
Zeile	Z. 1–21	Z. 22–49	Z. 50–70	Z. 71 ff.
Inhalt	– Junge mit Fieber im Bett – hört ein Glas zerbrechen – steht auf, geht zur Zimmertür und sieht seinen Vater auf dem Boden sitzend, die Hand vermeintlich voll Kirschsaft – Junge verdächtigt den Vater, die Kirschen gegessen zu haben, die eigentlich für den Kranken bestimmt sind	– Vater bemerkt Jungen an der Tür – will ihn zurück ins Bett schicken – Sohn fragt mehrmals nach seinen Kirschen – Sohn beschuldigt Vater, Kirschen gegessen zu haben – Vater beruhigt Sohn, versucht aufzustehen	– Vater bemerkt den Blick des Jungen auf die rote Hand – Vater erklärt dem Jungen, dass er sich geschnitten hat, als er eine Tasse für die Kirschen ausgespült hat und diese dabei zerbrochen ist – Vater schickt den Sohn zurück ins Bett und will ihm die Kirschen gleich bringen	– Junge geht zurück in sein Bett – zieht die Decke über den Kopf und vermeidet damit den Blickkontakt zum Vater, als der die versprochenen Kirschen bringt

c Ein fieberkranker Junge hört im Bett das Zerbrechen eines Glases im Nebenzimmer. Er steht auf, blickt durch die Tür und sieht seinen Vater auf dem Boden sitzend, die Hand vermeintlich rot von Kirschsaft. Der Kranke verdächtigt den Vater, die Kirschen gegessen zu haben, die zum Abkühlen vor das Fenster gestellt worden sind und eigentlich gegen das Fieber als Medizin dienen sollen. Als der Vater den Sohn an der Tür bemerkt, will er ihn besorgt zurück ins Bett schicken. Doch der Kranke fragt mehrmals nach seinen Kirschen und beschuldigt den Vater, sie gegessen zu haben. Dieser beruhigt seinen Sprössling und versucht aufzustehen, was ihm jedoch nicht gelingt. Der Junge blickt auf die Hand des Vaters, der anschließend erklärt, dass er sich geschnitten habe, als er eine Tasse für die Kirschen ausgespült habe und diese dabei zerbrochen sei. Erneut bittet der am Boden Sitzende den Jungen, sich wieder hinzulegen. Er wolle ihm die Kirschen gleich bringen.
Zurück in seinem Bett zieht der Sohn die Decke über den Kopf und vermeidet damit den Blickkontakt mit dem Vater, als dieser ihm das versprochene Obst bringt.

5 a/b Mögliche Tabelle:

Merkmale einer Kurzgeschichte	Textbeleg
...	...
Momentaufnahme aus dem Leben der Hauptfigur	„Der Kranke stand auf." (Z. 7) „Der Kranke schob sich an der Wand zurück zu seinem Bett." (Z. 71 f.)
schemenhafte Skizze der Hauptfigur	„Der Kranke" (Z. 7, 11, 26, 31, 49, 63, 71), „Junge" (Z. 24, 25, 28, 67) – keine weitere Beschreibung der Hauptfigur

Wiedergabe eines Ereignisses mit Höhe- bzw. Wendepunkt	„Und er hat den kalten Kirschsaft auf der Hand. Den schönen kalten Kirschsaft. Er war bestimmt ganz kalt. Er stand doch extra vorm Fenster. Für das Fieber." (Z. 18–21) – Die Kurzgeschichte handelt vom Missverständnis rund um die Kirschen. Höhe- bzw. Wendepunkt: „Der Kranke sah auf die Hand. Ach, das ist nicht so schlimm. […] Die Kirschen, flüsterte er, meine Kirschen?" (Z. 49–64)
offener Schluss	„Als der Vater mit den Kirschen kam, hatte er den Kopf tief unter die Decke gesteckt." (Z. 72 ff.) – Es bleibt offen, ob Vater und Sohn die Situation klären.

c Beispiel für einen zusammenhängenden Text:

Der Text „Die Kirschen" weist hinsichtlich seines Aufbaus typische Merkmale einer Kurzgeschichte auf. So spricht zunächst das unmittelbare Einsetzen der Handlung („Nebenan klirrte ein Glas", Z. 1) für diese Textsorte. Wo und wann die Handlung spielt, wer die Hauptfigur ist, erschließt sich erst im weiteren Verlauf der Geschichte. Weiterhin wird die Hauptfigur lediglich als „der Kranke" (Z. 7, 11, 26, 31, 49, 63, 71) oder vom Vater als „Junge" (Z. 24, 25, 28, 67) bezeichnet, sie wird dadurch nur schemenhaft skizziert, was ein weiteres Merkmal dieser Textsorte ist. Außerdem beschränkt sich die Handlung in einer Kurzgeschichte auf ein Ereignis, hier auf das Missverständnis zwischen Vater und Sohn rund um die Kirschen („Und er hat den kalten Kirschsaft auf der Hand. Den schönen kalten Kirschsaft. Er war bestimmt ganz kalt. Er stand doch extra vorm Fenster. Für das Fieber", Z. 18–21). Ein weiterer Beleg dafür, dass „Die Kirschen" eine Kurzgeschichte ist, zeigt sich durch das Vorhandensein eines Höhe- bzw. Wendepunktes, der in den Zeilen 49 bis 64 zu finden ist. Hier klärt sich das Missverständnis auf („Der Kranke sah auf die Hand. Ach, das ist nicht so schlimm. […] Die Kirschen, flüsterte er, meine Kirschen?"). Der Schluss gestaltet sich offen („Als der Vater mit den Kirschen kam, hatte er den Kopf tief unter die Decke gesteckt", Z. 72 ff.). Man erfährt nicht, wie oder ob eine weitere Kommunikation zwischen Vater und Sohn stattfindet. Dies ist abschließend ein zusätzliches Merkmal einer Kurzgeschichte.

Siehe auch die **Folie** „Die Kurzgeschichte und ihre Themen".

S.92 Die Einleitung eines TGA formulieren

1 a Kernsatz: Die Kurzgeschichte erzählt ein Missverständnis zwischen Vater und Sohn, das auf dem Misstrauen des Jungen gründet.

b Die Kurzgeschichte „Die Kirschen" von Wolfgang Borchert ist im Jahr 1946 entstanden und handelt vermutlich in der deutschen Nachkriegszeit. Denn der Autor, der 1921 geboren wurde, verfasste, nachdem er im Krieg als Soldat nach Russland abkommandiert worden und verletzt sowie geschwächt nach Kriegsende nach Deutschland zurückgekehrt war, bis zu seinem Tod viele kurze Prosatexte, die der Trümmer- oder Kahlschlagliteratur zuzuordnen sind. Der vorliegende Text handelt vom unbegründeten Misstrauen eines kranken Kindes gegenüber seinem Vater.

2 Autobiografische Züge der Kurzgeschichte kann man darin erkennen, dass die Hauptfigur krank, fiebrig und bettlägerig ist. Wolfgang Borchert selbst war kränklich und verbrachte seine letzten beiden Lebensjahre bis 1947 u. a. von Fieberanfällen geplagt im Bett. Auch die mageren Jahre der unmittelbaren Nachkriegszeit, in denen Kirschen eine Kostbarkeit waren, spielen eine Rolle.

Siehe hierzu auch die **Folie** „Einen Schriftsteller (Wolfgang Borchert) vorstellen".

S.93 Die sprachlichen Mittel untersuchen

1 a Aneinanderreihung von sehr einfachen kurzen Sätzen; ab Z. 19 ff. zwei Ellipsen

b Die Wiedergabe der Gedanken des Jungen und die Darstellung der Handlung wirken dadurch authentisch, unmittelbar und glaubwürdig.

c Der Junge ist im Fieberwahn, er ist anscheinend nicht fähig, zusammenhängende Gedanken zu äußern. Seine Gedanken, die um die Kirschen und seinen Verdacht kreisen, werden dadurch authentischer, dass diese nur in kurzen, knappen oder unvollständigen Sätzen wiedergegeben werden.
Weitere Textstellen: Z. 31–35, 63 f.

2 a Häufig verwendet werden die Wörter Kirschen, Bett, Fieber, Kranke, Vater, Hand, kalt, also überwiegend Nomen. Sie werden dadurch besonders betont, da sie dem Leser immer wieder vergegenwärtigt werden. Die Nomen stellen die Schlüsselbegriffe der Kurzgeschichte dar. Das Adjektiv „kalt" verdeutlicht die Atmosphäre.

b Mögliche Tabelle:

Besonderheiten der Wortwahl	Beispiele und Zeilenangaben	Wirkung
Wiederholungen	Kirschen (Titel, Z. 1 f., 3, 11, 12, 16, 26, 27, 31, 32, 59, 63, 64, 72) Bett (Z. 24, 25, 28, 48, 60, 62, 67) Fieber (Z. 3, 6, 13, 15, 18, 21, 24, 67) Kranke (Z. 7, 11, 26, 31, 41, 49, 63, 71) Vater (Z. 9, 23, 28, 36, 44, 52, 65, 72) Hand (Z. 9, 13, 17, 19, 27, 30, 49, 63) kalt (Z. 4, 14, 20, 32, 33, 35, 43, 58, 69) ganz (Z. 4, 9, 13, 16, 17, 20, 35, 45, 48, 61) voll (Z. 10, 11, 13, 18, 26, 27)	Vergegenwärtigung und Betonung der zentralen Begriffe
Häufung von Nomen	s. o.	
Umgangssprachliche Wendungen	„Alles voll" (Z. 11), „vorm Fenster" (Z. 68 f.), „Ich bring" (Z. 69)	Alltäglichkeit der Situation

3 Die Kirschen sind für Vater und Sohn etwas Kostbares, Seltenes, in der Nachkriegszeit etwas Besonderes. Für den Sohn sind sie die Nahrung, die er braucht, um gegen sein Fieber ankämpfen zu können. Für den Vater sind die Kirschen ein Mittel, mit seinem Sohn, der diese braucht, Kontakt aufzunehmen. So sind die Kirschen ein Symbol einerseits für das Leben, andererseits für Kommunikation.

4 Beide reden aneinander vorbei. Der Sohn wirft dem Vater vor, die Kirschen essen zu wollen. Der Vater kann diese Aussage aber scheinbar nicht aufnehmen, da er am Boden sitzt und nicht fähig ist aufzustehen. Dies formuliert er als Antwort für den Sohn. Eine richtige Kommunikation kommt nicht zustande, beide reden, gehen aber nicht aufeinander ein, bemerken nicht die Lage des jeweils anderen.

5 Parallelismen („Jetzt isst er die Kirschen auf […]", Z. 1 f.; „Jetzt hat er das Glas hingeschmissen", Z. 5; „[…] das ist nicht so schlimm. Das ist nur ein kleiner Schnitt. Das hört gleich auf. Das kommt von der Tasse […]", Z. 50 ff.) verstärken die jeweilige Aussage.

6 a Borchert ist der Meinung, die Literatur solle nicht zu viel Wert auf korrekte Grammatik legen. Er fordert in der Literatur eine Wortwahl, die Gefühle authentisch ausdrückt und die Welt so darstellt, wie sie ist, ohne Beschönigung oder Idealisierung.

b In der Kurzgeschichte „Die Kirschen" verzichtet Borchert auf eine vielseitige Umschreibung der dargestellten Handlung. Daraus resultiert die häufige Wiederholung bestimmter Nomen, die Schlüsselbegriffe der Kurzgeschichte sind und Symbolcharakter aufweisen. Wirklichkeitsgetreue Darstellung erfolgt in diesem Text durch die verwendeten kurzen, einfachen Sätze und Ellipsen.

7 a Wichtige Zitierregeln:
- Titel werden in Anführungsstriche gesetzt. Beispiel: Die Kurzgeschichte „Die Kirschen" ist …
- Wörtliche Zitate aus dem Text werden in Anführungszeichen gesetzt, die Zeilenangaben folgen in Klammern dahinter oder – falls das Zitat bereits in Klammern angeführt wird – durch ein Komma von diesem abgetrennt. Folgen mehrere Zitate in einer Klammer aufeinander, trennt man die Zeilenangabe durch einen Strichpunkt vom folgenden Zitat. Beispiel: Dazu kann man auch die umgangssprachlichen Wendungen zählen („Alles voll", Z. 11; „vorm Fenster", Z. 68 f.; „Ich bring", Z. 69).
- Auslassungen in einem Zitat werden durch drei Punkte in eckigen Klammern gekennzeichnet. Beispiel: Besonders deutlich wird die Wirkung an den Stellen, die einen inneren Monolog („Jetzt isst er die Kirschen auf, die für mich sind, dachte er. Dabei habe ich das Fieber. Sie hat die Kirschen extra vors Fenster gestellt, damit […]. Und ich habe das Fieber", Z. 1 f.) oder wörtliche Rede („Die bring ich dir gleich, sagte er. Gleich, Junge. Geh schnell […]. Ich bring sie dir gleich", Z. 66 f.) beinhalten.

b Mögliche Fortsetzung:

Eine weitere Auffälligkeit hinsichtlich der Wortwahl sind die Wiederholungen der Wörter „Kirschen" (Z. 1 f., 3, 11, 12, 16, 26, 27, 31, 32, 59, 63, 64, 72), „Fieber" (Z. 3, 6, 13, 15, 18, 21, 24, 67) und „kalt" (Z. 4, 14, 20, 32, 33, 35, 35, 43, 58, 69), wobei sich Nomen häufen. Durch die Wiederholung rückt auch das Wort „Kirschen" als Symbol für das Lebensumfeld der handelnden Personen verstärkt ins Blickfeld der Leser. Obst galt während der Nachkriegszeit als Kostbarkeit, zugleich bildet es hier die Grundlage für das Missverständnis zwischen Vater und Sohn. Letzterer hat „Fieber", was als Wort ebenfalls häufig wiederholt wird und somit den Zustand als der „Kranke" (Z. 7, 11, 26, 31, 41, 49, 63, 71) mit eingeschränkter Wahrnehmung ständig vergegenwärtigt. Dass der Vater sich um den Sohn kümmern will, wird durch weitere Wiederholungen klar („Junge, du musst doch zu Bett. […] Du musst sofort zu Bett", Z. 24 f.; „Du musst sofort zu Bett", Z. 28; „Du musst ganz schnell zu Bett", Z. 48). Die Kommunikationsschwierigkeiten zwischen Vater und Sohn spiegeln sich auch im einfachen Satzbau in Form von Parallelismen wider („Jetzt isst er die Kirschen auf […]", Z. 1 f.; „Jetzt hat er das Glas hingeschmissen", Z. 5 bzw. „Das ist nur ein kleiner Schnitt. Das hört gleich auf. Das kommt von der Tasse […]", Z. 50 ff.). Dadurch werden die jeweiligen Aussagen verstärkt. Dem Sohn sind die Kirschen wichtig, sein Verdacht wird erhärtet. Der Vater hingegen versucht, den Sohn zu beruhigen, indem er seine eigenen gesundheitlichen Probleme herunterzuspielen versucht. Borchert verwendet durchweg eine einfache Sprache, die zum einen die Alltäglichkeit der Situation unterstreicht und zum anderen die existenziellen Nöte der damaligen Zeit verdeutlicht, die keinen Raum für wohlgestaltete Formulierungen lassen.

⫼ S.95 Literarische Figuren charakterisieren

Hans Bender: **Felix** (1964)

1 Felix: Jugendlicher, hat einen Hund, selbstbewusst, an Mädchen interessiert
Ich-Erzähler: Jugendlicher, Klassenkamerad von Felix, unsicher, auch im Umgang mit Mädchen, bewundert Felix, lügt, weil er sich vor Felix schämt

2 Richtig:
- Schauplatz der Handlung ist eine Großstadt.
- Zwei Jungen unterhalten sich über Mädchen.

110

Falsch:
- Felix ist sehr selbstsicher, der Ich-Erzähler hingegen sehr unsicher und unerfahren im Umgang mit Mädchen.
- Felix ruft für den Ich-Erzähler bei Sabine an, spricht mit deren Vater und wird zusammen mit dem Ich-Erzähler zu Sabine nach Hause eingeladen. Felix wird jedoch alleine hingehen, weil der Ich-Erzähler zu einer Familienfeier muss.

3 Mögliche Ergänzung:

Die Kurzgeschichte ist eine Momentaufnahme aus dem Leben eines „Alltagsmenschen", weil sie von zwei Jungen handelt, die sich in der Großstadt treffen. Die Geschichte beginnt unvermittelt mit dem Zusammentreffen der beiden und endet nach Felix' erfolgreichem Telefongespräch mit Sabines Vater.

In der Kurzgeschichte wird eine alltägliche Situation dargestellt, indem sich die beiden Hauptfiguren über Mädchen unterhalten und schließlich eines zu kontaktieren versuchen.

Der Ich-Erzähler will vor Felix nicht zugeben, dass er mit Mädchen keinerlei Erfahrungen hat, möchte aber seine Unsicherheit Felix gegenüber nicht offenbaren, er erlebt einen inneren Konflikt.

Der Schluss ist offen, denn die Geschichte endet mit der Verabschiedung der beiden nach dem Telefonat. Man erfährt nichts über den Ausgang des Treffens von Felix mit Sabine.

4 Die Geschichte wird aus der Ich-Perspektive erzählt, was vor allem an den vielen Dialogen deutlich wird, in denen Felix den Ich-Erzähler mit „du" anspricht (Z. 20, 45, 51, 75 usw.) oder die Redebegleitsätze aufweisen („,Gehst du mit zur Hauptpost?', fragte ich", Z. 74; „,Nein, nur telefonieren', sagte ich", Z. 80). Der Erzähler ist ein personaler Ich-Erzähler, der selbst in die Handlung eingebunden ist und das Geschehen z. B. durch innere Monologe kommentiert („Woher wusste er von Sabine? […] Beim letzten Mal gab sie mir ihre Telefonnummer", Z. 58–65).

5 Mögliche Textbelege:
- „Felix kam aus dem Espresso. Sein Fox an der roten Leine tänzelte voraus." (Z. 1 f.)
- „Der Autostrom riss nicht ab, die Käufer und Spaziergänger drängten sich auf den Trottoirs, die Jungen der Vorstädte hingen als Trauben vor den Kinoeingängen, die Mädchen der Oberschulen gingen bummeln und die Lautsprecher der Radiogeschäfte spielten in die Gegend." (Z. 8–14)
- „,Wohin fährst du in diesem Jahr?', fragte Felix. ,Weiß ich nicht. Im vorigen war ich an der See, mit Ottmar.' " (Z. 45–47)

In der unmittelbaren Nachkriegszeit war der Besuch in einem Café, noch dazu für junge Leute, nicht alltäglich. Auch einen Hund als Haustier zu halten war für Alltagsmenschen nicht üblich. Dass viele Autos unterwegs sind oder dass Jugendliche ihren Freizeitbeschäftigungen wie Kino und Bummeln nachgehen oder sich über Urlaubspläne unterhalten, zeigt, dass die Schrecken des Krieges nicht mehr unmittelbar gegenwärtig sind.
- „Er nahm den Hörer ab, warf die Zehner ein, wartete das Amtszeichen ab, drehte die Wählscheibe, machte alles in der richtigen Reihenfolge, ohne zur Vorschrift hinaufsehen zu müssen." (Z. 112–116)

Telefone mit Wählscheiben gibt es nur mehr als nostalgisches Accessoire. Auch die mittlerweile rar gewordenen öffentlichen Telefone verfügen über Tasten.

6 Der Ich-Erzähler ist auf Grund seines fehlenden Mutes, so zu sein, wie er ist, und dazu zu stehen, unfähig, sich dem Klassenkameraden mitzuteilen. Sicherlich ist das Verhalten des Ich-Erzählers für einen Jugendlichen nicht ungewöhnlich, jedoch behandelt die Kurzgeschichte diese Thematik als Problem eines Einzelnen. Schwierigkeiten im Miteinander kann man darin sehen, dass dem Ich-Erzähler – im Kontrast zu Felix – der Umgang mit dem anderen Geschlecht nicht gerade leichtfällt.

7 a Äußere Merkmale von Felix:
- besitzt einen Hund: „Fox" (Z. 1, 25, 97, 145, 178)
- ist modisch gekleidet: „in seiner Lederjacke, seinen Jeans, seinen flachen Schuhen" (Z. 25 ff.)

- freundliche offene Mimik: „Sein Gesicht strahlte […]." (Z. 77 f.)
- er weckt das Interesse vieler Mädchen: „Zwei Mädchen vor der Kaufhausecke drehten sich nach ihm um." (Z. 2 f.); „[…] und ich verstand, warum sich die Mädchen nach ihm umsahen." (Z. 78 f.)
- ist vermutlich im gleichen Alter wie der Ich-Erzähler, da sie gemeinsame Bekannte haben: „mit Ottmar" (Z. 47)

b Wesenszüge:
- …
- „Ja, für Felix war alles Gegenwart." (Z. 23)
  → Felix lebt für den Moment, er genießt das, was er gerade tut.
- „Und jetzt ging er spazieren, ließ sich halb von seinem Fox ziehen, halb ging er selber, gefiel sich gut dabei […]." (Z. 23–26)
  → Er hat eine selbstsichere Art, sieht vieles als ein Spiel und ist selbstbewusst.
- „Was hab ich dir gesagt? Los, gehen wir hinterher!'" (Z. 31 f.)
  → Er ist von sich überzeugt und geht offensiv bei seiner Kontaktaufnahme mit Mädchen vor.
- „Felix sagte es so selbstverständlich, dass ich keine Sekunde zweifelte …" (Z. 70–73)
  → Er kann andere von sich überzeugen.
- „Man sah, Felix hatte schon oft telefoniert." (Z. 111 f.)
  → Telefonieren und die Kontaktaufnahme bereiten ihm keinerlei Unbehagen oder Schwierigkeiten.

c Weitere Wesenszüge
- Z. 40: „Auch Felix glückte nicht alles" → Er hat nicht immer Erfolg bei seiner Kontaktaufnahme.
- Z. 127–143: „Doch Felix drehte das Gesicht zum Apparat und sprach mit lauter, fester Stimme. […] Wiederhören!" (Z. 127–143) → Er ist eloquent, beherrscht die Regeln des Smalltalks.
- Z. 155 f.: „Felix hatte also auch ihn gewonnen." → Felix hat ein einnehmendes Wesen, ist offenbar routiniert im Umgang mit Erwachsenen.

8 a/b Charakterisierung des Ich-Erzählers:
Der Ich-Erzähler ist vermutlich ein Bekannter von Felix, da er diesen einlädt, ihn zu begleiten (vgl. Z. 4 f.). Dem Inhalt des Gesprächs der beiden über die Reisevorhaben des Ich-Erzählers (vgl. Z. 45–57) ist zu entnehmen, dass sie einen gemeinsamen Bekannten, „Ottmar" (Z. 47), haben. Weiterhin zeigt die Hauptfigur – anders als Felix – keinerlei Freude daran, hübschen Mädchen zu folgen („Auch ich war nicht mehr ganz so glücklich", Z. 33 f.), vielmehr beschäftigt den Ich-Erzähler Sabine, mit der er schon des Öfteren in Kontakt getreten ist und die er seit „zwei Wochen" (Z. 58 f.) kennt. Allerdings ist er unerfahren hinsichtlich der Kontaktaufnahme mit dem anderen Geschlecht, denn er bezeichnet die Möglichkeit, dass jemand anderes als Sabine ans Telefon gehen könnte, als „ein anderes Hindernis" (Z. 92 f.).
Scheinbar ist er aber froh, dass Felix ihm beim Telefonat mit Sabine hilft („Als Felix sagte: ‚Komm, lass mich', war ich gar nicht so unglücklich", Z. 110 f.). Seine Unsicherheit, derer er sich auch bewusst ist, wird auch in den Zeilen 105 bis 109 deutlich. Hier offenbart sich seine mangelnde Erfahrung im Führen von Telefongesprächen und er zweifelt schon vorher am Erfolg des Telefonats. In der Kurzgeschichte wird wiederholt offensichtlich, dass der Ich-Erzähler sich vor Felix anders gibt, als er tatsächlich ist („Vor den Telefonzellen im Dunkel der Hauptpost fiel mein Mut zusammen wie eine Zeltplane beim Abbau. Wäre Felix nicht dabei gewesen, ich wäre durch die nächste Schwingtür aus dem Gebäude geflüchtet", Z. 85–89; „Konfirmation – ein Wort, das man vor Felix nicht gern sagen wollte", Z. 165).

c Dass der Ich-Erzähler Felix bewundert, wird an Textstellen wie „Ja, für Felix war alles Gegenwart" (Z. 23), „Sein Gesicht strahlte, und ich verstand, warum sich Mädchen nach ihm umsahen" (Z. 77 ff.), „Man sah, Felix hatte schon oft telefoniert" (Z. 111 f.) oder „Felix hatte also auch ihn gewonnen" (Z. 155 f.) deutlich. Alles, was ihm selbst schwerfällt, scheint er bei Felix als positive Eigenschaft festzustellen. Der Ich-Erzähler ist schüchtern und hat mit Felix ein Gegenüber, das genau dem Gegenteil entspricht.

9 Charakterisierung des kranken Jungen: Dass der Junge krank ist, belegen viele Textstellen, in denen er betont, dass er Fieber hat (Z. 2 f., 6, 18). Aber auch der Vater äußert sich dahingehend („Junge, du musst doch zu Bett. Mit dem Fieber, Junge", Z. 24 f.). Gleichzeitig steigert sich der Junge aber immer mehr in die Vorstellung hinein, der Vater habe die Kirschen essen wollen, was die häufige Wiederholung des Wortes „Kirschen" (Z. 1 f., 3, 11, 12, 16, 26, 27) zeigt. Schließlich erkennt er aber die Situation und seinen Fehler, er schämt sich („Als der Vater mit den Kirschen kam, hatte er den Kopf tief unter die Decke gesteckt", Z. 72 ff.). Lässt man die Krankheit und die möglichen Folgen eines Fieberwahns außer Acht, könnte aus dem Verhalten des Jungen auch darauf geschlossen werden, dass zwischen Vater und Sohn kein offenes Verhältnis herrscht und somit Fehler nicht zugegeben werden können.

Charakterisierung des Vaters: Der Vater kümmert sich liebevoll um seinen kranken Sohn, was an seinen Äußerungen, die den Jungen wieder dazu bewegen sollen, ins Bett zurückzukehren, deutlich wird (vgl. Z. 24 f., 28, 47 f., 67). Die Tatsache, dass er die Tasse zerbrochen hat, die er mit dem Kirschsaft füllen wollte, bereitet ihm Sorgen, da „sie" (Z. 54) – wohl die Mutter – genau diese Tasse „so gern mochte" (Z. 56). Er möchte wohl niemanden enttäuschen. Wahrscheinlich spielt er deshalb auch seine Schmerzen herunter („Ich bin ganz lahm […]. Es geht gleich wieder", Z. 45 ff.; „Ach, das ist nicht so schlimm. […] Das hört gleich auf", Z. 50 f.). Ihm entgeht in dieser Situation der eigenen Hilflosigkeit, dass der Sohn meint, die Flüssigkeit an den Händen des Vaters sei Kirschsaft und nicht Blut (vgl. Z. 31 f., 43, 63 f.). Für seinen kranken Sohn fühlt er Empathie, indem er sich daran erinnert, wie schwierig es ist, im Bett liegend aus einem Glas zu trinken (vgl. Z. 59–62).

S. 99 Den Schluss eines TGA formulieren

1 **a** Die letzten beiden Stichpunkte beziehen sich auf eine mögliche Wirkung der Kurzgeschichte. Zum einen wirft sie bei dem Schüler die Frage auf, ob nun Felix eine Beziehung zu Sabine aufbauen will, zum anderen regt sie die Gedanken des Schülers dahingehend an, wie er sich gegenüber Gleichaltrigen verhält.

b Der Schüler findet die Kurzgeschichte interessant. Er zieht ein inhaltliches Fazit zur Kurzgeschichte und überträgt den Inhalt auf seine Lebenswelt.

2 Beispiel für einen (längeren) Schluss:
Zusammenfassend stelle ich fest, dass die Kurzgeschichte „Felix" zwar schon älteren Datums ist, jedoch nichts von ihrer Aktualität eingebüßt hat. Dass Jugendliche – vor allem in der Pubertät – unsicher sind, wie sie auf andere wirken, bzw. dem Gegenüber gefallen möchten und dadurch oft die eigene Persönlichkeit verstecken, wird am Beispiel des Ich-Erzählers deutlich. Dieser möchte Felix unbedingt gefallen, er verstellt sich und kommt dadurch in eine für ihn unangenehme Situation. Ihm fehlt das Selbstbewusstsein, über das Felix verfügt.
Leider ist am Ende für den Ich-Erzähler nicht klar, ob nun Felix eine Beziehung zu Sabine aufbauen will. Wäre dies der Fall, würde die Hauptfigur vielleicht die Lehre daraus für sich ziehen, sich nicht zu verstellen, auch wenn er dadurch Schwächen zugeben müsste. Aber gerade dieser Punkt veranlasst mich zu der Überlegung, wie ich mich im Kontakt zu Gleichaltrigen verhalte und ob ich mich anders gebe, als ich wirklich bin. Schließlich ist es nicht schlimm, Unsicherheiten zuzugeben. Man sollte als Jugendlicher nicht nur seine eigenen Schwächen sehen, sondern auch die persönlichen Stärken kennen. So fällt es bestimmt leichter, ehrlich zuzugeben, wenn einem wie beispielsweise dem Ich-Erzähler der Mut fehlt, mit jemand anderen in Kontakt zu treten.

3 Die Kurzgeschichte „Die Kirschen" ist sehr lehrreich, denn ich selbst habe schon einige Situationen erlebt, in denen mich der erste Eindruck getäuscht hat. Daran, dass sich der kranke Junge am Ende wegen seiner Vermutung und seines Vorwurfs schämt, wird deutlich, wie schlecht man sich fühlen kann, wenn man etwas falsch beurteilt. Somit appelliert Borchert indirekt an die Leser, Situationen zu hinterfragen und nicht auf Grund eines flüchtigen Eindrucks zu bewerten. Damit wendet sich der Verfasser wohl in erster Linie an Familien, da in dieser Kurzgeschichte deutlich wird, dass es gerade hier zwischen den Generationen zu Missverständnissen kommen kann, wenn man nicht wirklich miteinander kommuniziert.

Zu einem weiteren Beispiel siehe die **Kopiervorlage 1** („Inhalt und Sprache einer Kurzgeschichte erschließen").

5.2 Ungesagt: Das interessante Gegenüber – Mit literarischen Kurzformen arbeiten

S.100 Eine Parabel erschließen

Franz Kafka: **Der Fahrgast** (1913)

1 Das Standbild dient zur Sicherung des inhaltlichen Verständnisses der Parabel. Während es erstellt wird, kann der Inhalt Stück für Stück erarbeitet werden. Einige Schüler/-innen können dabei die Rolle der „Schauspieler" einnehmen, andere geben konkrete Regieanweisungen. Das Standbild sollte verdeutlichen, dass der Ich-Erzähler unsicher ist, das Mädchen mustert und es von der Seite (hinten) ansieht. Die junge Frau sollte eine unbeteiligte Mimik haben.

2 **a/b** Mögliche Übersicht:

Eigenschaft	Textbeleg
...	...
gehemmt	Anstatt das Mädchen, das er genau betrachtet, anzusprechen und sein Interesse an ihr zu ergründen, bleibt er untätig. (Z. 16–33)
in Gedanken versunken	„Wieso kommt es, dass sie nicht über sich verwundert ist, dass sie den Mund geschlossen hält und nichts dergleichen sagt?" (Z. 30 ff.)

c Charakterisierung der Hauptfigur:
Der Fahrgast fährt mit der Straßenbahn und ist sehr unsicher, da er gedanklich seine Position im eigenen Leben hinterfragt („Ich […] bin vollständig unsicher in Rücksicht meiner Stellung in dieser Welt", Z. 1 f.). Ein anderer Fahrgast, ein Mädchen, das an der Tür steht und aussteigen will, erweckt sein Interesse. Er beobachtet sie genau, fast mit einem filmischen Blick, indem er zunächst ihre Kleidung und ihr Äußeres wahrnimmt, dann seinen Blick auf das rechte Ohr des Mädchens „zoomt". Allerdings ist er zu schüchtern, um das Mädchen anzusprechen (vgl. Z. 14–29). Er bezieht seine äußeren Wahrnehmungen auf seine Gedanken über sich selbst und wundert sich, dass das Mädchen – anders als er selbst – offenbar nicht unsicher ist und nicht über sich selbst nachdenkt, sondern ganz normal „zum Aussteigen bereit" (Z. 15 f.) ist.

3 Mögliche Übersicht:

Hauptfigur	Kafka
unsicher über die eigene Stellung in der Welt	Versagensängste in der Schule, Widerstand gegen Veröffentlichung seiner Werke, scheiternde Verlobungen
gehemmt: spricht Mädchen in der Straßenbahn nicht an	kompliziertes Verhältnis zu Frauen

Siehe auch die **Folie** „Einen Schriftsteller (Franz Kafka) vorstellen".

4 Mögliche Tabelle:

Gesagtes	Gemeintes
…	…
Die Hauptfigur ist sich hinsichtlich ihrer Stellung in der Welt völlig unsicher.	Wir wissen nicht, wohin uns unser Lebensweg führt.
Die Hauptfigur beobachtet intensiv das Mädchen.	Wir nehmen andere wahr.
Die Hauptfigur wundert sich, dass das Mädchen nicht über sich selbst verwundert ist und sich dahingehend nicht äußert.	Wir interpretieren das Verhalten anderer Menschen auf unsere subjektive Art.

5 a Das Mädchen wirkt auf den unsicheren Fahrgast wie selbstverständlich fest im Leben stehend, obwohl er es nicht kennt.

   b Ausgehend von seiner eigenen Unsicherheit denkt der Fahrgast, das Mädchen ruhe in sich selbst. Gegensatz: Unsicherheit – Selbstbewusstsein.

   c Mögliche übertragene Bedeutung: Das, was man bei sich selbst als Defizit wahrnimmt, projiziert man auf andere und geht davon aus, dass beim Gegenüber dieser Mangel nicht besteht.

6 Gemeinsamkeiten von dieser Parabel und einer Kurzgeschichte:
- unmittelbares Einsetzen der Handlung
- wenig handelnde Figuren
- überschaubare Textlänge
- Momentaufnahme aus dem Leben der Hauptfigur
- schemenhafte Skizze der Hauptfigur
- offener Schluss

Die Parabel unterscheidet sich von einer Kurzgeschichte durch
- ihren lehrhaften Charakter
- die enthaltene Lebensweisheit
- die Möglichkeit der Übertragung des Inhalts auf einen anderen Bereich des Lebens

7 Mögliche Fortführung:
Scheinbar bemerkt sie, dass mein Blick auf ihr ruht. Sie dreht sich um, mustert mich. Mein Blick sucht immer noch ihr Ohr: Verrückt, diese Welt. Und so gegensätzlich. Sie zieht fragend die Augenbraue nach oben, ihre Hand streicht hektisch durch ihr braunes Haar, die andere umgreift den Schirm so fest, dass die Knöchel weiß hervortreten. Eilig verlässt sie die Straßenbahn, deren Tür sich weit geöffnet hat. Kein Blick zurück. Einfach nur weg. Aber – wohin, wohin?

Zu einer weiteren Kafka-Parabel siehe die **Kopiervorlage 2** („Eine Parabel erschließen und deuten“).

S. 102 ## Textbezogene Aufgaben bearbeiten

Katja Reider: **Wahnsinnstyp oder Während sie schläft** (2006)

2 a/b Mögliche Übersicht:

Überschrift	Textabschnitt	Inhalt
Rückblick auf die vergangene Stunde	Z. 1–31	– Hauptfigur, eine Jugendliche, sitzt in einem ICE-Waggon an einem Viererplatz mit Tisch in der Mitte – fährt von Hannover nach Bonn – ihr gegenüber ein Junge, der ihr Interesse weckt, und ein blondes Mädchen, das an die Schulter des Jungen gelehnt schläft

115

Erstarrung	Z. 32–45	– Hauptfigur traut sich nicht, den Jungen anzusehen bzw. anzusprechen – sitzt mit Blick auf ihr Buch – ohne zu lesen – starr auf dem Platz
Das ideale Paar	Z. 46–91	– Hauptfigur denkt, die beiden seien ein Paar – beide gut aussehend – Neid auf das blonde Mädchen
Blickkontakt	Z. 92–125	– Hauptfigur schwärmt gedanklich für den Jungen, seufzt – Junge hebt Blick, sieht Hauptfigur an – Hauptfigur kann nicht reagieren
In Wuppertal	Z. 126–139	– Halt in Wuppertal: blondes Mädchen springt auf, verlässt den Zug
Die Erkenntnis	Z. 140–168	– Hauptfigur ist verwirrt – Junge klärt die Situation: Er sagt, er kenne die Blonde gar nicht. – Hauptfigur erkennt ihren Fehler.
Das Vorhaben	Z. 169–174	– Der Junge klappt sein Buch zu und will sich wohl mit der Hauptfigur unterhalten. – Diese plant, bis zum Halt in Bonn innerhalb von 62 Minuten nähere Bekanntschaft zu schließen.

3 Mögliche Übersicht:

Merkmal einer Kurzgeschichte	Grund für den Handlungsort „öffentliches Verkehrsmittel"	Beleg aus dem Text
Hauptfigur ist ein gewöhnlicher Mensch.	Gewöhnliche Menschen nutzen öffentliche Verkehrsmittel.	Die Hauptfigur ist ein Mädchen, das in einem ICE sitzt.
Momentaufnahme aus dem Leben	kurze Dauer einer Zugfahrt	Die gesamte Bahnfahrt dauert ca. 2 Stunden.
Wiedergabe eines Ereignisses	eine Zugfahrt	Die Geschichte spielt in einem Zug.
Wende- bzw. Höhepunkt	Menschen können jederzeit an einer Station hinzukommen oder aussteigen.	Das blonde Mädchen verlässt für die Hauptfigur überraschend den Zug in Wuppertal.
unvermittelter Einstieg	Wenige Wörter am Anfang klären, wo die Handlung spielt.	„Fensterplatz" (Z. 4 f.), „Großraumwagen" (Z. 5 f.)

4 a/b Mögliche Tabelle:

Kreativer Schreibauftrag	Argumentativer Schreibauftrag
B Erlebniserzählung	A
D Veränderung der Geschichte	C
E Perspektivwechsel	
F Fortsetzung der Geschichte (mit Dialog)	

5 Textbeispiel A: kreativer Schreibauftrag E

Textbeispiel B: argumentativer Schreibauftrag C

Textbeispiel C: kreativer Schreibauftrag D

6 Informationen aus der Kurzgeschichte

– in Text A: Halt in Hannover (Z. 16), über eine Stunde (Z. 2), kurzes Gespräch zwischen Hauptfigur und Jungen (Z. 38 ff.), Platznummer 95, Vierertisch (Z. 25 ff.), Angespanntheit der Hauptfigur (Z. 33 ff.), Schulter (vgl. Z. 55)

– in Text C: Buch des Jungen (Z. 92 f.), schlafende Blonde (vgl. Z. 53 ff.), Wuppertal (Z. 132), Wuschelkopf (Z. 87)

7 Text A: Anknüpfung an Schreibauftrag A

Text B: Anknüpfung an Schreibauftrag F

Text C: Anknüpfung an Schreibauftrag B

8 Beispiel:

Die Hauptfigur im Text „Wahnsinnstyp oder Während sie schläft" ist von dem Jungen, dem sie gegenübersitzt, gleich zu Beginn sehr beeindruckt, obwohl sie noch nicht mit ihm gesprochen hat. Auch der Junge scheint an einer Bekanntschaft nicht uninteressiert zu sein, sucht er schließlich ihren Blick. Dieser erste Schritt der Kontaktaufnahme kann allerdings auch einen spontanen negativen Eindruck hervorrufen, wie ich es einmal erleben musste.

Im letzten Sommer trafen Tim und ich uns regelmäßig jeden Nachmittag im Freibad. Doch dieses Mal, als ich durch die Freibadanlage zu unserem Treffpunkt am Sprungturm schlenderte, sah ich, dass sich Tim angeregt mit einem Jungen unterhielt. Zuerst bemerkte mich mein bester Freund gar nicht, dann schaute er jedoch kurz zu mir hoch und wandte seinen Blick nach einem kurzen „Hallo, das ist mein Cousin Lukas" wieder seinem Gegenüber zu, das mich scheinbar gar nicht wahrnahm.

O. k., das ist mal eine Begrüßung. Wie ich heiße, ist wohl nicht so wichtig! Lukas sah sportlich aus, grinste mich an. Höhnisch. Von oben herab. Und das, obwohl er saß.

Mit gespielter Lässigkeit warf ich mein Handtuch auf die Liegefläche, drehte mich um und versuchte nach dem Duschen ein paar Kopfsprünge vom Einer. Zwischen meinen Schwimmzügen zurück zum Becken beobachtete ich aus den Augenwinkeln Tim und Lukas, immer noch in ihr Gespräch vertieft. Was ist so lustig? Warum grinst Lukas schon wieder? Klar, meine Sprünge könnten perfekter sein, mit mehr Körperspannung. Pah, ich weiß doch selbst, dass ich es besser kann. Was soll das überhaupt? Warum unterhalten die sich so angeregt? Dass sich ihr Gespräch um mich dreht, ist klar. Warum sonst schauen beide ständig zu mir herüber. Was will der überhaupt hier? Sitzt da, verzieht hämisch sein Gesicht, schaut wieder weg. Angespannt und mit Wut im Bauch kletterte ich die Leiter zum 5-Meter-Brett hoch. Das Eintauchen ins Becken würde mir schon die nötige Abkühlung verschaffen! Ich atmete tief durch, richtete meine Konzentration nach vorne, nahm Anlauf und segelte mit gespreizten Armen kopfüber dem Wasser entgegen, bevor ich mit einem sanften Platschen darin abtauchte. Über das Gelingen meines Sprungs selbst verwundert, schwamm ich schnelle Züge zum Beckenrand. Als ich mich aus dem Wasser zog, fiel Lukas' Schatten auf mich. „Wow, echt klasse! Tim hat mir zwar erzählt, dass du der Beste am Sprungturm bist, aber der Sprung war echt unglaublich. Ich würde das nie so hinkriegen!", hörte ich ihn, während er mir mein Handtuch reichte.

Weil Lukas' Begeisterung so ehrlich klang und mir klar wurde, dass ich mich sowohl in ihm als auch in Tim getäuscht hatte, meldete sich mein schlechtes Gewissen. Es war bestimmt kein hämisches Grinsen, das auf Lukas' Gesicht stand, als ich sprang, sondern eher Bewunderung. Warum mir Tims Cousin zu Beginn so unsympathisch war, weiß ich bis heute nicht. Jedenfalls hatten wir zu dritt noch viel Spaß im Freibad.

Siehe auch die **Kopiervorlage 3** („Textbezogene Aufgaben zu einer Kurzgeschichte bearbeiten").

S. 107 Eine Kurzgeschichte verfassen

1 **a/b** Thema: Streit

Zeit / Ort: kurz vor der Abfahrt im Zug am Bahnhof

Figuren: Hauptfigur und eine weitere Person, mit der sich die Hauptfigur gestritten hat

Erzählperspektive: Ich-Perspektive

Titel: „Neues mit Altlast"

Aufbau:

- unvermittelter Einstieg: Hauptfigur nimmt im Zugabteil am Fenster Platz
- Hindernis / Konflikt: vorangegangener Streit mit Freund trübt Freude auf Neues
- Höhepunkt / Wendepunkt / Pointe: Freund der Hauptfigur kommt zum Bahnsteig
- Unerwartetes, offenes Ende: Freund steht am Fenster, drückt Hand gegen Scheibe

Dialog: nur am Anfang mit Unbeteiligten

Innerer Monolog: Gedanken der Hauptfigur

Schildernde Elemente: Wahrnehmungen der Hauptfigur – fremde Personen, Bahnhof, Zugabteil

c Beispiel für eine Kurzgeschichte:

Aufbruch

„Platz 53, ist das hier? Guten Morgen!", sage ich zu der Dame, die auf Platz 54 sitzt, wuchte meine schwere Tasche in das Ablagefach darüber und quetsche mich an ihr vorbei zu meinem Fensterplatz, auf den ich mich fallen lasse. Die erwidernde Begrüßung der Frau neben mir nehme ich nur am Rande wahr. „Sie fahren wohl in den Urlaub? So viel Gepäck wie Sie haben?", will die Frau von mir wissen. „Nein, ich beginne morgen meine Ausbildung in München", informiere ich sie. „Na dann, viel Erfolg!", wünscht sie mir und wendet sich wieder ihrer Zeitung zu.

Ein Danke kann ich noch murmeln, bevor ich tief durchatme und am liebsten heulen würde. Wie habe ich mich doch auf München gefreut: Ausbildung zu meinem Traumberuf, Wohnheimplatz, neue Menschen, andere Umgebung, neuer Input. Erwachsen werden. Auf sich alleine gestellt sein. Den Alltag ohne Hilfe auf die Reihe kriegen. Durch die beschlagene Scheibe des Fensters sehe ich den bekannten Bahnhof meiner Heimatstadt. Menschen – bekannte und unbekannte Gesichter – stapfen, eilen, schlendern die Bahnhofstreppe hoch und hinunter. Dazwischen befindet sich ein junger Mann, der mit rotem Kopf einen schweren Koffer hinter einer Braunhaarigen herträgt. Sie selbst ist ebenfalls mit viel Gepäck beladen: prall gefüllte Handtasche, ausgebeulter Rucksack. Ja, Hilfe mit meinen Sachen hätte ich heute auch gebraucht. Das war auch so geplant. Aber nein, auf Ben hatte ich heute Morgen echt keine Lust. Er kann mich nächstes Wochenende nicht besuchen kommen, hat er gesagt. Familienfeier oder so etwas. Da hörte ich schon gar nicht mehr hin. Jetzt noch verspüre ich die Wut. Ein dicker Knoten befindet sich mitten in meinem Bauch. Ausgerechnet an dem Wochenende nach meinen ersten Arbeitstagen. Schön wäre es gewesen, ihm dann von der Arbeit zu erzählen, ihm die von mir in dieser Woche entdeckten Ecken der Stadt zu zeigen, weitere Ecken zusammen mit ihm zu erforschen.

Die Braunhaarige hat auf dem Bahnsteig inzwischen ihren Rucksack neben sich abgestellt, ihr Begleiter wuchtet gerade den Koffer in den Zug. Beide sehen sich innig an, umarmen sich. So also kann Abschied auch aussehen: herzlich, sehnsüchtig. Ohne Verständnislosigkeit, Geschrei, Türknallen. Wohin sie wohl fährt? Wann die beiden sich wohl wiedersehen? Neben dem Paar besteigt gerade eine Familie den Zug. Ihr fröhliches Geplapper ist fast durch die Fensterscheibe zu hören. Da ist kein Abschied nötig. Alle sind zusammen.

Gibt es überhaupt noch ein Zusammen mit Ben? Wenn er mit mir den neuen Abschnitt in meinem Leben nicht gleich von Anfang an teilt – leben wir uns auseinander? Wie schwierig wird es, die Arbeit, die neue Umgebung und dann auch noch die Beziehung unter einen Hut zu kriegen? Schaffe ich das? Alleine?

Eine Hand drückt sich von außen an die Scheibe. Zuerst verschwommen, dann schärfer werdend nehme ich sie wahr. Eine bekannte Hand. Dahinter Ben, lächelnd. Ich drücke meine Hand ebenfalls gegen die Scheibe, sodass sie auf seiner liegt. Der Zug fährt ab.

2 **a** Zusätzlich zur Kurzgeschichte sollte auch der Schreibplan ausgetauscht werden.

b Eine Hilfe für das Feedback könnte der Auftrag sein, dass sich die Schüler/-innen bei der Formulierung von Lob und Verbesserungsvorschlägen an den einzelnen Punkten des Handlungsgerüsts orientieren.

3 Der überarbeitete Text kann anschließend in einer Lesekonferenz vorgestellt werden.

5.3 Fit in …? – Einen TGA zu einer Kurzgeschichte schreiben

S. 108 Selim Özdogan: **Zuerst den Linken**

1 **a** Neben Einleitung und Schluss: Inhaltszusammenfassung, Untersuchung der Sprache, Charakterisierung der Ich-Erzählerin, innerer Monolog als kreativer Schreibauftrag

b Teilaufgaben:
1. Fasse den Inhalt des vorliegenden Textes zusammen.
2. Untersuche die Sprache.
3. Charakterisiere die Hauptfigur.
4. Verfasse aus der Sicht der Frau nach dem Werfen nur eines Schuhs einen inneren Monolog.

2 **a/b** Mögliche Kurzfassung der Gliederung:
A Informationen zum Text und zum Autor
B Erschließung des Textes „Zuerst den Linken" und weiterführender, kreativer Schreibauftrag
   1. Inhaltszusammenfassung
   2. Sprachuntersuchung
   3. Charakterisierung der Ich-Erzählerin
   4. Innerer Monolog aus der Sicht der Frau nach dem Wurf nur eines Schuhs
C Eigene Meinung zum Thema Kommunikationsstörungen

3 Beispiel für einen TGA:
Die Kurzgeschichte „Zuerst den Linken" von Selim Özdogan handelt von der Ich-Erzählerin, die nächtliche Geräusche aus der Nachbarwohnung als störend empfindet. Der Text ist dem Buch „Trinkgeld vom Schicksal. Geschichten" des Autors entnommen, das im Jahr 2003 in Berlin im Aufbau Taschenbuch Verlag erschienen ist.
Zunächst soll hinsichtlich der Texterschließung ein Überblick über den Inhalt der Kurzgeschichte gegeben werden.
Die Ich-Erzählerin wird regelmäßig durch ein zweimaliges Poltern in der Wohnung über ihr in ihrer Nachtruhe gestört. Sie ergründet akribisch, woher die Geräusche kommen, und rekonstruiert den Weg, den die Nachbarin bei ihrer Rückkehr in die Wohnung geht, in der eigenen. Sie findet heraus, dass sich die Frau in der Küche ihrer Schuhe entledigt, indem sie diese in den Flur wirft. Weil sich die Ich-Erzählerin von dem Geräusch stark gestört fühlt, sucht sie ein klärendes Gespräch mit der Lärmverursacherin, der sie im Treppenhaus begegnet. Dabei wird vereinbart, dass diese die Störung unterlässt.
Allerdings poltert es in der Folgenacht wieder, doch dieses Mal ist nur ein Geräusch zu hören. Ihres Schlafes beraubt wartet die Hauptfigur auf das normalerweise nun folgende zweite Poltern, das aber ausbleibt. Sie ärgert sich so sehr über die Nachbarin, dass sie längere Zeit nicht mehr einschlafen kann. Am Tag darauf treffen die beiden erneut im Treppenhaus zusammen. Die Nachbarin klärt die Vorgänge der vergangenen Nacht auf, indem sie erzählt, dass sie aus Gewohnheit einen Schuh geworfen und erst dann an die Vereinbarung gedacht habe.
Die Reaktion der Ich-Erzählerin auf die nächtliche Störung schlägt sich auch in der verwendeten Sprache nieder. Der Satzbau ist abwechslungsreich; zum einen sind die Vorgänge über ihr, welche die Ich-Erzählerin in ihrer eigenen Wohnung nachzuvollziehen versucht, in komplexen Satzgefügen dargestellt

(„Es hatte lange gedauert, bis ich herausgefunden habe […], egal um welche Uhrzeit", Z. 2–8; „Sie wohnte über mir, ich hatte einige Male versucht, zwei Meter fünfzig unter ihr den gleichen Weg durch meine Wohnung zu machen, um dahinterzukommen, was sie dort oben veranstaltete", Z. 9–13), was der Veranschaulichung der Mühen dient, welche die Hauptfigur zur Ergründung des störenden Geräusches unternimmt. Zum anderen wird die Schilderung dessen, was die Ich-Erzählerin nach dem ersten Gespräch mit der Nachbarin nachts hört, in kurzen, einfachen Hauptsätzen formuliert: „Noch in derselben Nacht wurde ich geweckt" (Z. 44) oder „Ich wurde wach von dem Geräusch ihres Schuhs. […] Ich wartete. Nichts geschah" (Z. 47 ff.). Gleichzeitig werden die Geräusche selbst treffend mit Adjektiven bzw. Partizipien wie „manchmal dumpf, manchmal polternd" (Z. 5 f.) charakterisiert oder mit präzisen Nomen wie „das Klackern" (Z. 14) oder „ein leises Knarren" (Z. 16) anschaulich beschrieben. Ellipsen lassen einerseits das Gespräch der beiden Figuren authentisch erscheinen („Ja. Wie …?", Z. 30; „Natürlich, kein Problem", Z. 36), weil diese Bestandteile der Alltagssprache sind, andererseits betonen sie zum Höhepunkt der Kurzgeschichte hin die Inhalte der Wahrnehmungen seitens der Ich-Erzählerin („Eines Schuhs", Z. 48 f.; „Was sie nicht tat", Z. 55, oder „Zwei, drei, vier Minuten der Stille", Z. 61). Mehrere Wiederholungen bzw. Reihungen im Text zeigen, dass das Geräusch regelmäßig nachts auftritt und die Ich-Erzählerin darüber verärgert ist: „immer" (Z. 5, 6, 7, 28, 33), „nachts" (Z. 2, 21, 31), „Es blieb still. Es blieb still, und ich blieb wach. Ich blieb […]" (Z. 67 f.). Ihre zunehmende Verärgerung wird auch durch die Umgangssprache offensichtlich, die vor allem zum Höhepunkt hin ihre Verwendung findet („dumme Kuh", Z. 63; „einen Dreck scheren", Z. 64 f.; „schmeiß", Z. 62, 66). Dass die Kurzgeschichte in der Ich-Perspektive verfasst ist, trägt dazu bei, dass die eben genannten Gefühle und auch die Gedankenwelt der Hauptfigur anschaulich beschrieben werden.

Die Verärgerung ist ein charakteristischer Bestandteil des Verhaltens der Ich-Erzählerin. Allerdings gibt es weitere, die in der folgenden Charakterisierung dargelegt werden sollen. Die Hauptfigur lebt allein, da sie die Wohnung als „meine Wohnung" (Z. 11) bezeichnet. Diese befindet sich in einem Haus, das wiederum in mehrere Wohneinheiten aufgeteilt ist („Sie wohnte über mir", Z. 9). Sie wirkt in der Kommunikation unsicher, weil sie ihre erste Frage, die sie an die Nachbarin richtet, in einem weiteren Satz rechtfertigt (vgl. Z. 27–34). Die Frage („Entschuldige, kann es sein, dass du deine Schuhe immer von der Küche in den Flur wirfst?", Z. 27 ff.) zeigt aber auch, dass sie höflich im Umgang mit anderen Menschen ist. Die Tatsache, dass sie die Reaktion der Nachbarin auf das Gespräch reflektiert (vgl. Z. 39–43), belegt ihr Bemühen um einen positiven Eindruck auf andere. Gleichzeitig ist der Ich-Erzählerin aber auch voreiliges Zuweisen von Schuld anzulasten, denn sie geht bei der nächtlichen Ruhestörung nach dem ersten Gespräch davon aus, dass die Nachbarin die Vereinbarung nicht ernst nimmt („erst sagen, kein Problem, und sich dann einen Dreck scheren um das eigene Geschwätz von heute Mittag", Z. 63 ff.), was sich am nächsten Tag aber als falsch herausstellt. Weiterhin zeigt sich die Ich-Erzählerin neugierig und auch spitzfindig, indem sie mit Akribie den Weg, den die Nachbarin über ihr nimmt, mit Hilfe der wahrgenommenen Geräusche nachvollzieht (vgl. Z. 9–20).

Dass die Ich-Erzählerin über das nächtliche Poltern über ihr sehr verärgert ist, wurde bereits mehrmals angesprochen. Aber wie sich die über ihr wohnende Frau fühlt und welche Gedanken dieser Figur durch den Kopf gehen, nachdem sie unbeabsichtigt nachts einen Schuh bereits geworfen hat, soll im folgenden inneren Monolog verdeutlicht werden.

Oh Mist, was tu ich da gerade? Ich Schussel! Ich habe doch heute Mittag erst versprochen, dass ich meine Schuhe nicht mehr in den Flur werfe. Nein! So eine blöde Gewohnheit. Da habe ich wieder einmal überhaupt nicht nachgedacht. Eigentlich ist das ja normal, dass man gewisse Dinge irgendwann automatisch erledigt und sie nicht von jetzt auf nachher einfach unterlassen kann. So stelle ich es mir vor, wenn man versucht, mit dem Rauchen aufzuhören … Aber das ist total peinlich, das wirkt so, als hätte ich mich absolut nicht unter Kontrolle oder pfeife auf das, worum man mich bittet. Die arme Nachbarin! Jetzt ist sie bestimmt wieder wach und macht kein Auge mehr zu. Dann lege ich den anderen Schuh mal besser leise daneben. Wahrscheinlich verspürt sie gerade eine Menge Wut auf mich. Mit Recht, irgendwie, aber auch ein bisschen übertrieben. So laut kann das Geräusch doch gar nicht sein, dass man davon Nacht für Nacht aufwacht. Oh, hoffentlich hat sie das eine Poltern gar nicht gehört! Musik stört sie ja auch nicht. Wie leicht muss ihr Schlaf wohl sein? Richtig angespannt hat sie heute im Treppenhaus gewirkt, als sie mich angesprochen hat. Die hat bestimmt noch andere Probleme als ein empfindliches Gehör. Wie kommt sie überhaupt darauf, dass es die Schuhe sind, deren Fall auf den Boden sie hört? … Nett hat sie trotzdem gewirkt. Ob sie mich jetzt noch ernst nimmt? Erst verspreche ich etwas und dann halte ich dieses Versprechen bei der nächsten Gelegenheit nicht ein. Das Beste wird sein, ich spreche meinen Fehler beim nächsten Mal, wenn wir uns begegnen, offen an. Dann kann ich zeigen, dass mir meine Mitmenschen nicht egal sind. So, und jetzt aber ab ins Bett …

Zusammenfassend kann ich aus dem Verhalten der Ich-Erzählerin den Schluss ziehen, dass die zwischenmenschliche Kommunikation durch das Sich-Hineinsteigern in ein Problem gestört werden kann. Hätte die Ich-Erzählerin gleich anfangs, als sie das störende Geräusch zum ersten Mal aus dem Schlaf gerissen hat, die Verursacherin daraufhin angesprochen, wäre ihre Nachtruhe nicht des Öfteren gestört worden. Entweder hat die Hauptfigur auf ein klärendes Gespräch mit der Nachbarin deshalb verzichtet, weil sie zunächst die Ursache der Lärmbelästigung ergründen wollte, oder aus Angst vor Zurückweisung oder Unverständnis. So gesehen vermittelt Selim Özdogan dem Leser der Kurzgeschichte „Zuerst den Linken", dass Belastungen, die man durch das Verhalten eines Mitmenschen erfährt, mit dieser Person zügig geklärt werden sollten, damit sie nicht zu groß werden. Schließlich weiß der Verursacher wie in dieser Kurzgeschichte oft nicht, dass er einem anderen Probleme bereitet.

Vorschläge für einen Test oder eine Schulaufgabe

– Inhalt und Sprache einer Kurzgeschichte erschließen
  Siehe die **Kopiervorlage 1**.
– Eine Parabel erschließen und deuten
  Siehe die **Kopiervorlage 2**.
– Textbezogene Aufgaben zu einer Kurzgeschichte bearbeiten
  Siehe die **Kopiervorlage 3**.

Weiteres Übungsmaterial

Deutschbuch Arbeitsheft 10
– Kurzgeschichten untersuchen, S. 28–35
  Wolfgang Borchert: Das Brot
  Ewald Arenz: Schlüsselerlebnis

Deutschbuch Schulaufgabentrainer 10
– „Die Aussage"
  Einen TGA zu einer Kurzgeschichte schreiben, S. 52–61

Inhalt und Sprache einer Kurzgeschichte erschließen (1 von 3)

1 Lest die folgende Kurzgeschichte aufmerksam:

Kurt Marti[1]: **Neapel sehen**[2] (1960)

Er hatte eine Bretterwand gebaut. Die Bretterwand entfernte die Fabrik aus seinem häuslichen Blickkreis. Er hasste die Fabrik. Er hasste
seine Arbeit in der Fabrik. Er hasste die Ma-
5 schine, an der er arbeitete. Er hasste das Tempo
der Maschine, das er selber beschleunigte. Er
hasste die Hetze nach Akkordprämien, durch
welche er es zu einigem Wohlstand, zu Haus
und Gärtchen gebracht hatte. Er hasste seine
10 Frau, sooft sie ihm sagte, heut Nacht hast du
wieder gezuckt. Er hasste sie, bis sie es nicht
mehr erwähnte. Aber die Hände zuckten weiter
im Schlaf, zuckten im schnellen Stakkato der
Arbeit. Er hasste den Arzt, der ihm sagte, Sie
15 müssen sich schonen, Akkord ist nichts mehr
für Sie. Er hasste den Meister, der ihm sagte,
ich gebe dir eine andere Arbeit, Akkord ist
nichts mehr für dich. Er hasste so viele verlo-
gene Rücksicht, er wollte kein Greis sein, er
20 wollte keinen kleineren Zahltag, denn immer
war das die Hinterseite von so viel Rücksicht,
ein kleinerer Zahltag. Dann wurde er krank,
nach vierzig Jahren Arbeit und Hass zum ersten
Mal krank. Er lag im Bett und blickte zum
25 Fenster hinaus. Er sah sein Gärtchen. Er sah
den Abschluss des Gärtchens, die Bretterwand.
Weiter sah er nicht. Die Fabrik sah er nicht, nur
den Frühling im Gärtchen und eine Wand aus
gebeizten Brettern. Bald kannst du wieder hi-
30 naus, sagte die Frau, es steht alles in Blust[3]. Er
glaubte ihr nicht. Geduld, nur Geduld, sagte der
Arzt, das kommt schon wieder. Er glaubte ihm
nicht. Es ist ein Elend, sagte er nach drei Wochen zu seiner Frau, ich sehe immer das Gärt-
35 chen, sonst nichts, nur das Gärtchen, das ist mir
zu langweilig, immer dasselbe Gärtchen, nehmt
doch einmal zwei Bretter aus der verdammten
Wand, damit ich was anderes sehe. Die Frau
erschrak. Sie lief zum Nachbarn. Der Nachbar
40 kam und löste zwei Bretter aus der Wand. Der
Kranke sah durch die Lücke hindurch, sah einen Teil der Fabrik. Nach einer Woche beklagte er sich, ich sehe immer das gleiche Stück der
Fabrik, das lenkt mich zu wenig ab. Der Nach-
45 bar kam und legte die Bretterwand zur Hälfte
nieder. Zärtlich ruhte der Blick des Kranken auf
seiner Fabrik, verfolgte das Spiel des Rauches
über dem Schlot, das Ein und Aus der Autos im
Hof, das Ein des Menschenstromes am Morgen,
50 das Aus am Abend. Nach vierzehn Tagen befahl er, die stehen gebliebene Hälfte der Wand
zu entfernen. Ich sehe unsere Büros nie und
auch die Kantine nicht, beklagte er sich. Der
Nachbar kam und tat, wie er wünschte. Als er
55 die Büros sah, die Kantine und so das gesamte
Fabrikareal, entspannte ein Lächeln die Züge
des Kranken. Er starb nach einigen Tagen.

Kurt Marti: Dorfgeschichten. Sigbert Mohn, Gütersloh 1960
(Das kleine Buch 142), S. 60–63

_____

1 **Kurt Marti:** geb. 1921 in Bern, lebt ebenda
2 **Johann Wolfgang Goethe** schrieb im zweiten
Teil seiner „Italienischen Reise" (Neapel. 3. März
1787) begeistert die neapolitanische Redensart
„Neapel sehen und sterben" auf.
3 **Blust (schweiz.):** Blüte, Blütezeit

Inhalt und Sprache einer Kurzgeschichte erschließen (2 von 3)

2 Fasst den Kerninhalt der Kurzgeschichte kurz zusammen.

_____

_____

_____

3 a Gliedert die Kurzgeschichte in Handlungsschritte. Gebt dazu die Zeilen des jeweiligen Handlungsschritts an und formuliert für die Handlungsschritte Stichpunkte oder kurze Sätze.

Z. 1– _____

_____

_____

_____

_____

_____

_____

_____

b Fasst mit Hilfe der Handlungsschritte den Inhalt zusammen. Schreibt in euer Heft.

4 a Lest folgende Stichpunkte zur Sprache der Kurzgeschichte und formuliert sie in eurem Heft aus. Ergänzt passende Textbelege und haltet die Zitierregeln ein.

- kurze, einfache Sätze mit gleichem Satzbau zu Beginn: verdeutlichen die monotone Lebenssituation des Mannes, verdeutlichen seine negative Einstellung zu seiner Arbeit
- kurze, einfache Sätze im weiteren Verlauf der Geschichte: Verdeutlichung der Situation des Mannes als Bettlägeriger
- anfangs Häufung von Nomen aus der Arbeitswelt: charakterisieren und werten die Arbeit des Mannes aus seiner Sicht
- Wortwiederholung: ständige Vergegenwärtigung der negativen Einstellung der Hauptfigur
- Symbol für eine Grenze zwischen der verhassten Arbeit und dem Privatleben, der Mann kann erst loslassen, nachdem diese Grenze abgebaut ist

b Führt den Text fort, indem ihr Aussagen zu einem weiteren Stilmittel und zur Erzählperspektive formuliert.

5 Die Kurzgeschichte kann beim Leser möglicherweise Gedanken über die eigene Zukunft auslösen. Erläutert euren wichtigsten Wunsch für die Zukunft nach der Schulzeit. Schreibt in euer Heft.

Autorin: Kerstin Scharwies

Kapitel 5

KV 1, Blatt 2

Kopiervorlage •••

Inhalt und Sprache einer Kurzgeschichte erschließen (3 von 3)

2 Fasst den Kerninhalt der Kurzgeschichte kurz zusammen.

_____

_____

_____

3 **a** Notiert in eurem Heft für die folgenden Handlungsschritte wesentliche Inhalte in Stichpunkten oder in kurzen Sätzen:
  – Z. 1–3: Mann baut Holzzaun zwischen Haus und Arbeitsstätte, um …
  – Z. 3–22: Arbeit und Hass verfolgen den Mann …
  – Z. 22–42: Bettlägerigkeit, Bitte um …
  – Z. 42–54: Bitte um …
  – Z. 54–57: …

  b Fasst mit Hilfe der Handlungsschritte den Inhalt zusammen. Schreibt in euer Heft.

4 **a** Lest folgende Aussagen zur Sprache der Kurzgeschichte und überarbeitet sie in eurem Heft. Ergänzt passende Textbelege und haltet die Zitierregeln ein.

  Die Sprache der Kurzgeschichte „Neapel sehen" lässt sich als eine einfache, alltägliche bestimmen: Zu Beginn werden kurze, einfache Sätze mit gleichem Satzbau verwendet („**??**", Z. **??**), um die monotone Lebenssituation des Mannes, die hauptsächlich aus Arbeit besteht, zu verdeutlichen. Hierbei wird seine negative Einstellung zur Arbeit offensichtlich. Auch im weiteren Verlauf der Geschichte liest man übersichtliche, knappe Sätze, welche die Situation des Mannes als Bettlägeriger veranschaulichen: „**??**", Z. **??**. Mit Wörtern bzw. Wendungen wie „**??**", Z. **??** häufen sich Nomen aus der Arbeitswelt. Diese charakterisieren und werten die Arbeit des Mannes aus seiner Sicht. Die Wiederholung des Verbs „hasste" (Z. **??**) vergegenwärtigt die negative Einstellung der Hauptfigur. Die „Bretterwand" (Z. **??**) stellt ein Symbol für eine Grenze zwischen der verhassten Arbeit und dem Privatleben dar. Denn der Mann kann erst loslassen und lächeln (vgl. Z. **??**), nachdem diese Grenze abgebaut ist.

  b Führt den Text fort, indem ihr ein weiteres Stilmittel ergänzt und passende Stichpunkte zur Erzählperspektive auswählt.

  > Er-Erzähler • Ich-Erzähler • allwissend • wertend • emotional • neutral • kommentierend • Einblick in die Gedankenwelt der Hauptfigur • ermöglicht das Einfühlen in die Hauptfigur • ermöglicht eine distanzierte Betrachtung

5 Die Kurzgeschichte kann beim Leser möglicherweise Gedanken über die eigene Zukunft auslösen. Nennt und begründet euren wichtigsten Wunsch für die Zukunft nach der Schulzeit. Schreibt in euer Heft.

Autorin: Kerstin Scharwies

Kapitel 5
KV 1, Blatt 3

Kopiervorlage ●○○

Eine Parabel erschließen und deuten (1 von 4)

1 Lest die folgende Parabel aufmerksam:

Franz Kafka: **Vor dem Gesetz** (1914)

Vor dem Gesetz steht ein Türhüter. Zu diesem Türhüter kommt ein Mann vom Lande und bittet um Eintritt in das Gesetz. Aber der Türhüter sagt, dass er ihm jetzt den Eintritt nicht
5 gewähren könne. Der Mann überlegt und fragt dann, ob er also später werde eintreten dürfen. „Es ist möglich", sagt der Türhüter, „jetzt aber nicht." Da das Tor zum Gesetz offen steht wie immer und der Türhüter beiseitetritt, bückt sich
10 der Mann, um durch das Tor in das Innere zu sehen. Als der Türhüter das merkt, lacht er und sagt: „Wenn es dich so lockt, versuche es doch, trotz meines Verbotes hineinzugehn. Merke aber: Ich bin mächtig. Und ich bin nur der un-
15 terste Türhüter. Von Saal zu Saal stehn aber Türhüter, einer mächtiger als der andere. Schon den Anblick des dritten kann nicht einmal ich mehr ertragen." Solche Schwierigkeiten hat der Mann vom Lande nicht erwartet; das Gesetz
20 soll doch jedem und immer zugänglich sein, denkt er, aber als er jetzt den Türhüter in seinem Pelzmantel genauer ansieht, seine große Spitznase, den langen, dünnen, schwarzen tatarischen Bart, entschließt er sich, doch lieber zu
25 warten, bis er die Erlaubnis zum Eintritt bekommt. Der Türhüter gibt ihm einen Schemel und lässt ihn seitwärts von der Tür sich niedersetzen. Dort sitzt er Tage und Jahre. Er macht viele Versuche, eingelassen zu werden, und
30 ermüdet den Türhüter durch seine Bitten. Der Türhüter stellt öfters kleine Verhöre mit ihm an, fragt ihn über seine Heimat aus und nach vielem andern, es sind aber teilnahmslose Fragen, wie sie große Herren stellen, und zum
35 Schlusse sagt er ihm immer wieder, dass er ihn noch nicht einlassen könne. Der Mann, der sich für seine Reise mit vielem ausgerüstet hat, verwendet alles, und sei es noch so wertvoll, um den Türhüter zu bestechen. Dieser nimmt zwar
40 alles an, aber sagt dabei: „Ich nehme es nur an, damit du nicht glaubst, etwas versäumt zu haben." Während der vielen Jahre beobachtet der Mann den Türhüter fast ununterbrochen. Er vergisst die andern Türhüter, und dieser erste scheint ihm das einzige Hindernis für den Ein- 45 tritt in das Gesetz. Er verflucht den unglücklichen Zufall, in den ersten Jahren rücksichtslos und laut, später, als er alt wird, brummt er nur noch vor sich hin. Er wird kindisch, und, da er in dem jahrelangen Studium des Türhüters auch 50 die Flöhe in seinem Pelzkragen erkannt hat, bittet er auch die Flöhe, ihm zu helfen und den Türhüter umzustimmen. Schließlich wird sein Augenlicht schwach, und er weiß nicht, ob es um ihn wirklich dunkler wird oder ob ihn nur 55 seine Augen täuschen. Wohl aber erkennt er jetzt im Dunkel einen Glanz, der unverlöschlich aus der Türe des Gesetzes bricht. Nun lebt er nicht mehr lange. Vor seinem Tode sammeln sich in seinem Kopfe alle Erfahrungen der gan- 60 zen Zeit zu einer Frage, die er bisher an den Türhüter noch nicht gestellt hat. Er winkt ihm zu, da er seinen erstarrenden Körper nicht mehr aufrichten kann. Der Türhüter muss sich tief zu ihm hinunterneigen, denn der Größenunter- 65 schied hat sich sehr zu Ungunsten des Mannes verändert. „Was willst du denn jetzt noch wissen?", fragt der Türhüter. „Du bist unersättlich." „Alle streben doch nach dem Gesetz", sagt der Mann, „wieso kommt es, dass in den 70 vielen Jahren niemand außer mir Einlass verlangt hat?" Der Türhüter erkennt, dass der Mann schon an seinem Ende ist, und, um sein vergehendes Gehör noch zu erreichen, brüllt er ihn an: „Hier konnte niemand sonst Einlass erhalten, denn dieser Eingang war nur für dich bestimmt. Ich gehe jetzt und schließe ihn."

Franz Kafka: Die Erzählungen.
S. Fischer, Frankfurt/Main 1961, S. 135 f.

Eine Parabel erschließen und deuten (2 von 4)

2 **a** Gliedert den Inhalt der Parabel in Handlungsschritte und gebt stichpunktartig deren Inhalt wieder.

_____

_____

_____

_____

_____

b Fasst den Inhalt des Textes in eigenen Worten zusammen. Schreibt in euer Heft.

3 **a** Nennt für den Mann, den Türhüter und das Gesetz passende Eigenschaften, die aus dem Text hervorgehen. Gebt die dazugehörige Zeile an.

Der Mann: _____

Der Türhüter: _____

Das Gesetz: _____

b Lest folgende Behauptungen und belegt ihre Richtigkeit mit Hilfe des Textes:
– Der Mann verhält sich zu passiv.
– Der Mann vergeudet sein Leben.
– Der Türhüter handelt willkürlich.
– Der Türhüter schüchtert den Mann ein.
– Der Türhüter nutzt den Mann aus.

c Formuliert eine mögliche Lebensweisheit, die aus der Parabel ersichtlich wird.

_____

_____

4 **a** Lest folgenden Auszug aus dem Wikipedia-Eintrag zum Begriff „kafkaesk".

Das Adjektiv *kafkaesk*, benannt nach dem Schriftsteller Franz Kafka, ist ein bildungssprachlicher Ausdruck, der so viel wie „in der Art der Schilderungen Kafkas, auf rätselhafte Weise unheimlich, bedrohlich" bedeutet. […]
Das Adjektiv wurde ursprünglich innerliterarisch zur Bezeichnung literarischer Textmerkmale Kafkas sowie für Ähnlichkeiten und Nachahmungen seiner literarischen Arbeit verwendet. Später wurde es zunehmend für außerliterarische Sachverhalte verwendet und stand für „Situationen und diffuse Erfahrungen der Angst, Unsicherheit und Entfremdung" sowie des Ausgeliefertseins an anonyme und bürokratische Mächte, der Absurdität, der Ausweg- und Sinnlosigkeit sowie Schuld und innere Verzweiflung.

de.wikipedia.org/wiki/Kafkaesk [08.01.2016]

b Begründet, warum man den Text „Vor dem Gesetz" mit dem Adjektiv „kafkaesk" charakterisieren kann. Schreibt in euer Heft.

Autorin: Kerstin Scharwies

Kopiervorlage •••

Eine Parabel erschließen und deuten (3 von 4)

2 **a** Formuliert zu den folgenden Handlungsschritten stichpunktartig jeweils den Inhalt:

Bitte um Eintritt (Z. 1–8): _____

_____

Warnung (Z. 8–26): _____

_____

Zeit des Wartens (Z. 26–59): _____

_____

Lebensende (Z. 59–77): _____

_____

b Fasst den Inhalt des Textes in eigenen Worten zusammen. Schreibt in euer Heft.

3 **a** Nennt für den Mann, den Türhüter und das Gesetz passende Eigenschaften, die aus dem Text hervorgehen. Orientiert euch dabei an folgenden Zeilenangaben:

Der Mann (vgl. Z. 2, 6 f., 9 ff., 36 ff., 49, 53 ff., 62 ff., 72 ff.): _____

_____

_____

Der Türhüter (vgl. Z. 12 ff., 14, 39 f.): _____

_____

_____

Das Gesetz (vgl. Z. 19 f., 57, 69): _____

_____

_____

Kopiervorlage ●○○

Autorin: Kerstin Scharwies

Kapitel 5

KV 2, Blatt 3

Eine Parabel erschließen und deuten (4 von 4)

b Ordnet den folgenden Behauptungen eine passende Begründung zu. Formuliert anschließend für die letzten beiden Aussagen jeweils selbst eine Begründung.

Aussage	Mögliche Begründung
Der Mann verhält sich zu passiv.	Er unternimmt von sich aus nichts, um in das Gesetz zu gelangen. Seine Versuche, in das Gesetz zu gelangen, sind zu oberflächlich. Er hätte zielstrebiger, energischer vorgehen müssen.
Der Mann vergeudet sein Leben.	Statt wieder nach Hause zu gehen und das Verbot zu akzeptieren, wartet er ein Leben lang vergeblich. Er spricht zu viel mit dem Türhüter, lässt sich zu sehr ausfragen.
Der Türhüter handelt willkürlich.	Er verbietet dem Mann den Eintritt in das Gesetz, begründet seine Entscheidung aber nicht. Weil der den Mann nicht mag, lässt er ihn nicht rein.
Der Türhüter schüchtert den Mann ein.	
Der Türhüter nutzt den Mann aus.	

c Formuliert mit Hilfe der folgenden Stichpunkte eine mögliche Lebensweisheit, die aus der Parabel ersichtlich wird. Schreibt in euer Heft.

> nicht in die Erfüllung eines Wunsches verrennen / nicht ein unerreichbares Ziel stecken •
> Zeit nutzen • keine Zeit vergeuden • geplante Vorhaben überdenken

4

a Lest folgenden Auszug aus dem Wikipedia-Eintrag zum Begriff „kafkaesk".

Das Adjektiv *kafkaesk*, benannt nach dem Schriftsteller Franz Kafka, ist ein bildungssprachlicher Ausdruck, der so viel wie „in der Art der Schilderungen Kafkas, auf rätselhafte Weise unheimlich, bedrohlich" bedeutet. [...]
Das Adjektiv wurde ursprünglich innerliterarisch zur Bezeichnung literarischer Textmerkmale Kafkas sowie für Ähnlichkeiten und Nachahmungen seiner literarischen Arbeit verwendet. Später wurde es zunehmend für außerliterarische Sachverhalte verwendet und stand für „Situationen und diffuse Erfahrungen der Angst, Unsicherheit und Entfremdung" sowie des Ausgeliefertseins an anonyme und bürokratische Mächte, der Absurdität, der Ausweg- und Sinnlosigkeit sowie Schuld und innere Verzweiflung.

de.wikipedia.org/wiki/Kafkaesk [08.01.2016]

b Begründet, warum man den Text „Vor dem Gesetz" mit dem Adjektiv „kafkaesk" charakterisieren kann. Schreibt in euer Heft.

Kopiervorlage •○○

Textbezogene Aufgaben zu einer Kurzgeschichte bearbeiten (1 von 4)

1 Lest die folgende Kurzgeschichte aufmerksam:

Peter Stamm[1]: **Die ganze Nacht**

Am späten Nachmittag hatte es angefangen zu schneien. Er war froh, dass er sich den Tag freigenommen hatte, denn der Schnee fiel sofort so dicht, dass er nach einer halben Stunde schon die
5 Straße bedeckte. Vor dem Haus sah er den Hausmeister den Gehsteig kehren. Er trug eine Kapuze und führte auf einer kleinen, dunklen Insel einen vergeblichen Kampf gegen den stetig fallenden Schnee.
10 Es war gut, dass er diesmal nicht zum Flughafen gefahren war, um sie abzuholen. Das letzte Mal hatte er ihr Blumen aus dem Automaten gekauft und sie dazu überredet, die lange Fahrt nach Manhattan mit der U-Bahn zu machen. Als sie
15 dann vor einigen Tagen telefoniert hatten, hatte sie gemeint, es sei nicht nötig, dass er sie abhole, sie werde ein Taxi nehmen.
Er stand am Fenster und schaute hinaus. Selbst wenn der Flug pünktlich war, würde sie frühes-
20 tens in einer halben Stunde hier sein. Aber er war jetzt schon unruhig. Er verwarf Sätze, die er sich in den vergangenen Wochen ausgedacht und immer wieder vorgesagt hatte. Er wusste, dass sie eine Erklärung verlangen würde, und wusste,
25 dass er keine hatte. Er hatte nie Erklärungen gehabt, aber er war sich immer sicher gewesen.
Eine Stunde später stand er wieder am Fenster. Es schneite noch immer, heftiger als zuvor, es war ein richtiger Schneesturm. Der Hausmeister
30 hatte seinen Kampf aufgegeben. Alles war jetzt weiß, selbst die Luft schien weiß zu sein oder vom hellen Grau der einsetzenden Dämmerung, das kaum zu unterscheiden war vom Weiß des fallenden Schnees. Die Autos fuhren langsam
35 und mit großer Behutsamkeit. Die wenigen Passanten, die noch draußen waren, stemmten sich gegen den Wind.
Er schaltete den Fernseher ein. Auf fast allen Kanälen war vom Sturm die Rede, und es war
40 seltsam, dass man ihm schon einen Namen gegeben hatte, den alle Stationen zu kennen schienen.

In den Außenbezirken, hieß es, sei das Chaos noch größer als in der Innenstadt, und von den Küsten kamen Meldungen über Hochwasser.
45 Aber die Moderatoren, die man hinausgeschickt hatte und die, dick angezogen, in Mikrofone mit groteskem Windschutz sprachen, waren guter Laune und warfen Schneebälle in die Luft und wurden nur ernst, wenn sie von Sach- oder Per-
50 sonenschäden zu berichten hatten.
Er rief die Fluggesellschaft an. Der Flug, sagte man ihm, sei wegen des Schneesturms nach Boston umgeleitet worden. Kaum hatte er aufgelegt, klingelte das Telefon. Sie rief aus Boston an,
55 sagte, sie müsse gleich weiter. Es gebe Gerüchte, dass der Kennedy Airport wieder offen sei. Vielleicht müssten sie aber auch in Boston übernachten. Sie sagte, sie freue sich auf ihn, und er sagte, sie solle auf sich aufpassen. Sie sagte, bis später,
60 und legte sofort auf.
Draußen war es dunkel geworden. Der Schnee fiel unaufhörlich, er fiel und fiel, und außer einigen Taxis, die im Schritttempo fuhren, waren keine Autos mehr zu sehen.
65 Er hatte mit ihr essen gehen wollen, jetzt hatte er Hunger. Und es würde noch Stunden dauern, bis sie hier war. Im Kühlschrank waren nur ein paar Dosen Bier, im Gefrierfach eine Flasche Wodka und Eiswürfel. Er dachte, dass er etwas einkaufen
70 sollte. Sie würde bestimmt hungrig sein nach der langen Reise. Er zog seinen warmen Mantel an und Gummistiefel. Er hatte keine anderen hohen Schuhe, und die Stiefel hatte er kaum getragen. Er nahm einen Schirm und ging hinaus.
Es war einfacher vorwärtszukommen, als er gedacht hatte. Der Schnee lag hoch, aber er war nicht schwer und ließ sich mit den Beinen leicht beiseitepflügen. Alle Geschäfte waren geschlossen, nur in wenigen hatte sich das Personal die Mühe gemacht, auf einem improvisierten Schild den Grund für den frühen Ladenschluss zu nennen. […]

Textbezogene Aufgaben zu einer Kurzgeschichte bearbeiten (2 von 4)

Im Restaurant saßen nur wenige Gäste. Die meisten saßen allein an einem Tisch bei einem der
85 Fenster, die bis zum Boden reichten, tranken Kaffee oder Bier und schauten hinaus. Die Stimmung war festlich, niemand sprach, es war, als seien sie alle Zeugen eines Wunders.

Er setzte sich an einen Tisch und bestellte ein
90 Bier und ein Clubsandwich. Der Schnee in seinen Stiefeln begann zu schmelzen. Als der Kellner das Bier brachte, fragte er ihn, weshalb das Lokal noch offen sei. Sie hätten nicht mit so viel Schnee gerechnet, sagte der Kellner, jetzt sei es
95 zu spät. […]

Als er sich ein Sandwich für sie einpacken ließ, merkte er, dass er nicht wusste, was sie mochte. Er nahm eins mit Schinken und Käse. Keine Mayonnaise, keine Pickles, das wusste er noch.

100 Sie hatte ihm auf dem Anrufbeantworter eine Nachricht hinterlassen. Einen Flug habe es nicht gegeben, jetzt sei auch Boston zu. Man bringe sie zum Bahnhof, von dort solle es einen Zug geben. Sie werde, wenn alles gut gehe, in drei Stunden
105 in Manhattan sein. Der Anruf war vor einer Stunde gekommen.

Er schaltete wieder den Fernseher ein. Ein Mann stand vor einer Karte und erklärte, dass der Sturm der Küste entlang nach Norden ziehe. Er habe
110 inzwischen Boston erreicht. In New York sei das Schlimmste vorbei, sagte er und lächelte, aber es werde wohl noch die ganze Nacht schneien.

Er schaltete den Fernseher aus und trat wieder ans Fenster. Er dachte nicht mehr an seine Sätze,
115 schaute nur hinaus auf die Straße. Er löschte das Deckenlicht und zündete die Schreibtischlampe an. Dann machte er Tee, setzte sich aufs Sofa und las in einem Buch. Um Mitternacht ging er zu Bett.

120 Als es an der Tür klingelte, war es drei Uhr. Bevor er an der Tür war, klingelte es wieder. Er drückte auf den Türöffner und wartete einen Augenblick. Dann trat er, obwohl er nur in Shorts und T-Shirt war, hinaus auf den Flur und ging

zum Lift. Es schien eine Ewigkeit zu dauern, bis 125 er kam.

Natürlich wusste er, dass sie es war, aber er war doch erstaunt, als die Lifttür sich öffnete und er sie dort stehen sah. Sie stand einfach nur da neben ihrem großen, roten Koffer und wartete. Er 130 trat auf sie zu. Als er sie küssen wollte, umarmte sie ihn nur. Die Lifttür schloss sich hinter ihm. Sie sagte: „Ich bin so unglaublich müde." Er drückte auf den Knopf, und die Lifttür öffnete sich wieder. 135

Sie teilten sich das Sandwich, und sie erzählte, wie der Zug aus Boston auf halber Strecke im Schnee stecken geblieben sei, wie er Stunden so gestanden habe, bis endlich ein Pflug das Gleis frei gemacht hatte. 140

„Natürlich hat niemand etwas gewusst", sagte sie. „Ich hatte Angst, dass wir die ganze Nacht da stehen würden. Wenigstens habe ich warme Kleider dabei."

Er fragte, ob es immer noch schneie, schaute 145 dann hinaus in die Nacht und sah, dass es fast schon aufgehört hatte. […]

Sie lachte. Sie hatten Wodka getrunken, und er schenkte noch einmal ein.

„Nun", sagte sie, „was ist es denn so Dringendes, 150 worüber du mit mir sprechen willst?"

„Ich liebe den Schnee", sagte er, stand auf und trat zum Fenster. Der Schnee fiel nur noch in kleinen Flocken, die vom Himmel schwebten und im Weiß der Straße untergingen. „Ist er nicht 155 wunderschön?"

Er drehte sich um und schaute sie lange an, wie sie da saß und an ihrem Wodka nippte. Dann sagte er: „Ich bin froh, dass du da bist."

Peter Stamm: In fremden Gärten. Erzählungen.
S. Fischer, Frankfurt/Main 2013, S. 45

1 **Peter Stamm**, geboren 1963, lebt als freier Schriftsteller und Journalist in Winterthur. Bekannt wurde er durch seinen 1998 erschienenen Roman „Agnes" und die ein Jahr später veröffentlichten Erzählungen „Blitzeis".

Kopiervorlage ●●●/●○○

Autorin: Kerstin Scharwies

Textbezogene Aufgaben zu einer Kurzgeschichte bearbeiten (3 von 4)

2 Bringt folgende Handlungsschritte der Kurzgeschichte in die richtige Reihenfolge:

– Beobachten des Schneesturms vom Fenster aus – Warten auf die Partnerin – Plan, ihr etwas mitzuteilen
– Ankunft der Frau in der Nacht – gemeinsames Gespräch über den Reiseweg der Frau
– Ausweichen auf die Frage nach dem wichtigen Gesprächsthema
– Nachricht auf dem Anrufbeantworter – Ankunft der Frau in wenigen Stunden – Tätigkeiten des Wartens (Tee kochen, fernsehen, lesen, schlafen)
– Essen im Restaurant – Besorgen eines Sandwichs für die Frau
– Umleitung des Fluges nach Boston – Telefonat mit der Frau – weitere Planung des Tages

3 a Nennt die Merkmale einer Kurzgeschichte, die auf diesen Text zutreffen, und belegt sie am Text.

b Verfasst mit Hilfe der Stichpunkte einen zusammenhängenden Text. Schreibt in euer Heft.

4 a Findet passende Textbeispiele, an denen sich z. B. durch das beschriebene Verhalten belegen lässt, wie sich die Beziehung zwischen den beiden Hauptfiguren gestaltet.
Beispiel:
„Es war gut, dass er diesmal nicht zum Flughafen gefahren war, um sie abzuholen. Das letzte Mal hatte er ihr Blumen aus dem Automaten gekauft […]." (Z. 10 ff.): Früher hat er sich über ihre Ankunft gefreut. Nun legt sie auf seine Anwesenheit bei ihrer Ankunft keinen Wert. Er findet das gut. → Distanziertheit

b Der Schneesturm ist zentrales Symbol dieser Kurzgeschichte. Wählt eine passende Bedeutung aus und kreuzt an.

Der Schneesturm ist Symbol für

☐ die Umbruchphase in der Beziehung zwischen Mann und Frau.

☐ die Einsamkeit im unruhigen städtischen Leben.

☐ das Ende der Beziehung.

c Findet für die folgenden Aussagen über den Schneesturm Parallelen zur Beziehung zwischen Mann und Frau.
– Der Schneesturm bedeckt alles. (4. Absatz)
– Der Schneesturm verlangsamt das Leben in der Stadt. (4. Absatz)
– Der Schneesturm führt zu Chaos. (5. Absatz)

5 Schreibt den Text weiter. Berücksichtigt dabei, dass das Ende weiterhin offenbleiben soll.
Formuliert zuvor eine schlüssige Anknüpfung an einen TGA mit den Ergebnissen aus Aufgabe 4.
Schreibt in euer Heft.

Textbezogene Aufgaben zu einer Kurzgeschichte bearbeiten (4 von 4)

2 Bringt folgende Handlungsschritte der Kurzgeschichte in die richtige Reihenfolge:

– Beobachten des Schneesturms vom Fenster aus – Warten auf die Partnerin – Plan, ihr etwas mitzuteilen

– Ankunft der Frau in der Nacht – gemeinsames Gespräch über den Reiseweg der Frau

– Ausweichen auf die Frage nach dem wichtigen Gesprächsthema

– Nachricht auf dem Anrufbeantworter – Ankunft der Frau in wenigen Stunden – Tätigkeiten des Wartens (Tee kochen, fernsehen, lesen, schlafen)

– Essen im Restaurant – Besorgen eines Sandwichs für die Frau

– Umleitung des Fluges nach Boston – Telefonat mit der Frau – weitere Planung des Tages

3 **a** Nennt mit Hilfe der vorgegebenen Textbelege typische Merkmale einer Kurzgeschichte bzw. belegt die vorgegebenen Merkmale mit Beispielen aus dem Text.

Merkmal einer Kurzgeschichte	Textbeleg
	Beginn des heftigen Schneefalls (Z. 1 ff.)
Hauptfiguren sind „Alltagsmenschen", werden nicht näher beschrieben	
Momentaufnahme	
	„Er dachte nicht mehr an seine Sätze, schaute nur noch hinaus auf die Straße." (Z. 114 f.) Der Mann weicht der Frage der Frau aus (vgl. Z. 152, 155 f.).
Einfache Sprache, vor allem in der Figurenrede	
	Dadurch, dass der Mann über seine Gedanken schweigt, wird am Ende nicht klar, wie sich die Beziehung der beiden zukünftig gestaltet (vgl. Z. 157 ff.).

b Verfasst mit Hilfe der Stichpunkte einen zusammenhängenden Text. Schreibt in euer Heft.

4 Charakterisiert die Beziehung der beiden Hauptfiguren mit Hilfe der folgenden Zeilenangaben:

Zeilenangabe	Textbeleg	Beziehungsmerkmal
Z. 10–13		
Z. 20–23		
Z. 51–60		
Z. 69–71		
Z. 96 f.		
Z. 131 f.		
Z. 150 ff.		
Z. 159		

5 Schreibt den Text in eurem Heft weiter. Berücksichtigt, dass das Ende weiterhin offenbleiben soll. Formuliert zuerst eine schlüssige Anknüpfung an einen TGA mit den Ergebnissen aus Aufgabe 4.

Autorin: Kerstin Scharwies

Kapitel 5

KV 3, Blatt 4

Kopiervorlage ●○○

Inhalt und Sprache einer Kurzgeschichte erschließen (KV 1)

Lösungen ●●● / ●○○

2 Ein Akkordarbeiter wird nach 40 Jahren Arbeit bettlägerig und sehnt sich in den Wochen vor seinem Tod nach seiner zuvor verhassten Arbeitsstätte.

3 **a/b** Der Mann errichtet im Garten zwischen seinem Haus und seiner Arbeitsstätte eine Holzwand, um die verhasste Fabrik, in der er einer Akkordarbeit nachgeht, nicht sehen zu müssen (Z. 1–3). Seine Tätigkeit und sein Hass darauf verfolgen ihn auch im Schlaf, sodass er nach 40 Jahren Arbeitsleben krank wird. Arzt und Chef raten ihm zu einer leichteren Arbeit, was er ablehnt (Z. 3–22). Nach drei Wochen der Bettlägerigkeit bittet er um die Entfernung einiger Bretter aus der Holzwand, damit er die Fabrik sehen kann (Z. 22–42). Diese Aussicht wird ihm aber auch zu monoton, darum will er erst eine Hälfte, dann den ganzen Zaun abgerissen haben (Z. 42–54). Nun kann er das ganze Fabrikleben von seinem Bett aus beobachten, entspannt sich daraufhin und stirbt (Z. 54–57).

4 **a** Die Sprache der Kurzgeschichte „Neapel sehen" lässt sich als eine einfache, alltägliche bestimmen: Zu Beginn werden kurze, einfache Sätze mit gleichem Satzbau verwendet („Er hatte eine Bretterwand gebaut", Z. 1; „Die Bretterwand entfernte die Fabrik aus seinem häuslichen Blickkreis", Z. 1 ff.; „Er hasste die Fabrik", Z. 3), um die monotone Lebenssituation des Mannes, die hauptsächlich aus Arbeit besteht, zu verdeutlichen. Hierbei wird seine negative Einstellung zur Arbeit offensichtlich. Auch im weiteren Verlauf der Geschichte liest man übersichtliche, knappe Sätze, welche die Situation des Mannes als Bettlägeriger veranschaulichen: „Er lag im Bett und blickte zum Fenster hinaus" (Z. 24 f.), „Er sah sein Gärtchen" (Z. 25). Mit Wörtern bzw. Wendungen wie „Maschine" (Z. 4 f.), „Hetze nach Akkordprämien" (Z. 7), „Stakkato der Arbeit" (Z. 13 f.), „Akkord" (Z. 15, 17), „Meister" (Z. 16) häufen sich Nomen aus der Arbeitswelt. Diese charakterisieren und werten die Arbeit des Mannes aus seiner Sicht. Die Wiederholung des Verbs „hasste" (Z. 3, 4, 5, 7, 9, 11, 14, 16, 18) vergegenwärtigt die negative Einstellung der Hauptfigur. Die „Bretterwand" (Z. 1 f., 26, 45) stellt ein Symbol für eine Grenze zwischen der verhassten Arbeit und dem Privatleben dar. Denn der Mann kann erst loslassen und lächeln (vgl. Z. 56), nachdem diese Grenze abgebaut ist.

b In der zweiten Hälfte der Kurzgeschichte wird die Sprache bildhaft, was die Änderung der Einstellung des Mannes zu seiner Arbeit ins Positive widerspiegelt. Die verhasste Monotonie der Fabrik wird nun – kurz vor dem Tod der Hauptfigur – mit Bezeichnungen wie „das Spiel des Rauches" (Z. 47) oder „das Ein des Menschenstromes" (Z. 49) lebendig. Die Erzählperspektive unterstützt die Alltäglichkeit der Sprache. Der Er-Erzähler verhält sich neutral und wertet das Geschehen nicht, was dem Leser eine distanzierte Betrachtung ermöglicht. Deutlich wird dies im ganzen Text.

5 Die Hauptfigur hat einen Beruf, den sie über eine sehr lange Zeit ausübt. Dies ist ein wünschenswerter Zustand nach der Schulzeit. Jedoch unterscheidet sich mein wichtigster Wunsch für die Zeit nach der Schule davon doch deutlich. Natürlich möchte auch ich eine Arbeit finden, die ich über lange Zeit ausüben kann. Jedoch erhoffe ich mir, dass diese Arbeit Spaß macht und ich ihr mit Interesse nachgehen kann. Denn ohne Freude an einer Tätigkeit wird diese doch schnell zur Last und kann – wie im Fall der Hauptfigur des vorliegenden Textes – auch das Privatleben stark belasten. Ich erhoffe mir von meiner beruflichen Zukunft, dass ich meine Arbeit, auch wenn sie bestimmt zeitweise sehr anstrengend und fordernd sein wird, durchaus als positiv wahrnehmen kann, denn schließlich werde ich mich aus reiflicher Überlegung heraus für den Beruf entscheiden und niemand möchte sich für eine falsche Berufswahl vor sich selbst rechtfertigen. Dieser Zustand kann nämlich zusätzlich zur oben genannten Belastung das gesamte Leben negativ beeinflussen.

Lösungen

Eine Parabel erschließen und deuten (KV 2)

Lösungen ●●● / ●○○

2 **a/b** Mögliche Einteilung der Handlungsschritte:

Ein Mann bittet den Türhüter des Gesetzes, das Gesetz betreten zu dürfen. Der Türhüter kommt der Bitte jedoch nicht nach, stellt aber ein späteres Betreten in Aussicht (Z. 1–8). Der Mann will in das Gesetz hineinsehen, doch der Türhüter warnt ihn vor einer Missachtung des Verbots, indem er auf weitere, noch mächtigere Türhüter hinweist (Z. 8–26). Der Mann beschließt zu warten und verbringt viele Jahre neben dem Eingang, während er den Türhüter beobachtet, mit ihm spricht, diesen sogar zu bestechen versucht, nur um eingelassen zu werden (Z. 26–59). Zum Ende seines Lebens hin bittet der Wartende sogar die Flöhe am Pelz des Türhüters um Mithilfe. Als die Augen des Mannes immer schlechter werden, sieht er den Glanz des Gesetzes durch das Tor schimmern und er fragt den Türhüter, warum denn niemand sonst in den vergangenen Jahren gekommen sei, um das Gesetz zu betreten. Der Gefragte gibt zur Antwort, dass dieser Eingang nur für den Bittsteller bestimmt gewesen sei und er ihn nun schließe (Z. 59–77).

3 **a** Der Mann: „vom Lande" (Z. 2), zunächst zielstrebig (vgl. Z. 5 f., 9 ff.), gut vorbereitet (Z. 36 ff.), „kindisch" (Z. 49), altersschwach (Z. 53 ff., 62 ff., 72 ff.)
Der Türhüter: drohend (vgl. Z. 12 ff.), mächtig (Z. 14), seine Macht ausnutzend / auf seinen Vorteil bedacht (Z. 39 f.)
Das Gesetz: für jeden zugänglich (Z. 19 f.), glänzend (Z. 57), lt. Mann von jedem erstrebenswert (Z. 69)

b Der Mann verhält sich zu passiv. Begründung: Seine Versuche, in das Gesetz zu gelangen, sind zu oberflächlich. Er hätte zielstrebiger, energischer vorgehen müssen.
Der Mann vergeudet sein Leben. Begründung: Statt wieder nach Hause zu gehen und das Verbot zu akzeptieren, wartet er ein Leben lang vergeblich.
Der Türhüter handelt willkürlich. Begründung: Er verbietet dem Mann den Eintritt in das Gesetz, begründet seine Entscheidung aber nicht.
Der Türhüter schüchtert den Mann ein. Begründung: Er spricht das Verbot aus, droht dem Mann bei Missachtung mit weiteren, scheinbar unüberwindbaren Hindernissen.
Der Türhüter nutzt den Mann aus. Begründung: Er nimmt Bestechungsmittel an, kommt aber der Bitte des Mannes nicht nach.

c Anstatt sich in die Erfüllung eines Wunsches zu verrennen oder sich ein unerreichbares Ziel zu setzen, sollte man keine Zeit vergeuden und seine Vorhaben überdenken, wenn sie nicht zügig zu erreichen sind.

4 **b** Der vorliegende Text ist aus folgenden Gründen kafkaesk:
Die Rolle des Türhüters ist auf rätselhafte Weise unheimlich. Sie wirft beim Leser die Frage auf, warum der Zugang zum Gesetz gehütet werden muss. Normalerweise sollte doch gewährleistet werden, dass das Gesetz für jeden zugänglich und einzuhalten ist. Der Mann ist der Macht des Türhüters ausgeliefert. Dass die Tür zum Gesetz für ihn nicht zu durchschreiten ist, ist zugleich absurd, da sie „offen steht wie immer" (Z. 8 f.). Sein Warten ist sinnlos, was sich letztendlich herausstellt (vgl. Z. 75 ff.).

Textbezogene Aufgaben zu einer Kurzgeschichte bearbeiten (KV 3)

Lösungen ●●● / ●○○

2 Richtige Reihenfolge der Handlungsschritte:
- Beobachten des Schneesturms vom Fenster aus – Warten auf die Partnerin – Plan, ihr etwas mitzuteilen
- Umleitung des Fluges nach Boston – Telefonat mit der Frau – weitere Planung des Tages
- Essen im Restaurant – Besorgen eines Sandwichs für die Frau
- Nachricht auf dem Anrufbeantworter – Ankunft der Frau in wenigen Stunden – Tätigkeiten des Wartens (Tee kochen, fernsehen, lesen, schlafen)
- Ankunft der Frau in der Nacht – gemeinsames Gespräch über den Reiseweg der Frau
- Ausweichen auf die Frage nach dem wichtigen Gesprächsthema

3 **a** Mögliche Übersicht:

Merkmal einer Kurzgeschichte	Textbeleg
Unmittelbarer Beginn	Einsetzen des heftigen Schneefalls (Z. 1 ff.)
Hauptfiguren sind „Alltagsmenschen", werden nicht näher beschrieben	Hauptfiguren: „er" (Z. 2, 5, 10, 12, 16 usw.), „sie" (Z. 11, 13, 14, 16, 17 usw.)
Momentaufnahme mit prägendem Ereignis	Die Handlung beginnt am „späten Nachmittag" (Z. 1) und endet am frühen Morgen („Als es an der Tür klingelte, war es drei Uhr", Z. 120), Schneesturm
Die Handlung ist zielstrebig, sie läuft auf einen Wendepunkt zu.	„Er dachte nicht mehr an seine Sätze, schaute nur hinaus auf die Straße." (Z. 114 f.) Der Mann weicht der Frage der Frau aus. (vgl. Z. 152, 159)
Einfache Sprache, vor allem in der Figurenrede	„Sie sagte, sie freue sich auf ihn, und er sagte, sie solle auf sich aufpassen. Sie sagte, bis später, und legte sofort auf." (Z. 58 ff.)
Offener Schluss	Dadurch, dass der Mann über seine Gedanken schweigt, wird am Ende nicht klar, wie sich die Beziehung der beiden zukünftig gestaltet. (vgl. Z. 157 ff.)

b Der Text „Die ganze Nacht" weist typische Merkmale einer Kurzgeschichte auf. Diese Textsorte wirft meist ein Schlaglicht auf das Leben eines Menschen und erzählt in der Regel von einem prägenden Ereignis. Dies stellt sich im vorliegenden Text wie folgt dar: Die Handlung weist einen geringen zeitlichen Umfang auf, so beginnt sie am „späten Nachmittag" (Z. 1) und endet am frühen Morgen („Als es an der Tür klingelte, war es drei Uhr", Z. 120). Das prägende Ereignis für den Mann in der Kurzgeschichte ist der Schneesturm, der alles, z. B. den Straßenverkehr (vgl. Z. 34 f.), den Flugverkehr (vgl. Z. 51 f.), das Leben in den Straßen, Geschäften sowie Restaurants (vgl. Z. 75 ff.), beeinträchtigt. Zudem verläuft hier wie in den meisten Kurzgeschichten die Handlung zielstrebig auf einen Wendepunkt zu. Der Mann hat vor, mit der Frau unmittelbar nach ihrer Ankunft über ein wichtiges Thema zu sprechen. Dies macht er aber nicht, nachdem er nun so lange auf sie gewartet hat („Er dachte nicht mehr an seine Sätze, schaute nur hinaus auf die Straße", Z. 114 f.). Auch der Schluss, in dem er der Frage der Frau ausweicht, belegt dies (vgl. Z. 152, 159). Damit die Alltagsmenschen, die nicht näher beschrieben werden – hier werden sie lediglich als „er" (Z. 2, 5, 10, 12, 16 usw.) bzw. als „sie" (Z. 11, 13, 14, 16, 17 usw.) bezeichnet –, glaubwürdig erscheinen, wird in Kurzgeschichten Alltagssprache verwendet. Diese zeigt sich hier z. B. in der Figurenrede: „Sie sagte, sie freue sich auf ihn, und er sagte, sie solle auf sich aufpassen. Sie sagte, bis später, und legte sofort auf"

(Z. 58 ff.). Schließlich weist eine Kurzgeschichte zumeist ein offenes Ende auf. Dadurch, dass der Mann über seine Gedanken schweigt, wird im Text „Die ganze Nacht" am Ende nicht klar, wie sich die Beziehung der beiden Hauptfiguren zukünftig gestaltet (vgl. Z. 157 ff.).

4 **a** Mögliche Übersicht:

Zeilenangabe	Textbeleg	Beziehungsmerkmal
Z. 10–13	„Es war gut, dass er diesmal nicht zum Flughafen gefahren war, um sie abzuholen. Das letzte Mal hatte er ihr Blumen aus dem Automaten gekauft […]."	Früher hat er sich über ihre Ankunft gefreut. Nun legt sie auf seine Anwesenheit bei ihrer Ankunft keinen Wert. Er findet das gut. → Distanziertheit
Z. 20–23	„Aber er war jetzt schon unruhig. Er verwarf Sätze, die er sich in den vergangenen Wochen ausgedacht und immer wieder vorgesagt hatte."	Er ist wegen des anstehenden Gesprächs beunruhigt. Er weiß, dass sie eine schlüssige Argumentation erwartet, die er aber nicht geben kann. → Störung des Verhältnisses
Z. 51–60	„Er rief die Fluggesellschaft an. […] Sie sagte, bis später, und legte sofort auf."	Er sorgt sich um sie. Sie freut sich auf ihn und gibt ihm wegen ihrer Verspätung Bescheid. → Vertrautheit, Fürsorge
Z. 69–71	„Er dachte, dass er etwas einkaufen sollte. Sie würde bestimmt hungrig sein […]."	Er kümmert sich um ihr Wohlbefinden. → Fürsorge
Z. 96 f.	„Als er sich ein Sandwich für sie einpacken ließ, merkte er, dass er nicht wusste, was sie mochte."	Er bemerkt, dass ihre Gewohnheiten ihm nicht vollständig vertraut sind. → Fremdheit
Z. 131 f.	„Als er sie küssen wollte, umarmte sie ihn nur."	Er ist über das Wiedersehen erfreut, sie weicht ihm aus. → Liebe, Distanz von ihrer Seite
Z. 150 ff.	„ ‚Nun', sagte sie, ‚was ist es denn so Dringendes, worüber du mit mir sprechen willst?' " „ ‚Ich liebe den Schnee', sagte er […]."	Er verrät nichts über seine vergangenen Gedanken. Womöglich haben diese sich geändert. → Neuentdeckung der Liebe von seiner Seite?
Z. 159	„‚Ich bin froh, dass du da bist.'"	Er freut sich darüber, dass sie – trotz des Schneesturms – sicher angekommen und wieder bei ihm ist. → Liebe?

b Der Schneesturm ist Symbol für die Umbruchphase in der Beziehung zwischen Mann und Frau.

c Der Schneesturm bedeckt alles. (4. Absatz): Während des Wartens auf ihre Ankunft sorgt sich der Mann um seine Frau. Sein Anliegen, mit ihr sprechen zu wollen, wird davon überdeckt.
Der Schneesturm verlangsamt das Leben in der Stadt. (4. Absatz): Auf Grund des Schneesturms und der durch ihn verursachten verspäteten Ankunft der Frau wird das Gepräch zwischen beiden hinausgezögert.
Der Schneesturm führt zu Chaos. (5. Absatz): Die Beziehung befindet sich in einem ungeklärten (Schwebe-)Zustand.

5 Die beiden Hauptfiguren sind wohl ein Paar, das Höhen und Tiefen in der Beziehung durchlebt. Die Gedanken des Mannes lassen darauf schließen, dass er die Beziehung beenden möchte, weil er sich „Sätze" für das wichtige anstehende Gespräch „in den vergangenen Wochen ausgedacht und immer wieder vorgesagt hat" (Z. 21 ff.). Dadurch, dass er die Frau aber erwartet und er sich Sorgen um sie

macht, kommt er wohl zu dem Entschluss, sich nicht von ihr zu trennen. Deshalb könnte ein anschließendes Gespräch der beiden wie folgt aussehen:

„Ich bin auch erleichtert, endlich hier zu sein. Die Reise war sehr anstrengend", sagte sie und nippte noch einmal an ihrem Wodka, „ich bin vollkommen erschlagen vom Flug nach Boston, der Zugfahrt, der Fahrt mit dem Taxi. Ich kann kaum noch die Augen offen halten, trotzdem möchte ich wissen, was so wichtig ist, dass du es mit mir besprechen willst. Du hast es mehrmals betont. Ich habe wirklich alle Mühen auf mich genommen, um noch heute hier zu sein."

Er schluckte, ging wieder zum Fenster. Der Schnee unten auf der Straße verwandelte sich langsam in dunkles Grau, das die Lichter der Stadt und der Autos reflektiert. Im Fenster sah er sein Spiegelbild im Vordergrund und sie dahinter am Tisch sitzen. Die Fensterscheibe beschlug durch seinen Atem und vernebelte seine Sicht. Er drehte sich wieder um, blieb am Fenster stehen.

„Nun setz dich doch."

Er schluckte wieder, sein Mund war ganz trocken. „Ich habe dich vermisst. Ich hätte nie geglaubt, dass ich dich so vermissen könnte. Ich dachte, eigentlich wären wir uns egal. Jeder macht das Seine. Du deine Arbeit, ich meine. Ich weiß nicht, wo wir stehen."

„Vielleicht am Anfang. Vielleicht am Anfang vom Ende", gab sie zur Antwort und krallte sich an ihrem Glas fest.

6 Jung sein in verschiedenen Zeiten – Romanauszüge erschließen

Konzeption des Gesamtkapitels

Der Kompetenzschwerpunkt dieses Kapitels liegt auf der Fähigkeit, literarische Texte verstehen zu können und Methoden der Texterschließung sicher anzuwenden.

Im ersten Teilkapitel (**„Jugend im 20. Jahrhundert – Erzähltexte untersuchen"**) werden die Schüler/-innen anhand zweier Romanauszüge dazu angeleitet, den Inhalt und die wesentlichen Merkmale von Texten mit Thematiken aus dem vergangenen Jahrhundert selbstständig zu erschließen und sich kritisch zu Inhalt und Sprache zu äußern. Der Auszug aus „Tonio Kröger" von Thomas Mann führt die Schüler/-innen an die Erzählweise des Autors heran, wobei die Untersuchung der Figurenrede im Mittelpunkt steht. Die Erarbeitung einer Figurencharakterisierung soll dazu beitragen, sich in die Hauptperson hineinzudenken. Mit Hilfe des Auszugs aus Hermann Hesses Roman „Unterm Rad" werden nach einer inhaltlichen Erschließung des Textes sprachliche Besonderheiten herausgearbeitet. Abgerundet wird das Teilkapitel mit einem Blick auf deutsche Träger des Nobelpreises für Literatur seit 1912.

Das zweite Teilkapitel (**„Liebe und Leidenschaft – Moderne Romanauszüge erschließen"**) gibt den Lernenden zuerst die Möglichkeit, Lesen als Verbindung zwischen Text und Film zu begreifen. Der Bestseller „Der Vorleser" von Bernhard Schlink und die amerikanische Verfilmung von 2008 dienen als Beispiel. Als Möglichkeiten weiterführender Aufgabenstellungen des textgebundenen Aufsatzes setzen sich die Schüler/-innen mit dem inneren Monolog und einer erörternden Fragestellung auseinander. Der zweite Romanauszug in diesem Teilkapitel ist im westallgäuischen Dialekt geschrieben: „Unser Weltmeister" von Klaus Gietinger. Ein Schwerpunkt liegt deshalb auf dem Verstehen des Textes, bevor die Schüler/-innen eine inhaltliche Zusammenfassung erarbeiten. Zwei weiterführende Aufgaben, das Verfassen eines persönlichen Briefs und einer Argumentation, beschließen dieses Teilkapitel.

Im dritten Teilkapitel (**„Fit in …? – Eine weiterführende kreative Schreibaufgabe zu einem Romanauszug verfassen"**) beschäftigen sich die Schüler/-innen mit einem Arbeitsauftrag, der den Auszug eines Romans von Milena Michiko Flašar („Ich nannte ihn Krawatte") zum Gegenstand hat. Die Überarbeitung eines Schüleraufsatzes bereitet die Lerngruppe auf die konkrete Prüfungssituation vor. Eine Checkliste wiederholt schließlich wichtige Aspekte des Gesamtkapitels und bietet den Schülerinnen und Schülern Strategien zur Selbstdiagnose ihrer eigenen Aufsätze an.

Literaturhinweise

Berger, Norbert: Bernhard Schlink. Der Vorleser. Zeitgenössische Romane im Unterricht. Auer, Donauwörth 2011

Ders.: Bernhard Schlink. Der Vorleser. Unterrichtshilfe mit Kopiervorlagen. Mit Materialien zum Film (9. bis 13. Klasse). Auer, Donauwörth 2016

Fußball und Sprache. Der Deutschunterricht 3/2010

Handreichung: Neues Schreiben. Kompetenzorientierte Schreibformen im Deutschunterricht, Band 1. Hg. v. Staatsinstitut für Schulqualität und Bildungsforschung. Kastner, Wolnzach 2009

Herforth, Maria-Felicitas: Erläuterungen zu Hermann Hesse, Unterm Rad. Bange, Hollfeld 2011

Inhalte wiedergeben. Praxis Deutsch 197/2006

Jürgens, Dirk: Tonio Kröger / Mario und der Zauberer. Oldenbourg Verlag, München 2013

Literarische Gespräche führen. Deutsch 5–10, 43/2015

Literarische Texte werten. Praxis Deutsch 241/2013

Sprachstile. Der Deutschunterricht 1/2009

S. 111 Auftaktseite

Vier Buchcover und drei davon unabhängige, teils provokative Zitate bekannter Persönlichkeiten bilden den Impuls der Einstiegsseite in das Kapitel.

1 **a** Mögliche Antworten zu:
- „Unser Weltmeister": Ich bin Fußballfan; Ereignisse um die Fußballweltmeisterschaft interessieren mich besonders; der Fußball auf dem Foto scheint einen Maulwurfshügel oder – schlimmer – einen Kuhfladen auf einer Wiese aufzuwühlen; der Roman spielt im Allgäu, wo es viele Kühe gibt …; man kann als Leser ahnen, dass in dem Buch „Dreck" im Zusammenhang mit Fußball zutage gebracht wird; da der Roman als „Tragikomödie" bezeichnet wird, ist er wahrscheinlich recht lustig und nicht schwer zu lesen.
- „Tonio Kröger, Mario und der Zauberer": Der Autor Thomas Mann ist mir schon bekannt, mich spricht das stimmungsvolle Foto auf dem Cover besonders an.
- „Die Blechtrommel": Kürzlich habe ich die Verfilmung von Volker Schlöndorff im Fernsehen gesehen. Ein spannender, zum Teil erotischer, vor allem verwirrender Film.
- „Der Vorleser": Ich kenne bereits den Film / Ich habe schon von diesem Film gehört, dessen Hauptdarstellerin Kate Winslet einen Oscar verliehen bekam; der Vergleich zwischen Film und Roman würde mich interessieren. Auf die Dramatik des Werkes weist mich das Cover hin: Es zeigt ein düsteres Gemälde eines Großstadtplatzes, auf dessen Kreuzung zwei Straßenbahnen zusammenzustoßen scheinen.

b Mögliche Antworten: Ein Cover sollte einen Blickfang darstellen durch die grafische Aufmachung, ein ungewöhnliches Layout und / oder inhaltlich Aufmerksamkeit erregende Formulierungen.

2 Mögliche Kriterien:
Genre / Kategorie (Belletristik: Krimi, Liebes- / Abenteuerroman, Fachliteratur …), Thematik, spannender Titel, interessant aufgemachtes Cover, aussagefähiger Klappentext, Platz auf Bestsellerliste, Empfehlung von Bekannten / Buchhändlern, Umfang des Buches / Seitenzahl, Bekanntheit durch Verfilmung, Fortsetzungsband, Serie, Taschenbuch / gebundenes Buch, Preis …

3 Mögliche Aspekte: Ein Buch kann unabhängig von Tageszeiten oder Fernseh- / Radioprogrammen in die Hand und unterwegs mitgenommen werden; Lesen regt die Fantasie an, Personen oder Dinge kann man sich vorstellen, werden nicht wie bei einer Verfilmung vorgegeben (André-Gide-Zitat: Vergleich von Buchstaben mit „Samenkörnern" – das Gelesene lässt den Geist sich entwickeln; Addison-Zitat: Lesen schult und trainiert wie Gymnastik das Hirn; ironisches Hildebrandt-Zitat: Bücherlesen, nicht Fernsehen bildet); man hat etwas „Festes" in den Händen, kann umblättern; benötigt im Gegensatz zum E-Book keinen Akku, der plötzlich leer ist, verbraucht auch keine Energie; ist unabhängig vom Internet.

Siehe auch die **Folie** „Ein Buchcover untersuchen".

6.1 Jugend im 20. Jahrhundert – Erzähltexte untersuchen

S. 112 Unverstanden, aber glücklich – Die Erzählweise erschließen

Thomas Mann: **Tonio Kröger**

1 Mögliches Beispiel:
Heute habe ich etwas unglaublich Peinliches erlebt – stell dir vor: Während der Tanzstunde – du weißt schon, die der Tanzlehrer Knaak, dieser eingebildete Gockel, bei Privatleuten veranstaltet – haben wir eine Quadrille geübt. Und du wirst es kaum glauben: Inge Holm hat mit mir im selben

Karree getanzt! Ich finde sie richtig süß, das habe ich dir ja erzählt. Und da war sie plötzlich direkt vor mir, in ihrem weißen Kleid, mit ihrem hübschen Zopf! Ich habe sie ständig angesehen, ich sag dir, mir wurde heiß und kalt und mein Herz hat wie rasend geklopft. Sie hat mich aber überhaupt nicht beachtet und sich nur auf diese idiotischen Tanzschritte konzentriert. Und da ist es passiert, ich könnte immer noch im Erdboden versinken: Bei der „Moulinet des dames" habe ich überhaupt nicht aufgepasst und doch tatsächlich aus Versehen bei den Damen mitgetanzt! Und nun hättest du sehen sollen, wie sich dieser Knaak darüber amüsiert hat: Mit seinem Taschentuch hat er mich aus der Tanzfigur fortgewedelt, husch, fort, wie einen Hund! „Fräulein Kröger" hat er mich genannt, der aufgeblasene Kerl. Aber das Schlimmste war, dass alle gelacht und sich über mich lustig gemacht haben, ja, alle, auch meine Inge! Du kannst dir denken, dass ich am liebsten auf und davon gerannt wäre. Ich habe mich auf den Flur hinausgeschlichen und gehofft, dass wenigstens sie mir nachkommen würde, aber nein, niemand hat mich getröstet. Und trotzdem, mein Freund, kannst du dir vorstellen, dass ich glücklich bin? Ich bin verliebt!

2 Die französische Sprache galt seit dem Barock als Sprache der Aristokratie und wurde später vom Großbürgertum übernommen: Man plauderte Französisch oder vermischte zumindest das Deutsche mit französischen Ausdrücken, um seine Bildung und Weltgewandtheit zu zeigen. Thomas Mann stammte selbst aus einer großbürgerlichen Familie. – Heute hat Englisch als Universalsprache das Französische abgelöst und die deutsche Sprache wird mit einer Vielzahl von Anglizismen durchsetzt.

3 Wie Tonio Kröger, der einer Zeitschrift ein selbst verfasstes Gedicht zur Veröffentlichung angeboten hatte, verfasste Thomas Mann schon als Schüler erste Prosaskizzen und Texte.

4 Der personale Erzähler berichtet unmittelbar aus der Sicht der Figur, sodass der Leser erfährt, was diese Person wahrnimmt, empfindet und erlebt. Beispiele:
Z. 4–6: „[…] und zu Tonio Krögers tiefem Entsetzen befand er sich mit Inge Holm in ein und demselben Karree."
Z. 21 f.: „[…] seine Augen trübten sich mehr und mehr."

5 a Die erlebte Rede lässt die Figur ohne Redebegleitsatz zu Wort kommen. Das Verb steht in der 3. Person Indikativ, die Zeitform ist das Präteritum.

b A = direkte Rede; B = erlebte Rede; C = innerer Monolog

c Direkte Rede: verleiht einem epischen Text Dramatik, zieht den Leser ins Geschehen hinein; der Erzähler tritt hinter die Figuren zurück und lässt diese selbst zu Wort kommen, um einen Einblick in deren Gedankenwelt zu geben; eine kommentierende Einmischung des Erzählers ist nicht möglich.
Indirekte Rede: erzeugt Distanz zum erzählten Geschehen; der Erzähler wird als Vermittler des Geschehens deutlich erkennbar, er relativiert das Gesagte als subjektiv; er kann zusammenfassen und kürzen.
Innerer Monolog: Der Erzähler schlüpft in eine Figur hinein und lässt sie in der 1. Person Indikativ Präsens ein stummes Selbstgespräch führen; Anführungszeichen wie bei der direkten Rede fehlen; häufig sind Fragen, Ausrufe, Gedankensprünge oder auch Umgangssprache vorhanden.

6 a Figurenrede:
– Z. 22 f.: direkte Rede mit Redebegleitsatz, jedoch ohne Anführungszeichen
– Z. 40–42: direkte Rede
– Z. 68–74: erlebte Rede
– Z. 82–87: innerer Monolog

b Weitere Beispiele:
– direkte Rede: „ ‚Erstes Paar en avant!', sagte Herr Knaak […]." (Z. 1)
– erlebte Rede: „Sie müsste bemerken, dass er fort war, müsste fühlen […]." (Z. 88 f.)
– innerer Monolog: „Warm und traurig schlug es für dich, Ingeborg Holm […]." (Z. 128 f.)

7 Herr Knaak rief, Kröger sei unter die Damen geraten. (indirekte Rede)
Sehe ich recht, Kröger ist unter die Damen geraten! (innerer Monolog)

8 Wortwahl, z. B.

– die Schilderung der Quadrille: „gleitend und laufend" (S. 11 f.), „aufatmend" (Z. 13), „[…] hin und her, vorwärts und rückwärts, schreitend und drehend […]" (Z. 17 ff.) = Adverbien, Partizipien: lebendige, anschauliche Darstellung der Tanzsituation

– die Charakterisierung des Klavierspielers Heinzelmann: „[…] griff mit seinen knochigen Händen […]" (Z. 14 f.), „[…] wartete mit trockener Geschäftsmiene […]" (Z. 52 f.) = kennzeichnende Adjektive: ein Mann ohne Emotionen und Humor

Satzbau:

– „Sie bewegte sich […], ein Duft, der […] ausging, berührte ihn […], und […]" (Z. 17 ff.) = drei Hauptsätze und ein Nebensatz: kunstvoll ineinander verschachtelte Satzreihen und Satzgefüge

– viele Ausrufe- und Fragesätze: „Warum saß er nicht […]?" (Z. 70), „Sie müsste kommen!" (Z. 88), „Hatte auch sie ihn verlacht […]?" (Z. 97): Verdeutlichung der inneren Anteilnahme, der Emotionen oder auch der Unsicherheit des Erzählers

Stilmittel:

– „Warum, warum […]? Warum […]?" (Z. 69 f.), „Sie müsste kommen! Sie müsste bemerken […], müsste fühlen […], müsste […]" (Z. 88 ff.) = Anaphern: Eindringlichkeit des Wunsches des jungen Mannes, Verdeutlichung seiner Unsicherheit

– „Alles lachte, die Jungen, die Mädchen und die Damen […]" (Z. 48 f.) = Aufzählung: Tonio Kröger ist Gegenstand des allgemeinen Amüsements.

||**S. 116** **Eine Figurencharakterisierung erarbeiten**

1 **a/b** Charakterisierung Tonio Kröger:

Erscheinungsbild	Äußeres	Lebensumstände / soziales Umfeld

Tonio Kröger

Erscheinungsbild:
– 16 Jahre alter Junge (s. kursiv gedruckte Hinführung zum Romanauszug S. 112)

Lebensumstände / soziales Umfeld:
– Schüler aus vornehmem Haus
– Autor von Gedichten
– Teilnehmer an einem Tanzkurs mit Privatlehrer (s. Hinführung S. 112)

Gedanken, Gefühle, Wünsche – Inneres – Verhaltensweisen

Gedanken, Gefühle, Wünsche:
– Abschweifen der Gedanken auf seine Liebe zur Poesie
– Gefühl der Trauer
– Ärger über seine eigene Unbeholfenheit
– Gefühl der absoluten Peinlichkeit
– Selbstzweifel
– Scham
– Sehnsucht (Z. 21 f., 69, 77 f.), Befangenheit (Z. 4 ff.), Schwärmerei (Z. 22 f., 82 ff.), Verzweiflung (Z. 25 f., 68, 78 f., 88–93), Liebe (Z. 22 f., 123–132); künstlerische Veranlagung (Z. 26 ff., 103–107)

Verhaltensweisen:

Verhalten beim Tanz:
– sein Verhalten Inge Holm gegenüber
– Rückzug
– Vermeiden von Blickkontakt (Z. 8 f.), Aufnehmen von Inges Geruch und der Berührung durch ihr Kleid (Z. 18 ff.)

Verhalten während und nach der Blamage:
– gesenkter Kopf, finstere Brauen (Z. 34 f.), Hände auf dem Rücken (Z. 62 f.)

c Beispiel für eine Charakterisierung:

Tonio Kröger ist ein 16-jähriger Junge aus einem gutbürgerlichen, vornehmen Elternhaus. In diesem sozialen Umfeld ist es für Jugendliche üblich, an einem von einem Privatlehrer abgehaltenen Tanzkurs teilzunehmen, und hier trifft Tonio die von ihm heimlich angebetete blonde Inge Holm. Über das äußere Erscheinungsbild Tonios sind in diesem Romanauszug keine Angaben enthalten. Erst im weiteren Verlauf des Textes erfährt der Leser, dass sich der junge Kröger als Dichter versucht hat: „Hatte etwa nicht kürzlich eine Zeitschrift ein Gedicht von ihm angenommen […]?" (Z. 103 ff.) Durch sein Verhalten Inge Holm gegenüber und die Wiedergabe seiner Gedanken, Wünsche und Gefühle lässt sich der junge Mann jedoch gut charakterisieren.

Gleich zu Beginn des Romanauszugs, in den Zeilen 4 bis 9, ahnt der Leser, wie sehr Tonio für Inge schwärmt und wie befangen er ihr gegenüber ist: „[…] zu Tonio Krögers tiefem Erschrecken befand er sich mit Inge Holm in ein und demselben Karree. Er mied sie, wie er konnte […]; er wehrte seinen Augen, sich ihr zu nahen." Er hat geradezu Angst vor jedem Kontakt mit seiner Angebeteten, schwärmt jedoch von ihren Bewegungen beim Tanz: „[…] schreitend und drehend, ein Duft […] berührte ihn manchmal, und seine Augen trübten sich mehr und mehr […]." (Z. 18 ff.). Vor lauter Schmerz darüber, dass Inge Holm ihn nicht beachtet, schweifen seine Gedanken ab auf seine Liebe zur Poesie: „Ein wunderschönes Gedicht von Storm fiel ihm ein. […] Der demütigende Widersinn quälte ihn […]." (Z. 26 ff.). Das ist auch der Grund dafür, dass Tonio beim Tanzen „mit gesenktem Kopfe und finsteren Brauen" (Z. 34 f.) nicht aufpasst und aus Versehen die Tanzfigur der Damen mitmacht: Dieser Vorfall ist ihm unglaublich peinlich, er wird zum Gespött der gesamten Gesellschaft. Voller Scham verlässt er heimlich den Raum: „Tonio Kröger stahl sich fort, ging heimlich" (Z. 60 f.). Seine Trauer ist groß, dass Inge ihm nicht folgt, um ihn zu trösten. Er kommt ins Grübeln („Er blickte aber in sich hinein, wo so viel Gram und Sehnsucht war", Z. 68 f.) und es wird ihm klar, dass er durch seine Liebe zur Kunst immer ein Außenseiter der Gesellschaft bleiben wird, von der er doch so gerne aufgenommen sein würde. Letztendlich genießt Tonio Kröger jedoch das Gefühl zu lieben: „Aber obgleich er einsam, ausgeschlossen und ohne Hoffnung […], so war er dennoch glücklich." (Z. 123 ff.)

2 Mögliche Handlungsweise und Gefühle:

Ich kann mir gut vorstellen, wie gehemmt Tonio Kröger seiner Angebeteten gegenüber war, denn vor etwa hundert Jahren war der Umgang zwischen den Geschlechtern noch nicht so selbstverständlich wie heute. Mir wäre das Missgeschick beim Tanzen auch absolut peinlich gewesen, und vor allem hätte ich mich über den Tanzlehrer geärgert, der Tonio so bloßgestellt hat. Vielleicht hätte ich aber die Situation dadurch zu entkrampfen versucht, dass ich über mich selbst gelacht hätte. Wenn Tonio Kröger unbedingt eine Freundin hätte haben wollen, hätte er auch die Freundschaft mit Magdalena Vermehren suchen können, die anscheinend für ihn geschwärmt hat.

3 Mögliche Stellungnahme:

Mir hat der Auszug der 1903 veröffentlichten Novelle inhaltlich gefallen, da man sich gut in einen Jugendlichen der damaligen Zeit hineinversetzen kann. Es war sicher recht angenehm, als Kind einer vornehmen Familie mit Privatanzlehrer, Bedienungspersonal und Köchin aufzuwachsen.

Zum Teil fand ich es jedoch etwas übertrieben, wie unbeholfen sich Tonio Kröger seiner Inge Holm gegenüber anstellte. Außerdem konnte sich der Junge im Alter von 16 Jahren noch gar nicht viel auf seine Autorenkünste einbilden, denn es wurde ja noch nicht einmal ein Gedicht von ihm veröffentlicht.

Die Sprache Thomas Manns ist sehr verschnörkelt und von komplizierten Satzgefügen und Satzreihen geprägt. Daher sind manche Abschnitte schwer zu lesen und zu verstehen. Dies liegt zudem an der veralteten Sprache mit heute ungebräuchlichen Ausdrücken, z. B. in Zeile 8: „er wehrte seinen Augen". Auch die vielen französischen Ausdrücke, deren Übersetzung ich erst lesen musste, waren Stolpersteine beim Verständnis. Auf der anderen Seite ist das Ausdrucksvermögen des Autors von einer solchen Lebendigkeit und Anschaulichkeit, dass ich mich gerne in den Text hineingedacht habe. Vor allem die „erlebte Rede" hat mich sehr beeindruckt, da man auf diese Weise eng mit den Gedanken und Gefühlen des jungen Mannes verbunden ist.

S.117 Ankunft im Beruf –
Einen Romanauszug erschließen und die Sprache analysieren

Hermann Hesse: **Unterm Rad**

1 **a/b** Richtige Reihenfolge der Bilder mit Inhaltszusammenfassung:

A: Hans, im blauen Arbeitsanzug, geht mit gesenktem Kopf die Straße entlang zur Schlosserei; einige Leute blicken ihm nach. (Z. 1–24)

E: Hans steht an der Tür zur Schlosserei und blickt hinein: Zwei Gesellen arbeiten, August nickt Hans zu. (Z. 25–54)

C: Der Meister spannt an Hans' Arbeitsplatz ein Zahnrädchen in den Schraubstock und erklärt ihm die Arbeit mit der Feile. (Z. 55–79)

B: Hans feilt, der neue Anzug hat schon ein paar Flecken. (Z. 80–127)

D: Ein Kunde betritt die Werkstatt, Hans blickt von seinem Schraubstock hoch. (Z.128–145)

2 **a** Mögliche Erzählung:

Also, als ich am Morgen zur Schlosserei gegangen bin, bin ich mir zuerst mit meinem neuen blauen Arbeitsanzug schon etwas komisch vorgekommen, und ich sag dir, die Nachbarn haben die Köpfe zusammengesteckt, das hab ich schon gemerkt! Ob ich Schlosser geworden bin, haben sie mich gefragt. Die haben doch genau gewusst, dass ich mein Theologiestudium geschmissen hab! Na ja, als ich dann vor der Werkstatt vom Schuler gestanden bin, hab ich beobachtet, wie alle, der Meister und die Gesellen, flott am Arbeiten waren. Auch August, du weißt, mein früherer Klassenkamerad, war da, hat aber seine Arbeit nicht unterbrochen und mir nur kurz zugenickt. Das war ein Surren und Hämmern in der Werkstatt, du kannst mir glauben, ich war echt beeindruckt. Dann hat mir Meister Schuler meinen Arbeitsplatz gezeigt und mir ein Zahnrädchen zum Feilen in den Schraubstock gespannt. Am Anfang hab ich mich ziemlich dumm angestellt, aber der Meister hat mir immer wieder genaue Arbeitsanweisungen gegeben. Dann sind auch Kunden in die Werkstatt gekommen und ich hab gesehen, für wen ich arbeite. Da war ich eigentlich ganz schön stolz, dass ich nun mit meinen eigenen Händen etwas schaffe! Das Zahnrad war für die Turmuhr, stell dir vor! Aber ich kann dir sagen, nach einem Vormittag Arbeit war ich ganz schön fertig. Und am Nachmittag hab ich noch mal das Gleiche machen müssen!

b Mögliche Spielszene:

Vater: Jetzt erzähl doch mal, wie es dir an deinem ersten Arbeitstag ergangen ist!

Hans: Also, Vater, als ich am Morgen zur Schlosserei gegangen bin, bin ich mir zuerst mit meinem neuen blauen Arbeitsanzug schon etwas komisch vorgekommen, und ob du's glaubst oder nicht, die Nachbarn haben die Köpfe zusammengesteckt, das hab ich schon gemerkt!

Vater: Mein Sohn, das hast du dir doch bestimmt nur eingebildet!

Hans: Nee, nee, ob ich Schlosser geworden bin, haben sie mich gefragt. Die haben doch genau gewusst, dass ich mein Theologiestudium geschmissen hab!

Vater: Mach dir nichts draus, du wirst einen anständigen Beruf erlernen, meinst du nicht auch?

Hans: Ach Vater, das mit dem Studium ist aus und vorbei! Na ja, als ich dann vor der Werkstatt vom Schuler gestanden bin, hab ich beobachtet, wie alle, der Meister und die Gesellen, flott am Arbeiten waren. Ich sag dir, das war ein Surren und Hämmern, ich war echt beeindruckt.

Vater: War dein früherer Klassenkamerad – wie hieß er noch? – auch da?

Hans: Ja, ja, der August, aber der hat mir nur zugenickt und seine Arbeit weitergemacht.

Vater: Und was hast du als Erstes machen müssen?

Hans: Langsam, warte, eins nach dem andern. Dann hat mir Meister Schuler erst einmal meinen Arbeitsplatz gezeigt und mir ein Zahnrädchen zum Feilen in den Schraubstock gespannt.

Vater: Und dann?

Hans: Na ja, ich muss ja zugeben, am Anfang hab ich mich ziemlich dumm angestellt, aber der Meister hat mir immer wieder genau gesagt, wie ich es machen muss.

Vater: Ich hab dem Meister Schuler schon gesagt, dass du kein Herkules bist …

Hans: Ja, ganz schön peinlich. Aber ich hab mich echt angestrengt! Und dann sind auch Kunden in die Werkstatt gekommen. Da hab ich gesehen, für wen ich arbeite!

Vater: Das ist recht. Und was war das eigentlich für ein Zahnrädchen, das du da bearbeitet hast?

Hans: Oh, das hab ich noch gar nicht gesagt, das ist für die Turmuhr!

Vater: Respekt, Hans! Du wirst bestimmt ein guter Schlosser.

3 Hans Giebenrath ist bei Meister Schuler gut aufgehoben, denn dieser
- begrüßt ihn herzlich (Z. 49 f.)
- zeigt ihm gleich seinen Arbeitsplatz (Z. 53–59)
- erklärt ihm, dass er ihn zuerst leichtere Arbeiten erledigen lässt (Z. 60–63)
- gibt ihm genaue Anweisungen (Z. 66–75, 99–102, 172 f., 179–181)
- korrigiert seine Fehler (Z. 81–85)
- kümmert sich um sein Befinden (Z. 168)
- nimmt ihn vor den Gesellen in Schutz (Z. 171)
- lobt ihn angemessen für seine erste Tätigkeit, motiviert ihn (Z. 191)

4 Hans wird nur in seine Arbeit eingewiesen, ohne dass der Meister ihn genauer über den Sinn oder die Funktion seiner Tätigkeit informiert. Ein „Lehrling" soll nur mechanisch Aufträge ausführen und nicht darüber nachdenken. Er hat damit keine Möglichkeit, sich kritisch zu seiner Arbeit zu äußern, Abläufe zu hinterfragen oder Verbesserungsvorschläge zu machen. Er muss nur gehorchen. Ein solch autoritäres Verhalten eines Meisters wäre in der heutigen Zeit undenkbar, in der für die Arbeitnehmer ein Mitbestimmungsrecht besteht.

5 Der „Hymnus der Arbeit" ist als „Lobgesang" auf die Arbeit zu verstehen, also auf die Mühe und Anstrengung, mit der man etwas erreicht hat. Hans fühlt sich durch sein erstes sinnvolles Schaffen – dem Feilen eines Zahnrädchens – richtig befriedigt, er fühlt, als Einzelner etwas wirklich Wichtiges für die große Gemeinschaft – das Gesamtwerk der Turmuhr – getan zu haben. Seine Tätigkeit hat ihn so ausgefüllt, dass er sie immer wieder ausführen will – fast wie im Rausch, der zu einem intensiven Glücksgefühl führt.

6 Der Romanauszug beginnt mit dem ersten Arbeitstag des jungen Hans Giebenrath als Lehrling in einer Schlosserwerkstatt. Da Hans ursprünglich Pfarrer werden sollte, sein Studium aber abgebrochen hatte, empfindet er diese Tätigkeit zu Beginn als Demütigung. Von seinem neuen Arbeitsplatz zeigt sich Hans dann jedoch sehr beeindruckt. Sein Meister weist ihn nach der freundlichen Begrüßung in seine Tätigkeit ein und Hans stellt sich der Herausforderung.

7 a Mögliche Übersicht:

Sprachliche Besonderheiten	Beispiele	Wirkung
Altertümliche Ausdrücke	„August [...] bedeutete ihm, er solle [...] warten." (Z. 42 ff.) „Hans konnte sich nicht enthalten hinüberzuschielen." (Z. 104 f.)	August machte ihm durch ein Zeichen klar, dass Hans warten solle. Hans konnte sich nicht beherrschen und schaute heimlich hinüber.

145

Aufzählungen	„die Esse, die stillstehenden Drehbänke, die sausenden Riemen und Leerlaufscheiben" (Z. 45 ff.) „Und überall lagen Werkzeuge, Stücke von Eisen [...], Nägel und Schraubenkistchen herum" (Z. 110 ff.) „Zeitig [...] legte er [...], an, setzte [...] auf und ging ..." (Z. 18 ff.) „wurde [...] gespannt, der Riemen übersetzt, [...] blinkend [...], [...] drehend" (Z. 106 ff.)	Hans ist beeindruckt von den vielen unbekannten Werkzeugen und Maschinen in der Schlosserwerkstatt. Hans' Entschlossenheit, die neue Tätigkeit anzugehen; Verdeutlichung des zügig voranschreitenden Arbeitsprozesses
Alliterationen	„feinere, formende Schläge" (Z. 29 f.) „hell und heiter" (Z. 32)	Verstärkung der Aussage
Blauer Schlosseranzug als Symbol	„kam sich in der Schlosseruniform ziemlich lächerlich vor." (Z. 5 f.) „legte er das neue blaue Arbeitskleid an" (Z. 19 f.) „es möchte auch sein Anzug bald gebrauchter aussehen" (Z. 124 f.)	Hans kann im Berufsalltag keine individuelle Kleidung mehr tragen und findet die Uniform für ihn fremd und unpassend. Der Ausdruck „Uniform" wird abgeschwächt, Hans ist bereit, sich auf seine neue Tätigkeit einzulassen. Ausdruck seiner Bereitschaft, sich mit seiner Arbeit zu identifizieren und sich in die Werkstatt zu integrieren
Viele Fachausdrücke	„Gussrinde" (Z. 92), „Drehstähle und Ahlen" (Z. 112 f.), „Lötkolben" (Z. 115), „Fräsen" (Z. 116)	Hans muss noch viel lernen in seiner Ausbildung zum Schlosser.

b Der Textauszug weist viele sprachliche Besonderheiten auf. Da der Roman 1906 erschienen ist, enthält er zahlreiche altertümliche Ausdrücke wie in Zeile 42 ff.: „August [...] bedeutete ihm, er solle [...] warten." Diese Formulierung soll zum Ausdruck bringen, dass August ihn durch ein Zeichen zum Warten aufforderte. Dass Hans seine Neugier nicht unterdrücken konnte, wird damit beschrieben, dass er „sich nicht enthalten" (Z.104 f.) konnte. Besonders auffallend sind im Text viele Aufzählungen, z. B. Nomen: „die Esse, die stillstehenden Drehbänke, die sausenden Riemen und Leerlaufscheiben" (Z. 45 ff.) oder „Und überall lagen Werkzeuge, Stücke von Eisen [...], Nägel und Schraubenkistchen herum" (Z. 110 ff.). Dieses Stilmittel veranschaulicht, wie sehr Hans von den vielen unbekannten Werkzeugen und Maschinen in der Schlosserwerkstatt beeindruckt ist. Kurze Hauptsätze wie in Zeile 18 ff. („Zeitig [...] legte er [...] an, setzte [...] auf und ging ...") drücken Hans' Entschlossenheit aus, die neue Tätigkeit anzugehen. Partizipien, z. B. „wurde [...] gespannt, der Riemen übersetzt, [...] blinkend [...], [...] drehend" (Z. 106 ff.), verdeutlichen die zügig voranschreitenden Arbeitsprozesse in der Werkstatt. Alliterationen wie „feinere, formende Schläge" (Z. 29 f.) oder „hell und heiter" (Z. 32) verstärken die Aussage.

Besonders bemerkenswert ist es, wie Hermann Hesse den blauen Schlosseranzug als Symbol einsetzt: Zu Beginn des Textes erfährt der Leser, dass der Vater Hans einen „blauen Leinenanzug und eine blaue, halbwollene Mütze" kauft. Man spürt, dass sich Hans in der „Schlosseruniform" noch „ziemlich lächerlich" (Z. 5 f.) vorkommt: Er kann im Berufsalltag keine individuelle Kleidung mehr tragen und empfindet die Uniform als fremd und unpassend. Am ersten Arbeitstag legt Hans „das neue blaue Arbeitskleid" (Z. 19 f.) an – der Ausdruck „Uniform" wird abgeschwächt und man kann nachvollziehen, dass Hans bereit ist, sich auf seine neue Tätigkeit einzulassen. In den Zeilen 124 bis 127 vollzieht sich ein Wandel in Hans' Einstellung zur vom Vater aufgezwungenen Ausbildung: Hans hofft, „es möchte auch sein Anzug bald gebrauchter aussehen". Der blaue Anzug symbolisiert seine Bereitschaft, sich mit der Arbeit zu identifizieren und sich in die Werkstatt zu integrieren. Dass es bis dahin jedoch noch ein weiter Weg ist, unterstreichen die zahlreichen Fachausdrücke, z. B. „Gussrinde" (Z. 92), „Drehstähle und Ahlen" (Z. 112 f.). „Lötkolben" (Z. 115), „Fräsen" (Z. 116): Hans muss noch viel lernen in seiner Ausbildung zum Schlosser.

8 1: Sch<u>r</u>aubstock, 2: Amb<u>o</u>ss, 3: <u>H</u>ammer, 4: Ah<u>l</u>e, 5: Mess<u>i</u>ng, 6: Zah<u>n</u>rad, 7: <u>G</u>rat
Lösungswort: Rohling

9 a Wie Hans Giebenrath besuchte Hesse ein theologisches Seminar und brach genauso wie der Protagonist von „Unterm Rad" sein Studium ab. Ebenso versuchte sich Hesse als Schlosserlehrling.

b Der Begriff „Rad" kann symbolisch verstanden werden: Ausgehend von der Redewendung „unter die Räder kommen" wird der Druck verdeutlicht, der auf Hans Giebenrath von seinem Vater, den Lehrern und dem Stadtpfarrer ausgeübt wird. Mit seiner Ausbildung zum Schlosserlehrling soll Hans schließlich ein „Rädchen" der Gesellschaft werden. Auch in der Schlosserwerkstatt muss sich Hans mit einem „Rad", hier mit einem gusseisernen Zahnrad, beschäftigen, das er mit einer Feile mühsam glätten muss. Zunächst findet er diese körperlich harte Arbeit sehr befriedigend, doch nach einigen Stunden Arbeit stößt er an seine körperlichen Grenzen – man kann vermuten, dass er auch hier „unter die Räder" kommt.

▌S. 122 Deutsche Träger des Nobelpreises für Literatur

1 a A: Günter Grass; B: Herta Müller; C: Gerhart Hauptmann; D: Hermann Hesse; E: Thomas Mann; F: Heinrich Böll
Siehe auch die **Folie** „Einen Autor in einem Referat vorstellen".

2 Mögliche Fragen zum Literaturnobelpreis:
– Wie hoch ist der Frauenanteil an den Preisträgern? – Von 112 Auszeichnungen gingen 14 an Frauen.
– Aus welchen Ländern kommen die Preisträger/-innen? – Die Englisch schreibenden Autoren sind am häufigsten vertreten, gefolgt von Franzosen, Deutschen (13), Spaniern, Schweden, Italienern, Russen; je zweimal wurden bisher Verfasser ausgezeichnet, die in folgenden Sprachen schrieben: Japanisch, Chinesisch; je einmal: Provenzalisch, Bengalisch, Finnisch, Isländisch, Serbokroatisch, Hebräisch, Jiddisch, Tschechisch, Arabisch, Portugiesisch, Ungarisch und Türkisch.
– Wie verläuft das Auswahlverfahren? – Bereits im September des Vorjahres bittet das Nobelkomitee sechs- bis siebenhundert ausgewählte Personen und Institutionen weltweit um Kandidatenvorschläge. Darunter sind bisherige Nobelpreisträger für Literatur, Mitglieder der Schwedischen Akademie sowie anderer vergleichbarer Akademien, Universitätsprofessoren für Literatur, Präsidenten von Schriftstellerverbänden.
– Welche Auswahlkriterien kommen zum Tragen? – Nur lebende Personen werden ausgezeichnet. Alfred Nobel verpflichtete in seinem Testament die Jury ausdrücklich dazu, den Idealismus des Autors bzw. seines Werkes als Maßstab zu setzen.
– Wie hoch ist das Preisgeld? – Derzeit ca. 900 000 Euro
– Wie alt sind die Preisträger/-innen? – Zwischen 41 (Rudyard Kipling) und 88 Jahren (Doris Lessing)
– Wurde die Annahme des Preises schon einmal abgelehnt? – 1958 durch Boris Pasternak auf Druck der sowjetischen Führung; 1964 nahm Jean-Paul Sartre (Frankreich) die Ehrung nicht an, um seine Unabhängigkeit zu wahren.
– Gab es Jahre, in denen der Nobelpreis nicht vergeben wurde? – 1914, 1918, 1935 sowie 1940 bis 1943
– Wird das Abstimmungsergebnis bekannt gegeben? – Nein, nur der Name der Preisträger/-innen. Die Namen der übrigen Kandidaten unterliegen, wie auch Informationen über den gesamten Auswahlprozess, einer 50-jährigen Sperrfrist.

Nach: de.wikipedia.org/wiki/Nobelpreis_f%C3%BCr_Literatur

147

6.2 Liebe und Leidenschaft – Moderne Romanauszüge erschließen

||S. 123 **Lesen als Verbindung – Text und Film untersuchen**

1 Mögliche Antworten:
- Wirkung des Covers: Drei Personen abgebildet, im Vordergrund auf dem Bauch liegende, konzentriert lauschende jüngere Frau, daneben ein Junge, der ihr aus einem Buch („Emilia Galotti") vorliest. Zwischen ihnen, im Hintergrund, der Kopf eines älteren Mannes, der sich umdreht und forschend den Blick mit dem Betrachter aufnimmt. Man wird neugierig: Wer sind diese Personen, in welchem Verhältnis stehen sie zueinander?
- Aussagen des Covers: Hauptpersonen und Nebenrollen. Name des Regisseurs (Stephen Daldry), in Klammern dahinter zwei seiner berühmten Filme: The Hours, Billy Elliot. Hinweis auf den Bestseller des Autors Bernhard Schlink als Grundlage des Films; Drehbuchautor (David Hare)

2 Holocaust: Systematische Verfolgung, Gettoisierung und insbesondere Massenvernichtung von etwa sechs Millionen europäischer Juden in der Zeit des Nationalsozialismus (1933–1945); Sprachregelung der Nationalsozialisten: „Endlösung der Judenfrage"; begründet mit dem Rassenantisemitismus, staatlich organisiert und mit industriellen Methoden durchgeführt (Gaskammern, z. B. in Auschwitz).
Vermutliche Gründe für den Erfolg des Buchs: Das Buch schildert das spannungsreiche und ungewöhnliche Verhältnis zwischen einem Jungen und einer wesentlich älteren Frau und greift den dunkelste Punkt der deutschen Geschichte auf.

3 a Ich würde das Buch bestimmt lesen: Ein Kritiker verspricht, dass man das Buch „nicht aus der Hand legen wird"; ein anderer weist darauf hin, dass es in der deutschen Literatur einen „hohen Seltenheitswert" besitzt; ein weiterer Rezensent hebt hervor, dass dieses Werk ein Glücksfall sei.

   b Was ist „beklemmend" an dem Roman? Warum sollte man es „sich nicht entgehen lassen"? Inwiefern ist er „bestechend" und „aufrichtig"?

4 Siehe Hinweis zu Aufgabe 2.

Zum Autor Bernhard Schlink siehe auch die **Folie** „Einen Autor in einem Referat vorstellen".

||S. 124 Bernhard Schlink: **Der Vorleser**

1 Der Kernsatz C nennt die Hauptpersonen und beantwortet die W-Frage „Was?".

2 Angesprochene Themen:
- Affäre zwischen einer älteren Frau und einem Minderjährigen
- Schuldfrage einer am Holocaust beteiligten KZ-Aufseherin
- Analphabetismus

3 Erzählperspektive: Ich-Erzähler, der in der 1. Person Singular spricht: „Ich fragte sie […]" (Z. 1). Als Hauptfigur ist er selbst handelnd und direkt in das Geschehen eingebunden: „Sie war auf mir eingeschlafen […]" (Z. 2).

4 Michael: 15 Jahre; Schüler der Untersekunda (10. Klasse); war an Gelbsucht erkrankt; lernte Hanna kennen, als er sich in einem Hauseingang übergibt; besucht sie nach seiner Genesung und fühlt sich sexuell von ihr angezogen; beginnt eine Liebesbeziehung mit ihr; schwänzt den Unterricht, weil er durch seine Krankheit meint, das Klassenziel nicht mehr erreichen zu können; liest Hanna auf ihre Nachfrage und Aufforderung hin seine Schullektüre vor; ist glücklich mit dem zwischen beiden entstehenden Ritual.
Hanna: Über zwanzig Jahre älter; Beruf: Straßenbahnschaffnerin; beweist ihm anhand ihres monotonen Berufs, dass für ihn die Schulbildung wichtig ist; ist wissbegierig; lässt sich gerne vorlesen, ist eine aufmerksame Zuhörerin; entwickelt im Umgang mit dem Jungen ein Ritual: vorlesen – gemeinsam duschen/baden – sich lieben.

5 Hanna ist wohl Analphabetin, weil
- sie Michaels Namen auf seinen Heften und Büchern nicht lesen kann (Z. 20 ff.),
- sie auf seine Aufforderung, selber zu lesen, ausweichend antwortet (Z. 99 f.).

6 Szene 1: Michael und Hanna in der Badewanne, Michael liest ihr vor, sie schaut ernst und kritisch und scheint konzentriert zuzuhören.
Szene 2: Michael und Hanna machen gemeinsam einen Fahrradausflug. Michael hat eine Landkarte vor sich. Hanna schaut nicht darauf, sondern mit einem vertrauensvollen Blick auf Michael. Da sie die Landkarte nicht lesen kann, muss sie sich bei der Planung ganz auf Michael verlassen.
Szene 3: Mit einer zärtlichen, fast mütterlichen Berührung umfasst Hanna Michaels Kopf, als wolle sie ihn beschwichtigen oder trösten. Sie ahnt wohl, dass die Beziehung zwischen ihnen beiden nicht von Dauer sein kann.
Siehe auch die **Folie** „Ein Szenenfoto beschreiben".

S.127 Eine weiterführende Aufgabe bearbeiten

1 Möglicher innerer Monolog Hannas:
Ich bin glücklich! Ja, ich bin glücklich! Michael ist ein Geschenk für mich, Michael, mit seinen 15 Jahren. Ich genieße seine Besuche, ich freue mich jeden Tag auf ihn. Ich liebe es: vorlesen, duschen, lieben und noch ein bisschen beieinanderliegen. Wenn Michael wüsste, warum ich ihn vorlesen lasse! Ich mag es mir nicht ausdenken. Mich hat eines gewundert, als ich ihn nach seinem Namen gefragt habe: Dass er nicht auf seine Schulbücher gedeutet hat, wo doch sein Name draufsteht. Oh Gott, wie peinlich! Ich glaube, ich bin deshalb so ausgerastet, weil er mir erzählt hat, dass er in der Schule sitzen bleibt. Was wäre ich froh, wenn ich länger in die Schule gehen und lesen und schreiben hätte lernen können. Und ich hab mich zuerst gewundert, dass er „sitzenbleibt" … Das hab ich zuerst gar nicht verstanden. Die Klasse wiederholen, den Abschluss ein Jahr später machen. Ich weiß auch nicht, was mich überkommen hat, dass ich ihm eine Szene aus meinem Berufsalltag vorgespielt habe. Irgendwie war ich wütend, dass Michael seine Chancen nicht wahrnehmen wollte. Und dann wollte ich unbedingt wissen, was er so in der Schule lernt. Und als er von Homer, Cicero und Hemingway gesprochen hat, und von Emilia Galotti und Kabale und Liebe, da hat es mich gereizt, einmal selber davon zu hören. Dass er eine so schöne Stimme habe, erklärte ich ihm, um ihm zu begründen, dass ich lieber zuhöre, statt zu lesen. Wenn er wüsste! Wie lange mag unser Verhältnis gehen? Ich genieße jeden Tag!

Gründe für Analphabetismus können in den sozialen und familiären Umständen liegen. Oft kommen die betroffenen Kinder aus schwierigen Verhältnissen, die Eltern reagieren meist überfordert oder desinteressiert. In solchen Familien wird nicht vorgelesen oder überhaupt zu einem Buch gegriffen und nur selten etwas geschrieben, sodass Schreiben und Lesen eine nur untergeordnete Rolle spielen. Ebenso können Vernachlässigung oder eine längere Krankheit dazu beitragen, dass Kinder auch während der Schulzeit nicht richtig lesen und schreiben lernen.
Ein weiterer Grund ist, dass diese Kinder in der Schule aus Personal- oder Zeitmangel nicht ausreichend individuell gefördert werden. Lehrern mangelt es oft an der Zeit, sich um leseschwache Kinder zu kümmern. Allerdings können jedoch auch die Probleme von den Lehrern ignoriert werden.

2 b Eingliedrige Erörterung: Es soll auf Maßnahmen eingegangen werden; Schlüsselbegriff: Analphabetismus; Einschränkung: in Deutschland.

S.128 Erwachsen werden – Einen im Dialekt verfassten Romanauszug verstehen und zusammenfassen

Klaus Gietinger: **Unser Weltmeister**

1 a Nachteile: Der Roman hat durch die Verwendung des Westallgäuer Dialekts eine eingeschränkte Leserschaft, es werden sich nicht alle Leser auf die Herausforderung, diesen Dialekt zu verstehen, einlassen. Eine Übersetzung in eine andere Sprache ist nicht möglich, ohne die Eigenheit des

Dialekts zu zerstören. Mundart findet sich in der deutschen Literatur eher selten. Da sie nicht in Lautschrift verfasst wird, klingen die Dialektausdrücke in Prosatexten immer ein wenig künstlich.

Vorteile: Der Dialekt kann mehr als die Hochsprache: Durch den Einsatz der Mundart wird den Romanfiguren eine eigene Identität gegeben, sie sprechen authentisch. Sie können ihren Gefühlen und Gedanken Ausdruck verleihen, da im Dialekt viele bildhafte Redensarten enthalten sind, welche die gesprochene Sprache lebendig machen. Die Formulierung „Ein solcher Käs" (Z. 77) drückt z. B. auf äußerst knappe und gleichzeitig präzise Art die persönliche Meinung zu einer Sache aus, hier die Ratlosigkeit des Trainers, die seiner Ansicht nach unsinnigen Argumente des sturen Vaters entkräften zu können. Gerade im Allgäu ist der Dialekt sehr lebendig. Auch in Allgäukrimis wird er gerne verwendet – ein Zeichen, dass die Beliebtheit des Dialekts wieder zunimmt.

b Der Romanauszug stellt den entscheidenden Wendepunkt im Leben von Max Bentele dar: Aus dem Vorspann zum Text wird klar, dass der 16-Jährige trotz des Protestes seines Vaters Fußballprofi und sogar Weltmeister wird. Es ist spannend, als Leser nachzuvollziehen, wie sich Max gegen seinen Vater durchsetzt und welche Emotionen dabei hochkochen. Die Dialoge lesen sich wie ein wortwörtliches Protokoll, da der Autor einige in der Hochsprache nicht angemessene Begriffe („Halt's Maul!", Z. 27; „Arschloch!", Z. 81; „Fresse", Z. 84) verwendet.

2 a Vater Bentele: Allgäuer Kleinbauer, alleinerziehender Vater; die wirtschaftliche Zukunft des Bauernhofs ist unsicher, vor allem, wenn der Sohn die Landwirtschaft nicht übernimmt.

Max Bentele: 16 Jahre alt, talentierter Fußballspieler, möchte gegen den Wunsch seines Vaters Fußballprofi werden.

Stöckle: Fußballtrainer, der seine Karriere wegen einer Verletzung aufgegeben hat; Vater Bentele bezeichnet ihn daher als „Krippel" (Z. 31). Er setzt seinen Ehrgeiz daran, aus dem talentierten Max einen Fußballprofi zu machen, auch gegen den Willen des Vaters.

b Es wird im Romanauszug nicht deutlich, dass Max zu seinem Vater generell kein gutes Verhältnis hätte. Er hasst ihn jedoch, weil er gegen seine Profifußballkarriere ist. Er kann es nicht verstehen, dass der Vater ihm aus egoistischen Gründen seine Zukunft verbauen will – ein Leben als Hoferbe in der Enge seiner Allgäuer Heimat kann sich Max nicht vorstellen. Zuletzt hasst er seinen Vater so, dass ihm im Affekt Mordgedanken kommen.

c Erzählperspektive: auktorialer (= allwissender Erzähler); er überblickt das Geschehen von außen, steht über den Personen und Ereignissen, kennt die Vergangenheit und die Zukunft und schaltet sich immer wieder kommentierend in den Handlungsverlauf ein: „Als er [Stöckle] eine Weile gegangen war, kam ihm der Mut wieder" (Z. 94 f.) oder „Dies beendete Bapas Mitleidphase […]" (Z. 118).

3 a Der sehr drastische Höhepunkt liegt in den Zeilen 79–87, als der Sohn seinen Vater als „Arschloch" tituliert und dafür eine heftige Ohrfeige bekommt.

b Mögliche Tabelle:

Argument	Gegenargument
…	…
Z. 11 f.: „… dein Bua kann au anständig was verdiene als Fußballer …"	Z. 15 ff.: „Um's Geld goats mir *it*! … Do muss sich mein Bua *it* verkaufe!"
Z. 21 f.: „Der hot eine große Karriere vor sich!"	Z. 22 f.: „Die Karrier, die macht er … als Bauer!"
Z. 48 f.: „Bentele, in a paar Jahr wirft dein Hof sowieso nix mehr ab …"	Z. 52 f.: „Als hättsch du Ahnung von der Landwirtschaft …"
Z. 55 f.: „… willsch du wirklich seinem Glück im Weg stande, he?"	Z. 57: „I hob au koi Glück gehabt im Leben …"
Z. 60 f.: „Will *it* jeder von uns, dass es unsre Kinder mol besser goat?"	Z. 62: „Dene gots scho guat gnug …!"

c   Trainer Stöckle hat seine Fußballerkarriere wegen einer Verletzung aufgeben müssen. Diese Tatsache nimmt Vater Bentele als persönliche Spitze, indem er ihn zweimal als „Krippel" (Z. 31 f., 53) bezeichnet. Als er das zweite Mal diesen beleidigenden und verletzenden Ausdruck verwendet, spricht er das Wort allerdings nur halb aus: „Krip...", denn er spürt selbst, dass er hiermit zu weit gegangen ist.

4   Zusammenfassung des Inhalts:
Zu Beginn des Romanauszugs steht die Diskussion zwischen dem Fußballtrainer Stöckle und dem Vater (genannt „Bapa") des 16-jährigen Max' über dessen Karriere als Fußballprofi. Dabei verwendet Stöckle Argumente, die Max' Vater jedoch ganz geschickt ins Gegenteil verkehrt oder entkräftet, denn für ihn ist klar, dass sein Sohn den Bauernhof einmal übernehmen wird. Max hört der Diskussion zuerst ruhig zu und schaltet sich nur zweimal mit Bitten und einem Versprechen ein. Als es sich herausstellt, dass sich der Vater nicht umstimmen lässt, verliert der Sohn die Geduld und wirft ihm ein böses Schimpfwort an den Kopf. Der Vater reagiert mit einer kräftigen Ohrfeige und verweist den Fußballtrainer vom Hof.
Nach einem Szenenwechsel kommt es im Zimmer von Max zu einem Gespräch zwischen Vater und Sohn. Bald stellt es sich jedoch heraus, dass der Vater wieder versucht, Max von seinen Argumenten zu überzeugen. Auch bei diesem Gespräch schaukelt sich die Situation auf und beide werden persönlich so verletzend, bis ein Aufeinanderzugehen nicht mehr möglich ist. Max zeigt jedoch keine Angst vor seinem Vater, und dieser spürt, dass sich Max durchsetzen und er seinen Sohn an dessen Karriere verlieren wird.

5   Mögliche Einleitung zu einem TGA:
Der Roman „Unser Weltmeister" wurde von Klaus Gietinger, einem 1955 im Allgäu geborenen Autor, verfasst. Gietinger arbeitet als Drehbuchautor, Filmregisseur und -produzent sowie Sozialwissenschaftler. Seine Heimat prägt sein Werk: Ein in seiner Heimatregion zum „Kult" gewordener Film wurde im westallgäuischen Dialekt gedreht. Auch der vorliegende Roman spielt im Allgäu und lässt die Hauptfiguren im Dialekt sprechen. Es geht im Romanauszug um die Diskussion zwischen dem Vater von Max, einem 16-jährigen, talentierten Fußballer, und dem Fußballtrainer Stöckle, der den Vater vergeblich davon überzeugen will, dass sein Sohn eine Karriere als Fußballprofi anstreben soll, statt den väterlichen Hof als Bauer zu übernehmen.
Siehe auch die **Folie** „Einen Autor in einem Referat vorstellen (Klaus Gietinger)".

S. 131   **Weiterführende Aufgaben bearbeiten**

1   Möglicher innerer Monolog von Max:
So, endlich ist er draußen, ich hätte sonst nicht mehr gewusst, was ich tue! Ein solcher Sturbock, und erst auf die Mitleidstour zu machen. Endlich habe ich ihm mal meine Meinung gesagt. Was ist denn das für ein Vater? Bildet er sich wirklich ein, er könnte über meine Zukunft bestimmen? Nein, nicht mit mir. Der Stöckle hat vollkommen recht: Ich werde Karriere als Fußballprofi machen und nicht hier im Allgäu auf einem kleinen, alten Bauernhof versauern. Mir ist egal, was mein Vater meint, ich denke jetzt an mich und mache etwas aus meinem Leben! Von wegen Kuhstall – die ganze Welt steht mir offen! Er wird es dann schon sehen, wenn ich mal in der Bundesliga spiele und einen Haufen Geld verdiene. Oh, da freue ich mich schon auf sein Gesicht, wenn ich in ein paar Jahren durch die Haustür trete und ihm mit Geldscheinen unter der Nase herumwedle. Wie soll ich es nur anstellen? Der Stöckle muss mir zur Flucht verhelfen, da bleibt mir nichts anderes übrig. Das hat Vater dann von seiner Sturheit! Soll er doch schauen, wie er allein zurechtkommt.

2 Beispiel für einen persönlichen Brief des Trainers:

Lindenberg, 2. Mai 20XX

Lieber Bentele,

mir tut es leid, wie wir heute aneinandergeraten sind. Es sind unschöne Worte gefallen, die unter die Gürtellinie gegangen sind – aber damit du siehst, wie ernst es mir mit der Karriere deines Sohnes ist, möchte ich mit diesem Brief ein letztes Mal den Versuch machen und dich umstimmen.

Willst du wirklich allen Ernstes das Talent deines Sohnes verschwenden? Hast du es nicht mitbekommen, dass er im Verein der Beste ist? Du hast ihn doch auch bei den Spielen gesehen, sag bloß nicht, dass du nicht stolz auf ihn und seine Leistung bist. Wach doch auf und überleg dir, was für Chancen deinem Sohn offenstehen, wenn er eine Fußballkarriere startet. Profisportler sein ist nichts Unanständiges, von wegen „Sklavenhandel", Max macht das doch freiwillig! Leicht wird es für Max nicht werden, das will ich gar nicht behaupten. Das Geld ist sauber verdient! Von wegen Geld: Denk doch auch an die Rentabilität deines Hofes: In ein paar Jahren bist du alt, kannst nicht mehr so, wie du willst, und was dann? Du kannst es nicht verlangen, dass dein Sohn in deine Fußstapfen tritt und den Kuhstall mit der großen weiten Welt tauscht.

Siehst du nicht, dass du ein purer Egoist bist? Das solltest du einmal überdenken. Ich bin mir dessen bewusst, dass dir die Entscheidung nicht leichtfallen wird, aber: Gib deinen Sohn frei und belaste ihn nicht mit dem Streit zwischen euch!

Ich verspreche dir, dass Max von mir alle Unterstützung erhält auf seinem Weg zum Fußballprofi. Du wirst schon sehen! Gib dir einen Ruck und springe über deinen Schatten. Du kannst mich gerne anrufen, um mir deine Entscheidung mitzuteilen. Ich freue mich darauf, wieder normal mit dir reden zu können.

Herzliche Grüße

Stöckle

3 Mögliche Argumente des Vaters:
- Es ist unsicher, ob sich der Traum vom Fußballprofi wirklich erfüllt.
- Spielen in der dritten Liga bietet keine Existenzgrundlage.
- Für Ausbildung / Studium / Beruf kann es zu spät werden.
- Man muss auf vieles verzichten: regelmäßige Treffen mit Schulfreunden, Klassenfahrten …
- Schulwechsel bei Vereinswechsel wirkt sich nachteilig aus.
- Als Fußballspieler hat man wenig Planungssicherheit: Wie geht es mit der Karriere voran? Was ist mit der Verletzungsgefahr? Wie ist der Trainingsplan mit der Freizeit zu vereinbaren?
- Ein Leben als Profi ist immer der gleiche Trott.

Jetzt lass mich mal reden und hör dir meine Argumente an: Kannst du mir vielleicht garantieren, dass sich für Max der Traum von einer Fußballprofikarriere wirklich erfüllt? Wenn ich mir vorstelle, er schafft es bis in die dritte Liga – davon kann er nicht leben. Und was ist dann mit seiner Ausbildung, mit Studium und Beruf? Wenn der Zug dann für ihn nicht abgefahren ist! Und wenn ich mir vorstelle, auf was mein Sohn beim Aufbauen seiner Fußballkarriere alles verzichten muss: Hat er denn noch Zeit für seine Schulfreunde? Kann er noch auf Klassenfahrten mitfahren? Kann er überhaupt auf seiner Schule bleiben, wenn er möglicherweise den Verein wechselt? Das wirst du doch nicht leugnen können, Stöckle, dass man als Fußballspieler wenig Planungssicherheit hat. Das fängt damit an, dass der Trainingsplan strikt eingehalten werden und man flexibel für die Spiele gerade am Wochenende sein muss. Und was ist, wenn sich Max verletzt? Ich denke da an dich, lieber Stöckle …

Zum Roman „Unser Weltmeister" siehe die **Kopiervorlage 1** („Einen Romanauszug erschließen"). Eine weitere Übungsmöglichkeit bietet die **Kopiervorlage 2** („Einen Romanauszug erschließen").

6.3 Fit in …? – Eine weiterführende kreative Schreibaufgabe zu einem Romanauszug verfassen

S. 133 Milena Michiko Flašar: **Ich nannte ihn Krawatte**

1 Beispiel für eine Überarbeitung:

<u>Überleitung:</u> Die Figur des Taguchi Hiro in diesem Romanauszug hat mich sehr berührt. Ich möchte mich nun in den jungen Mann hineinversetzen und **aus** seiner Perspektive einen Brief an seine Eltern verfassen.

Meine lieben Eltern,

ihr werdet euch wundern, dass ich euch heute einen Brief schreibe. Seit zwei Jahren haben wir so gut wie gar nicht mehr miteinander gesprochen. Ich war die ganze lange Zeit in meinen vier Wänden gesessen, hinter zugezogenen Vorhängen, und habe nichts anderes getan, als den Riss in der Wand über den Regalen anzustarren.

Mir ist klar geworden, **dass ich euch mit meinem Rückzug von euch und der ganzen Welt sehr wehgetan habe.** Dennoch habt ihr mich **respektiert.** Und du, liebe Mutter, hast mir jeden Tag das Tablett mit dem Essen vor die Tür gestellt. **Ich schätze es sehr**, dass ihr niemals versucht habt, mit Gewalt in mein Zimmer einzudringen und mich zu zwingen, ein normales Leben zu führen!

Was muss es für euch bedeutet haben, auf Fragen der Nachbarn „Wie geht's **eigentlich Ihrem** Sohn? Den haben wir ja schon lange nicht mehr gesehen!" zu antworten. Vielleicht habt ihr gesagt: „Ach, der ist verreist!" oder: „Er arbeitet schon seit einem halben Jahr in Kobe, wussten Sie das nicht?" Und dabei **war** ich in meinem Zimmer gesessen, in unserer Wohnung, direkt neben euch. Meine Haut ist totenbleich, weil sie **kein** Sonnenstrahl berührt hat. **Wenn ihr mich fragt, warum ich das getan habe,** so muss ich zugeben, dass mich die Angst in meinem Zimmer wie mit einer eisernen Faust zurückgehalten hat. Glaubt mir, ich hatte nicht die Kraft, die Türe meines Zimmers zu öffnen und den Fuß über die Schwelle zu setzen. Die geschlossene Tür war für mich keine Gefängnistür, sondern ein Schutz vor der Welt draußen, einer Welt, in der ich ständig Leistung bringen musste.

Es hat mich große Überwindung gekostet, das Leben draußen wieder aufzunehmen, das müsst ihr mir glauben. **Die vielen Farben plötzlich um mich herum – es war mir, als würden sie schreien. Dieser Lärm! Die vielen Menschen – ich konnte ihnen nicht in die Augen schauen und hatte Panik vor einer Berührung. Mir wurde schlecht – ihr könnt ahnen, wie es mir erging, wenn ich euch sage, dass ich mich übergeben musste. Was der Auslöser dafür war, dass ich mein Zimmer verließ?** Ihr werdet euch wundern: Es war ein Schwarm Krähen, den ich durch mein Fenster beobachtet habe. Sie machten mir klar, dass ich jahrelang meine Freiheit aufgegeben habe – die Vögel konnten überall hinfliegen, nur ich lebte hinter einer Tür, in einem Raum, der für mich wie ein Käfig war.

Immerhin habe ich nun die Enge **meines Zimmers** mit der Bank im Park vertauscht und sitze mit **zusammengebissenen** Zähnen da. Mir ist aber nach den zwei Jahren Isolation, in **denen** ich für euch wie gestorben sein musste, eines klar geworden: Ich kann mich nicht länger einfach davonschleichen und brauche nicht so **zu** tun, als könnte ich mich in **Luft** auflösen – ich werde immer euer Kind bleiben und ein Teil der Gesellschaft, in die ich hineingeboren bin.

Bitte **verzeiht** mir. Helft mir, ins Leben zurückzufinden.

Euer Hiro

PS: Als Erstes brauche ich neue Schuhe – meine **alten** sind zu klein geworden!

Siehe auch die **Kopiervorlage 3** („Einen TGA zu einem Romanauszug schreiben").

Vorschläge für Stegreifaufgaben oder eine Schulaufgabe

– Einen Romanauszug erschließen
  Siehe die **Kopiervorlage 2**.
– Einen TGA zu einem Romanauszug verfassen
  Siehe die **Kopiervorlage 3**.

Weiteres Übungsmaterial

Deutschbuch Arbeitsheft 10
– Auszüge aus Romanen erschließen, S. 36–43
  Joachim Meyerhoff: Wann wird es endlich wieder so, wie es nie war
  Günter Grass: Die Blechtrommel

Deutschbuch Schulaufgabentrainer 10
– „Extrem laut und unglaublich nah"
  Einen TGA zu einem Romanauszug verfassen, S. 62–71

Einen Romanauszug erschließen

1 Das Gespräch zwischen Vater und Sohn im zweiten Teil des Romanausschnitts hätte sich eventuell ganz anders entwickeln können, bis jedoch in einer bestimmten Phase des Gesprächs ein Aufeinander-zugehen nicht mehr möglich ist. Überprüft euer Textverständnis:

a Die beiden Grafiken zeigen ein „Gefühlsbarometer". Notiert an den Knickpunkten der Grafiken den jeweiligen Buchstaben der Phase, in welcher sich das Gespräch bewegt. Bei richtiger Lösung erhaltet ihr zwei Lösungswörter:

Emotionsstärke Sohn

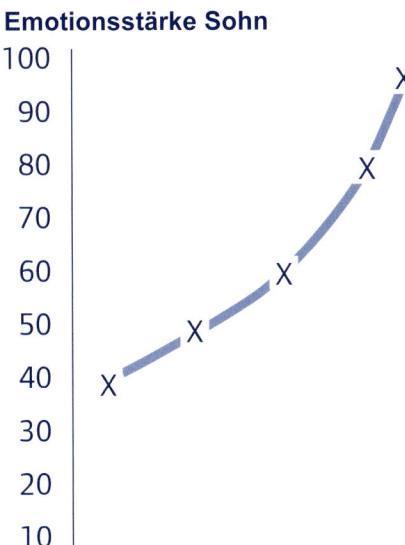

Emotionsstärke Vater

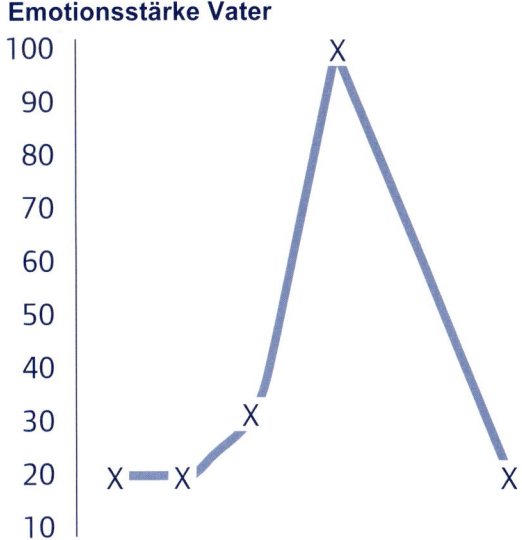

- Max lässt sich von seinem Vater nicht mehr beeinflussen. (T)
- Max liegt trotzig allein im Zimmer auf dem Bett. (T)
- Das Verhalten der Mutter dient ihm als Bestätigung für sein Vorhaben, sein Elternhaus zu verlassen. (O)
- Er droht damit abzuhauen. (R)
- Zum wiederholten Mal beleidigt er seinen Vater. (S)

- Der Vater führt sein eigenes Schicksal quasi als Entschuldigung an. (T)
- Der Vater geht auf den Sohn zu. (S)
- Das Schicksal der Mutter wird als Argument gegen das Vorhaben des Sohns angeführt. (R)
- Der Vater wagt nur, seinen Sohn zu schütteln als Zeichen seiner Hilf- und Hoffnungslosigkeit. (N)
- Vermittlungsversuch: Anrede des Sohns mit dem Vornamen (I)

Das hätte Max in dieser Situation gebraucht: _____.

Zum ersten Mal in seinem Leben hat er seinem Vater die _____ geboten.

b Begründet, in welcher Phase des Gesprächs sich Vater und Sohn vollkommen voneinander entfernen.

_____

_____

_____

_____

Autorin: Sonja Wiesiollek

Kapitel 6

KV 1

Kopiervorlage

Einen Romanauszug erschließen (1 von 6)

Corina Bormann: **Und morgen am Meer**

Milena Paulsen ist ein 16-jähriges Mädchen, das 1989 im Osten der damals noch geteilten Stadt Berlin lebt. Ihr Vater ist alleinerziehend, die Mutter gestorben, als Milena zwei Jahre alt war. Claudius, ein Westberliner Abiturient, begegnet Milena ganz zufällig bei einem Tagesausflug in die Ostzone. Es beginnt eine Liebesgeschichte, die nicht sein darf – die Mauer und zwei unterschiedliche politische Systeme stehen zwischen ihnen und ihrem gemeinsamen Traum. Es gehen nur einmal Briefe zwischen beiden hin und her. Am 22. Juli 1989, mitten in den Sommerferien, wird Milena völlig unerwartet in das Direktorat ihrer Schule gerufen.

Die ganze Nacht lag ich mit kneifendem Magen im Bett. […] Dass ich morgen im Büro des Direktors antanzen musste, und das zu Ferienzeiten, war schon schlimm genug. Doch ich
5 fürchtete, dass nicht nur er mich nach meinen „Westkontakten" fragen würde. Bestimmt war irgendwer von der Stasi mit dabei. Und es war wahrscheinlich, dass sie mich stundenlang löchern und mir drohen würden.
10 Viel zu früh kam ich am nächsten Vormittag bei der Schule an. Das Gebäude wirkte so verlassen, beinahe gruselig. […] Nie war mir aufgefallen, wie hässlich die Pflanzen im Foyer mit ihren braun angelaufenen Blättern waren.
15 Mit pochendem Herzen schlich ich durch den leeren Gang zum Direktorenbüro. Die Ungewissheit ließ meinen Magen noch immer schmerzen, zwischendurch war mir ganz furchtbar übel. […]
20 Wenn es schlecht lief, würden sie mich vielleicht gleich von der Schule schmeißen? Oder in den Jugendwerkhof[1] verfrachten? Am liebsten hätte ich kehrtgemacht und wäre weggelaufen. Irgendwohin, wo sie mich nicht finden konnten.
25 Doch gab es so einen Ort in der DDR überhaupt? Kurz vor der Tür des Rektorats vernahm ich Stimmen.

Offenbar rechneten sie noch nicht damit, dass ich kommen würde. So leise wie möglich setzte ich mich auf den Stuhl neben der Tür. Begleitet 30 von Zigarettenqualm drangen Worte nach draußen. Zunächst konnte ich nichts mit ihnen anfangen, doch plötzlich wurden sie deutlicher. […]
„Ich glaube Ihnen schon, wenn Sie sagen, dass 35 Fräulein Paulsen eine gute Schülerin ist und sich auch im Kollektiv beteiligt. Und ich bin sicher, dass wir, wenn wir ein Auge darauf haben, das Mädchen dazu bringen können, wieder auf den richtigen Weg zurückzufinden. Doch es steht 40 außer Frage, dass sie vorbelastet ist, und wir nicht wissen, inwiefern sich die Ereignisse der Vergangenheit auf sie ausgewirkt haben."
Ich und vorbelastet? Was sollte ich denn getan haben. Ich hatte es nicht einmal gewagt, Micki- 45 Maus-Hefte […] in die Schule zu schmuggeln. Und im Stabü-Unterricht[2] hatte ich brav nachgebetet, was man mir erzählt hatte, so wie alle anderen Schüler, ob sie nun daran glaubten oder nicht. 50
Und jetzt glaubte der Mann, der sicher von der Stasi war, ich wäre vorbelastet. Hatten die einen Spitzel auf mich angesetzt?
Immerhin versuchte unser Direktor, mich zu verteidigen. 55
„Ich bin sicher, dass sie nichts mit der Sache zu tun hatte. Ja, ihr Vater hat mir versichert, dass sie nichts davon weiß. Ich bin sicher, dass dies nur ein Ausrutscher war und nichts zu bedeuten hat." 60
Jetzt wurde ich stutzig. Was für eine Sache sollte ich nicht wissen? Und wie kam Papa eigentlich dazu, mit dem Direktor zu sprechen? Über was?
„Auch das glaube ich Ihnen, Genosse Neumann, aber was den Vater des Mädchens angeht. […] Immerhin war er bei dem Fluchtversuch dabei. Dass es nur seine Frau geschafft hat, war vielen Umständen geschuldet, aber sicher nicht dem, dass er es sich anders überlegt hat."

Autorin: Sonja Wiesiollek

Kopiervorlage

Kapitel 6

KV 2, Blatt 1

Einen Romanauszug erschließen (2 von 6)

70 „Aber er hat keinen weiteren Versuch unternommen! Korrigieren Sie mich, aber soweit ich weiß, hat er nicht mal einen Ausreiseantrag gestellt, und Kontakt hatte er zu seiner Frau auch keinen mehr."

75 „Jedenfalls keinen, von dem wir wissen, aber das kriegen wir noch heraus. Vielleicht lebt Frau Paulsen jetzt in Westberlin!"
Eine Pause entstand, doch mir hallten die Worte wieder und wieder durch den Kopf. Flucht-
80 versuch … dass es nur seine Frau geschafft hat … Ausreiseantrag … Kontakt zu seiner Frau …
Ich fühlte mich auf einmal, als wären mehrere Zentnersäcke Kartoffeln auf mich gefallen. […]
Während eine furchtbare Übelkeit in mir auf-
85 stieg […], dämmerte mir wie in Zeitlupe, dass meine Mutter gar nicht tot war. Dass Papa mich belogen hatte. Dass Mama in den Westen gegangen war. Und dass sie nie versucht hatte, uns rüberzuholen. Dass Papa nie versucht hatte,
90 zu ihr zu gelangen. […]
Nein, das konnte ich nicht glauben. […]
Aber dennoch, der Stasimann hatte es gesagt. Und die Stasi wusste bekanntlich über alles Bescheid. Ja, sogar unser Direktor schien da-
95 rüber Bescheid zu wissen. Alle wussten darüber Bescheid – nur ich nicht. […]
Noch einen Moment gönnte ich mir, um meine Angst niederzukämpfen, die jetzt wieder meine Knie weich machte. Dann hob ich den Arm und
100 klopfte. […] Im Türspalt erschien ein mir unbekannter Mann.
„Ah, Jugendfreundin Paulsen!", sagte der Stasimann und musterte mich mit seinen blassblauen Augen von Kopf bis Fuß. Dass ich mein
105 FDJ-Hemd[3] anhatte und auch sonst keine Westklamotten trug, schien ihn zufriedenzustellen. […]
„Wie Sie vielleicht wissen, ist uns zu Ohren gekommen, dass staatsfeindliche Elemente ver-
110 sucht haben, mit Ihnen in Kontakt zu treten."
Staatsfeindliche Elemente. Claudius war das nie im Leben. Und selbst wenn Mama mir geschrieben hätte, wäre sie keines, das wusste ich

genau. Mama. Ich konnte es immer noch nicht fassen.   115
[…] „Ich weiß nichts von staatsfeindlichen Objekten", antwortete ich. […]
„Sie wissen hoffentlich, was es bedeutet, mit Staatsfeinden Kontakt zu halten", sagte der Stasimann, während er den Kuli vor sich ableg- 120
te und die Hände […] faltete, als wollte er beten. „Von Genosse Neumann weiß ich, dass Sie vorhaben, das Abitur zu machen und zu studieren. Sie sollten sich gut überlegen, wie Ihre nächsten Schritte aussehen. Kommt es zu kei- 125
nen weiteren Auffälligkeiten, werden wir die Sache mit dem Brief vergessen. Doch wenn wir Kenntnis davon erhalten, dass Sie mit Staatsfeinden kommunizieren, werden wir Maßnahmen ergreifen müssen, die nicht nur Sie betref- 130
fen, Jugendfreundin, sondern auch ihre Familie. Sie wissen, dass auf Landesverrat empfindliche Haftstrafen stehen. Selbst für Jugendliche wie Sie. Sie wollen sich doch nicht anstelle des Studiums in einem Jugendwerkhof wiederfin- 135
den, oder?"
Mir schwirrte der Kopf.

Corina Bormann: Und morgen am Meer. Ueberreuter Verlag,
Wien 2013, S. 159–167 (gekürzt)

---

1 **Jugendwerkhof:** Umerziehungsheim in der DDR
2 **Stabü:** Abkürzung für Staatsbürgerkunde
3 **FDJ:** Abkürzung für Freie Deutsche Jugend, sozialistischer Jugendverband in der DDR

Autorin: Sonja Wiesiollek
Foto: INTERFOTO / Archiv Friedrich

Einen Romanauszug erschließen (3 von 6)

1 Nennt die Figuren, die in dem Romanauszug eine Rolle spielen, und beschreibt sie kurz in eurem Heft.

2 Erschließt den Inhalt des Romanauszugs und entscheidet, ob folgende Aussagen richtig, falsch oder nicht mit Hilfe des Textes beantwortet werden können. Kreuzt entsprechend an.

	richtig	falsch	nicht im Text
Am schlimmsten findet es Milena, dass sie in den Schulferien zum Schuldirektor gerufen wird.			
Sie hofft, eine Auszeichnung für ihr vorbildliches Verhalten im Stabü-Unterricht zu bekommen.			
Milena ist froh, dass sie sich hübsch mit modernen Anziehsachen aus dem Westen eingekleidet hat.			
Nur ihre Mutter hat einen Fluchtversuch unternommen, als Milena zwei Jahre alt war.			
Milenas Vater wollte Kontakt zu seiner Frau aufnehmen.			
Milena wird in einen Jugendwerkhof eingewiesen.			

3 Ordnet die Sinnabschnitte und tragt vor den Sätzen die Ziffern in die entsprechenden Kästchen ein.

☐ Milena wird klar, dass ihr Vater sie über den Verbleib ihrer Mutter belogen hat.

☐ Der Mann von der Staatssicherheit warnt sie vor Konsequenzen für sie und ihre Familie.

☐ Vor dem Rektorat belauscht sie ein Gespräch, aus dem sie entnehmen kann, dass ihre Mutter noch lebt.

☐ Ohne Angabe von Gründen wird Milena in den Ferien zum Schuldirektor gerufen.

☐ Im Rektorat erfährt Milena, dass sie staatsfeindliche Kontakte gehabt haben soll.

4 a Überlegt, welche Absicht die Autorin verfolgte. Streicht unwahrscheinliche Absichten durch.
Die Autorin will
– Milenas Freude darüber ausdrücken, dass ihre Mutter noch lebt
– die Einschüchterungsmethoden der Staatssicherheit veranschaulichen
– belegen, wie gefährlich Fluchtversuche aus der DDR waren
– zeigen, dass man in der DDR nur angepasst ein normales Leben führen konnte
– vor Augen führen, was mit so genannten Staatsfeinden passierte
– die Vorteile des Lebens in der DDR veranschaulichen
– zeigen, dass Briefeschreiben in der DDR verboten war

●●● b Schreibt einen zusammenhängenden Text in euer Heft, in dem ihr auf die Absicht der Autorin eingeht.

 Autorin: Sonja Wiesiollek

Kapitel 6
KV 2, Blatt 3

Kopiervorlage

Einen Romanauszug erschließen (4 von 6)

5 Untersucht die Sprache des Romanauszugs. Übertragt die Tabelle in euer Heft. Findet jeweils mindestens ein geeignetes Textbeispiel mit Zeilenangabe und geht auf die Wirkung ein.

	Textbeispiel	**Wirkung**
Satzbau Lange Satzgefüge		
Kurze Aussagesätze		
Fragesätze		
Ellipsen		
Inversionen		
Wortwahl Aussagestarke Verben		
Anschauliche Adjektive/Partizipien		
Begriffe aus dem DDR-Sprachgebrauch		
Stilmittel Rhetorische Fragen		
Anaphern		
Vergleiche		
Metaphern		
Umgangs-/ Jugendsprache		
Wiederholung		
Ironie		
Direkte Rede		

6 Wählt aus Satzbau und Wortwahl mindestens zwei, aus den Stilmitteln mindestens fünf Beispiele und schreibt einen zusammenhängenden Text zur Sprachbetrachtung in euer Heft.

Kopiervorlage •••

Autorin: Sonja Wiesiollek

Kapitel 6
KV 2, Blatt 4

Einen Romanauszug erschließen (5 von 6)

5 Untersucht die Sprache des Romanauszugs. Übertragt die Tabelle in euer Heft und vervollständigt sie mit den fehlenden sprachlichen Mitteln, Textbeispielen und Wirkung.

	Textbeispiel	Wirkung
Satzbau		
Lange Satzgefüge	„Und ich bin sicher, dass wir, wenn wir …, dazu bringen können, … zurückzufinden" (Z. 37 ff.).	gestelzte, umständliche Ausdrucksweise eines Mitarbeiters der Staatssicherheit
Kurze Aussagesätze	„Die ganze Nacht lag ich …" (Z. 1) „Bestimmt war irgendwer … dabei" (Z. 6 f.)	
Fragesätze	„… würden sie mich … schmeißen?" (Z. 20 f.); „… gab es so einen Ort in der DDR …?" (Z. 25)	
Ellipsen	„Dass Papa mich belogen hatte." (Z. 86 f.); „Selbst für Jugendliche wie Sie." (Z. 133 f.)	
Inversionen	„So leise wie möglich setzte ich mich …" (Z. 29 f.)	betont, dass Milena auf keinen Fall entdeckt werden will
Wortwahl		
Aussagestarke Verben	„schmuggeln" (Z. 46), „nachgebetet" (Z. 47 f.); „mir hallten die Worte" (Z. 78 f.)	Verdeutlichung, wie Milena mit dem DDR-Schulsystem zurechtkommt Es dröhnt in Milenas Kopf.
Anschauliche Adjektive/Partizipien	„… mit kneifendem [Magen]" (Z. 1); „verlassen", „gruselig", „hässlich", „braun angelaufen" (Z. 11 ff.)	
Begriffe aus dem DDR-Sprachgebrauch	„Stasi" (Z. 7, 52, 93), „FDJ" (Z. 105), „Kollektiv" (Z. 37), „Stabü" (Z. 47), „Jugendwerkhof" (Z. 22, 135)	
Stilmittel		
Rhetorische Fragen	„Sie wollen sich doch nicht … oder?" (Z. 134 ff.)	Zynismus des Stasi-Mitarbeiters
Anaphern	„dass … nicht tot war. Dass … … dass … Dass …" (Z. 85 ff.)	
Vergleiche		Veranschaulichung, wie sehr Milena die Neuigkeiten belasten, wie sie durch die Nachrichten gelähmt ist
Metaphern	„sie … löchern …" (Z. 8 f.); „ein Auge darauf haben" (Z. 38) „Mir schwirrte der Kopf." (Z. 137)	
Umgangs-/ Jugendsprache	„schmeißen" (Z. 21), „verfrachten" (Z. 22)	

Autorin: Sonja Wiesiollek

Einen Romanauszug erschließen (6 von 6)

Wiederholung	„wieder und wieder" (Z. 79), „Und die Stasi … wusste Bescheid. Bescheid zu wissen … Alle wussten … Bescheid …" (Z. 93 ff.)	Verdeutlichung, wie Milena hin und her überlegt, dass nur sie noch nicht im Bild ist
Ironie		Der Stasi-Mitarbeiter „betet" nicht, sondern legt im Gegenteil damit los, was er gegen Milena vorbringt.
Direkte Rede	Belauschtes Gespräch (Z. 35–43, 56–60, 64–69, 70–77), Verhör von Milena (Z. 102 ff.)	

6 │ Wählt aus Satzbau und Wortwahl mindestens zwei, aus den Stilmitteln mindestens fünf Beispiele und schreibt einen zusammenhängenden Text zur Sprachbetrachtung in euer Heft.

Kopiervorlage ●○○

Autorin: Sonja Wiesiollek

Kapitel 6

Einen TGA zu einem Romanauszug schreiben (1 von 5)

Heinrich Böll: Die verlorene Ehre der Katharina Blum.
Oder: Wie Gewalt entstehen und wohin sie führen kann (1974)

Heinrich Böll (* 1917 in Köln, † 1985 in Langenbroich/Eifel) gilt als einer der bedeutendsten deutschen Schriftsteller der Nachkriegszeit. Im Jahr 1972 erhielt er den Nobelpreis für Literatur.

Hintergrund: Die 27-jährige einsame Haushälterin Katharina Blum lernt 1974 im Kölner Karneval einen von der Polizei gesuchten radikalen Kriminellen kennen und verliebt sich spontan in ihn. Rasch wird sie von der Polizei als Komplizin verdächtigt und gerät dadurch ins Visier der Boulevardpresse. In dem fiktiven Bericht wird sie von der „ZEITUNG" falsch beschuldigt und vor ihrem gesamten Umfeld bloßgestellt. Dadurch wird die Boulevardzeitung zum Auslöser für ihren Mord an dem Journalisten Werner Tötges. Damals arbeitete Katharina Blum als Haushaltshilfe bei dem erfolgreichen Industrieanwalt Hubert Blorna und dessen Ehefrau Trude.

Es war etwa gegen 15.30 Uhr des nämlichen Tages (Donnerstag, den 21.2.74), als Blorna sich in seinem Urlaubsort zum ersten Mal die Skier anschnallte und zu einer längeren Wande-
5 rung aufbrechen wollte. Von diesem Augenblick war sein Urlaub, auf den er sich so lange gefreut hatte, vermasselt. Schön gewesen war der lange Abendspaziergang am Abend vorher, kurz nach der Ankunft, mit Trude zwei Stunden
10 lang durch den Schnee [...]. In dem Augenblick, als er loswandern wollte, war dieser Kerl von der ZEITUNG aufgetaucht und hatte ihn, ohne jede Vorbereitung, auf Katharina angequatscht. Ob er sie eines Verbrechens für fähig
15 halte? „Wieso", sagte er, „ich bin Anwalt und ich weiß, wer alles eines Verbrechens fähig ist. Welches Verbrechen denn? Katharina? Undenkbar, wie kommen Sie darauf? Woher wissen Sie?" Als er schließlich erfuhr, dass ein
20 lange gesuchter Bandit nachweislich bei Katharina übernachtet habe und sie seit ungefähr

11 Uhr früh streng vernommen werde, hatte er vorgehabt, sofort zurückzufliegen und ihr beizustehen, aber der Kerl von der ZEITUNG –
25 sah er wirklich so schmierig aus oder fand er das später? – sagte, so schlimm sei es nun wieder nicht, und ob er ihm nicht ein paar Charaktereigenschaften nennen könne. Und als er sich weigerte, meinte der Kerl, das sei aber ein
30 schlechtes Zeichen und könne bös missdeutet werden, denn Schweigen über ihren Charakter sei in einem solchen Fall, und es handle sich um eine „front-page-story", eindeutig ein Hinweis auf einen schlechten Charakter, und schon
35 wütend und sehr gereizt sagte Blorna: „Katharina ist eine sehr kluge und kühle Person", und ärgerte sich, weil auch das nicht stimmte und nicht andeutungsweise ausdrückte, was er hatte sagen wollen und hätte sagen müssen. Er hatte
40 noch nie mit Zeitungen und schon gar nicht in der ZEITUNG zu tun gehabt, und als der Kerl in seinem Porsche wieder abfuhr, schnallte Blorna die Skier wieder ab und wusste, dass der Urlaub hinüber war. Er ging zu Trude hinauf,
45 die in Decken gehüllt wohlig, halb schlafend auf dem Balkon in der Sonne lag. Er erzählte es ihr. „Ruf doch mal an", sagte sie und er versuchte anzurufen, dreimal, viermal, fünfmal, aber er bekam immer die Auskunft „Teilneh-
50 mer meldet sich nicht". Er versuchte gegen elf abends noch einmal anzurufen, aber wieder meldete sich niemand. Er trank viel und schlief schlecht.

Als er Freitag früh gegen halb zehn mürrisch zum Frühstück erschien, hielt Trude ihm schon
55 die ZEITUNG entgegen. Katharina auf der Titelseite. Riesenfoto, Riesenlettern. RÄUBERLIEBCHEN KATHARINA BLUM VERWEIGERT DIE AUSSAGE ÜBER HERRENBESUCHE. *Der seit eineinhalb Jahren gesuchte Bandit und Mörder Ludwig Götten hätte gestern verhaftet werden können, hätte nicht seine Geliebte, die Hausangestellte*

Kopiervorlage

Einen TGA zu einem Romanauszug schreiben (2 von 5)

Katharina Blum, seine Spuren verwischt und
65 *seine Flucht gedeckt. Die Polizei vermutet, dass die Blum schon seit längerer Zeit in die Verschwörung verwickelt ist. (Weiteres siehe auf der Rückseite unter dem Titel HERREN-BESUCHE.)*

70 Dort auf der Rückseite las er dann, dass die ZEITUNG aus seiner Äußerung, Katharina sei klug und kühl, „eiskalt und berechnend" gemacht hatte und aus seiner generellen Äußerung über Kriminalität, dass sie „durchaus eines
75 Verbrechens fähig sei". […]
Am Nachmittag auf dem Flugplatz rekonstruierte Blorna, was dann kurz hintereinander geschehen war. […]
10.40 Anruf von Katharina, die mich fragte, ob
80 ich das wirklich so gesagt hätte, wie es in der ZEITUNG stand. Froh darüber, sie aufklären zu können, erklärte ich ihr den Zusammenhang, und sie sagte (aus dem Gedächtnis protokolliert) etwa Folgendes: „Ich glaub's Ihnen, ich
85 glaub's, ich weiß ja jetzt, wie die Schweine arbeiten. Heute Morgen haben sie sogar meine schwerkranke Mutter […] aufgestöbert." […]
12.15. Buchungen erledigt, gepackt, Rechnung bezahlt. Nach knapp 40-stündigem Urlaub im
90 Taxi nach I. Dort auf dem Flugplatz […] im Nebel gewartet. Langes Gespräch mit Trude über Katharina […]. Sprachen auch darüber, wie wir Katharina ermuntert hatten, nicht so zimperlich zu sein, ihre unglückselige Kindheit
95 und ihre vermurkste Ehe zu vergessen. Wie wir versucht haben, ihren Stolz, wenn es um Geld geht, zu überwinden und ihr von unserem eigenen Konto einen billigeren Kredit als den der Bank [für ihre Eigentumswohnung] zu geben.
100 […] Wie wir Katharina zu Dank verpflichtet sind: Seit sie ruhig und freundlich, auch planvoll unseren Haushalt leitet, sind nicht nur unsere Unkosten erheblich gesunken, sie hat uns auch beide für unsere berufliche Arbeit so frei

„Die verlorene Ehre der Katharina Blum",
Regie: Volker Schlöndorff, 1975

gemacht, dass wir es kaum in Geld ausdrücken 105
können. […] Entschließen uns gegen 16.30
Uhr, da der Nebel sich nicht zu lichten scheint,
doch mit dem Zug zu fahren. […]
Schon am Samstagmorgen am Bahnhof der
Stadt, die immer noch saisongemäß fröhlich 110
war, völlig zerknittert und elend, schon auf dem
Bahnsteig des Bahnhofs die ZEITUNG und
wieder mit Katharina auf dem Titel. MÖR-
DERBRAUT IMMER NOCH VERSTOCKT!
KEIN HINWEIS AUF GÖTTENS VER- 115
BLEIB! POLIZEI IN GROSSALARM. Trude
kaufte das Ding und sie fuhren schweigend im
Taxi nach Hause, und als er den Fahrer bezahlte, während Trude die Haustür aufschloss, wies
der Fahrer auf die ZEITUNG und sagte: „Sie 120
sind auch drin, ich hab' Sie gleich erkannt. Sie
sind doch der Anwalt und Arbeitgeber von
diesem Nüttchen."

Heinrich Böll: Die verlorene Ehre der Katharina Blum.
Deutscher Taschenbuch Verlag, München, 37. Auflage 2000,
S. 34–40 (gekürzt)

Anmerkung:
In einer Vorbemerkung erläutert Böll: Personen und Handlung dieser Erzählung sind frei erfunden. Sollten sich bei der Schilderung gewisser journalistischer Praktiken Ähnlichkeiten mit den Praktiken der „Bild"-Zeitung ergeben haben, so sind diese Ähnlichkeiten weder beabsichtigt noch zufällig, sondern unvermeidlich.

Kopiervorlage

Einen TGA zu einem Romanauszug schreiben (3 von 5)

1 **a** Stellt in der Tabelle alle für die Einleitung erforderlichen Angaben zusammen, führt auch Angaben zum Autor an.

	Heinrich Böll
Titel	
	Deutscher Taschenbuch Verlag, München, 37. Auflage 2000
Textsorte	
Kernsatz	In dem Romanauszug geht es um …

b Vervollständigt die folgenden beiden Sätze zur Kernaussage des Romanauszugs:

In dem Romanauszug geht es insbesondere darum, dass _____ wegen

Katharina, _____, von einem Journalisten _____

_____ belästigt wird.

c Schreibt eine vollständige Einleitung in euer Heft.

2 **a** Lest den Romanauszug ein zweites Mal und unterstreicht Schlüsselwörter, um euch den Inhalt zu erschließen.

b Ergänzt die Lücken in den Vorschlägen zu den Sinnabschnitten.

Z. 1–10: Ausgangssituation: Blorna mit Frau im _____ _____

Z. 10–44: Interview mit Reporter der ZEITUNG: Information über Verdächtigungen gegenüber der

Haushälterin; Preisgabe von _____

Z. 44–52: Information seiner Frau über Vorkommnis; vergebliche _____ bei Katharina

Z. 54–75: Beim Frühstück: Druckfrische ZEITUNG mit _____

Z. 76–106: Auf dem Flughafen: Rekonstruktion der _____ seit 10.40 Uhr

Z. 106–119: Rückkehr in Heimatort wegen Nebels mit dem _____ und _____

Z. 119–123: Erkennen des Rechtsanwalts durch den _____ am Bahnhof

auf Grund der nächsten Ausgabe der ZEITUNG mit _____ Schlagzeilen

c Verfasst eine vollständige Inhaltsangabe. Schreibt in euer Heft.

Autorin: Sonja Wiesiollek

Kapitel 6

KV 3, Blatt 3

Kopiervorlage

Einen TGA zu einem Romanauszug schreiben (4 von 5)

3   Ergänzt in der unten stehenden Tabelle Textbeispiele und deren Wirkung. Einige Beispiele sind vorgegeben.

	Textbeispiel	Wirkung
Satzbau		
Lange Satzgefüge	„Es war […], als Blorna sich […] anschnallte und […] aufbrechen wollte" (Z. 1 ff.); „Als […], dass […] und […], hatte er […] und […], aber […] und ob […] " (Z. 19–28)	
Inversionen		
Ellipsen		
Fragesätze		Ratlosigkeit, intensives Nachforschen
Wortwahl		
Anschauliche Adjektive/Partizipien		
Eher neutrale Verben		nüchtern, sachlich, objektiv, beherrscht
Umgangssprachliche Ausdrücke		
Sprache des Boulevardjournalismus	„Räuberliebchen" (Z. 57); „die Blum" (Z. 66); „Mörderbraut" (Z. 113 f.)	
Stilmittel		
Indirekte Rede		Distanzierung vom Gesagten und von der Person, die es gesagt hat
Direkte Rede		
Fremdwörter		
Aufzählungen		
Metaphern	„war […] aufgetaucht" (Z. 11 f.); „Mutter […] aufgestöbert" (Z. 87)	
Alliterationen	„klug und kühl" (Z. 36, 72), „Riesenfoto. Riesenlettern" (Z. 57)	

4   Wählt aus Satzbau und Wortwahl mindestens zwei, aus den Stilmitteln mindestens fünf Beispiele und schreibt einen zusammenhängenden Text zur Sprachbetrachtung in euer Heft.

Kopiervorlage

Einen TGA zu einem Romanauszug schreiben (5 von 5)

5 Stellt fest, mit welcher Absicht Heinrich Böll den Roman geschrieben hat.

a Unterstreicht in den Vorbemerkungen zum Romanauszug sowie in der Anmerkung am Ende des Textes alle Stellen, in denen eine mögliche Absicht des Autors erkennbar wird.

b Vervollständigt den folgenden Lückentext mit Hilfe eurer Unterstreichungen.

Mit welcher Absicht Heinrich Böll den Roman geschrieben hat, wird bereits aus dem Untertitel deutlich:

_____ .

Böll weist eindeutig die Schuld der _____ zu, durch deren Vorgehen

Katharina Blum _____ wird.

Zwar hat Böll die Personen und die Handlung „_____", der Bericht ist lediglich

„fiktiv" (s. „Hintergrund"). Böll erklärt aber, dass sich eventuell mit „der Schilderung gewisser journalisti-

scher Praktiken Ähnlichkeiten mit _____ "

ergeben haben. Unmissverständlich weist er darauf hin, dass „diese Ähnlichkeiten weder beabsichtigt

noch zufällig, sondern _____ " sind.

c Ergänzt den folgenden Lückentext. Der Wortspeicher kann euch dabei helfen.

> eine Gewalttat • Verfälschung von Informationen • „Räuberliebchen" •
> „sehr kluge und kühle Person" • Ursachen • „eiskalt und berechnend" • „Mörderbraut"

Böll will in seinem Roman vor Augen führen, mit welchen Methoden der _____

_____ die Boulevardpresse arbeitet: Die Äußerung Blornas, Katharina sei

eine „_____" (Z. 36), wird zu den negativen

Begriffen „_____" (S. 72) verdreht. Aus der bisher noch

unbescholtenen Katharina wird ein „_____" (Z. 57 f.) und eine

„_____" (Z. 113 f.). Am Beispiel Katharina Blums will Böll zeigen, was

einen Menschen dazu treiben kann, _____ auszuführen. Damit

wird zwar nicht die Tat gerechtfertigt, aber es können die _____ geklärt werden.

6 Verfasst einen geeigneten Schluss, in dem ihr eure Meinung zum Romanausschnitt begründet. Schreibt in euer Heft.

Autorin: Sonja Wiesiollek

Kapitel 6

Kopiervorlage

Einen Romanauszug erschließen (KV 1)

Lösungen

1 **a** Lösungswörter: Trost, Stirn

b Max und sein Vater entfernen sich ganz voneinander, als Max darauf hinweist, dass auch seine Mutter das Haus und Mann und Sohn verlassen habe, weil sie es nicht mehr mit ihm ausgehalten habe.

✂ -

Einen Romanauszug erschließen (KV 2)

Lösungen

1 Milena Paulsen: 16 Jahre, Schülerin, erfährt, dass ihre Mutter nicht tot ist
Mitarbeiter der Staatssicherheit: wirft Milena vor, mit Staatsfeinden Kontakt zu haben
Schuldirektor: verteidigt Milena, da ihr Vater keinen Ausreiseantrag mehr gestellt und keinen Kontakt zu seiner Frau mehr hatte

2 Richtig sind die Aussagen:
- Am schlimmsten findet es Milena, dass sie in den Schulferien zum Schuldirektor gerufen wird.
- Nur ihre Mutter hat einen Fluchtversuch unternommen, als Milena zwei Jahre alt war.

Falsch sind die Aussagen:
- Sie hofft, eine Auszeichnung für ihr vorbildliches Verhalten im Stabü-Unterricht zu bekommen.
- Milena ist froh, dass sie sich hübsch mit modernen Anziehsachen aus dem Westen eingekleidet hat.
- Milena wird in einen Jugendwerkhof eingewiesen.

Nicht im Text enthalten ist die Aussage:
- Milenas Vater wollte Kontakt zu seiner Frau aufnehmen.

3 In den Kästchen stehen von oben nach unten die Zahlen 3, 5, 2, 1 und 4.

4 **a** Unwahrscheinliche Absichten: Die Autorin will
- Milenas Freude darüber ausdrücken, dass ihre Mutter noch lebt,
- die Vorteile des Lebens in der DDR veranschaulichen,
- zeigen, dass Briefeschreiben in der DDR verboten war.

●●● **b** Die Autorin möchte veranschaulichen, dass man in der DDR nur angepasst ein normales Leben führen konnte. Die Einschüchterungsmethoden der Staatssicherheit werden thematisiert und der Leser wird darüber informiert, was mit so genannten Staatsfeinden passierte: Schlimmstenfalls hätte ihre ganze Familie unter den „Verfehlungen" der Tochter gelitten, sie hätte keinen Schulabschluss machen können und wäre in den Jugendwerkhof, ein Umerziehungsheim, eingeliefert worden. Auslöser der Überwachungsmaßnahmen war die „Republikflucht" ihrer Mutter.

5 ●●● / ●●● Mögliche Tabelle:

	Textbeispiel	**Wirkung**
Satzbau		
Lange Satzgefüge	„Und ich bin sicher, dass wir, wenn wir …, dazu bringen können, … zurückzufinden" (Z. 37 ff.).	gestelzte, umständliche Ausdrucksweise eines Mitarbeiters der Staatssicherheit
Kurze Aussagesätze	„Die ganze Nacht lag ich …" (Z. 1) „Bestimmt war irgendwer … dabei" (Z. 6 f.)	Milena spricht, wie sie denkt: kurz, knapp; eher einfacher Sprachgebrauch eines 16-jähriges Mädchens

Lösungen

Fragesätze	„… würden sie mich … schmeißen?" (Z. 20 f.), „… gab es so einen Ort in der DDR …?" (Z. 25)	zeigen ihre Angst vor der Zukunft, ihre Unsicherheit, ihre Ablehnung des Systems in der DDR
Ellipsen	„Dass Papa mich belogen hatte." (Z. 86 f.); „Selbst für Jugendliche wie Sie." (Z. 133 f.)	drückt Milenas Rat- und Hilflosigkeit aus knappe, bestimmte Aussage des Stasi-Mitarbeiters
Inversionen	„So leise wie möglich setzte ich mich …" (Z. 29 f.)	betont, dass Milena auf keinen Fall entdeckt werden will
Wortwahl		
Aussagestarke Verben	„schmuggeln" (Z. 46), „nachgebetet" (Z. 47 f.); „mir hallten die Worte" (Z. 78 f.)	Verdeutlichung, wie Milena mit dem DDR-Schulsystem zurechtkommt Es dröhnt in Milenas Kopf.
Anschauliche Adjektive/Partizipien	„… mit kneifendem [Magen]" (Z. 1); „verlassen", „gruselig", „hässlich", „braun angelaufen" (Z. 11 ff.)	klarmachen, wie schlecht es Milena geht, wie trist das Schulgebäude auf sie wirkt
Begriffe aus dem DDR-Sprachgebrauch	„Stasi" (Z. 7, 52, 93), „FDJ" (Z. 105), „Kollektiv" (Z. 37), „Stabü" (Z. 47), „Jugendwerkhof" (Z. 22, 135)	Beleg, dass Milena mit diesem Sprachgebrauch aufgewachsen ist
Stilmittel		
Rhetorische Fragen	„Sie wollen sich doch nicht … oder?" (Z. 134 ff.)	Zynismus des Stasi-Mitarbeiters
Anaphern	„dass … nicht tot war. Dass … … dass … Dass …" (Z. 85 ff.)	Verstärkung des Entsetzens, als Milena Dinge im Nachhinein logisch erscheinen
Vergleiche	„als wären mehrere Zentnersäcke Kartoffeln auf mich gefallen" (Z. 82 f.); „wie in Zeitlupe" (Z. 85)	Veranschaulichung, wie sehr Milena die Neuigkeiten belasten, wie sie durch die Nachrichten gelähmt ist
Metaphern	„sie … löchern …" (Z. 8 f.); „ein Auge darauf haben" (Z. 38) „Mir schwirrte der Kopf." (Z. 137)	weist auf die Verhörmethoden und die Bespitzelung durch die Stasi hin Verdeutlichung, wie viele Gedanken Milena durch den Kopf gehen
Umgangs-/ Jugendsprache	„schmeißen" (Z. 21), „verfrachten" (Z. 22)	Milena spricht die Sprache einer 16-Jährigen.
Wiederholung	„wieder und wieder" (Z. 79), „Und die Stasi … wusste Bescheid. Bescheid zu wissen … Alle wussten … Bescheid …" (Z. 93 ff.)	Verdeutlichung, wie Milena hin und her überlegt, dass nur sie noch nicht im Bild ist
Ironie	„als wollte er beten" (Z. 121 f.)	Der Stasi-Mitarbeiter „betet" nicht, sondern legt im Gegenteil damit los, was er gegen Milena vorbringt.
Direkte Rede	Belauschtes Gespräch (Z. 35–43, 56–60, 64–69, 70–77), Verhör von Milena (Z. 102 ff.)	Lebendigkeit, Authentizität

Cornelsen

Lösungen

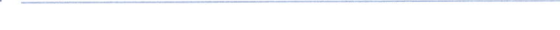
6  ●●● / ●○○ Mögliche Sprachbetrachtung:

Die Sprache des Romanauszugs ist von vielen Besonderheiten geprägt. So sind beim Satzbau vor allem lange Satzgefüge auffallend, jedoch nur im Sprachgebrauch der Beamten, nämlich des Schuldirektors und des Mitarbeiters der Staatssicherheit: „Und ich bin sicher, dass wir, wenn wir …, dazu bringen können, … zurückzufinden" (Z. 37 ff.). Kurze Aussagesätze finden sich dagegen, wenn Milena spricht oder der Leser ihre Gedanken erfährt: „Die ganze Nacht lag ich" (Z. 1), „Bestimmt war irgendwer … dabei" (Z. 6 f.). Zahlreiche Fragesätze zeigen Milenas Angst vor der Zukunft, ihre Unsicherheit und ihre Ablehnung des kommunistischen Systems der DDR: „würden sie mich … schmeißen?" (Z. 20), „gab es so einen Ort in der DDR?" (Z. 25). Ellipsen wie „Dass Papa mich belogen hatte" (Z. 86 f.), „Selbst für Jugendliche wie Sie" (Z. 133 f.) drücken Milenas Hilf- und Ratlosigkeit bzw. die knappe, bestimmte Aussage des Stasi-Mitarbeiters aus. Mit einer Inversion („So leise wie möglich setzte ich mich", Z. 29 f.) wird betont, dass Milena vor dem Zimmer des Direktors auf keinen Fall entdeckt werden will.

Etliche Besonderheiten lassen sich auch bei der Wortwahl feststellen. Aussagestarke Verben verdeutlichen z. B., wie Milena mit dem Schulsystem in der DDR zurechtkommt: „schmuggeln" (Z. 46), „nachgebetet" (Z. 47 f.). Wie schlecht es Milena geht, als sie zum Direktor gerufen wird, und wie trist das Schulgebäude aussieht, verdeutlichen anschauliche Adjektive und Partizipien: „mit kneifendem [Magen]" (Z. 1), „verlassen", „gruselig", „hässlich", „braun angelaufen" (Z. 11 ff.). Vor allem belegen typische Begriffe aus dem DDR-Sprachgebrauch, dass Milena mit diesem System aufgewachsen ist: „Stasi" (Z. 7, 52, 93), „Jugendwerkhof" (Z. 22, 135), „Kollektiv" (Z. 37), „Stabü" (Z. 47), „FDJ" (Z. 105). Ebenso sind in dem Romanauszug zahlreiche rhetorische Mittel enthalten. Den Zynismus des Stasi-Mitarbeiters verdeutlichen z. B. rhetorische Fragen („Sie wollen sich doch nicht … oder?", Z. 134 ff.). Mit Anaphern wird das Entsetzen Milenas verstärkt wiedergegeben, als ihr Zusammenhänge im Nachhinein logisch erscheinen: „… dass … nicht tot war. Dass … , dass … Dass … (Z. 85 ff.). Mit Vergleichen („als wären mehrere Zentnersäcke Kartoffeln auf mich gefallen", Z. 82 f.; „wie in Zeitlupe", Z. 85) wird veranschaulicht, wie sehr Milena die Neuigkeiten belasten und sie durch die Nachrichten gelähmt ist. Metaphern („sie … löchern", Z. 8 f.; „ein Auge darauf haben", Z. 38; „Mir schwirrte der Kopf", Z. 137) weisen auf die Verhörmethoden und die Bespitzelung durch die Stasi hin und verdeutlichen, wie viele Gedanken Milena durch den Kopf gehen. Da Milena in der Sprache einer 16-Jährigen spricht, tauchen auch einige umgangssprachliche Ausdrücke auf: „schmeißen" (Z. 21), „verfrachten" (Z. 22). Mit Wiederholungen wird verdeutlicht, wie Milena hin und her überlegt und weiß, dass sie noch nicht genau im Bild ist („wieder und wieder", Z. 79, „Und die Stasi … wusste Bescheid … Bescheid zu wissen … Alle wussten … Bescheid …", Z. 93 ff.). Auch Ironie taucht als Stilmittel auf: Der Stasi-Mitarbeiter wird beschrieben, „als wolle er beten" (Z. 121 f.). Im Gegenteil: Er legt Milena dar, was er gegen sie vorbringt. Als Letztes sind natürlich auch die direkten Reden zu nennen, die der Romanauszug enthält, z. B. in dem belauschten Gespräch (Z. 35–43, 56–60, 64–69, 70–77) und dem Verhör von Milena (Z. 102 ff.). Sie sorgen für Lebendigkeit und Authentizität.

✂ --

Einen TGA zu einem Romanauszug schreiben (KV 3)

Lösungen

1 **a** Autor: Heinrich Böll, geb. 1917 in Köln, gestorben 1985 in der Eifel, einer der bedeutendsten deutschen Schriftsteller der Nachkriegszeit, erhielt 1972 den Nobelpreis für Literatur
Titel: „Die verlorene Ehre der Katharina Blum, oder: Wie Gewalt entstehen und wohin sie führen kann"
Quelle: Deutscher Taschenbuch Verlag, München, 37. Auflage 2000
Textsorte: Romanauszug
Kernsatz: siehe Lösung zu Teilaufg. b/c.

Lösungen

b/c Mögliche Einleitung:

Der vorliegende Auszug aus dem Roman „Die verlorene Ehre der Katharina Blum, oder: Wie Gewalt entstehen und wohin sie führen kann" von Heinrich Böll wurde im Deutschen Taschenbuch Verlag, München in der 37. Auflage 2000 veröffentlicht.

In dem Romanauszug geht es insbesondere darum, dass Rechtsanwalt Blorna wegen Katharina, seiner Haushaltshilfe, von einem Journalisten der Boulevardpresse belästigt wird.

2 **a** Mögliche Schlüsselwörter: Blorna – Urlaubsort – vermasselt – Kerl von der Zeitung – auf Katharina angequatscht – Ob er sie eines Verbrechens fähig halte? – erfuhr, dass ein lange gesuchter Bandit nachweislich bei Katharina übernachtet habe – streng vernommen – ob … Charaktereigenschaften nennen könne – Schweigen – Hinweis auf einen schlechten Charakter – Katharina ist eine sehr kluge und kühle Person – zu Trude – ruf doch mal an – wieder meldete sich niemand – zum Frühstück – hielt Trude ihm schon die ZEITUNG entgegen – RÄUBERLIEBCHEN – aus seiner Äußerung … „eiskalt und berechnend" gemacht – auf dem Flugplatz rekonstruierte Blorna – Anruf von Katharina – erklärte ich ihr den Zusammenhang – meine schwerkranke Mutter aufgestöbert – langes Gespräch mit Trude über Katharina – Nebel – doch mit dem Zug – am Bahnhof der Stadt – ZEITUNG … und wieder mit Katharina auf dem Titel – Trude kaufte – schweigend nach Hause – Fahrer – Sie sind doch der Anwalt und Arbeitgeber von diesem Nüttchen

    b Sinnabschnitte:

Z. 1–10: Ausgangssituation: Blorna mit Frau im Winterurlaub

Z. 10–44: Interview mit Reporter der ZEITUNG: Information über Verdächtigungen gegenüber der Haushälterin; Preisgabe von Details über den Charakter Katharinas durch Blorna (geschickte Fragestellung)

Z. 44–52: Information seiner Frau über Vorkommnis; vergebliche Anrufe bei Katharina

Z. 54–75: Beim Frühstück: Druckfrische ZEITUNG mit entstellten Informationen Blornas

Z. 76–106: Auf dem Flughafen: Rekonstruktion der Ereignisse seit 10.40 Uhr

Z. 106–119: Rückkehr in Heimatort wegen Nebels mit dem Zug und erneute Konfrontation mit der ZEITUNG

Z. 119–123: Erkennen des Rechtsanwalts durch den Taxifahrer am Bahnhof auf Grund der nächsten Ausgabe der ZEITUNG mit neuen, bloßstellenden Schlagzeilen

    c Inhaltsangabe:

Zu Beginn des Romanauszugs wird der Leser mit der Ausgangssituation vertraut gemacht: Eine der Hauptfiguren, Rechtsanwalt Blorna, befindet sich mit seiner Frau im Winterurlaub. Am zweiten Urlaubstag wird Blorna von einem Reporter angesprochen. Dieser informiert den Anwalt über Anschuldigungen gegen die Haushälterin Katharina Blum. Durch eine geschickte Fragestellung entlockt der Journalist dem Rechtsanwalt Äußerungen über Katharinas Charakter. Am nächsten Morgen liest das Ehepaar in der aktuellen Zeitung völlig entstellte Informationen. Daraufhin entschließen sie sich zur Abreise. Blorna notiert sich am Flughafen in Bericht- oder Protokollform die letzten Ereignisse. Es kommt zu einem langen Gespräch zwischen ihm und seiner Frau, in dem sich beide sehr positiv über Katharina äußern. Beide fahren wegen des Nebels mit dem Zug zurück und begegnen gleich bei ihrer Ankunft am Bahnhof neuen verleumderischen Zeitungsschlagzeilen über Katharina. Der Taxifahrer identifiziert den Anwalt als Arbeitgeber von dem „Nüttchen".

Lösungen

3 Ergänzte Tabelle:

	Textbeispiel	Wirkung
Satzbau		
Lange Satzgefüge	„Es war […], als Blorna sich […] anschnallte und […] aufbrechen wollte" (Z. 1 ff.); „Als […], dass […] und […], hatte er […] und […], aber […] und ob […]" (Z. 19–28)	genaue, ausführliche Beschreibung; sich überstürzende Ereignisse
Inversionen	„Dort auf der Rückseite las er dann, dass […]" (Z. 70)	Verdeutlichung, dass es im hinteren Teil der ZEITUNG mit den Enthüllungen weitergeht
Ellipsen	„Katharina auf der Titelseite." (Z. 56 f.)	Sprachlosigkeit Blornas, Verwunderung
Fragesätze	„‚Welches Verbrechen denn? […] Woher wissen Sie?'" (Z. 17 ff.)	Ratlosigkeit, intensives Nachforschen
Wortwahl		
Anschauliche Adjektive/Partizipien	„schmierig" (Z. 25) „wütend und sehr gereizt" (Z. 35) „[in Decken] gehüllt wohlig, halb schlafend" (Z. 45)	genaue Charakterisierung der Personen
Eher neutrale Verben	„er […] erfuhr" (Z. 19), „er ging […] hinauf" (Z. 44), „las er" (Z. 70)	nüchtern, sachlich, objektiv, beherrscht
Umgangssprachliche Ausdrücke	„vermasselt" (Z. 7), „angequatscht" (Z. 13 f.) „der Kerl" (Z. 11, 24, 29, 41)	Auch der erfolgreiche Industrieanwalt bedient sich in seiner Freizeit einer lässigen Redeweise. Herabsetzung des Journalisten
Sprache des Boulevardjournalismus	„Räuberliebchen" (Z. 57 f.), „die Blum" (Z. 66), „Mörderbraut" (Z. 113 f.)	Sensationalisierung, Emotionalisierung, Erregen von Aufmerksamkeit
Stilmittel		
Indirekte Rede	„er […] erfuhr, dass ein […] Bandit […] übernachtet habe und sie […] vernommen werde" (Z. 19 ff.)	Distanzierung vom Gesagten und von der Person, die es gesagt hat
Direkte Rede	„‚Wieso', sagte er, […]. ‚Woher wissen Sie?'" (Z. 15 ff.)	Authentizität, Lebendigkeit
Fremdwörter	„front-page-story" (Z. 33); „rekonstruierte Blorna" (Z. 76 f.)	Qualifikation des Reporters; gehobener Sprachgebrauch des Anwalts
Aufzählungen	„dreimal, viermal, fünfmal" (Z. 48)	Verstärkung der Dringlichkeit des Anliegens
Metaphern	„war […] aufgetaucht" (Z. 11 f.); „Mutter […] aufgestöbert" (Z. 87)	Verdeutlichung des unvermittelten Erscheinens
Alliterationen	„klug und kühl" (Z. 36, 72), „Riesenfoto. Riesenlettern" (Z. 57)	positive Charakterisierung Katharinas; in Großbuchstaben optisch verstärkte Schlagzeilen

4 Mögliche Sprachbetrachtung:

In dem Romanauszug fallen beim Satzbau etliche Besonderheiten auf, z. B. viele Satzgefüge: „Es war […], als Blorna sich […] anschnallte und […] aufbrechen wollte" (Z. 1 ff.) oder „Als […], dass […] und […], hatte er […], aber […], und ob" (Z. 19–28). Hier wird eine genaue, ausführliche Beschreibung der Situation gegeben; oft überstürzen sich Ereignisse, und so packt Böll viele Informationen in einen Satz. Mit der Inversion „Dort auf der Rückseite las er dann, dass […]" (Z. 70) verdeutlicht der Autor, dass es im hinteren Teil der ZEITUNG mit den Enthüllungen weitergeht. Eine Ellipse zeigt die Sprachlosigkeit Blornas, seine tiefe Verwunderung über die Veröffentlichung von „Katharina auf der Titelseite" (Z. 56 f.). Eine Aneinanderreihung von Fragesätzen „Welches Verbrechen denn? […] Woher wissen Sie?" (Z. 17 ff.) macht dem Leser die Ratlosigkeit Blornas klar und zeigt, dass er der Sache intensiv nachgeht.

Ebenso weist die Wortwahl des Romanauszugs besondere Merkmale auf. Viele anschauliche Adjektive und Partizipien finden sich, z. B.: „schmierig" (Z. 25), „wütend und sehr gereizt" (Z. 35), „[in Decken] gehüllt wohlig, halb schlafend" (Z. 45). Noch fühlt sich Trude, Blornas Ehefrau, wohl, als jedoch der unangenehme Reporter auftaucht, schlägt die Stimmung um. Dagegen fällt bei den Verben auf, dass diese eher neutral sind. Da der Romanauszug wie ein Bericht verfasst ist, sind die Verben eher nüchtern, sachlich und wirken objektiv: „er […] erfuhr" (Z. 19), „er ging […] hinauf" (Z. 44.), „las er" (Z. 70). Dennoch sind auch einige umgangssprachliche Ausdrücke zu finden: „vermasselt" (Z. 7), „angequatscht" (Z. 13 f.). Auch der erfolgreiche Industrieanwalt bedient sich in seiner Freizeit einer eher lässigen Redeweise; mit der verächtlichen Bezeichnung „der Kerl" (Z. 11, 24, 29, 41) für den Reporter setzt er diesen herab. Der Romanauszug enthält auch zahlreiche Begriffe aus der Sprache des Boulevardjournalismus. Heinrich Böll will mit dem Aufgreifen von Formulierungen der ZEITUNG wie „Räuberliebchen" (Z. 57 f.), „die Blum" (Z. 65) und „Mörderbraut" (Z. 113 f.) die Sensationalisierung und Emotionalisierung durch diesen Sprachgebrauch betonen, mit denen die Boulevardpresse die Aufmerksamkeit des Lesers erregt und dadurch die Verkaufszahlen erhöht.

Des Weiteren sind in dem Romanauszug viele Stilmittel festzustellen. Die indirekte Rede erzeugt eine Distanz zum Gesagten und zur Person, die es gesagt hat, z. B.: „dass ein […] Bandit […] übernachtet habe und sie […] vernommen werde" (Z. 19 ff.). Im Gegensatz dazu steht die Verwendung der direkten Rede: „Wieso', sagte er […]. ‚Woher wissen Sie?'" (Z. 15 ff.). Diese schafft Authentizität und Lebendigkeit. Der Gebrauch von Fremdwörtern („front-page-story", Z. 33) und „rekonstruierte Blorna" (Z. 76 f.) weist auf die Qualifikation des Reporters bzw. den gehobenen Sprachgebrauch des Anwalts hin. Mit Aufzählungen wird das dringliche Anliegen verstärkt, Katharina telefonisch zu erreichen: „dreimal, viermal, fünfmal" (Z. 48). Anschaulich wird die Sprache des Romanauszugs ebenso durch den Einsatz von Metaphern: „war […] aufgetaucht" (Z. 11 f.); „Mutter […] aufgestöbert" (Z. 87). Damit wird das unvermittelte Erscheinen des Reporters beschrieben bzw. verdeutlicht, dass die Mutter Katharinas erst nach intensiver Suche gefunden wurde. Nicht zuletzt mit Hilfe von Alliterationen verstärkt der Autor seine Aussagen. Mit der Feststellung „klug und kühl" (Z. 36, 72) charakterisiert Blorna Katharina äußerst positiv. „Riesenfoto. Riesenlettern" (Z. 57) weist auf die – optisch noch durch Großdruck verstärkten – Schlagzeilen hin, die dem Leser verkaufsfördernd regelrecht ins Auge springen sollen.

5 **a** Mögliche Unterstreichungen:

Untertitel: „Wie Gewalt entstehen und wohin sie führen kann"

Hintergrund: gerät dadurch ins Visier der Boulevardpresse – falsch beschuldigt – vor ihrem gesamten Umfeld bloßgestellt – Boulevardzeitung zum Auslöser für ihren Mord an dem Journalisten Werner Tötges

Anmerkung: frei erfunden – Ähnlichkeiten mit den Praktiken der „Bild"-Zeitung – Ähnlichkeiten unvermeidlich

b Mit welcher Absicht Heinrich Böll den Roman geschrieben hat, wird bereits aus dem Untertitel deutlich: „Wie Gewalt entstehen und wohin sie führen kann". Böll weist eindeutig die Schuld der Boulevardpresse zu, durch deren Vorgehen Katharina Blum zur Mörderin des Journalisten Werner Tötges wird. Zwar hat Böll die Personen und die Handlung „frei erfunden", der Bericht ist lediglich „fiktiv" (s. „Hintergrund"). Böll erklärt aber, dass sich eventuell mit „der Schilderung gewisser journalisti-

Lösungen

scher Praktiken Ähnlichkeiten mit den Praktiken der Boulevardpresse" ergeben haben. Unmissverständlich weist er darauf hin, dass „diese Ähnlichkeiten weder beabsichtigt noch zufällig, sondern unvermeidlich" sind.

c Böll will in seinem Roman vor Augen führen, mit welchen Methoden der Informationsverfälschung die Boulevardpresse arbeitet: Die Äußerung Blornas, Katharina sei eine „sehr kluge und kühle Person" (Z. 36), wird zu den negativen Begriffen „eiskalt und berechnend" (S. 72) verdreht. Aus der bisher noch unbescholtenen Katharina wird ein „Räuberliebchen" (Z. 57 f.) und eine „Mörderbraut" (Z. 113 f.). Am Beispiel Katharina Blums will Böll zeigen, was einen Menschen dazu treiben kann, eine Gewalttat auszuführen. Damit wird zwar nicht die Tat gerechtfertigt, aber es können die Ursachen geklärt werden.

6 Möglicher Schluss:
Der Text veranschaulicht eindrucksvoll, wie die Boulevardpresse mit einer objektiven Berichterstattung umgeht. Sie verdreht, verschärft oder verfälscht Tatsachen, um den Sensationshunger der Leser zu stillen und die Verkaufszahlen zu erhöhen. Ganz typisch finde ich in diesem Zusammenhang die Haltung des Taxifahrers am Ende des Romanauszugs, der Blorna quasi mitschuldig werden lässt, da er der Arbeitgeber von „diesem Nüttchen" ist. Bölls Roman hat an Aktualität nichts verloren, wenn er uns Leser mit diesem Buch zu einem kritischeren Umgang mit der Boulevardpresse anhalten will.

7 Zeit für Lyrik – Gedichte als Ausdruck ihrer Zeit

Konzeption des Gesamtkapitels

Die Schüler/-innen lernen in diesem Kapitel Gedichte kennen, die typisch sind für die verschiedenen Kunstrichtungen um die Jahrhundertwende und in der ersten Hälfte des 20. Jahrhunderts. Sie verstehen, dass Literaturströmungen mit anderen Künsten der Zeit korrespondieren (Malerei, Musik) und dass äußere Einflüsse sowie das Lebensumfeld der Autorinnen und Autoren auf deren künstlerisches Schaffen große Auswirkungen haben. Anhand von Beispielen der Liebeslyrik aus verschiedenen Jahrhunderten erkennen die Jugendlichen, dass Gefühle der Menschen zu allen Zeiten gleich bleiben, aber je nach Epoche in unterschiedliche Verse gegossen werden. Dass diese Verse, ob modern oder aus früheren Zeiten – mit entsprechender Anleitung und Übung – gut vorgetragen werden können, ist ein weiteres Ziel dieses Lyrikkapitels.

Das erste Teilkapitel (**„Vom Impressionismus zum Expressionismus – Lyrik Ende des 19. und Anfang des 20. Jahrhunderts"**) beschäftigt sich mit Gedichten aus den genannten literarischen Epochen und verlangt von den Schülerinnen und Schülern, Inhalt und Sprache zu untersuchen sowie zu interpretieren, wobei auch die Form der Gedichte miteinbezogen werden soll. Die Einsicht, dass Schriftsteller/-innen von ihrem eigenen Erleben abhängig sind, wird sich dabei besonders im Expressionismus zeigen.

Im zweiten Teilkapitel (**„ ‚… flög ich zu dir!' – Liebeslyrik aus mehreren Jahrhunderten"**) regen Liebesgedichte aus verschiedenen Zeiten, aber mit ähnlichen Inhalten, die Schüler/-innen dazu an, inhaltliche Gemeinsamkeiten aufzuspüren sowie Metaphern und Bilder zu untersuchen, um die Gedichte auf diese Weise zu erschließen. Auch Mundartgedichte finden hier ihren Platz und sollen, nachdem sie in verständliches Deutsch übertragen worden sind, in ihrer sprachlichen Eigenart auf Motive der Liebeslyrik hin geprüft werden.

Das dritte Teilkapitel (**„Gedichte kreativ präsentieren"**) bietet den Schülerinnen und Schülern die Gelegenheit, kreativ und experimentierfreudig mit der Lyrik umzugehen. Indem sie Gedichte sprachlich verändern, musikalisch untermalen und spielerisch darbieten, lernen die Jugendlichen, Gedichte auf vielfältige Weise zu präsentieren.

Literaturhinweise

Anders, Petra: Lyrische Texte im Deutschunterricht. Friedrich, Seelze 2013

Blecken, Gudrun: Lyrik des Expressionismus. Bange, Hollfeld 2008

Erlach, Dietrich / Schurf Bernd (Hg.): Lyrik. Liebe vom Barock bis zur Gegenwart. Cornelsen, Berlin 2014

Hanke, Michael: Lektüreschlüssel zur Lyrik des Expressionismus. Reclam, Stuttgart 2013

Hellwig, Michael: Lyrik der Romanik und des Expressionismus. In: Deutsch betrifft uns. Bergmoser + Höller, Aachen 2013

Lyrik des Expressionismus. Klett, Stuttgart 2015

Lyrik verstehen. Praxis Deutsch 213/2006

Möbius, Thomas: Beliebte Gedichte interpretiert. Bange, Hollfeld 2014

Spinner, Kaspar H.: Kreativer Deutschunterricht. Friedrich, Seelze 2003

Über Leichtigkeit und Schwere der Lyrik. Der Deutschunterricht 5/2013

Inhalte

Kompetenzen

Die Schülerinnen und Schüler können

– die Eindrücke des Autors beschreiben
– sprachliche Bilder erkennen
– den Aufbau eines Gedichts beschreiben

– Augenblicksstimmungen und die Gestaltung eines Gedichts benennen
– impressionistische Malerei und Dichtung vergleichen

– den Inhalt eines Gedichts erschließen
– sprachliche Bilder untersuchen
– die Symbolik von Gedichten besprechen
– den Begriff „Dinggedicht" verstehen

– ein Gedicht auf einen verfremdeten Inhalt hin untersuchen
– ungewöhnliche Formulierungen und den Aufbau eines Gedichts erklären
– die Funktion des lyrischen Ichs untersuchen
– die besonderen sprachlichen Mittel eines expressionistischen Gedichts einordnen
– Metaphern eines Gedichts verstehen

– ein mittelalterliches Gedicht mit Versen aus dem 19. Jahrhundert vergleichen

– ein Volkslied einem modernen Gedicht und dessen Bildern gegenüberstellen

– die Aussagen eines Goethegedichts mit dem Gedicht einer heutigen Lyrikerin vergleichen

– sich mit einem Nonsensgedicht auseinandersetzen

– die Argumentation eines Gedichts untersuchen
– Dialektgedichte übertragen und verstehen

– Gedichte kreativ präsentieren (Vortrag, Musik, Übersetzung, Beschäftigung mit dem Autor)

|S. 137| Auftaktseite

1 **a** Das Gemälde „Die Seine bei Asnières (Die Jolle)" des französischen Malers Pierre-Auguste Renoir (1841–1919) zeigt zwei junge Frauen, die in einem kleinen Boot auf der tiefblauen Seine die Ruhe und Schönheit der Landschaft genießen. Nur eine der beiden Frauen hält entspannt die Ruder in der Hand, während die zweite nur dasitzt. Links im Hintergrund ist ein Segelboot zu sehen. Das Schlösschen am Ufer spiegelt sich im Fluss wider, dessen Wasser sich nur leicht kräuselt. Eingerahmt wird es von Wiesen und Wäldern. Es ist ein sonniger Frühlings- oder Sommertag. Die Szene vermittelt einen friedlichen Eindruck.
Siehe auch die **Folie** „Ein Bild beschreiben".

b Mögliche weitere Verszeilen:

...

Wolken am Himmel zieh'n ihre Bahn,
Am Ufer leuchten die Felder.

Träumen in der milden Luft
Farbige helle Gedanken,
Über dem Wasser strömender Duft
Und der Jolle gemächliches Wanken.

2 Die Schüler/-innen könnten die von ihnen genannten Gedichte evtl. vortragen.

7.1 Vom Impressionismus zum Expressionismus – Lyrik Ende des 19. und Anfang des 20. Jahrhunderts

|S. 138| Auf den Bergen reiten Feuer – Im Impressionismus Stimmungen und Eindrücke wiedergeben

Detlev von Liliencron: **Märztag**

1 Detlev von Liliencron beschreibt eine weite Landschaft, über der an einem Märztag Wolken zu beobachten sind, außerdem Kraniche und hochsteigende Lerchen. Auch ein Mädchen mit flatternden Bändern wird vom lyrischen Ich erwähnt. Mit diesem Mädchen scheint es kurze Zeit glücklich gewesen zu sein.

2 Sprachliche Bilder:
umdunstet (V. 2), Frühlingslärmen (V. 6) – Neologismus
durchpflügen (V. 3) – Vergleich der fliegenden Vögel mit einem Pflug
schwamm, schwimmen lassen (V. 9/10) – Personifikation

3 **a** Das lyrische Ich ist resigniert und leidet, weil das Glück der Liebe verschwunden ist.

b Das lyrische Du taucht in V. 7 auf, wo das Mädchen mit den lustig flatternden Bändern angesprochen wird.

4 Das Gedicht enthält fünf zweizeilige Strophen im Paarreim.

5 Beispiele für weitere Frühlingsgedichte:
Ludwig Uhland: Frühlingsglaube („Die linden Lüfte sind erwacht ...")
Johann Wolfgang Goethe: Maifest („Wie herrlich leuchtet mir die Natur ...")
Johann Wolfgang Goethe: Osterspaziergang aus Faust I („Vom Eise befreit sind Strom und Bäche ...")
Walther von der Vogelweide: Könnt ihr schauen („Könnt ihr schauen, welche Wunder sind dem Mai beschert ...")

176

Eduard Mörike: Er ist's („Frühling lässt sein blaues Band …")
Hermann Hesse: Voll Blüten („Voll Blüten steht der Pfirsichbaum …")
Max Dauthendey: Die Amseln haben Sonne getrunken („Die Amseln haben Sonne getrunken, aus allen Gärten strahlen die Lieder …")

Max Dauthendey: **Johannisfeuer**

6 a Der Autor beschreibt den Brauch, in der Johannisnacht (23./24. Juni), vor allem auf den Bergen, Feuer anzuzünden.

b Er vergleicht die Feuer mit Reitern, Ungeheuern, roten Flügeln, Drachen, Liedern und mit der Sonne.

7 Es entsteht durch die Feuer, die Ungeheuern und Drachen gleichen, eine gespenstische Stimmung, die Angst erzeugen könnte. Die Nacht wird zum Tag, die Feuer gleichen der Sonne, welche in der Nacht ungewöhnlich ist.

8 Das einstrophige Gedicht ist im Paarreim verfasst. „Nichts hält mehr den Berg im Zaum" (V. 7) steht ohne entsprechende Verszeile. Das gespenstische Treiben auf dem Berg wird auch gestalterisch nicht mehr im Zaum gehalten, da es sich an keinen weiteren Reim anlehnen will.

9 Momentane Eindrücke der Landschaft werden dargestellt – malerisch wie mit Worten –, die sich im nächsten Augenblick schon wieder verflüchtigt haben könnten. Wie hingetupft erscheinen die beschriebenen Beobachtungen für das innere Auge des Lesers – in den Gedichten genauso wie in der impressionistischen Malerei. Die Eindrücke bleiben zumeist unscharf und erschließen sich erst aus einiger Entfernung.

S. 140 Der Blick des Panthers – Im Symbolismus Sinnbilder darstellen

Rainer Maria Rilke: **Der Panther**

1 b In der ersten Strophe wird der Panther in seinem ruhelosen Gehen hinter den Käfigstäben beschrieben, wovon sein Blick müde geworden ist. Seine Welt scheint nur aus diesen Stäben zu bestehen. Die zweite Strophe schildert den kleinen Kreis, den das Tier beschreibt, der in krassem Widerspruch zu seiner Kraft steht. Wenn der Panther bisweilen einen Blick nach draußen wirft – so die dritte Strophe –, erfasst er, was er sieht, aber er reagiert nicht darauf.

2 Der Leser erlebt die Umwelt aus der Sicht des Tieres, d. h. aus dem Käfig heraus, sodass er die Gefangenschaft des Panthers und sein trostloses Leben viel stärker empfindet.

3 a Das Wort „Stäbe" wiederholt sich und wird akustisch verstärkt durch den Stabreim „gäbe".

b Der weiche Gang und die geschmeidigen starken Schritte unterstreichen die geheime Kraft des Tiers. Der Vergleich mit einem Tanz drückt die spielerische Kraft aus. Dass der Wille betäubt ist, kann durch die lange Gefangenschaft des Panthers hervorgerufen sein.

c Der Körper reagiert nicht mehr auf die Bilder, die das Auge sieht. Die Glieder verharren in angespannter Stille.

4 Das Gedicht besteht aus drei Strophen mit je vier Verszeilen, die im Kreuzreim verfasst sind. Die Verszeilen enthalten fünf Hebungen, nur die letzte nicht. Das entspricht dem Inhalt, der beschreibt, dass der Panther zwar Bilder sieht, aber auf das Gesehene nicht mehr reagiert.

5 Symbole:
Stäbe = die Gefangenschaft
Bild = das Leben, das Lebendige
Herz = die Seele, die Existenz eines Lebewesens

6 a Manche Menschen sind gefangen in ihrer Existenz, in ihren Lebensumständen, in ihrem Beruf. Die „Gefangenschaft" bewirken entweder äußere Einflüsse oder sie ist im Menschen selbst begründet. Es gelingt ihnen nicht mehr, Kontakt nach außen aufzunehmen, da sie bereits abgestumpft sind und resigniert haben.

b Rilke charakterisiert das „Ding" (den Panther), indem er ihn in seinem Verhalten darstellt und ihn die Welt aus seiner Perspektive erleben lässt. Auf diese Weise bringt er das Wesen des gefangenen Tiers zum Ausdruck, seine Abgestumpftheit, seine Unruhe, die durch den Widerspruch kleinster Raum – große Kraft hervorgerufen wird.

8 a Beispiele: Herbsttag, Das Karussell, Die Flamingos

b Beispiele: Joachim Ringelnatz: Die Ameisen; Johann Wolfgang Goethe: Die Frösche; Wilhelm Busch: Der Maulwurf; Max Dauthendey: O Grille sing; Eduard Mörike: Zitronenfalter im April; Georg Britting: Der Hecht

S. 142 Die wilde Klage – Im Expressionismus negative Erfahrungen ausdrücken

S. 142 Oskar Loerke: **Blauer Abend in Berlin**

1 a Mögliche Antworten: Wörter passen nicht zur Stadt; Farbe Blau erscheint ohne Erklärung.

b Die Stadt wird als Wasserlandschaft mit Kanälen, Wellen, Wasserpflanzen, Dünen und Sand beschrieben.

2 Vergleiche:
Straßen sind Kanäle, Kuppeln gleichen Bojen, Schlote werden beschrieben als Pfähle, Dämpfe aus den Schloten (Essen) gleichen Wasserpflanzen.

3 a Die Lebewesen erzählen vom Himmel, haben Sehnsucht, aus dem Wasser draußen zu sein und den Himmel zu sehen.

b Die Menschen werden vom Schicksal (Wasser) bewegt, ohne sich wehren zu können; die Wellen der Zeit werfen sie wie losen Sand herum.

4 Mögliche Übersicht:

Ungewöhnliche Formulierungen	Erklärung
– Der Himmel fließt in steinernen Kanälen – steilrecht ausgehauen – Leben, die sich ganz am Grunde stauen	– Straßen, in denen sich das Leben abspielt – eingeengt in Zeit und Leben – Menschen, die in ihrem Schicksal gefangen sind
– Gemengt, entwirrt nach blauen Melodien	– nach fremdem Willen werden die Menschen verwirbelt und wieder auseinandergerissen
– Spiel der großen Wellenhand	– willkürlicher Lauf des Schicksals

5 Die Farbe Blau erscheint in der Überschrift sowie in den Versen 3 und 9.
Die Farbe könnte die Hoffnungslosigkeit der Menschen ausdrücken, denen das Leben in dieser Zeit fremd geworden ist, zugleich auch die Sehnsucht nach einem besseren Leben.

6 a Oskar Loerke wählte die Form des Sonetts vermutlich deshalb, weil, ähnlich wie im 17. Jahrhundert, auch zu seinen Lebzeiten viele Menschen unter Krieg, Flucht, Hunger und Armut litten.
Das Sonett hat zwei vierzeilige und zwei dreizeilige Strophen. Die Reimform ist abba, abba, cbb, dbb.

b Die Stadt und ihre Bewohner werden negativ dargestellt: Sie repräsentiert nicht die dem Menschen gewohnte Umgebung; vielmehr werden die Menschen von den Wellen wie Sand, also von äußeren

Einflüssen, getrieben und leben nicht mehr ihr ursprünglich eigenes, sondern ein aufgezwungenes, getriebenes Leben.

S. 143 Georg Trakl: **Grodek**

1 a Die friedliche herbstliche Natur bildet den Hintergrund von mörderischen Schlachten, welche die Menschen dahinraffen und entsetzliches Leid verursachen.

b V. 2: die tödlichen Waffen; V. 3/4: die düstere Sonne; V. 5: sterbende Krieger, wilde Klage; V. 9: das vergossene Blut; V. 10: schwarze Verwesung; V. 12: der Schwester Schatten; V. 13: die blutenden Häupter; V. 15: stolzere Trauer; V. 16: gewaltiger Schmerz

2 Ansätze eines Naturgedichts: V. 1: herbstliche Wälder; V. 2: goldne Ebenen; V. 3: blaue Seen; V. 7: im Weidengrund; V. 9: mondne Kühle; V. 11: Unter goldnem Gezweig der Nacht und Sternen; V. 14: die dunkeln Flöten des Herbstes
Durch die herbstliche Idylle wird der Gegensatz zu den toten Soldaten besonders deutlich. Trakl stellt dar, wie schön die Welt ohne den schrecklichen Krieg sein könnte.

S. 144 Gottfried Benn: **Kleine Aster**

1 a Ein Pathologe öffnet den Körper eines ertrunkenen Bierfahrers, sieht eine Aster, die zwischen dessen Zähne geklemmt war, und lässt sie in den Körper einnähen. Das Gedicht ähnelt einer sachlichen Darstellung mit in Versen gebrochenen Sätzen. Die Verse sind unterschiedlich lang. Den Schluss bilden zwei Ausrufesätze.

b Z. 1–3: Die Leiche wird auf den Seziertisch gehoben.
Z. 4–12: Beschreibung der Sektion
Z. 13–15: Ansprache an die Aster

2 Das lyrische Ich ist der Pathologe, der die Autopsie vornimmt. Er ist der Handelnde und zugleich der Beobachtende.

3 Der tote Mensch wird emotionslos aufgeschnitten, verächtlich behandelt (V. 2: ersoffener Bierfahrer, auf den Tisch gestemmt; V. 4 ff.: Beschreibung der Obduktion), die Aster dagegen beachtet, in eine „Vase gestellt" und mit einem fast zärtlichen Nachruf bedacht.

4 Mögliche Übersicht:

Sprachliches Mittel	Zitat	Wirkung
Neologismus	dunkelhelllila (V. 2)	Hervorhebung des Besonderen, das die Blume in dieser Umgebung ausmacht
Aufforderung	Trinke dich satt in deiner Vase! (V. 13)	direkte Ansprache an die Aster – Mitleid und Bewunderung für ein Leben, das in diese triste Umgebung eingedrungen ist
Aufforderung und Redewendung	Ruhe sanft, kleine Aster! (V. 14 f.)	Umkehrung des normalen menschlichen Verhaltens; anstatt dem Menschen Achtung entgegenzubringen, geschieht das gegenüber einer gefühllosen Blume, was auf die Abgestumpftheit des Pathologen hinweist.
Umgangssprache	ersoffener (V. 1)	mangelnde Achtung vor dem Toten – vielleicht bedingt durch die tägliche Arbeit, die den ständigen Umgang mit dem Tod bedeutet

5 Maßgebliche Gründe:
Er konnte auf diese Weise seine schlimmen Eindrücke ertragen.
Er wollte die Hässlichkeit des Lebens darstellen, weil er sie in seiner Zeit so empfand.

179

S. 145 Else Lasker-Schüler: **Mein blaues Klavier**

1 Die Schüler/-innen könnten auf die Folge der Vokale eingehen oder die Reimform beschreiben.

2 Mögliche Übersicht:

Metapher	Bedeutung
blaues Klavier	Das lyrische Ich sehnt sich nach einem besseren Leben, das ihm verwehrt ist.
die Welt verrohte	die Erfahrung durch Krieg, Schmerz und Tod
die Mondfrau	eine Sehnsuchtsfigur aus einer heilen Welt
die Ratten	Gefährliche Wesen haben Besitz ergriffen vom Klavier: Kriegstreiber, Rassisten …
der Sprecher beweint	die Sehnsucht, die sich nicht erfüllt hat, sondern gestorben ist
das bittere Brot	die vielen Schicksalsschläge im Leben
Bitte, schon jetzt den Himmel zu sehen	nicht erst nach dem Tod die Hoffnung auf ein besseres Leben erfüllt bekommen

Zu einem weiteren Gedicht von Else Lasker-Schüler siehe die **Kopiervorlage 1** („Ein Gedicht des Impressionismus untersuchen").
Zum lyrischen Expressionismus siehe die **Kopiervorlage 2**.

3 Es könnten folgende Schriftsteller/-innen vorgestellt werden: Johannes R. Becher, Gottfried Benn, Paul Boldt, Georg Heym, Else Lasker-Schüler, Oskar Loerke, Ernst Stadler, Georg Trakl.

7.2 „… flög ich zu dir!" – Liebeslyrik aus mehreren Jahrhunderten

S. 146 Friedrich von Hausen: **Mîn herze und mîn lîp**
Theodor Storm: **Ich bin mir meiner Seele**

1 b Mögliche Übertragung in modernes Deutsch:
Mein Herz und mein Körper wollen sich entzweien,
die schon lange Zeit miteinander leben.
Der Körper möchte gerne gegen die Heiden kämpfen:
Das Herz jedoch hat sich eine Frau erwählt
vor der ganzen Welt. Seitdem bedrückt es mich dauernd,
dass sie im Zwiespalt miteinander sind.
Meine Augen haben mir viel Leid angetan.
Gott allein kann diesen Streit entscheiden.

2 a sich ein Herz fassen, das Herz am rechten Fleck haben, sein Herz ausschütten, etwas auf dem Herzen haben, seinem Herzen Luft machen, aus seinem Herzen keine Mördergrube machen, seinem Herzen einen Stoß geben, ein Stein ist vom Herzen gefallen, ein Herz und eine Seele sein, mit Herz und Hand, beherzt zupacken, von Herzen kommen, zu Herzen gehen, sich zu Herzen nehmen

b Mit Herz ist ein Gefühl gemeint, die Liebe zur Auserwählten.

3 Die Miniatur zeigt ein Liebespaar, die Partner wenden sich innig einander zu. Sie stellt also die Sehnsucht des lyrischen Ichs nach der Geliebten bildlich dar.
Siehe auch die **Folie** „Ein Gedicht mit einem Bild vergleichen".

4 In beiden Gedichten wird die große Liebe des lyrischen Ichs zum Partner betont. Während aber im mittelalterlichen Gedicht die notwendige Entscheidung zwischen Liebe und Kampf gegen die Heiden beklagt wird, steht bei Theodor Storm das Bekenntnis eines Liebenden zur Geliebten im Vordergrund, das Gefühl wird durch keinen Gewissenskonflikt belastet.

S. 147 Anonym: **Wenn ich ein Vöglein wär**
Friedericke Mayröcker: **an Ernst Jandl**

1 a Als Vogel könnte das lyrische Ich schnell ohne Einschränkung von Raum und Zeit bei der/dem Geliebten sein. Es ist ein Bild für die Sehnsucht nach dem geliebten Wesen.

b Am Anfang des Lieds spricht das lyrische Ich noch im Konjunktiv, der Wunschform, am Ende im Indikativ, denn es kann sich mit der Gewissheit trösten, dass der/die Geliebte ihm sein/ihr Herz geschenkt hat.

2 Äußere Form: drei Strophen zu je fünf Versen, Reimform etwas willkürlich; erst in der 3. Strophe als regelmäßig erkennbar: aabcb
1. Strophe: Konjunktiv als Wunschform – Beschreibung des Vogels, der losfliegen will
2. Strophe: Bedauern über Abwesenheit der/des Geliebten, aber Anwesenheit im Schlaf
3. Strophe: Freude über die geschenkte Zuneigung – vieltausendmal = Hyperbel, um diese Freude auszudrücken

3 Eine weitere Vertonung der Volksweise stammt von Carl Maria von Weber.

4 Das lyrische Ich möchte für das lyrische Du eine Schwalbe aus blauem Buntpapier anfertigen – der Farbe der Sehnsucht, um die eigene Sehnsucht stillen zu können.

5 Die Schwalbe trägt die Sehnsucht nach dem Geliebten weiter.

6 Das Bild des Vogels hat in beiden Gedichten eine ähnliche Funktion, nämlich den geliebten Menschen erreichen zu können, indem die Entfernung in der Fantasie überwunden wird.

S. 148 Johann Wolfgang Goethe: **Gefunden**

1 Das lyrische Ich geht ohne Ziel im Wald spazieren und sieht eine schöne Blume, die es ausreißen möchte. Die Blume wehrt sich dagegen mit den Worten, dass sie nicht welken will. Daraufhin gräbt sie der Spaziergänger mit den Wurzeln aus und pflanzt sie in seinem Garten wieder ein, wo sie weiterblüht.

2 Christiane Vulpius wollte nicht eine der kurzfristigen Liebschaften Goethes sein. Er holte sie deshalb in sein Haus, geheiratet hat er sie allerdings erst 1806.

3 Goethe informiert Christiane über seinen Aufenthalt und beteuert seine Liebe zu ihr. Christiane ihrerseits hofft sehr auf Goethes Rückkunft, um mit ihm über Dinge, die den Haushalt betreffen, zu sprechen. Interessant ist, dass sie nicht ihre Liebe betont, sondern ihn bittet, sie lieb zu behalten.

S. 149 Ulla Hahn: **Bildlich gesprochen**

1 Das lyrische Ich beschreibt in Bildern, was es für bzw. mit dem Geliebten machen würde.

2 a Die 2. Strophe beinhaltet die mit Wurzeln ausgegrabene Blume, die auch Goethe in seinem Gedicht beschreibt.

b 1. Strophe: Das lyrische Ich fühlt sich als Baum, der dem Geliebten in die Hand wächst, es baut Sandburgen für den Geliebten, der das Meer darstellt.

2. Strophe: Das lyrische Ich gräbt den Geliebten als Blume aus, als Feuer legt es sein Haus in Asche. Ab V. 7 ändert sich die Stimmung abrupt von einer zärtlichen in eine aggressive und zerstörerische.

3. Strophe: Nun vereinnahmt das lyrische Ich den Geliebten ganz bzw. vernichtet ihn sogar.
Es könnte aber auch eine Liebe sein, die so groß ist, dass sie den Geliebten ausschließlich für sich haben will.

3   a   Die Strophen sind jeweils im Konjunktiv verfasst; die 1. und 3. Strophe beginnen jeweils mit „Wär ich", die 2. mit „Wärst du". Jede Strophe enthält zwei Beispiele dafür, was das lyrische Ich mit dem Geliebten machen würde.

  b   Zwei Verse jeder Strophe beinhalten einen Satz. Die Verse 2 und 4 jeder Strophe bilden einen Reim. Durch die gleiche Länge der Verse und den Reim wirkt das Gedicht melodiös.

4   Das lyrische Ich in Goethes Gedicht beschreibt die Situation im Indikativ, also wie sie war, während das lyrische Ich in Ulla Hahns „Bildlich gesprochen" in der Wunschform, im Konjunktiv, ausdrückt, was es sich in Bildern vorstellt. Goethes „Blume" wird eingepflanzt, um weiterzuleben, der Geliebte in Ulla Hahns Gedicht dagegen wird ausgelöscht.
„Gefunden" besteht aus fünf Strophen zu je vier zweihebigen Versen, wobei sich jeweils die Verse 2 und 4 reimen. „Bildlich gesprochen" enthält drei Strophen zu je vier dreihebigen Verszeilen, die sich ebenso in Vers 2 und 4 reimen (Kreuzreim).

S. 150   Joachim Ringelnatz: **Ich habe dich so lieb**

1   Das lyrische Ich spricht davon, dass es den Partner / die Partnerin sehr liebt, dass diese Liebe aber vorbei ist.

2   a   V. 2–4 („Ich würde dir ohne Bedenken / Eine Kachel aus meinem Ofen / Schenken"), V. 7/8 („An den Hängen der Eisenbahn / Leuchtet der Ginster so gut"), V. 16–18 („Ein Hund bellt. / Er kann nicht lesen. / Er kann nicht schreiben."), V. 21/22 („Die Löcher sind die Hauptsache / An einem Sieb.") – Das lyrische Ich versucht sich vielleicht abzulenken, um nicht mehr an die verlorene Liebe denken zu müssen. Seine Gedanken schweifen während der Eisenbahnfahrt, die es offensichtlich macht, ab.

  b   Die Gefühle sind noch da, die Liebe nicht vergessen, aber Resignation hat sich eingestellt und Wissen über die Vergänglichkeit der Zeit.

3   Ähnlich Gedankengängen, die abbrechen oder durch etwas, was einem gerade in den Sinn kommt, unterbrochen werden, wurden die Verse aufgeschrieben. Sie entsprechen einem ungeordneten Erinnern und Nachdenken über die Vergangenheit. Die ehemalige Liebe ist nicht mehr in der richtigen Bahn, die Gefühlswelt durcheinander und gestört. Die erste und letzte Zeile aber beweisen, dass die Zuneigung vonseiten des lyrischen Ichs nach wie vor stark ist.

4   „Die Schnupftabaksdose" etwa enthält einfache Paarreime und in drei Strophen regelmäßige Hebungen.
„Im Park" ist in verschieden langen Verszeilen verfasst. Beides sind humorvolle Gedichte.
Am bekanntesten dürften bei den Schülerinnen und Schülern die Gedichte „Die Ameisen" oder „Der Bumerang" sein, die sie durchaus auswendig können sollten. Das Gedicht „Die Ameisen" ist im Paarreim verfasst. Es lehrt in einer Art Fabel anhand zweier Ameisen, dass es weiser ist zu verzichten als etwas, das unmöglich ist, weiterhin zu versuchen. Das einstrophige Gedicht „Bumerang", in Paarreimen verfasst, beschreibt den missglückten Flug eines nicht optimal gebauten Bumerangs.

S. 151   Erich Fried: **Was es ist**

1   a   Gegen die Liebe spricht, dass sie Unsinn ist, unglücklich macht, schmerzen kann, keine Aussicht darstellt, sogar lächerlich und leichtsinnig ist oder erfahrungsgemäß unmöglich. Vorgebracht werden die Argumente von der Vernunft, der Berechnung, der Angst, der Einsicht, vom Stolz, von der Vorsicht und der Erfahrung.

b Liebe macht unglücklich oder kann schmerzen, wenn der/die Liebste nicht treu ist; sie kann aussichtslos sein, wenn sie keine Zukunft hat; sie kann leichtsinnig sein, wenn man zu sehr vertraut; sie ist für Menschen, die nur die Vernunft gebrauchen, unmöglich, weil der-/diejenige sich vielleicht verausgabt, ohne Gegenliebe zu erhalten.

c Die Liebe nimmt den anderen, wie er ist, sonst ist es keine Liebe.

2 Das Gedicht beginnt mit dem Argument, dass die Vernunft gegen die Liebe spreche, darauf antwortet sofort die Liebe. Weitere Einwände in den folgenden zwei Strophen werden ebenfalls mit der Wiederholung „Es ist, was es ist" zurückgewiesen. Diese Wiederholungen wirken sehr eindrucksvoll und bleiben gegenüber den Einwänden besser im Gedächtnis. Auch der immer gleiche Satzbeginn „Es ist ...", der monoton, durch seine ruhige Art aber überzeugend wirkt, macht das Gedicht so eindrucksvoll.

S. 152 Anneliese Hübner: **DU FAALST ME**
Fitzgerald Kusz: **LIEBE 1**
Harald Grill: **LIEBESGEDICHT**

1 Mögliche Übertragung:

Du fehlst mir	**Liebe 1**
Wie ein Fluss	Wenn ich heimgehe
Ohne Wasser	Und du bist nicht daheim
Und wie ein Baum	Muss ich erst warten
Ohne Wurzeln,	Bis du heimkommst
	Dann bin ich auch daheim
Wie ein Haus	
Ohne Fenster	
Und wie ein Vogel	
Ohne Nest,	
So bin ich –	
Ohne dich	
Mach (voran),	
Dass du kommst!	

2 **a** Das lyrische Ich im Gedicht von Anneliese Hübner stellt fest, wie es sich fühlt ohne den Liebsten, und fordert ihn auf, schnell zu kommen.
Im Gedicht von Fitzgerald Kusz meint der Sprecher, erst dann wirklich zu Hause zu sein, wenn auch die Partnerin heimkommt.

b Durch den Dialekt klingen die Verse noch „inniger", die Nähe der Liebenden zueinander scheint intensiver.

3 Das lyrische Ich schob den Brief, den es zu schreiben vorhatte, immer vor sich her – vielleicht aus Angst vor einer Abweisung, aus Scham o. Ä. Nun hat es sich endlich entschlossen zu schreiben und möchte den Brief möglichst schnell abschicken – vielleicht aus Angst, es sich wieder anders zu überlegen.

▌S.153 7.3 Gedichte kreativ präsentieren

1 Weitere Möglichkeiten der Präsentation wären, das Gedicht sprachlich zu verändern, es zu verlängern, als Dialog darzustellen …

Hugo von Hofmannsthal: **Die beiden**

2 Ein Mädchen bringt einen Becher, sie ist hübsch und selbstbewusst, sodass das Tragen des Gefäßes keine Schwierigkeit für sie darstellt.

Der junge Mann ist ebenso von sich überzeugt, er kann gut reiten, sodass das Pferd auf Grund seiner lässigen Geste sofort anhält.

In der letzten Strophe wird beschrieben, dass beider Sicherheit plötzlich ins Wanken gerät. Sie zittern so sehr, dass sich ihre Hände nicht finden und der Wein verschüttet wird.

Ihre Schüchternheit oder eine aufgeregte Verliebtheit könnte der Grund dafür sein, dass ihre bisherige Haltung nicht von Dauer ist.

4 Hugo von Hofmannsthal (1874–1929) – aus dem österreichischen Kulturraum, Großmutter Italienerin, Mutter Sudetendeutsche, Vater jüdischer Herkunft – ist dem Symbolismus zuzurechnen; er schrieb Gedichte, Dramen und Operntexte (Jedermann, Rosenkavalier, Ariadne auf Naxos, Der Schwierige) sowie Erzählungen (Bergwerk von Falun). Hofmannsthal hatte viel literarischen Erfolg und wurde auch einige Male für den Nobelpreis für Literatur vorgeschlagen. Aus seiner Ehe mit Gerty Schlesinger gingen drei Kinder hervor (Christiane, Raimund, Franz). Hofmannsthal erlitt einen tödlichen Schlaganfall, als er gerade zur Beerdigung seines durch Suizid aus dem Leben geschiedenen Sohnes Franz aufbrechen wollte.

5 Mögliche Interviewfragen (S = Schüler/-in, H = Hofmannsthal):
S: Herr von Hofmannsthal, vielen Dank, dass Sie uns für einige Fragen zur Verfügung stehen.
Sie waren 22 Jahre, als das Gedicht „Die beiden" erschien. War es ein eigenes Erlebnis, das Sie hier schildern?
H: Na ja, nicht so direkt. Ich habe die beiden beim Beginn einer Jagd beobachtet – und ich muss sagen, es hat mich amüsiert.
S: Dabei geht es aber um eine ganz ernste Geschichte – das Verlieben. Waren beide jungen Leute tatsächlich so verwirrt, dass sie nicht einmal vernünftig ein Getränk anbieten und annehmen konnten?
H: Sie müssen sich vorstellen, dass Begegnungen zwischen den Geschlechtern damals viel seltener so direkt stattfanden. Da hatten schon die Eltern mitzureden und mitzubestimmen. Einfach verlieben und schon geht man miteinander, das war kaum möglich.
S: Hatte die Geschichte also kein Happy End?
H: Das weiß ich nicht so genau, weil ich ja nach Salzburg weiterreiste. Ich kann es mir aber kaum vorstellen, denn der junge Mann war Adliger und das Mädchen – wie ich später hörte – die Tochter der Hauswirtschafterin. Obwohl … wenn die Eltern einverstanden waren …
S: Finden Sie das Gedicht immer noch so zeitgemäß, dass wir Schüler es sogar auswendig lernen müssen?
H: Ja, denn das Gedicht beschreibt einen ganz entscheidenden Augenblick im Leben eines jeden Menschen. Und der ist es wert, festgehalten zu werden.
S: Na ja, schwer ist es ja nicht zu merken. Herr von Hofmannsthal, wir danken für das Gespräch.

7 Mögliche Übertragung auf die heutige Zeit:

Sie trug das Bierglas in der Hand –
ihr Kinn und Mund glich seinem Rand –,
so leicht und sicher war ihr Gang,
kein Tropfen aus dem Glase sprang.

So leicht und fest war seine Hand.
Er bretterte auf einer Honda,
ganz lässig meint er: Bin schon da.
Laut quietscht' die Bremse und er stand.

Jedoch, wenn er aus ihrer Hand
das leichte Bierglas nehmen sollte,
so war es beiden allzu schwer.
Denn beide bebten sie so sehr,
dass keine Hand die andre fand
und dunkles Bier am Boden rollte.

8 Ein Tropfen Liebe …: Wille und Verstand bedeuten nichts gegen liebevolle Zuwendung.
Glück ist Liebe …: Hesse setzt Glück und Liebe gleich.
Liebe besteht nicht darin …: Eine gemeinsame Zukunft ist wichtiger als flüchtiges Verliebtsein.
Die Liebe allein …: Lieben bedeutet reich werden.
Die Liebe hat zwei Töchter …: Wer liebt, kann gütig und geduldig sein.
Liebe ist von allen …: Eigentlich kann Liebe wie eine Krankheit sein, doch keine sehr schlimme.

Vorschlag für einen Test oder eine Stegreifaufgabe

– Den Expressionismus untersuchen
  Siehe die **Kopiervorlage 2**.

Weiteres Übungsmaterial

Deutschbuch Arbeitsheft 10
– Lyrische Texte erschließen und vergleichen, S. 52–55
  Bertolt Brecht: Die Liebenden
  Andreas Bourani: Auf anderen Wegen

Ein Gedicht des Impressionismus untersuchen (1 von 2)

Else Lasker-Schüler: **Ein alter Tibetteppich** (1910)

Deine Seele, die die meine liebet,
Ist verwirkt mit ihr im Teppichtibet.

Strahl in Strahl, verliebte Farben,
Sterne, die sich himmellang umwarben.

Unsere Füße ruhen auf der Kostbarkeit
Maschentausendabertausendweit.

Süßer Lamasohn auf Moschuspflanzenthron,
Wie lange küsst dein Mund den meinen wohl
Und Wang die Wange bunt geknüpfte Zeiten schon.

Else Lasker-Schüler: Werke und Briefe. Hg, v. Norbert Oellers. Kritische Ausgabe. Jüdischer Verlag, Frankfurt/M. 1996, S. 130

1 Erklärt, warum das Gedicht von Else Lasker-Schüler ein ungewöhnliches Liebesgedicht ist.

_____

_____

_____

2 Fasst den Inhalt des Gedichts zusammen.

_____

_____

_____

3 Beschreibt den Aufbau und die Reimform des Gedichts.

_____

_____

_____

Cornelsen

Autorin: Gertraud Bildl
Foto: akg-images

Kapitel 7
KV 1, Blatt 1

Kopiervorlage

Ein Gedicht des Impressionismus untersuchen (2 von 2)

4 Untersucht die Sprache.

a In dem Gedicht gibt es mehrere Neologismen. Schreibt sie auf und erklärt, warum die Schriftstellerin Wortneuschöpfungen verwendet.

_____

_____

_____

b Gebt weitere sprachliche Mittel an.

_____

_____

_____

5 Das Gedicht stellt Liebe mit beinahe allen Sinnen dar. Begründet diese Behauptung am Text.

_____

_____

_____

6 Erläutert, warum das Gedicht dem literarischen Impressionismus zugerechnet wird.

_____

_____

_____

Cornelsen

Autorin: Gertraud Bildl

Kapitel 7
KV 1, Blatt 2

Kopiervorlage

Den Expressionismus untersuchen

1   Notiert, welche Themen die expressionistischen Dichter in ihren Gedichten verwendeten.

_____

_____

_____

2   Erklärt die Hintergründe, warum die Schriftsteller derartige Themen verwendeten.

_____

_____

_____

3   Lest das folgende Gedicht von August Stramm aufmerksam durch und bearbeitet die Aufgaben. Beachtet auch die Kurzbiografie des Autors.

August Stramm: **Patrouille** (1915)

Die Steine feinden
Fenster grinst Verrat
Äste würgen
Berge Sträucher blättern raschlig
gellen
Tod.

August Stramm, geb. 1874 in Münster, angestellt im Reichspostministerium, Doktor der Philosophie, Hauptmann der Reserve, gefallen 1915 an der Ostfront

August Stramm: Das Werk. Limes, Wiesbaden 1963, S. 86

a   Setzt euch mit dem Inhalt des Gedichts auseinander. _{Beachtet} dabei auch die Überschrift.

_____

_____

_____

b   Beschreibt die Form des Gedichts.

_____

_____

c   Begründet, dass die Sprache die Aussage des Gedichts unterstützt.

_____

_____

Ein Gedicht des Impressionismus untersuchen (KV 1)

Lösungen

1 Das Gedicht assoziiert die Liebe mit einem Tibetteppich und verwendet ungebräuchliche Wörter.

2 Die Liebe wird mit einem bunten Teppich verglichen.

3 Das Gedicht umfasst vier Strophen; die ersten drei bestehen aus zwei Versen mit Paarreim, die letzte Strophe aus drei Verszeilen mit dem Reim aba.

4 a Neologismen: Teppichtibet, himmellang maschentausendabertausendweit, Lamasohn, Moschuspflanzenthron
   Durch die Wortneuschöpfungen hebt das lyrische Ich das Besondere an der Situation hervor. Es empfindet vielleicht den Augenblick, in dem es den Liebsten auf dem Teppich küsst, so, dass ihm diese Wortverbindungen einfallen.

   b Weitere sprachliche Mittel:
   – Alliterationen: Strahl in Strahl, Wang die Wange
   – Worte, die mit dem Material Teppich zu tun haben: verwirkt, Farben, maschentausendabertausendweit, bunt geknüpfte

5 sehen: Farben, Abbildung auf dem Teppich
   fühlen: küsst, Wang die Wange
   möglicher Geruch: Moschus

6 Das Gedicht wird dem Impressionismus zugeschrieben, weil es eine seelische Stimmung (Augenblick des Kusses) und persönliche Sinneseindrücke (Empfindungen der Farben) des lyrischen Ichs darstellt.

✂ --

Den Expressionismus untersuchen (KV 2)

Lösungen

1 Die Gedichte der expressionistischen Dichter handeln u. a. vom Krieg, von der Verstädterung, von den negativen Auswirkungen der Industrialisierung, von der Bedrohung der Menschen durch Armut und Tod sowie den Ängsten, die daraus resultieren.

2 Die Industrialisierung und die damit einhergehende Verstädterung verschlechterten die Lebens- und Wohnsituation vieler Menschen. Die Schriftsteller selbst verspürten die Veränderungen am eigenen Leib und waren Betrachter sowie Kritiker der schlechten Lebensbedingungen. Schließlich führten Nationalismus und Imperialismus in den Ersten Weltkrieg, der Millionen Menschen das Leben kostete. Krieg und Zusammenbruch der Wirtschaft verursachten Elend, Armut, Verzweiflung.

3 a Das Gedicht handelt davon, dass ein Soldat bei der Patrouille überall den Tod wittert und große Angst empfindet.

   b Das Gedicht besteht aus 6 Verszeilen ohne Reim, wobei die letzten beiden nur jeweils aus einem Wort bestehen. Es sind kurze Sätze.

   c Die Wörter wirken wie einzeln hervorgestoßen (Gewehrsalven?), wobei vom Inhalt her meist negative Verben die Hauptrolle spielen. Für Adjektive (bis auf „raschlig") und Satzzeichen bleibt keine Zeit, die Angst lässt den Patrouillengänger nur die nächste Umgebung (Steine, Fenster, Äste, Sträucher) und die Gefahren, die dahinter lauern, wahrnehmen.

8 Verboten, verschlungen, vermarktet – Einblicke in die Literatur des 20. Jahrhunderts und der Gegenwart

Konzeption des Gesamtkapitels

Der Einblick in Epochen der deutschen Literatur, den die Schüler/-innen in den vorangegangenen Jahrgangsstufen gewonnen haben, wird in Klasse 10 abgeschlossen mit der Untersuchung literarischer Werke des 20. Jahrhunderts und der Gegenwart. Die Schüler/-innen lernen vor dem Hintergrund historischer Entwicklungen unterschiedliche Wert- und Lebensvorstellungen kennen sowie Lebensumstände, welche die Schriftsteller/-innen geprägt haben. Sie verstehen, dass die Literatur eine künstlerische Auseinandersetzung damit ist, und vergleichen die Aussagen der Werke mit ihrer eigenen Erfahrungswelt.

Im ersten Teilkapitel (**„Leben und Überleben fern der Heimat – Die deutsche Exilliteratur von 1933 bis 1945"**) setzen sich die Schüler/-innen am Beispiel der Erzählung „Landleben" mit dem Schicksal exilierter Menschen auseinander und stellen Bezüge zwischen deren Lebensumständen und denen der Autorin her. Die Untersuchung eines Gedichts von Mascha Kaléko legt den Fokus auf den Aspekt „Sprache als Heimat und Ausdrucksmittel". Ein zusammenfassender Informationstext weitet den Blick auf die in den Jahren 1933 bis 1945 herrschenden Lebens- und Arbeitsbedingungen für Schriftsteller/-innen. Merkmale des epischen Theaters – kontrastiert mit Merkmalen des klassischen Theaters – werden anhand Bertolt Brechts „Der gute Mensch von Sezuan" herausgearbeitet. Für Realschüler/-innen sind Brechts Texte nicht immer leicht zu verstehen. Längere Inhaltsangaben und zielgerichtete Arbeitsaufträge erleichtern den Schülerinnen und Schülern den Zugriff auf die ausgewählten Textpassagen.

Das zweite Teilkapitel (**„Jugendliche und junge Erwachsene in der Literatur seit 1945 bis zur Gegenwart"**) zeigt an zwei Beispielen, wie Jugendliche mit den gesellschaftlichen Verhältnissen der Nachkriegszeit in Konflikt geraten. Bölls „Ansichten eines Clowns" thematisiert die verdrängte NS-Vergangenheit durch die ältere Generation, Alina Bronskys „Scherbenpark" beschäftigt sich mit dem Problem der Integration von Spätaussiedlern bzw. so genannten Russlanddeutschen. Die Texte Reiner Kunzes und Herta Müllers stellen eine literarische Auseinandersetzung mit den Lebensverhältnissen in einem diktatorischen Regime dar und legen subtile Formen offen, Menschen zu unterdrücken, gefügig und angepasst zu machen.

Das dritte Teilkapitel (**„Projekt: Den literarischen Markt veranschaulichen"**) klärt zunächst den Begriff „Bestseller" und gibt allgemeine Informationen zum Buchmarkt. Im Rahmen eines Projekts erstellen die Lernenden ein Themenheft „Literarischer Markt". Sie erhalten Anregungen zu möglichen Themengebieten, aber auch konkrete Vorschläge zur Vorgehensweise. Dabei wurde berücksichtigt, dass die Schüler/-innen ihr persönliches Umfeld und ihre Erfahrungen einbeziehen können.

Literaturhinweise

Barner, Wilfried (Hg.): Geschichte der deutschen Literatur von 1945 bis zur Gegenwart. C. H. Beck, München 2006

Böttiger, Helmut: Die Gruppe 47. Als die deutsche Literatur Geschichte schrieb. Pantheon, München 2015

Brechts Theater und seine Zukunft. Der Deutschunterricht 6/2015

Emmerich, Wolfgang: Kleine Literaturgeschichte der DDR. Aufbau Taschenbuch Verlag, Berlin 2000

Kästner, Erich: Über das Verbrennen von Büchern. Atrium, Zürich [2]2013

Knopf, Jan: Bertolt Brecht. Lebenskunst in finsteren Zeiten. Hanser, München 2012

Inhalte

Kompetenzen

Die Schülerinnen und Schüler können

– die Personenkonstellation der Erzählung in Grundzügen wiedergeben
– die Problematik Sprache im Exil erkennen und beschreiben
– die Begriffe inneres und äußeres Exil beschreiben und dazu Stellung nehmen
– zu einem Schriftsteller / einer Schriftstellerin recherchieren und ihn/sie vorstellen
– den Inhalt des Stücks wiedergeben
– die Problematik skizzieren und dazu wertend Stellung nehmen
– die Konzeption des epischen Theaters im Vergleich mit dem klassischen Theater erklären

– den Inhalt des Romans wiedergeben
– zum Problem der Verdrängung der NS-Zeit in der jungen BRD Stellung nehmen
– die Epoche der Nachkriegsliteratur beschreiben
– den Inhalt des Romans wiedergeben
– sich zur Spätaussiedlerproblematik am Beispiel der Hauptfigur äußern
– Empathie mit der Hauptfigur entwickeln
– erklären, inwieweit die Texte eine Kritik am herrschenden System darstellten
– Überwachungspraktiken in Diktaturen und deren Auswirkungen auf die Betroffenen beschreiben
– zur engagierten Haltung von Schriftstellerinnen und Schriftstellern in Diktaturen Stellung nehmen

– den Begriff „Bestseller" erklären und Werbeeffekte von Bestsellerlisten beschreiben
– wichtige Kennzahlen zum deutschen Buchmarkt wiedergeben und dazu Stellung nehmen
– zu Teilaspekten des literarischen Markts bzw. des literarischen Lebens vor Ort recherchieren
– die Rechercheergebnisse grafisch und sprachlich aufarbeiten sowie in einem Themenheft zusammenstellen

||S. 155| Auftaktseite

1 Verboten = Bild 1: Bücherverbrennung durch die Nationalsozialisten
verschlungen = Bild 3: Ansturm auf neuen „Harry Potter"-Titel
vermarktet = Bild 2: Marketing der Frankfurter Buchmesse

2 Verbrennung von Büchern missliebiger Autoren oder Inhalte/Stoffe, Verbannung dieser Bücher aus öffentlichen Bibliotheken, Stigmatisierung der Autoren durch die Nationalsozialisten
Frankfurter Buchmesse: neben der Leipziger Buchmesse größte Fach- und Publikumsmesse zur Präsentation von Neuerscheinungen auf dem Buchmarkt
Harry Potter: Die populäre Fantasy-Romanreihe stammt von der englischen Schriftstellerin Joanne K. Rowling. In sieben Bänden (1997 ff.) wird je ein Schul- und Lebensjahr von Harry Potter beschrieben, beginnend mit seinem elften Geburtstag. Bis 2015 wurden weltweit mehr als 450 Millionen Bücher der sieben Bände verkauft. Parallel zu den Büchern entstand zwischen 2001 und 2011 eine achtteilige Filmreihe, die mit einem Gesamteinspielergebnis von 7,7 Mrd. US-Dollar bis heute die kommerziell erfolgreichste aller Zeiten ist.

3 Mögliche Antworten:
Wann: Freizeit, Urlaub, Schule
Warum: Pflicht (Schule), Interesse / Fachwissen (Hobbys) und Unterhaltung / Zeitvertreib
Themen: Hobbys (Pferde, Haustiere, Technik), Fantasystoffe, Romantik und Liebe, Spannung und Thriller …

Zur Auftaktseite siehe auch die **Folie** „Schlagworten Fotos zuordnen".

8.1 Leben und Überleben fern der Heimat –
Die deutsche Exilliteratur von 1933 bis 1945

||S. 156| Erfahrungen in der Fremde

Vicky Baum: **Landleben**

1 a/b Mögliche Skizze:

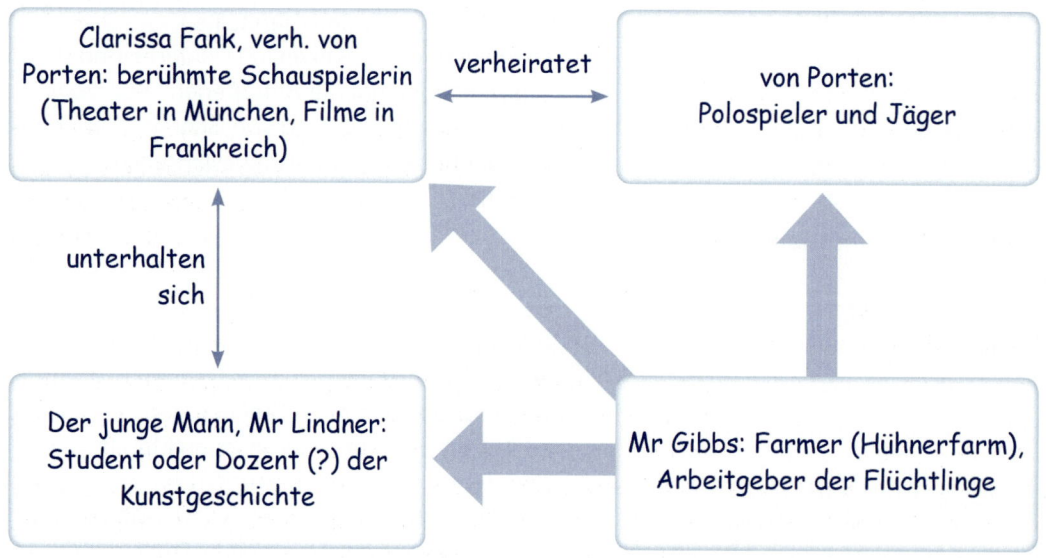

2 Ort der Handlung ist eine Farm in den USA.

3 Mr Gibbs ist nur an der Farm und dem geschäftlichen Erfolg interessiert. Er beurteilt die Flüchtlinge ausschließlich nach ihrem Nutzen, hat keine mitmenschlichen Gefühle. Die Arbeit der Flüchtlinge beurteilt er negativ, da zu oft Fremde kommen und die Hühner nervös machen. Nur in dem kräftigen von Porten sieht er einen eventuell brauchbaren Helfer / Farmer. (Z. 68–79)

4 a Mr Lindner: „Wir essen Hühner, wir reden über Hühner, wir träumen von ihnen, wir riechen nach Hühnern, bald werden wir im Dunkeln piepen – weil uns nichts anderes übrig bleibt." (Z. 26–30)
Mrs von Porten: „Ich habe nur ein paar Tonnen Hühnerschmutz zusammengekratzt. Das ist angeblich die leichteste Arbeit. Es hat mir Spaß gemacht, wirklich." (Z. 99–102)

b Neben der Textstelle Z. 26 ff., in der Lindner auf ironisch-zynische Weise seine Arbeit schildert, stellt er die rhetorische Frage: „Clarissa Fank in dieser Hölle?" (Z. 44). Damit wird klar, wie belastend er sein Schicksal empfindet.
Mrs von Porten behauptet zwar, dass ihr die Arbeit „Spaß gemacht" habe (Z. 101 f.), aber es scheint, dass sie nur ihren Mann beruhigen möchte und sich zu der Aussage zwingen muss, denn: „Ihre Stimme war beinahe schrill, so mühte sie sich, munter zu erscheinen […]" (Z. 102 ff.).
Zudem erfährt man, dass die Arbeit auch für ihren an sich kräftigen Mann anstrengend ist: „Irgendwie war ihm seine Haut zu groß geworden" (Z. 10 f.).

5 Vicky Baum arbeitete als Musikerin, später als Schriftstellerin. Einer ihrer Romane wurde verfilmt. Sie verließ Deutschland, nahm die amerikanische Staatsbürgerschaft an und kehrte nicht mehr nach Deutschland zurück, wo 1933 ihre Bücher verbrannt wurden.

S.158 Die fremde Sprache im Exil

Mascha Kaléko: **Der kleine Unterschied** (1945)

1 Der Emigrant ist zwar in Sicherheit, aber nicht glücklich.

2 „Mr Goodwill" kann als sprechender Name für die vielen hilfsbereiten Menschen in den USA stehen, die nicht verstehen, warum die Emigranten nicht zufrieden sind.

3 Mascha Kaléko ist glücklich, als Jüdin dem NS-Terror entflohen zu sein und einen Job zu haben. Jedoch ist es für sie als Schriftstellerin nicht befriedigend, sich nicht mehr in ihrer Muttersprache ausdrücken zu können und als Werbetexterin Sprache nur noch kommerziell einzusetzen, um Produkte zu verkaufen.

4 Möglicher Brief:
Hallo zusammen,
mir geht es so weit gut. Ich habe ein Dach über dem Kopf und gehe sogar in eine Schule. Leider fühle ich mich oft allein. Die Menschen, z. B. die Familie, bei der ich untergekommen bin, sind zwar nett, aber echte Freunde habe ich noch nicht gefunden. Mit der Sprache wird es zwar besser, aber ich verstehe immer noch nicht alles und muss mich sehr konzentrieren. Ich hoffe, mal etwas von euch und der alten Heimat zu hören.
Euer …

Möglicher Tagebucheintrag:
Liebes Tagebuch, jetzt bin ich schon seit vier Wochen hier. Es geht mir zwar so weit gut, aber ich habe schreckliches Heimweh. Meine Familie und meine Freunde fehlen mir. Zwar versuche ich so oft wie möglich zu chatten oder zu skypen, aber das ist ja nicht immer möglich. Auch muss ich schauen, dass ich nicht zu viel Zeit damit verbringe, sondern hier Anschluss und Freunde finde. Ein Junge aus der Nachbarschaft scheint mir ganz nett zu sein, mit dem habe ich mich gestern ganz gut unterhalten und ich hatte auch den Eindruck, er hat interessiert zugehört. Mit der Sprache ist es natürlich immer noch mühselig, aber das wird hoffentlich besser.

S. 159 Inneres und äußeres Exil:
Deutsche Schriftstellerinnen und Schriftsteller 1933–1945

1 **a** Äußere Emigration meint, dass die Betroffenen ihr Heimatland verlassen müssen. Innere Emigration bezeichnet eine Haltung, bei der die Betroffenen zwar in ihrem Heimatland verbleiben, jedoch mit den Zielen und Handlungen der Regierung / der Mehrheitsgesellschaft nicht einverstanden sind und dies ggf. in ihrem künstlerischen Tun zumindest andeutungsweise auch ausdrücken.

b Äußere Emigration: Man lässt eine gesicherte Existenz hinter sich, ebenso Freunde / Familie, die vertraute Umgebung, womöglich sogar die vertraute Kultur.
Innere Emigration: Es besteht jederzeit die Möglichkeit, Berufsverbot zu erhalten, verhaftet, eingesperrt oder sogar mit dem Tod bedroht zu werden.

3 Mögliche Internetadressen:
www.pen-deutschland.de/de/themen/writers-in-prison/ (dort auch eine jeweils aktuelle „Caselist" als pdf in Englisch mit über 200 Seiten)
www.amnesty-meinungsfreiheit.de/index.php/Main/DieBetroffenen
www.planet-schule.de/fileadmin/dam_media/wdr/menschenlandschaften/pdf/AB7_Kunstfreiheit_und_Meinungsfreiheit.pdf (ein Schulprojekt mit Arbeitsblättern)

Zu einem weiteren Beispiel für Exilliteratur siehe die **Kopiervorlage 1** („Einen Roman der Exilliteratur kennenlernen").
Siehe auch die **Folie** „Einen Schriftsteller / Eine Schriftstellerin der Exilliteratur vorstellen".

S. 160 ## Bertolt Brecht und das epische Theater

S. 160 ### Leben und Werk des Schriftstellers

1 Mögliche Zeitleiste:

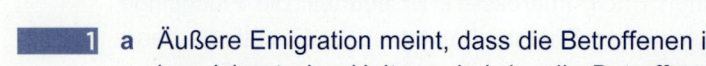

1898	1922	1928	1933	1935
geb. in Augsburg	Erster Erfolg Theaterstück „Trommeln in der Nacht"	Erfolg in Berlin „Dreigroschenoper"	Brecht muss Deutschland verlassen	Staatsbürgerschaft aberkannt

1941	1945	1945–1953	1953	1956
Brecht in den USA	Brecht geht in SBZ / DDR	Politisch-künstlerisches Engagement für Sozialismus	Arbeiteraufstand Brecht distanziert sich	Tod in Ostberlin

2 Brecht stand bereits in den 1920er-Jahren den Kommunisten nahe und wollte nach dem Zusammenbruch des Nationalsozialismus ein neues, sozialistisches und damit besseres Deutschland aufbauen. Dies erschien ihm in der DDR eher möglich als in der BRD.

3 **a** Brecht hat eine japanische Maske in seiner Wohnung hängen, die einen Dämon darstellt. Dessen Gesichtszüge verraten, dass er böse ist.

b Brecht will ausdrücken, dass es anstrengend ist, böse zu sein. Der Mensch bzw. der Schriftsteller möchte es eigentlich nicht sein, muss es aber manchmal sein, um auf Missstände aufmerksam zu machen.

4 Brecht wies in seinen Werken immer wieder auf politische und gesellschaftliche Missstände hin; sie machten ihn böse. Seine Enttäuschung über die Reaktion des herrschenden Regimes in der DDR auf den Arbeiteraufstand zeigten dieselbe Wirkung bei Brecht.

S. 161 **Merkmale des epischen Theaters erschließen**

Bertolt Brecht: **Der gute Mensch von Sezuan**

1 Mögliche Beispiele:
- Shen Te ist bereit, die Götter aufzunehmen (Info im Vorspann).
- Sie hat Mitleid mit der Shin (Z. 10), gibt ihr Reis (Z. 26).
- Sie gewährt ihren ehemaligen Wirtsleuten Obdach, weil sie nicht Nein sagen kann (Z. 56–60).

2 Obwohl die Shin ihr unberechtigte Vorwürfe macht, bleibt Shen Te freundlich und bietet ihr Reis an (Z. 21–26). Auch als sie als „Halsabschneiderin" beschimpft wird, bleibt sie freundlich (Z. 36–39).

3 Shen Te erkennt, dass sie nur ausgenutzt wird, weil sie zu gutmütig ist. Wer wirklich helfen will, braucht Härte (Z. 22–25). Daher verwandelt sie sich in eine zweite Person, in der sie die Rolle des Harten spielen kann.

4 Shen Te bemängelt, dass die Götter machtlos sind, die Guten zu schützen und die Bösen zu bestrafen (Z. 5–9). Die Gebote der Götter helfen den Menschen nicht, sie sollten selbst kommen und Gutes tun (Z. 15–20). Schließlich fragt Shen Te, warum die Götter für die Guten keine gute Welt erschaffen und ihnen beistehen, Gutes zu tun (Z. 26–29).

5 Es handelt sich um einen offenen Schluss. Die Zuschauer sollen sich selbst überlegen, wie es zu einem guten Ende kommen kann.

6 Der Epilog besteht an den entscheidenden Stellen aus Fragen: „Was könnt' die Lösung sein?" (Z. 12), „Soll es ein andrer Mensch sein? Oder eine andre Welt? Vielleicht nur andere Götter? Oder keine?" (Z. 14 f.)
In den beiden letzten Zeilen wird das Publikum direkt angesprochen und aufgefordert, sich selbst einen Schluss zu suchen. Die dreimalige Wiederholung des „Muß" dient der Verstärkung und drückt die Dringlichkeit der Lösungsfindung aus.

7 a Die Schauspieler/-innen sind alltäglich gekleidet. Die Hauptfigur teilt sich in zwei Figuren auf. Es gibt keinen richtigen Schluss, vielmehr wird das Publikum direkt angesprochen, sich selbst einen guten Schluss zu überlegen.

   b Die Zuschauer sollen zum Nachdenken gebracht werden. Es geht nicht um eine bestimmte Handlung und um ein Einzelschicksal, das im fernen Osten spielt, sondern um die Darstellung eines allgemein herrschenden Problems.

8 Für das klassische Theater spricht, dass man sich in die Handlung hineinversetzen und mit den handelnden Figuren mitfühlen kann.
Das epische Theater möchte die Zuschauer anhand eines dargelegten Problems zum Nachdenken bringen, das Theater will etwas verändern.

9 Mögliche Tabelle:

Merkmale des epischen Theaters	in: „Der gute Mensch von Sezuan"
Einzelszenen oder Bilder, die durch Erzähler- kommentare, Songs usw. unterbrochen werden	Zwischenspiele und Lieder sowie ein Epilog
keine Spannung, offener Schluss	offener Schluss im Epilog: „Wir wissen wohl, das ist kein rechter Schluss." (Z. 2); „Wir stehen selbst enttäuscht und sehn betroffen / Den Vorhang zu und alle Fragen offen." (Z. 5 f.)

– Alltagskleidung, manchmal nur angedeutet – Bühnenbild fehlt oder nur spärlich	Auf den Bildern ist zu erkennen, dass die Schauspieler Alltagskleidung (Hüte, Regenmäntel, Jeans, Tops) tragen. Es ist kein Bühnenbild zu erkennen.
Zuschauer sollen betrachten, Distanz zur Handlung bewahren, kritisch beurteilen und entscheiden (Gesellschaftskritik)	Zuschauer muss überlegen: Wie soll eine Welt aussehen, in der die Guten gut sein können, ohne selbst zu scheitern oder ausgenutzt zu werden? Welche Rolle soll/kann dabei die Religion spielen? Ist so etwas wie „Religion" überhaupt nötig oder nützlich für das menschliche Zusammenleben?

Siehe auch die **Folie** „Merkmale des epischen Theaters beschreiben".

8.2 Jugendliche und junge Erwachsene in der Literatur seit 1945 bis zur Gegenwart

||S. 166 **Immer Probleme mit den Eltern! – Nachkriegsliteratur in der Bundesrepublik Deutschland**

Heinrich Böll: **Ansichten eines Clowns**

1 a Hauptperson Hans Schnier – kehrt nach Bonn zurück – Beruf: Clown – persönliche und private Probleme – Erinnerungen: viele Bekannte – Bruder studiert kath. Theologie – Tod der Schwester vor 17 Jahren – belastetes Verhältnis zu den Eltern – Schwester rückt 1945 mit 16 als Flakhelferin ein – eigener Schulunterricht: Lehrer nationalistisch und hetzerisch, ist aber in der Nachkriegszeit anerkannt – auch Mutter nationalistisch eingestellt – Schwester bei Leverkusen gefallen – Grabstelle unbekannt

b Die Geschichte spielt 1962: Hans Schnier spricht davon, dass seit dem Tod der Schwester 17 Jahre vergangen sind. Nachdem sie sich im Februar 1945 zur Flak gemeldet hat und kurz darauf gefallen ist, erschließt sich dieses Datum.

2 Hans versteht nicht, wohin Henriette fährt, als er sie das letzte Mal sieht, er glaubt zunächst an einen Schulausflug. Auf ihn wirkt sie durch den ungewohnten Hut verändert und erwachsen. Die Mutter sieht Henriettes Einsatz als nationale Pflicht und Hans spürt, dass sie von den beiden Brüdern das Gleiche erwartet, wenn sie alt genug sind.

3 Hans erinnert sich genau an die letzte Begegnung mit seiner Schwester und weiß auch, was sie anhatte (Z. 25–32). Er hat sie als „schönes Mädchen, blond", als „die beste Tennisspielerin zwischen Bonn und Remagen" (Z. 15 ff.) in Erinnerung. Er trauert um sie und um die Tatsache, dass man weder etwas über die näheren Umstände ihres Todes weiß noch darüber, wo sie begraben ist (Z. 97–100).

4 Die Mutter wird durch die direkte Rede in Z. 87 ff. als nationalistisch und rassistisch eingestuft, sie bedient sich desselben Sprachgebrauchs wie Lehrer Brühl, der mit seinen Schülern „Nationales" gesungen hat. Von Mutters Blick wird Hans „unheimlich" (Z. 91 f.). Diese Passage erklärt auch, warum seine Eltern seit dem Tod der Schwester für ihn nicht mehr existieren (Z. 11 ff.): Er macht die Mutter und den stumm danebensitzenden Vater für den Tod der Schwester verantwortlich, weil sie die Schwester darin bestärkt haben, sich freiwillig für den Kriegsdienst zu melden, obwohl der Krieg schon verloren und jedes weitere Opfer sinnlos war.

5 a Die Mutter arbeitet für das „Zentralkomitee der Gesellschaften zur Versöhnung rassischer Gegensätze". Zur Zeit des Nationalsozialismus dagegen vertrat sie eine rassische Position („jüdische Yankees").

b Hans Schnier wirft der Mutter vor, dass sie ihre nationalistische und rassistische Weltanschauung zur Zeit des Nationalsozialismus und eine Mitschuld am Tod der Tochter verdrängt. Er empfindet ihr Engagement in der Nachkriegszeit als verlogen und anpasserisch und verurteilt sie für ihr Verhalten. Nachdem er sie jahrelang nicht kontaktiert hatte, geht er sofort auf Konfrontationskurs, als sich seine Mutter am Telefon meldet.

6 Möglicher Dialog:

Hans: Du warst mir damals unheimlich, Mutter, als du so dahergeredet hast und sogar bereit warst, die eigenen Kinder für den Krieg zu opfern.

Mutter: Ach Gott, Hans. Wir waren halt damals so. Wir hatten ja keine Ahnung, wie sehr die Nazis uns belogen und durch Propaganda manipuliert haben.

Hans: Viele wussten auch schon vorher Bescheid. Aber das ist nicht der Punkt. Was mich stört, ist, dass ich von dir bis heute kein Wort des Bedauerns gehört habe. Hast du eigentlich nie so etwas wie Schuld empfunden?

Mutter: Mein Gott, du bist so selbstgerecht. Glaubst du, einer Mutter fällt es leicht, ihre eigene Tochter sterben zu sehen? Aber ich war nicht dafür verantwortlich. Wir glaubten damals, dass es unsere Pflicht ist, wenn sie sich freiwillig meldet.

Hans: Henriette hätte es nicht tun müssen und du hättest sie niemals darin bestärken dürfen. Du hast doch alles dazu getan, damit wir als stramme Nazis erzogen wurden. Wir mussten doch überall beitreten. Du hättest auch Leo und mich noch in den Krieg geschickt, wenn das gegangen wäre, rede dich bloß nicht raus!

Mutter: Ich höre mir das nicht länger an. Du hattest damals keine Verantwortung zu tragen. Wer weiß, wie du dich verhalten hättest, wärst du zehn Jahre älter gewesen. Sei bloß nicht so selbstgerecht. Außerdem hast du nie wirklich das Gespräch gesucht, bist einfach fortgegangen und hast so getan, als gäbe es uns nicht mehr. Ist das vielleicht fair?

7 Sowohl im Verhalten der Mutter als auch in dem Schnitzlers zeigt Böll beispielhaft auf, wie einfach es sich viele Deutsche nach 1945 gemacht haben, ihr Verhalten während des Nationalsozialismus schönzureden und sich als Mitläufer oder gar Opfer auszugeben. So war es ihnen möglich, in der neu entstandenen BRD Karriere zu machen und zu gesellschaftlichem Ansehen zu gelangen. Das wurde aber in der noch jungen BRD nicht thematisiert oder gar kritisiert. Erst Ende der 1960er-Jahre setzte, ausgelöst durch die Studentenrebellion, ein Umdenken ein und es begann zögerlich eine Auseinandersetzung mit der NS-Vergangenheit.

8 Schriftsteller/-innen sind moralische Instanzen und müssen daher zu politischen und gesellschaftlichen Fragen Stellung nehmen. Nur wenn Fragen, welche die Menschen bewegen und beschäftigen, in den literarischen Werken aufgegriffen werden, sind sie für die Leser nutzbringend.

Andererseits sollten sich Schriftsteller/-innen in ihren Werken mit den Menschen, ihren Gefühlen und Schicksalsschlägen, mit Glück, Liebe und Leidenschaften befassen. Nur wenn sie sich mit den grundlegenden Fragen der Menschen auseinandersetzen, ist ihre Literatur zeitlos gültig und wirkliche Kunst.

Siehe auch die **Folie** „Einen Schriftsteller der Nachkriegsliteratur" vorstellen.

S. 170 Allein unter den anderen – Literatur der Gegenwart

Alina Bronsky: **Scherbenpark**

1 **a** Die Hauptfigur heißt Sascha Naimann. Sie ist ein siebzehn Jahre altes Mädchen, das seine Mutter verloren hat und einen Mann namens Vadim töten will. Sie lebt in einem Hochhaus („Solitär"), in dem viele russische Aussiedlerfamilien wohnen. Die meisten Jugendlichen träumen – wie ihre gleichaltrige Freundin Anna und deren Freund Valentin – unrealistische Träume von Glück und Erfolg im Leben oder – wie ein Junge aus ihrem Bekanntenkreis – von blonden, gut aussehenden Mädchen, obwohl sie auf Grund ihrer Herkunft und Lebensumstände spüren, dass sie keine großen Chancen im Leben haben werden.

b Vieles wird nur angedeutet, sodass beim Leser Neugier geweckt und Raum für Spekulationen gelassen wird. Belege:
- Der Name der Erzählerin wird erst in Z. 81 erwähnt.
- Die Erzählerin „will Vadim töten" (Z. 4). Nähere Umstände erfährt man nicht, auch nicht das Motiv für den Hass auf Vadim. Man kann spekulieren, wie der Tod der Mutter und die Tötungsabsicht der Tochter zusammenhängen (Z. 3 ff.).
- Man erfährt zunächst nichts über die Lebensumstände des Mädchens selbst, außer dass sie zur Schule geht. Wer kümmert sich um sie, wovon lebt sie?

2 Sascha ist offensichtlich schlauer als die anderen Jugendlichen, zumindest hält sie sich dafür. Sie hat andere Träume, möchte über ihr Leben schreiben, während die anderen nur Reichtum, tolle Autos und schöne Mädchen im Kopf haben.

3 In Saschas familiären Umfeld kam es zu einer Bluttat, da Vadim zunächst ihre Mutter und dann sich selbst umgebracht hat. Den anderen Bewohnern sind daher Sascha und ihre Familie unheimlich. Außerdem spielt wohl Saschas überhebliches Verhalten und die Tatsache, dass sie eine sehr gute Schülerin ist, eine Rolle. Dies fördert Neid und Missgunst bei den anderen.

4 **a** Sascha ist voller Aggression und Gewaltbereitschaft gegenüber ihren Mitbewohnern im Solitär: „… beiläufige Bewegung, von der es in mir wieder zu blinken, zu rasen und zu klopfen beginnt. Anscheinend merkt sie das, denn sie zuckt zurück und hebt warnend die Hand." (Z. 16 ff.)
Sie hat Gewaltfantasien: „So einen Stein auf Vadims Kopf – das wäre toll gewesen. Der Schädel wäre geplatzt wie ein rohes Ei." (Z. 28 ff.)
Sie richtet Schaden an und zertrümmert Fensterscheiben mit Steinwürfen. (Z. 32 ff.)

b Sie spürt, dass sie anders ist als die anderen. Zusätzlich merkt sie, dass die anderen sie ablehnen und ausgrenzen. Sie fühlt sich ungerecht behandelt, da sie für das Unglück in ihrer Familie schließlich nichts kann. Wut und Aggressionen entladen sich, indem sie damit beginnt, die Fensterscheiben zu zerstören. Klug und angemessen ist dieses Verhalten natürlich sicher nicht.

5 Viele Schüler/-innen erwarten an dieser Stelle eine Katastrophe bzw., dass Sascha auch ums Leben kommt. Ergänzend oder alternativ kann die **Kopiervorlage 2** („Einen Romanauszug erschließen") eingesetzt werden.

6 Alina Bronsky ist wie Sascha in Russland geboren und kam als Jugendliche nach Deutschland. Außerdem war sie wie Sascha eine gute Schülerin.

7 Über die Problematik des Zuzugs von Russlanddeutschen nach dem Zusammenbruch der Sowjetunion wurde viel diskutiert. Alina Bronskys Buch bot erstmals die Innenperspektive, da es aus der Sicht einer Betroffenen geschildert ist. Die Handlung erhält hohe Glaubwürdigkeit dadurch, dass die Autorin vieles wohl aus eigener Erfahrung berichten konnte. Nicht zu vergessen ist die geschickte Erzählweise, die Spannung aufbaut und aufrechterhält, sodass die Leser bis zum Schluss zum Weiterlesen animiert werden.

8 **a** Beispiele für Belastungen: ungewohntes kulturelles und gesellschaftliches Umfeld, schwierige materielle Verhältnisse, Sprachprobleme, wenig Freunde und Freizeitmöglichkeiten, Ablehnung durch Einheimische, Schulprobleme, Belastungen durch Traumatisierung

b Mögliche Integrationsmaßnahmen: Sprachprogramme, Engagement von Vereinen und sozialen Einrichtungen, spezielle schulische Angebote (Stützkurse, sportliche und/oder kulturelle Aktivitäten zusammen mit deutschen Mitschülerinnen und -schülern)

‖S.174‖ Unterdrückt – Literatur unter staatlicher Zensur

‖S.174‖ Reiner Kunze: **Die wunderbaren Jahre**

1 Mögliche Reaktionen: als Jugendliche (oder Erwachsene) ähnliche Erfahrungen mit der Polizei (Text 1), Unverständnis über das Verhalten des Klassenlehrers und der Mitschüler (Text 2), zudem: teilweise schwer zu verstehen („Propaganda für das kapitalistische System")

2 Der Zeiger der Uhr wird mit einem Gummiknüppel verglichen. Die Metapher unterstreicht die Bedrohlichkeit der Situation. Die Jugendlichen haben nichts angestellt und werden dennoch hinaus in den Regen geschickt.

3 Es werden die Reaktion des Klassenlehrers und das Verhalten des Mitschülers, der seine Mitschülerin gemeldet hat, kritisiert.

4 Die Jugendlichen empfinden sicher Wut über das schikanöse Verhalten der Polizisten und des Klassenlehrers, Repräsentanten der staatlichen Allmacht. Ein Gefühl der Ohnmacht wird sich einstellen. Sie ziehen sich zurück, gehen auf Distanz zum Staat und seinen Organen. Im privaten Umfeld wird Misstrauen unter Freunden/Mitschülern entstehen, da man nicht weiß, wem man vertrauen kann und wer potenzieller Zuträger ist. Man ist gezwungen, sich zu verstellen, seine wahren Gefühle und Gedanken zurückzuhalten. Eine Sehnsucht nach Freiheit, Transparenz und mehr Offenheit wird die Folge sein.

5 Der Titel ist ironisch zu verstehen, weil die Jahre eben nicht wunderbar waren. Er drückt Kritik aus am System, das die Verhältnisse im Arbeiter- und Bauernstaat stets glorifizierte. Mit der Sprachregelung des Sozialismus kontrastiert Kunze den Alltag in der DDR.

6 Kritik an den politischen und gesellschaftlichen Verhältnissen galt in der DDR als „konterrevolutionär" und wurde nicht geduldet. Kunzes Texte wurden deshalb nicht gedruckt. Das Manuskript „Die wunderbaren Jahre" wurde heimlich in die BRD gebracht und hier veröffentlicht.

7 Kunze verhielt sich als Mahner nicht systemkonform, war den DDR-Machthabern unbequem und in deren Augen ein ständiger Unruheherd. Ihm wurde der Vorwurf gemacht, „zersetzend" zu wirken, die Stasi stellte ihn deshalb unter Beobachtung und führte eine rasch anschwellende Akte über ihn. Die SED wollte Kunze so schnell wie möglich loswerden, bevor seine Systemkritik auch in der DDR bekannt wurde.

8 Böll war als Schriftsteller relativ rasch erfolgreich, wurde anerkannt, erhielt Preise und konnte in der BRD frei leben und schreiben, obwohl er vielen politischen und gesellschaftlichen Entwicklungen kritisch gegenüberstand. Kunze musste aus politischen Gründen seine wissenschaftliche Karriere aufgeben und sich als Hilfsschlosser über Wasser halten. Er wurde aus dem Schriftstellerverband der DDR ausgeschlossen, was einem Berufsverbot gleichkam.

‖S.175‖ Herta Müller: **Der fremde Blick oder Das Leben ist ein Furz in der Laterne** (1994)

1 Die Überwachung ist allgegenwärtig, umfassend und greift in die Privatsphäre des Einzelnen ein.

2 Die Passage beschreibt das Gefühl ständiger Bedrohung und Furcht, die sich so weit auswächst, dass der Verfolgte anfängt, sogar vor toten Gegenständen Furcht zu empfinden.

3 Das Sammeln von Daten im Internet dient kommerziellen Interessen und ist nicht politisch motiviert. Den Betroffenen soll in erster Linie nicht Angst gemacht werden, sondern sie sollen durch die auf ihren Lebensstil und ihre Konsumgewohnheiten zugeschnittene Werbung zu erhöhtem Konsum gebracht werden.

4 Kunze stammt aus relativ einfachen Verhältnissen, Müller gehörte zur diskriminierten Minderheit der Banater Schwaben. Beide machten Abitur und studierten. Wegen ihrer oppositionellen Haltung zum herrschenden kommunistischen Regime waren sie gezwungen, ihre beruflichen Karrieren aufzugeben. Beide siedelten in die BRD über und erhielten hier die ihnen gebührende Anerkennung.

199

5 Kunze und Müller sind sich ihrer Überzeugung treu geblieben und haben dafür sogar existenzbedrohende Nachteile in Kauf genommen.

6 Für die Schüler/-innen kann der Tipp hilfreich sein, auf www.amazon.de sowohl nach dem Inhalt als auch nach unterschiedlichen Kritiken zu recherchieren, die gerade bei Herta Müller oft sehr kontrovers ausfallen.

8.3 Projekt: Den literarischen Markt veranschaulichen

S. 177 Der literarische Markt

1 Ein Bestseller ist ein Buch, das sich sehr gut verkauft. In der BRD sind mehr als etwa 15 000 bis 20 000 Exemplare nötig, um auf Bestsellerlisten zu kommen.

2 Genannt werden „Focus" und „Spiegel".

3 Mit den Begriffen wird beschrieben, dass Bestsellerlisten einen Werbeeffekt haben und interessierte Leser zum Kauf eines auf der Liste platzierten Buches anregen.

4 Preisverleihungen für ein Buch bzw. an eine Autorin / einen Autor führen fast automatisch zu einer Platzierung auf der Bestsellerliste.

S. 178 Der Buchmarkt in Zahlen

1 Aussage 1 richtig
Aussage 2 falsch: 2014 besaßen nur 6,2 Prozent der Befragten einen E-Reader, der zum Lesen von E-Books nötig ist. Nur 5,3 Prozent der Befragten gaben an, Bücher auch auf elektronischen Geräten zu lesen.
Aussage 3: Die Buchkäuferquote stagniert. Über die Anzahl der verkauften Bücher sagt die Statistik nichts aus.
Aussage 4 richtig
Aussage 5 falsch: Nur 58,3 Prozent der Deutschen haben mindestens ein Buch gekauft.
Aussage 6 falsch: Die Quote der verkauften Hörbücher ist rückläufig (7,4 auf 6,8 %).
Aussage 7 richtig

2 Erfahrungsgemäß überschätzen die Schüler/-innen den Anteil an verkauften E-Books und E-Readern. Auch wundern sie sich generell darüber, dass so viele Bücher gekauft werden.

3 Vorteile von E-Books: billig, praktisch (wenig Platzbedarf, z. B. im Urlaub; beim Lesen im Bett keine eigene Lichtquelle nötig), zusätzliche Funktionen, z. B. Suchfunktionen, Recherche von unbekannten Begriffen im Internet
Nachteile: teure Anschaffung, gewöhnungsbedürftiges Lesegefühl, z. B. Vor- und Zurückblättern im Buch, Strom- bzw. Internetanschluss (zumindest in gewissen Zeitabständen) nötig, erhöhte Gefahr eines Verlusts bzw. Diebstahls

S. 179 Ein Themenheft „Literarischer Markt" erstellen

1 Eine Alternative zum Themenheft ist eine Collage und/oder ein Lernplakat zu einem der vorgeschlagenen Themen. Jede Gruppe stellt ihre Arbeitsergebnisse im Klassenzimmer aus, alle Schüler/-innen können sich in einem Gallery Walk über die einzelnen Themengebiete informieren.

Vorschläge für Tests und Übungen

- Einen Roman der Exilliteratur kennenlernen
  Siehe die **Kopiervorlage 1**.
- Einen Romanauszug erschließen
  Siehe die **Kopiervorlage 2**.

Weiteres Übungsmaterial

Deutschbuch Arbeitsheft 10
- Auszüge aus Romanen erschließen
  Günter Grass: Die Blechtrommel, S. 40–43

Einen Roman der Exilliteratur kennenlernen (1 von 4)

Anna Seghers: **Das siebte Kreuz** (1942)

Der KZ-Insasse Georg Heisler bricht mit den sechs Mitgefangenen Wallau, Beutler, Pelzer, Belloni, Füllgrube und Aldinger aus dem Konzentrationslager Westhofen aus. Daraufhin befiehlt der Lagerkommandant Fahrenberg, die Entflohenen innerhalb von sieben Tagen zurückzubringen. Er lässt auf dem Appellplatz sieben Kreuze aufstellen, an denen er die wieder eingefangenen Flüchtlinge zur Abschreckung kreuzigen lassen will.

In sieben Kapiteln schildert der Roman die dramatischen Ereignisse. Sechs der Entflohenen werden tatsächlich gefasst oder kommen auf der Flucht um. Doch das siebte Kreuz bleibt frei. Georg Heisler kann mit Hilfe seiner kommunistischen Genossen, aber auch der unpolitischer, gutwilliger Menschen, die ihm helfen, in die Niederlande flüchten.

Als Vorlage zu diesem Roman dienten Anna Seghers Berichte von Gefangenen aus dem KZ Buchenwald. Der Name Westhofen ist eine Anspielung auf das Konzentrationslager Osthofen, das tatsächlich existiert hat.

Szenenfoto aus „Das siebte Kreuz", 1944

Aber die vier an die Bäume gebundenen Männer zitterten nicht. Nicht einmal Füllgrube zitterte. Er starrte geradeaus, mit offenem Mund, als hätte der Tod selbst ihn angeschrien, sich
5 endlich anständig aufzuführen. Auch auf seinem Gesicht lag ein Schimmer jenes Lichtes, mit dem verglichen Overkamps[1] Polizeilampe nur ein elendes Funzelchen war. Pelzer hatte seine Augen geschlossen, sein Gesicht hatte
10 alle Zartheit verloren, alle Zagheit und Schwäche, es war kühn und scharf geworden. Seine Gedanken waren gesammelt, nicht zu Zweifeln und nicht zu Ausflüchten, sondern um das Un-
vermeidliche zu begreifen. Und er spürte auch, dass Wallau neben ihm stand. Auf der anderen 15 Seite von Wallau stand jener Albert, den man sofort beim Ausbruch niedergeschlagen hatte. Er war wieder zusammengeflickt worden auf Overkamps Wunsch, wenn auch nur notdürftig. Auch er zitterte nicht. Auch er hatte längst aus- 20 gezittert. Vor acht Monaten, vor der Reichsgrenze, in seinem mit Devisen[2] gefütterten Rock hatte er sich durch Zittern verraten. Jetzt hing er mehr, als er stand, auf seinem seltsamen Ehrenplatz, den er sich nie hatte träumen las- 25 sen, rechts von Wallau und sein feuchtes Gesicht war mit Licht befleckt. […]
Jetzt trat Fahrenberg vor. Er befahl dem Zillich[3], aus zwei Bäumen die Nägel herauszuziehen. Kahl und leer standen die beiden Bäume, 30 zwei echte Kreuze für Gräber. Jetzt gab es nur noch einen benagelten Baum, der unbesetzt war, ganz links neben Füllgrube.

Anna Seghers: Das siebte Kreuz.
Aufbau Verlag, Berlin [33]2011, S. 288 f.

---

1 **Overkamp**: ein Polizeikommissar
2 **Devisen**: ausländisches Geld
3 **Zillich**: Scharführer im KZ

---

1   Erklärt mit eigenen Worten, woran euch die Strafe, die Gefangenen ans Kreuz zu schlagen, erinnert.

2   Begründet, dass damit bereits eine eindeutige Einteilung in „gut" und „böse" erfolgt.

3   Schreibt die Textstellen heraus, an denen deutlich wird, dass die Gekreuzigten keine Opfer sind, sondern als Vorbilder dargestellt werden. Achtet dabei neben dem Inhalt auch auf die sprachlichen Mittel.

Autor: Christian Fritsche
Foto: ddp images/United Archives

Einen Roman der Exilliteratur kennenlernen (2 von 4)

Der Roman schildert nicht nur das Schicksal der geflüchteten KZ-Insassen, sondern auch das Verhalten der Menschen, die ihnen auf der Flucht begegnen. Das Ehepaar Bachmann unterstützt einen der Geflohenen. Sie besitzen eine Gartenhütte („Laube"), in der sie Kleidung und Geld für Wallau versteckt hatten. Frau Bachmann wartet auf ihren Mann. Sie weiß nicht, dass er gerade von der Gestapo verhört wurde.

Als die Bachmann jetzt still und allein saß, fing
35 das Herumgezucke in ihren Gliedern wieder an.
Sie holte sich etwas zum Nähen. Das beruhigte
sie. Niemand kann uns was nachweisen, sagte
sie sich. Es ist ein Einbruch.
Jetzt kam der Mann die Treppe herauf. Also
40 doch noch. Sie stand auf und richtete ihm sein
Abendessen. Er kam herein in die Küche, ohne
ein Wort zu sagen. Noch bevor sich die Frau
nach ihm umdrehte, hatte sie nicht nur im Herzen, sondern über die ganze Haut weg ein Gefühl, als sei mit seinem Eintritt die Temperatur
45 fühl, als sei mit seinem Eintritt die Temperatur
im Zimmer um ein paar Grad gefallen. „Hast du
was?", fragte sie, als sie sein Gesicht sah. Der
Mann erwiderte nichts. Sie stellte den vollen
Teller hin zwischen seine Ellenbogen. In sein
50 Gesicht stieg der Suppendampf. „Otto", sagte
sie, „bist du denn krank?" Darauf erwiderte er
auch nichts.
Der Frau wurde himmelangst. Aber, dachte sie,
mit der Laube kann es nichts sein, denn er ist ja

hier. Sicher bedrückte es ihn; wenn nur die
55 Sache vorüber wäre. „Willst du denn nichts
mehr essen?", fragte sie. Der Mann erwiderte
nichts. „Du musst nicht immer dran denken",
sagte die Frau, „wenn man immer dran denkt,
kann man verrückt werden." Aus den halb ge-
60 schlossenen Augen des Mannes schossen ganze
Strahlen von Qual. Aber die Frau hatte wieder
zu nähen begonnen. Als sie aufsah, hatte der
Mann die Augen geschlossen. „Hast du denn
was?", sagte da die Frau, „was hast du?" –
65 „Nichts", sagte der Mann.
Aber wie er das sagte! So, als habe die Frau ihn
gefragt, ob er denn auf der Welt gar nichts
mehr hätte und als habe er wahrheitsgemäß
erwidert: Nichts. – „Otto", sagte sie, und sie
70 nähte, „du hast vielleicht doch was." Aber der
Mann erwiderte leer und ruhig: „Gar, gar
nichts." Wie sie ihm ins Gesicht sah, rasch
einmal von der Näherei weg in seine Augen,
wusste sie, dass er wirklich nichts hatte. Alles,
75 was er je gehabt hatte, war verloren.
Da wurde der Frau eiskalt. Sie zog die Schultern ein und setzte sich schräg, als säße nicht
ihr Mann am Tischende, sondern – Sie nähte
und nähte; sie dachte nichts und sie fragte
80 nichts, weil sonst die Antwort kommen konnte,
die ihr Leben zerstörte.

Anna Seghers: Das siebte Kreuz.
Aufbau Verlag, Berlin 33 2011, S. 138 f.

4 Erklärt, mit welchen gestalterischen Mitteln Anna Seghers in diesem Abschnitt Spannung erzeugt.

5 Wie könnte die markierte Textstelle interpretiert werden? Notiert eure Ideen.

6 Findet ein passendes Wort für die Leerstelle nach „sondern – "

Einen Roman der Exilliteratur kennenlernen (3 von 4)

Wenig später im Dienstzimmer der Gestapo, anwesend sind die Kommissare Overkamp und Fischer.

„Sie haben den Wallau." Overkamp langte sich den Hörer, er kritzelte. „Ja, alle vier", sagte er.
85 Dann sagte er: „Wohnung versiegeln." Dann: „Herbringen." Dann las er Fischer vor: „Also: Als man vorgestern in den in Betracht kommenden Städten die in Betracht kommenden Serien durchging, kamen außer den Angehöri-
90 gen Wallaus eine beträchtliche Anzahl Personen in sämtlichen Städten in Betracht. Diese Personen wurden gestern alle noch einmal in Verhör genommen. Machte sich unter den fünf anderen, die aber jetzt natürlich alle ausschei-
95 den, die man im zweiten Verhör aus der letzten Serie herauszog, ein gewisser Bachmann verdächtig, Trambahnschaffner, dreiunddreißig, zwei Monate im Lager, freigelassen zur Beobachtung des Verkehrs – durch Beobachtung
100 dieses Verkehrs sind wir voriges Jahr, erinnern Sie sich, in der Sache Wielands, auf die Spur der Deckadresse von Arlsberg gekommen –, hat sich seitdem politisch nicht mehr betätigt – hat beim ersten und beim zweiten Verhör alles
105 geleugnet, ist, unter Drohung gesetzt, gestern weich geworden. Wallaus Frau hat Sachen in seiner Laube bei Worms untergestellt, will nicht gewusst haben, wozu und was, unter Beobachtung wieder heimgelassen worden zwecks
110 Beobachtung weiteren Verkehrs. Wallau um dreiundzwanzig Uhr zwanzig auf diesem Laubengrundstück verhaftet, verweigert bis jetzt jede Aussage. Bachmann Haus bis jetzt nicht verlassen. Dienst um sechs nicht angetreten, besteht Selbstmordverdacht, von Familie noch 115 keine Meldung – „Halt!", sagte Overkamp.

Wallau wird wieder ins KZ verbracht, die Jagd auf Heißler geht weiter. Später kommen die Gestapobeamten nochmals auf die Bachmanns zu sprechen.

„Man hat die Bachmann in Worms noch verhaften müssen." – „Warum?", fragte Overkamp grob. Er hatte sich gegen diese Verhaftung ausgesprochen, durch die man nur die Neugier 120 und Erregung der Bevölkerung weckte, während offenkundige Schonung seitens der Polizei die Familie Bachmann am besten isoliert hätte. – „Als man den Bachmann auf der Mansarde abgeknüpft hat, da hat die Frau gebrüllt, er 125 hätte es gestern tun sollen, vor dem Verhör, und ihr Wäscheseil sei ihr zu schade. Sie hat sich auch nicht beruhigt, als man den Mann weggebracht hat. Sie hat die ganze Umgebung verrückt gemacht, geschrien, sie sei unschuldig, 130 und so weiter, und so weiter." – „Wie hat sich denn da die Umgebung verhalten?" – „Teils, teils. Soll ich die Berichte anfordern?" – „Nee, nee", sagte Overkamp, „das hat mit uns nichts mehr zu tun, das gehört ins Ressort der Kolle- 135 gen in Worms. Wir haben genug Beschäftigung."

Anna Seghers: Das siebte Kreuz.
Aufbau Verlag, Berlin ³³2011, S. 147 f. 195 f.,

---

7 Kennzeichnet die Sprache der Polizisten. Zitiert passende Textstellen und erklärt, was ihr daraus schließt.

8 Worin werden Niedertracht und Gerissenheit der Polizeimethoden besonders deutlich? Sucht entsprechende Textstellen und begründet eure Auswahl.

9 Beurteilt das Verhalten des Mannes und die Reaktion der Ehefrau. Formuliert eure persönliche Meinung und begründet diese.

Einen Roman der Exilliteratur kennenlernen (4 von 4)

Anna Seghers, die ursprünglich Netty Reiling hieß, wurde 1900 in Mainz geboren. Nach dem Kunst- und Geschichtsstudium in Heidelberg und Köln veröffentlichte sie erste literarische Werke. Seit ihrer Heirat 1925 lebte sie in Berlin. Sie trat in die KPD und in den Bund proletarisch-revolutionärer Schriftsteller ein und veröffentliche 1928 die sozialkritische Erzählung „Aufstand der Fischer von St. Barbara". 1933 wurde sie kurzzeitig von der Gestapo in Haft genommen, ihre Bücher wurden verboten und verbrannt. Anna Seghers flüchtete über die Schweiz nach Paris, 1941 weiter nach Mexiko. Dort stellte sie auch ihren Roman „Das siebte Kreuz" fertig. Dieses Buch wurde ihr größter Erfolg. Bereits 1944 wurde es in Hollywood verfilmt. 1947 kehrte sie nach Deutschland zurück, 1950 übersiedelte sie nach Ostberlin und trat der SED bei. Von 1952 bis 1978 war sie Vorsitzende des Schriftstellerverbandes der DDR. 1983 ist Anna Seghers in Ostberlin gestorben.

10　Findet Gründe, warum das Buch bereits 1944 in den USA verfilmt wurde.

11　Überlegt, welche Gründe Anna Seghers dazu bewogen haben könnten, nach dem Krieg nach Ostberlin zu ziehen. Bezieht auch euer Wissen aus dem Geschichtsunterricht über die Nachkriegszeit in eure Überlegungen mit ein.

Kopiervorlage

Cornelsen

Einen Romanauszug erschließen (1 von 2)

Alina Bronsky: **Scherbenpark** (Romanende)

Es kommt zu einem Tumult vor dem Solitär, Sascha wird von den Bewohnern ebenfalls mit Steinen beworfen und verletzt. Sie kommt ins Krankenhaus, von dort flüchtet sie. Sie geht noch einmal in den Solitär. Dort sind gerade ihr Freund Felix und dessen Vater Volker zu Besuch bei ihrer Tante und den Geschwistern. Sascha zieht sich in ihr Zimmer zurück. Dort betrachtet sie das Foto, das ihre Mutter und deren Freund Harry zeigt.

Ich setze mich rittlings auf den Stuhl und nehme das gerahmte Foto von meinem Schreibtisch in die Hände. Wenn ich die Augen fast ganz schließe und den Kopf sachte drehe, dann
5 sieht es so aus, als würden sich die Gesichter auf dem Foto bewegen. Den gleichen Effekt gibt es bei häufigem Blinzeln.

Hallo, du, und du natürlich auch, Harry, sage ich. Wir haben uns lange nicht mehr gespro-
10 chen. Ich hoffe, du bist nicht sauer, dass ich dich nicht ins Krankenhaus mitgenommen habe. Dort war ich ganz allein. […] Hast du übrigens schon mitgekriegt, dass Vadim nachgekommen ist? Ich hoffe, er lässt euch in Ruhe.
15 Vielleicht kann ihm da drüben jemand mal beibringen, wie man sich benimmt. Oder er ist dort eh so klein und ihr so groß, dass ihr aufpassen müsst, dass ihr nicht auf ihn tretet.

Was für eine feige, miese Art, einfach mal den kürzesten Weg zu euch zu nehmen, findet ihr 20 das auch?

Mein Problem ist, dass ich mich nicht mehr darüber ärgern kann. Die Luft ist raus. Tut mir leid, aber du wirst es verstehen. Ist einfach so. Unsere Wohnung ist gerade voll mit Menschen, 25 die essen, reden und lachen. Es sind zwei neue dabei, die ich niemals hier haben wollte, aber sie sind trotzdem gekommen. Und es sieht so aus, als wären sie gerade gern hier. Ich kann mir vorstellen, dass es nicht das letzte Mal sein 30 wird. Natürlich weine ich nicht, ich habe bloß was im Auge. […] Ich habe hier nichts mehr zu tun. […]

Deswegen, Marina[1], werde ich mal sehen, wie schnell ich nach Prag komme. Prag war auch 35 deine Lieblingsstadt, du hattest ja nur Lieblingsstädte. Ich habe von Prag zwar nur den ersten Iirish Coffee meines Lebens in Erinnerung, den ich in einem Café probieren durfte. Und dass ich auf einer Brücke einem Maler 40 zugeschaut habe. Reisen als Kind bringt wirklich nichts – man erinnert sich höchstens an die Tauben und an das Eis und wie man mal in der Menschenmenge verloren gegangen ist.

Ich habe bis jetzt zu wenig von meinen Som- 45 merferien gehabt. Das hättest du nicht gut gefunden.

Autor: Christian Fritsche
Illustration: Sylvia Graupner, Annaberg-Buchholz

Kapitel 8
KV 2, Blatt 1

Kopiervorlage

Einen Romanauszug erschließen (2 von 2)

Ich stelle das Foto zurück auf den Schreibtisch. Es fällt um, ich stelle es noch mal hin.

50 Die Krankenhaustasche steht da, nicht ausgepackt, ich mache sie auf und wühle den Inhalt kurz durch. Dann ziehe ich den Reißverschluss wieder zu.

Ich öffne die oberste Schublade meines 55 Schreibtischs und nehme das Netzteil meines Handys heraus, ein eingeschweißtes Tütchen mit Marihuana, von dem ich nicht mehr weiß, wo ich das herhabe, zwei alte Ringe meiner Mutter, die mir von allen Fingern runtergleiten 60 bis auf den Daumen, den MP3-Player, meinen Ausweis, Haargummis, eine angebrochene Packung Paracetamoltabletten und einen Haufen Geldscheine, die ich immer achtlos da hineingeworfen habe, weil ich nie wusste, wofür 65 ich die ausgeben soll.

Das Geld und den MP3-Player stopfe ich in die Hosentasche und den Rest in die Krankenhaustasche. Die Haargummis werfe ich in die Schublade zurück. Ich brauche sie nicht mehr, 70 im Rettungswagen haben sie mir die Haare teilweise abgeschnitten und den Rest dann beim Verbandswechsel im Krankenhaus.

Ich betrachte mich ziemlich lange im Spiegel. Danach suche ich die schwarze Baseballkappe, 75 die ich irgendwann mal besessen habe, vielleicht habe ich sie auch Anton geschenkt. Sie findet sich dann aber doch ganz unten im Schrank, ich setze sie auf und kann mich, wie ich finde, wieder unter Leute wagen.

Ich betrachte meine Fingernägel und schneide 80 sie dann mit der Papierschere ganz kurz.

Ich drehe einen Stift in den Händen und weiß nicht, welche Notiz ich hinterlassen soll. Ich lege den Stift wieder zurück.

Es wäre übertrieben zu sagen, dass ich jetzt 85 gute Laune habe. Aber irgendetwas singt in mir, und zwar einen anderen Text als Eminem[2].

Im Flur stolpere ich über meine Inliner und dann noch mal über die von Anton. Ich kann mir nicht vorstellen, die Dinger jemals wieder 90 anzuziehen. Ich binde mir die Turnschuhe zu und höre dabei die Stimmen aus dem Wohnzimmer. Ich habe ein bisschen Angst, dass jemand jetzt nach mir fragt.

Aber das passiert nicht. 95

Ich ziehe die Tür sehr leise hinter mir zu. Der Solitär ist ganz still. Nur in einem der obersten Stockwerke weint ein Kind. Die Bank vor dem Eingang ist leer.

Ich werfe mir die Tasche über die Schulter, 100 schieb den Schirm meiner Kappe in den Nacken und trete hinaus in die Sonne.

Alina Bronsky: Scherbenpark.
Kiepenheuer & Witsch, Köln 2008, S. 287–289

---

1 **Marina:** Saschas Großtante; sie kümmert sich um Saschas Geschwister Alissa und Anton
2 **Eminem:** gemeint ist: „Sorry Mama, cleanin' out my closet" des amerikanischen Rappers Marshall Bruce Mathers III, auch bekannt als Slim Shady

1 In Sascha hat sich ein Stimmungswandel vollzogen. Sucht die entsprechenden Textpassagen heraus und diskutiert darüber, was diesen Wandel ausgelöst haben könnte.

2 An einer Textstelle wird deutlich, dass Sascha Probleme hat, ihre wirklichen Gefühle zu zeigen. Zitiert die entsprechende Passage.

3 Was hat Sascha am Ende vor?
Erklärt, warum sie nicht den Kontakt zu den anderen Menschen sucht.

4 Sascha überlegt, eine Notiz zu hinterlassen, lässt es dann aber. Was hätte sie schreiben können?
Verfasst einen Brief an die Geschwister oder an ihren Freund Felix und dessen Vater Volker.

5 Der Schluss ist offen. Wie könnte die Geschichte weitergehen?
Entwickelt Ideen für den weiteren Gang der Handlung und diskutiert über eure Vorschläge in der Klasse.

Kopiervorlage

Einen Roman der Exilliteratur kennenlernen (KV 1)

Lösungen

1 Die Strafe erinnert an die Kreuzigung Jesu, beschrieben in der Bibel.

2 Jesus symbolisiert – auch für Nichtgläubige – den unschuldig Gekreuzigten, der sich für Gewaltlosigkeit und Mitmenschlichkeit einsetzte. Damit wird auch für den Leser sofort deutlich, dass die Gekreuzigten als unschuldige Opfer zu sehen sind, diejenigen, die die Kreuze aufstellen, dagegen als Täter, die das „Böse" schlechthin darstellen.

3 Die Opfer zittern nicht (Z. 2), haben also keine Angst. Sie erwarten gefasst, was auf sie zukommt. Die Gesichtszüge werden als „kühn und scharf" (Z. 11) beschrieben und drücken somit Entschlossenheit und Tapferkeit aus. Zweimal wird auch das Licht (Z. 6, 27) erwähnt, das die Gesichter der Gekreuzigten umgibt. Es soll den Leser an einen „Heiligenschein" erinnern. Heilige sind jenseits der Religion Menschen, die in ihrem Tun als Vorbilder dienen können.

4 Die Passage beginnt mit der Nervosität der Frau. Die Ankunft des Mannes wird wie in einem Film inszeniert: Sie hört ihn am Gang, er erscheint, spricht aber nichts. Die Frau wagt zunächst nicht, ihn anzusehen, die Kälte, die sie spürt, steht für die Angst, die sie empfindet. Sie findet zunächst keinen Blickkontakt zu ihm, erst als sie ihm in die Augen blickt, die all die Qualen, die er im Verhör erlitten hat, widerspiegeln, erkennt sie, dass alles verloren ist. Wieder taucht auch das Motiv der Kälte auf. Nun ist es nicht kälter, sondern „eiskalt" (Z. 77). Mit dem verzweifelten Nähen will sich die Frau beruhigen. Es stellt den Rahmen zum Beginn der Szene her. Das eigentliche Grauen bleibt unausgesprochen, wird aber durch den geschilderten Spannungsaufbau überdeutlich.

5 „Alles, was er je gehabt hatte, war verloren." (Z. 75 f.) – Der Mensch ist verloren, er ist von der Gestapo als Fluchthelfer identifiziert. Er weiß, dass er, egal ob er spricht oder schweigt, keine Zukunft mehr hat.

6 – ein Toter, ein (rettungslos) Verlorener; – ein Hoffnungsloser; – ein Mensch, der weiß, dass alles verloren ist.

7 Die Sprache ist einerseits militärisch knapp und befehlsgewohnt: „Wohnung versiegeln" (Z. 85), „Herbringen" (Z. 86). Dann wieder sehr bürokratisch und unbeholfen. „In Betracht kommen" wird dreimal kurz hintereinander verwendet (Z. 87 ff.). Auf die Schilderung der dramatischen Vorgänge um den Selbstmord Bachmanns folgt nur die Frage „ ,Wie hat sich […] die Umgebung verhalten?' " (Z. 131 f.) Der Polizist, der so spricht, ist hart, lässt keine Gefühle zu, handelt aus seiner Sicht professionell, wie eine Machine. Die Schicksale der betroffenen Menschen interessieren ihn nicht. Er ist Beamter und will dem System bedingungslos dienen.

8 Obwohl Bachmann als politischer Gegner bekannt war, wurde er nach kurzer Lagerhaft entlassen, um seine Kontakte ausspähen sowie auf diese Weise weitere Verdächtige identifizieren und verhaften zu können (Z. 98 f.).

9 Der Mann hat im Verhör der Gestapo, wohl unter Folter, alles verraten. Mit dieser Schuld konnte er nicht fertig werden und hat sich erhängt. Die Frau verachtet ihn in diesem Moment, sie hätte von ihm erwartet, dass er seine Schwäche von Vornherein erkennt und sich erhängt, bevor er etwas verrät. Dies kann man im Grunde nur aus der momentanen Wut und Verzweiflung der Frau verstehen. Schuldig ist nicht der Mann, sondern das verbrecherische System, das Menschen foltert, um Aussagen zu erpressen.

10 1944 befanden sich die USA noch im Krieg mit dem nationalsozialistischen Deutschen Reich. Mit einer Verfilmung des Stoffs konnte der amerikanischen Bevölkerung an anschaulichen und authentischen Beispielen gezeigt werden, warum man gegen die Nationalsozialisten kämpfen musste. Da der Stoff von einer Deutschen stammte, besaß das Gezeigte große Glaubwürdigkeit. Roman und Film halfen dabei, bei der amerikanischen Bevölkerung Bereitschaft dafür zu schaffen, Opfer zu bringen, um den NS-Unrechtsstaat zu bekämpfen.

Lösungen

11 Anna Seghers stand – als Mitglied der KPD – politisch links (vgl. Biografie). Nach dem Kriegsende erwartete sie wie viele Intellektuelle (etwa Brecht), dass die sozialistische DDR den Nationalsozialismus und den Faschismus kosequent ausrottete. Man wollte in Abgrenzung zu den drei westlichen Besatzungszonen eine vermeintlich bessere und sozial gerechtere Gesellschaft begründen. Deshalb trat Seghers der SED bei und engagierte sich für den Aufbau der DDR.

✂ --

Einen Romanauszug erschließen (KV 2)

Lösungen

1 Textstellen:
- „Mein Problem ist, dass ich mich nicht mehr darüber ärgern kann. Die Luft ist raus. Tut mir leid, aber du wirst es verstehen. Ist einfach so." (Z. 22 ff.)
- „Ich habe hier nichts mehr zu tun." (Z. 33 f.)
- „Deswegen, Marina, werde ich mal sehen, wie schnell ich nach Prag komme." (Z. 34 f.)
- „Es wäre übertrieben zu sagen, dass ich jetzt gute Laune habe. Aber irgendetwas singt in mir, und zwar einen anderen Text als Eminem." (Z. 85 ff.)

Der Wandel kommt daher, dass Vadim tot und die Vergangenheit endgültig abgeschlossen ist. Auch hat Sascha erfahren, wie weit sie sich von den anderen Russlanddeutschen im Solitär entfernt hat und wie sehr sie von diesen abgelehnt wird.

2 „Natürlich weine ich nicht, ich habe bloß was im Auge." (Z. 31 f.)
Dies zeigt, dass Sascha ihre wahren Gefühle, in diesem Fall ihre Trauer, nicht vor anderen Menschen zeigen möchte.

3 Sie beschließt, einen neuen Anfang zu wagen, und begibt sich nach Prag. Sie braucht nun Zeit, mit sich selbst ins Reine zu kommen und zu überlegen, wie es in ihrem Leben weitergehen soll.

4 Möglicher Brief an ihren Freund:
Lieber Felix,
wenn du das liest, bin ich auf dem Weg woanders hin. Sei nicht traurig darüber. Ich brauche nun Zeit, mit mir selbst ins Reine zu kommen, und muss überlegen, wie es in meinem Leben weitergehen soll. Das bedeutet nicht, dass ich dich nicht mehr mag. Ob und wann ich zurückkomme, weiß ich noch nicht. Sag auch deinem Vater liebe Grüße und richte ihm aus, dass ich ihm und dir ganz herzlich für eure Unterstützung danke. Ich habe gemerkt, dass ihr euch mit meiner Tante und meinen Geschwistern ganz gut verstanden habt. Da könnte ja was draus werden. Dazu müssen die und ich aber dann aus dem Solitär wegziehen. Da haben wir nichts mehr zu suchen. Das können wir ja nach meiner Auszeit besprechen. Wundere dich nicht, dass ich mich erst mal nicht melde. Ich brauche jetzt einfach Zeit für mich und muss mir Gedanken machen, wie es weitergehn kann und soll.
Deine Sascha

5 Vorschläge von Schülerinnen und Schülern:
- Sascha kehrt zurück, bleibt mit Felix zusammen. Dieser hilft ihr zusammen mit seinem Vater dabei, eine neue Wohnung zu finden. Sie wechselt die Schule, bleibt weiter eine gute Schülerin und alles wird gut.
- Sascha kehrt zurück, die Beziehung zu Felix geht in die Brüche. Sie zieht mit ihrer Tante und den Geschwistern in eine neue Wohnung. In der Schule bleibt sie weiter eine gute Schülerin.
- Sascha wird aufgegriffen. Das Jugendamt schaltet sich ein und weist Sascha in eine betreute Wohneinrichtung ein. Die Beziehung zu Felix geht in die Brüche. In der Schule geht es leistungsmäßig bergab. Sascha gleitet in Drogen und Prostitution ab.

9 Was wirklich zählt – Journalistische Texte erschließen

Konzeption des Gesamtkapitels

Der Kompetenzschwerpunkt dieses Kapitels liegt auf der Fähigkeit, sich inhaltlich mit journalistischen Texten auseinanderzusetzen und diese, im Hinblick auf die Abschlussprüfung, erschließen zu können. Die Schüler/-innen wiederholen dabei die Textsorten Reportage und Kommentar und üben, die Ergebnisse einer Texterschließung zusammenhängend darzustellen. Darüber hinaus nutzen sie die Inhalte von Sachtexten, um weiterführende Schreibaufträge aus dem Bereich der kreativen, appellativen und argumentativen Schreibformen zu bearbeiten.

Im ersten Teilkapitel (**„Cybermobbing – Journalistische Texte in einem TGA beschreiben"**) befassen sich die Schüler/-innen am Beispiel des aktuellen schülerrelevanten Themas „Cybermobbing" mit den journalistischen Textsorten Reportage und Kommentar. Dabei wiederholen sie alle ihnen aus den vorhergehenden Jahrgangsstufen bekannten wesentlichen Bestandteile und Inhalte, die für das Verfassen eines textgebundenen Aufsatzes benötigt werden, und wenden dieses Wissen altersgemäß anspruchsvoller an. Anhand der Reportage üben sie, eine Einleitung zu einem TGA zu verfassen, setzen sich mit dem Hauptteil auseinander, bestimmen die Textsorte, fassen den Inhalt strukturiert zusammen, erkennen die typischen sprachlichen Mittel der Reportage, beschreiben diese in ihrer Wirkung und wählen aus verschiedenen Möglichkeiten, den Schluss eines TGA zu verfassen, aus. Das zweite Textbeispiel dient dazu, die wesentlichen Merkmale eines Kommentars zu wiederholen. Die Schüler/-innen untersuchen den inhaltlichen Aufbau, verfassen eine strukturierte Inhaltsangabe und erschließen den Text im Hinblick auf Textsorte, Autorenabsicht und sprachliche Besonderheiten.

Ziel des zweiten Teilkapitels (**„Zeit, das Richtige zu tun – Weiterführende Schreibaufgaben im TGA unterscheiden"**) ist es, den Schülerinnen und Schülern die Vielfalt argumentativer, appellativer und kreativer Schreibaufgaben vorzustellen und eine Auswahl davon anhand sozialer und gesellschaftlicher Themen zu üben. Nach der argumentativen Auseinandersetzung mit dem Thema „soziales Engagement" werden die Schreibformen Tagebucheintrag, Dialog, Schilderung und Schülerzeitungsartikel wiederholt, geübt und in einem stummen Schreibgespräch von den Lernenden konstruktiv überarbeitet. Anhand eines Textes, der den Fokus auf den Umweltschutz legt, werden die Jugendlichen aufgefordert, ihr eigenes Umweltverhalten zu überprüfen. Sie üben die appellative Schreibform des Aufrufs, um Mitschüler zu umweltbewusstem Verhalten zu motivieren.

Im dritten Teilkapitel (**„Fit in …? – Eine Reportage in einem TGA beschreiben"**) haben die Schüler/-innen die Möglichkeit, sich anhand des Arbeitsauftrags in einer Schulaufgabe bzw. Abschlussprüfungsarbeit auf die konkrete Prüfungssituation vorzubereiten. Sie überarbeiten Auszüge aus einem Schüleraufsatz und wiederholen mit Hilfe einer Checkliste wichtige Aspekte des Gesamtkapitels mit dem Ziel, Strategien zur Selbstdiagnose ihrer eigenen Aufsätze zu gewinnen.

Literaturhinweise

3fach Deutsch: Differenzierungsmaterial auf drei Niveaustufen. Kopiervorlagen 9/10. Mit Sachtexten arbeiten. Cornelsen, Berlin 2013
Alles klar! Lern- und Übungsheft. Texte erschließen 9/10. Cornelsen, Berlin 2013
Rund um Sachtexte. Kopiervorlagen 9./10. Schuljahr. Hg. v. Ute Fenske. Cornelsen, Berlin 2004
Sachbücher und Sachtexte lesen. Praxis Deutsch 189/2005
Sachtexte verstehen. Deutsch – Unterrichtspraxis für die Klassen 5 bis 10. 28/2011
Texte lesen – Texte verstehen. Praxis Deutsch Sonderheft 2003
Zeitungstexte. Praxis Deutsch 225/2011

Inhalte

Kompetenzen

Die Schülerinnen und Schüler können

– Methoden der Texterschließung an Sachtexten sicher anwenden
– eine Einleitung zu einem TGA formulieren
– den Inhalt und wesentliche Merkmale einer Reportage (Textsorte, Sprache) erschließen
– die Ergebnisse einer Texterschließung zusammenhängend darstellen
– ein aktuelles Thema diskutieren und sachlich zu Text und Thema Stellung nehmen
– den Inhalt eines Kommentars strukturiert zusammenfassen
– den Kommentar als meinungsbildenden Text erkennen und die Textsorte begründen
– die Absicht eines Autors bestimmen
– die Sprache eines Kommentars untersuchen und in seiner Wirkung beschreiben

– argumentative und appellative von kreativen Schreibformen unterscheiden
– einen Text inhaltlich erschließen und die Ergebnisse als Grundlage für weiterführende Schreibaufgaben nutzen
– verschiedene Schreibformen zu einem journalistischen Text bearbeiten
– einen Aufruf zu einem aktuellen Thema gestalten

– ihr Wissen anhand eines zu überarbeitenden Schülerbeispiels testen
– Texte überarbeiten: Fehler selbstständig erkennen und verbessern

Auftaktseite

Als Einstiegsimpuls für das Gesamtkapitel dienen die Namen dreier Zeitungen und einer Zeitschrift. Den Schülerinnen und Schülern werden einige bekannt sein, andere kennen sie vielleicht nur vom Hören oder gar nicht. Die Klasse soll über das eigene Mediennutzungsverhalten von Zeitungen und Zeitschriften ins Gespräch kommen, wozu auch die Aufgaben Anstoß geben sollen.

1 Die Schüler/-innen kennen vermutlich BRAVO und Bild, vielleicht werden in der Familie auch die Süddeutsche Zeitung oder die Nürnberger Nachrichten gelesen, je nach regionaler Herkunft und / oder Bildungsschicht.

2 Textsorten: Nachricht, Bericht, Reportage, Leserbrief, Kommentar, Interview

3 a Mögliche Begründungen für die Auswahl eines Artikels: ansprechendes Layout, interessantes Thema, spannende Überschrift …

b Der Kernsatz zum ausgewählten Artikel sollte knapp sein.

Siehe hierzu auch die **Folie** „Zeitungen und Zeitschriften kennenlernen".

9.1 Cybermobbing – Journalistische Texte in einem TGA beschreiben

S.182 Alle Kontakte abgebrochen – Eine Reportage lesen und verstehen

1 b/c Siehe hierzu auch die **Folie** „Gedanken und Gefühle äußern".

d Begriffsklärung:
– Rufmord: Verleumdung, Aufstellen unwahrer verletzender Behauptungen über eine Person
– Cybermobbing: Belästigung anderer Menschen mittels elektronischer Kommunikationsmittel
– virtueller Pranger: ein Schandpfahl, den es in Wirklichkeit nicht gibt
– identifizierbar: erkennbar
– Spießrutenlauf: Situation, in der man immer wieder Schikane erfährt
– obszöne Gesten: unanständige Gesten
– vulgäre Mails: derbe Mails
– kultivierte Schöngeister: besonders gebildete Menschen
– respektieren: achten, anerkennen
Schwächeren Schülerinnen und Schülern können die Erklärungen vorgegeben werden, die sie dann den Begriffen zuordnen können.

S.184 Eine Einleitung für den TGA schreiben

 **1** a Satz B trifft die Kernaussage am besten.

b Nennung von Titel, Autor/-in, Textsorte, Quelle mit Erscheinungsdatum (falls bekannt), weitere interessante Angaben zum Autor (falls vorhanden)

c Die Reportage „Sex-Video vertreibt Familie aus Würzburg" erschien am 13. November 2013 in der Main-Post und wurde von Gisela Schmidt verfasst. In dem Zeitungsartikel wird die Geschichte einer Jugendlichen erzählt, die Opfer von Cybermobbing wurde.

S. 185 **Die Textsorte bestimmen und begründen**

1 a–c Mögliche Tabelle:

Textsorte: Reportage	
Textsortenmerkmal	**Beleg aus dem Text**
unvermittelter Einstieg	Z. 1–5
Aussagen von Betroffenen	Z. 10, 20 f., 25 f. …
anschauliche Darstellung eines besonderen Ereignisses im Mittelpunkt: Darstellung der „Party" und deren Folgen	Z. 27–53
Aufgreifen der Anfangsszene am Schluss	Z. 140–145
Darstellung von Hintergründen und Zusammenhängen	Z. 98–116
Tempuswechsel	Reportage im Präsens, Ausnahme: Darstellung der Hintergründe (Z. 98–116 im Präteritum)

Die Schüler/-innen sollten darüber hinaus erkennen, dass in der Liste (Teilaufgabe a) weitere typische Merkmale einer Reportage genannt werden, die jedoch auf den vorliegenden Text nicht zutreffen.
- Schilderung persönlicher Erlebnisse der Reporterin: normalerweise typisch für Reportage, hier jedoch nur indirekt, da die Reporterin nicht unmittelbar an den Geschehnissen beteiligt ist, sie gestaltet der Dramatik des Falles entsprechend die Reportage sprachlich nüchtern.
- Wiedergabe der subjektiven Sicht der Verfasserin: Die Autorin kommentiert das Geschehen nicht.
- Aussagen von Experten: normalerweise in Form von Zitaten

2 Beispiel für die Begründung der Textsorte:
Bei dem vorliegenden Artikel „Sex-Video vertreibt Familie aus Würzburg" handelt es sich um eine Reportage, was sich an einigen typischen Merkmalen belegen lässt. Der unvermittelte Einstieg „Rufmord 2.0, Cybermobbing, das Internet als virtueller Pranger" (Z. 1 f.) führt direkt zu dem sehr aktuellen Thema Cybermobbing unter Jugendlichen hin. Die Autorin stellt hierfür ein konkretes Ereignis in den Mittelpunkt ihres Artikel, nämlich die Erlebnisse der Jugendlichen Lisa, die unter den Folgen von Cybermobbing leidet. In den Zeilen 6 bis 11 schildert sie in einer Art Zoomtechnik zunächst, wie Lisa sich heute, zwei Jahre nach dem Mobbing, fühlt. Anschließend wird das ganze Geschehen anschaulich dargestellt, wobei etliche Betroffene, z. B. Lisa selbst (Z. 10, 25 f.), ihre Mitschülerin (Z. 20 f.) oder Lisas Eltern (Z. 57), zu Wort kommen. Wie in Reportagen üblich werden auch Hintergründe und Zusammenhänge erläutert. In den Zeilen 98 bis 116 wird als sachliche Hintergrundinformation auf einen ähnlichen Fall verwiesen, wodurch deutlich wird, dass mit dem Einschalten der Polizei rechtliche Folgen für die jugendlichen Täterinnen möglich gewesen wären. Experten, wie in vielen Reportagen typisch, kommen nicht selbst zu Wort. Dieser Abschnitt ist durch einen Tempuswechsel vom Präsens ins Präteritum hervorgehoben, was ebenfalls ein Merkmal für die Textsorte Reportage ist. Der gestaltete Schluss (Z. 140-145) greift die Anfangsszene (Z. 6-11), in der dargestellt wird, wie Lisa sich zum aktuellen Zeitpunkt, zwei Jahre nach dem Mobbingereignis, fühlt, noch einmal auf, um die Reportage abzurunden.

3 **a** Typische Gestaltungsmittel: große Schlagzeile (Headline), Spaltendruck, Zwischenüberschrift, anschauliche Bilder und Grafiken, Vorspann, Autorin zu Beginn genannt
Fast alle Merkmale sind vorhanden; es fehlt nur ein Vorspann und es gibt nur eine Zwischenüberschrift in Form eines wichtigen Zitats.

b Beispiel für eine Fortsetzung:
Nicht zuletzt ist auch das charakteristische Layout ein Indiz für die vorliegende Textsorte. Die große Schlagzeile „Sex-Video vertreibt Familie aus Würzburg" sowie der erläuternde Untertitel machen den Leser neugierig. Spaltendruck und eine Zwischenüberschrift erleichtern das Lesen. Wie für Reportagen üblich ergänzen anschauliche Bilder bzw. Grafiken den Text. Mit dem Symbolbild, das ein verzweifeltes Opfer von Mobbing darstellen soll, werden die Empathie und somit das Interesse des Lesers geweckt. Das Verkehrsschild am Ende, welches das Ende der Schikane anzeigt und den Weg zu Respekt weist, möchte den Leser zum Nachdenken über das eigene Verhalten anregen, nämlich selbst respektvoll zu handeln statt andere zu schikanieren.

S. 186 **Den Inhalt strukturiert zusammenfassen**

1 Sinnvolle Vorgehensweise bei einer strukturierten Inhaltszusammenfassung:
- Unterteilt den Text in Sinnabschnitte.
- Formuliert, was der Autor / die Autorin mit dem jeweiligen Sinnabschnitt bezweckt. Möchte er/sie z. B. erläutern, informieren, veranschaulichen, schildern, Beispiele anführen, Folgen aufzeigen …?
- Unterstreicht / Schreibt Schlüsselwörter heraus und fasst anhand dieser die Kernaussage des Sinnabschnitts in eigenen Worten zusammen.

2 Mögliche Übersicht:

Kernaussagen der Sinnabschnitte	Funktionen
Erklärung des Begriffs „Cybermobbing" (Z. 1–5)	Hintergrundinformation
Die 14-jährige Lisa, ein Opfer von Cybermobbing (Z. 6–11)	Vorstellung
Die Entstehung des Videos (Z. 12–44)	Rückblick
Lisas Leben direkt nach der Veröffentlichung des Videos (Z. 45–65)	Erläuterung der Folgen
Reaktionen des Umfelds, besonders der Eltern (Z. 66–97)	Darlegung der Reaktionen
Ein weiterer Fall von Cybermobbing (Z. 98–116)	Vergleich
Veränderungen im Leben der Familie (Z. 117–125)	Darlegung weitreichender Folgen für die ganze Familie
Lisas Leben heute (Z. 126–145)	Abrundung

3 Beispiel für eine Inhaltszusammenfassung:
Als Hintergrundinformation für den Leser definiert die Autorin gleich zu Beginn (Z. 1–5) den Begriff „Cybermobbing" und erwähnt, dass häufig Jugendliche als Täter auftreten. Im zweiten Abschnitt (Z. 6-11) wird Lisa vorgestellt, die mit 14 Jahren ein Opfer von Cybermobbing geworden ist und noch heute unter den Folgen leidet. In einem Rückblick (Z. 12–44) erzählt die Autorin, wie das Video entstanden ist, das von den Mitschülerinnen veröffentlicht wurde. Lisa, die eine Außenseiterin in ihrer Klasse war, wurde zu einer Party eingeladen mit der Absicht, sie betrunken zu machen und dann in einer für sie peinlichen Situation zu filmen. Anschließend (Z. 45–65) erfährt der Leser, wie schlecht es Lisa direkt nach der Veröffentlichung des Videos erging, als sie immer mehr zur Außenseiterin wurde. Dass sie sich erst nach drei Monaten jemandem anvertraut hat,

erfährt man am Ende dieses Abschnitts. Im Folgenden (Z. 66–97) legt die Autorin die Reaktion der Eltern von Lisa dar, die selbst keinerlei Erfahrung mit dem Internet haben. Sie reden mit den Eltern der Täter und mit Freunden, wenden sich jedoch weder an die Lehrer noch an die Polizei. Lisa, so erfährt man, wird in eine Klinik eingewiesen, um sie zu schützen. Um zu zeigen, dass Täter nicht straflos ausgehen, wenn sie bei der Polizei angezeigt werden, wird im 6. Sinnabschnitt (Z. 98–116) vergleichend ein weiterer Fall von Cybermobbing erläutert. In den Zeilen 117 bis 125 werden die weitreichenden Folgen des Cybermobbings dargelegt: Die Familie zieht nach Lisas Klinikaufenthalt weit weg vom Ort des Geschehens, um Lisa einen Neuanfang zu ermöglichen. Abrundend (Z. 126–145) führt die Autorin aus, wie grundlegend sich Lisas Leben verändert hat, seit sie Opfer von Cybermobbing geworden ist. Und obwohl Lisa ihr bisheriges Leben komplett hinter sich gelassen hat, hat sie immer noch Angst, dass sie die Ereignisse wieder einholen könnten.

S. 186 Die Sprache untersuchen und ihre Wirkung beschreiben

1 a In dieser Reportage werden auffallend wenige anschauliche Verben und Adjektive verwendet, da es zu den beschriebenen Szenen auf Grund des ernsten Themas nicht passen würde, dieses ausschmückend darzustellen.

b Begründung B ist passend.

c Beispiele für Umgangssprache:

...

Z. 21: „wir machen Party" → wörtl. Rede, Verknappung der Sprache unter Jugendlichen

Z. 31 f.: „lässt sich in den Vordergrund schubsen" → unfreundlicher Umgang der Mitschülerinnen mit Lisa

Z. 54: „Besäufnis" → abwertende Wortwahl, die Eltern sehen nur Lisas Schuld, sie wird bestraft

Z. 66: „Ich musste kapieren ..." → wörtliche Rede des Vaters, Eingeständnis der Mitverantwortung

Z. 79: „sich nicht so anstellen" → wörtliche Rede, Abwertung von Lisas Verhalten durch die Mutter der Täterin

Z. 103: „Kumpel" → Wortwahl der Jugendlichen wird imitiert, um das ursprünglich freundschaftliche Verhältnis der „Täter" zu charakterisieren

Z. 115: „kassierte ... ihre Smartphones" → Indem die Sprache der Jugendlichen imitiert wird, soll betont werden, dass die Strafe besonders hart für sie ist.

d Beispiele für Fremdwörter und Fachbegriffe:
Z. 89 f.: „Untergewicht, Depressionen, Schlafstörungen Selbstmordgedanken": Aufzählung medizinischer Fachbegriffe unterstreichen die schwerwiegenden Folgen des Cybermobbings für Lisa.
Z. 101 f.: „Verletzung höchst persönlicher Lebensbereiche", Z. 112 f.: „Schutz der Privatsphäre in sozialen Netzwerken": Juristische Fachbegriffe werden zitiert, um die Ernsthaftigkeit der Folgen zu betonen.

e Beispiel für einen Text zum Bereich „Wortwahl":
Im Bereich der Wortwahl fällt zunächst auf, dass die Autorin – untypisch für eine Reportage – nur an wenigen Stellen, beispielsweise in Zeile 8 („tuscheln") oder in Zeile 13 („schüchterner, pummeliger Teenie"), anschauliche Verben und Adjektive verwendet; sie will die schlimme Situation des Mädchens bewusst nüchtern darstellen. Dagegen wird die Umgangssprache als typisches Kennzeichen häufiger verwendet, vor allem dann, wenn Beteiligte zitiert werden. So hebt die Aussage der Gastgeberin („die hat mein Zimmer vollgekotzt", Z. 39) bewusst die negative, abwertende Haltung der Mitschülerin gegenüber Lisa hervor. Auch die Formulierung von deren Mutter, „dass Lisa ‚sich nicht so anstellen' soll" (Z. 78 f.), lässt darauf schließen, dass sie die Tat ihrer Tochter bagatellisiert, dass weder ein Schuldbewusstsein herrscht noch eine sachliche

Reflexion der Tat stattgefunden hat. Aber auch die Autorin verwendet in ihren Beschreibungen bewusst Umgangssprache, z. B. unterstreicht sie den unfreundlichen Umgang der Mitschülerinnen mit Lisa, wenn sie schreibt „Lisa [...] lässt sich in den Vordergrund schubsen" (Z. 30 f.). Mit dem abwertenden Wort „Besäufnis" in Zeile 54 will die Autorin betonen, dass Lisas Eltern zunächst nur Lisas Schuld sehen, die sich in deren Augen nicht korrekt verhalten hat. Mit der umgangssprachlichen Formulierung „kassierte der Richter [...] ihre Smartphones" (Z. 115 f.) soll unterstrichen werden, dass diese Strafe für Jugendliche besonders schlimm ist.

Erläutert die Autorin sachliche Zusammenhänge, so verwendet sie Fremdwörter oder Fachbegriffe. Beispiele dafür finden sich in den Zeilen 82 bis 85, wenn der Freund dem Vater deutlich macht, dass das Internet trotz Löschens von Dateien nichts vergisst: „Websites", „eliminieren", „Porno-Plattform". Die körperlichen und seelischen Folgen von Cybermobbing werden mit medizinischen Fachbegriffen wie „Untergewicht, Depressionen, Schlafstörungen, Selbstmordgedanken" (Z. 89 f.) beschrieben, die rechtliche Seite von Cybermobbing mit den juristischen Fachbegriffen „Verletzung höchst persönlicher Lebensbereiche" (Z. 101 f.) und „Schutz der Privatsphäre in sozialen Netzwerken" (Z. 112 f.).

2 a Sehr knappe Sätze, überwiegend elliptischer Satzbau → mögliche Wirkung: Lisa als unauffälliges, braves, unspektakuläres Mädchen darstellen

b Die kurzen, eintönigen Sätze unterstreichen den schnellen Ablauf des Abends und das abgekartete Spiel der Mitschülerinnen, die zielgerichtet vorgehen.

3 a Mögliche Tabelle:

Rhetorisches Mittel	Beispiele mit Zeilenangabe	Wirkung im Text
Aufzählung	„Rufmord 2.0, Cybermobbing, das Internet als virtueller Pranger" (Z. 1 f.)	unmittelbare Konfrontation mit dem Thema „Cybermobbing" gleich zu Beginn
	„ziehen alle ihre T-Shirts und BHs aus, tanzen, küssen und berühren sich" (Z. 29 f.)	schnelles, geplantes Vorgehen der Mitschülerinnen
	„Sie wird verschlossen, kränkelt, isst wenig." (Z. 60 f.) „Untergewicht, Depressionen, Schlafstörungen, Selbstmordgedanken" (Z. 89 f.)	Folgen des Cybermobbings für Lisa
	„Die Familie verkauft ihr Haus, lässt Freunde und den 83-jährigen Opa zurück, zieht nach Norddeutschland." (Z. 121–123) „neue Handynummer, neue E-Mail-Adressen, neue Profile in den sozialen Netzwerken" (Z. 129–131)	Beide Aufzählungen betonen die vielfältigen Veränderungen für Lisa und ihre Familie.
Anapher	„Immer, wenn ein Fremder sie interessiert anschaut. Wenn Mitschüler tuscheln. Wenn im Bus junge Leute lachen." (Z. 140–143)	betont die Häufigkeit von unangenehmen Situationen, die Lisa belasten
	„dass es keinen Radiergummi fürs Internet gibt. Dass das Video, sobald [...]. Dass es jederzeit [...]." (Z. 82–86)	betont die Aussage, dass das Internet nichts vergisst

Klimax	„Untergewicht, Depressionen, Schlaf-störungen, Selbstmordgedanken" (Z. 89 f.)	betont die schwerwiegenden Folgen in aufsteigender Reihenfolge
Metapher	„Ich musste kapieren, dass das World Wide Web nichts aus seinen Klauen lässt." (Z. 66 f., 86–88)	Der bildhafte Vergleich des Internets mit einem wilden Tier unterstreicht die Aussage, dass das Internet nichts vergisst.
Vergleich	„Spießrutenlauf" (Z. 46)	betont die schwierige Situation für Lisa in der Schule, nachdem das Video veröffentlicht war
wörtliche Rede	„Ich denke dann stets, sie haben es gesehen" (Z. 10), „Komm am Freitag zu mir" (Z. 20), „Es schien ihr egal zu sein" (Z. 57) …	Durch die Aussagen der Beteiligten werden die Ereignisse lebendig, glaubwürdig, besonders wichtige Aspekte werden hervorgehoben.

b Beispiel:

Die Autorin hat für ihre Reportage auch verschiedene Stilmittel verwendet. So beginnt der Text gleich unvermittelt mit der elliptischen Aufzählung „Rufmord 2.0, Cybermobbing, das Internet als virtueller Pranger" (Z. 1 f.). Mit diesen negativen Schlagworten wird der Leser unmittelbar mit dem brisanten Thema „Cybermobbing" konfrontiert. Aufzählungen werden auch immer dann verwendet, wenn die gravierenden Folgen des Cybermobbings für Lisa genannt werden, damit diese besonders hervorgehoben werden: „Sie wird verschlossen, kränkelt, isst wenig" (Z. 60 f.), „Untergewicht, Depressionen, Schlafstörungen, Selbstmordgedanken" (Z. 89 f.), „die Familie verkauft ihr Haus, lässt Freunde und den 83-jährigen Opa zurück, zieht nach Norddeutschland" (Z. 121–123) oder „neue Handynummer, neue E-Mail-Adressen, neue Profile in den sozialen Netzwerken" (Z. 129–131). Meist sind diese Aufzählungen auch zugleich als Klimax, z. B. Z. 89 f., gestaltet, um diese Aussagen noch zusätzlich zu betonen.

Die Metapher, „dass das World Wide Web nichts aus seinen Klauen lässt" (Z. 66 f., 86–88), stellt das Internet als wildes Tier dar, was übertragen bedeutet, dass das Internet nichts vergisst. Mit der Verwendung dieses Stilmittels wird diese Aussage besonders hervorgehoben. Häufig werden Zitate aller betroffenen Personen eingefügt, um die Ereignisse lebendig und glaubwürdig zu machen oder um besonders wichtige Aspekte hervorzuheben. So werden z. B. mit den beiden Aussagen der Eltern „Es schien ihr egal zu sein" (Mutter, Z. 57) und „Wir dachten, das sei die Pubertät" (Vater, Z. 63) unterstrichen, dass die Eltern zunächst völlig ahnungslos waren. Mit Hilfe der Zitate der Mitschülerin („die hat mein Zimmer vollgekotzt", Z. 39) und ihrer Mutter („sich nicht so anstellen soll", Z. 79) wird z. B. die negative Haltung dieser Menschen gegenüber Lisa hervorgehoben und die Tat verharmlost.

 **Den Schluss eines TGA verfassen**

2 Beispiel 1: Ausblick in die Zukunft, Beispiel 2: Meinung zum Text, Beispiel 3: Appell, Beispiel 4: Stellung zur Thematik

Weiterführende Aufgabe: Verfasst mit Hilfe eurer Überlegungen aus Aufgabe 1 einen eigenen Schluss.

Zu einer weiteren Übungsmöglichkeit siehe die **Kopiervorlage 1** („Den Inhalt einer Reportage verstehen und für weiterführende Aufgaben nutzen").

||S. 189 Liebe Eltern, ihr seid dran! – Den Inhalt eines Kommentars strukturiert zusammenfassen

1 Begriffsklärung:
- Verleumdung: absichtliche Behauptung einer Unwahrheit, Lügengeschichte
- perfide: niederträchtig, gemein
- sensibilisieren: empfindsam machen für etwas
- Psychoterror: Angriffe von Personen mit psychologischen Mitteln, z. B. Verunsicherung oder Bedrohung, um Menschen einzuschüchtern oder gefügig zu machen
- billigend in Kauf nehmen: etwas geschehen lassen

2 Reihenfolge der Sinnabschnitte:
- Einführung in das Thema: Bezug auf eine aktuelle Studie …: Z. 1–6
- Erläuterung von ausgewählten Details der Studie: Sieben Prozent der Eltern wissen …: Z. 7–20
- Erklärungsversuch: Cybermobbing ist besonders schlimm …: Z. 21–40
- Darstellung von zwei Lösungsvorschlägen in Form von Appellen: Lehrer müssen sensibilisiert …: Z. 41–58
- Warnung an Eltern, die sich dem Internet verweigern: Diese nehmen leichtsinnig in Kauf …: Z. 59–62

3 Beispiel für eine Textzusammenfassung:

Der Autor Sascha Borowski nimmt in seinem Text „Cybermobbing: Liebe Eltern, ihr seid dran"
gleich zu Beginn (Z. 1–6) Bezug auf eine aktuelle Studie über Cybermobbing, die steigende Opfer-
zahlen unter Jugendlichen festgestellt hat. Im Folgenden (Z. 7–20) erläutert er ein besonders
erschreckendes Detail, nämlich dass nur 7 Prozent der Eltern über Cybermobbing informiert sind
und lediglich 17 Prozent von ihnen Interesse daran zeigen, was ihre Kinder im Internet tun. In den
Zeilen 21 bis 40 versucht der Autor zu erklären, warum dieser Psychoterror seiner Meinung nach
so brutal ist. Es sei zum einen die Tatsache, dass die Demütigung öffentlich stattfindet, zum
anderen, dass die Opfer keine Rückzugsmöglichkeit haben, da das Internet sie auch zu Hause ver-
folgt. Auch den Eltern gibt er Mitschuld, wenn sie sich möglicherweise zu wenig für ihre Kinder
interessieren und die Funktionsweise des Internets nicht verstehen oder sogar nicht verstehen
wollen. Zwei Lösungsvorschläge bietet der Autor im 5. Sinnabschnitt (Z. 41–58). Zum einen sollten
die Lehrer besonders für das Phänomen Cybermobbing geschult werden, damit sie erste Anzei-
chen bei ihren Schülern erkennen und helfend agieren können. Zum anderen aber appelliert er vor
allem an die Eltern, sich aktiv für das Geschehen im Internet und die Aktivitäten ihrer Kinder in
sozialen Netzwerken zu interessieren. Abschließend (Z. 59–62) warnt er Eltern, die sich dem
Internet entziehen, dass sie fahrlässig handeln, da ihre Kinder dann eventuell hilflos der Gefahr
von Cybermobbing ausgeliefert sind.

Folgende Formulierungshilfen können schwächeren Schülerinnen und Schülern eine zusätzliche Hilfe sein:
In der Einleitung (Z. …–…) • Im Folgenden (Z. …–…) • Im dritten Sinnabschnitt (Z. …–…) • In den Zeilen … bis … • Der Verfasser erklärt anschließend (Z. …–…) • Daraufhin erläutert der Autor in den Zeilen … bis … • Am Ende des Textes (Z. …–…) • Abschließend (Z. …–…)

||S. 191 Die Textsorte bestimmen und begründen

1 a Z. 5 f.: „hat jetzt eine neue Studie ergeben": Der Autor bezieht sich auf eine aktuell erschienene Studie, also auf ein aktuelles Thema.

b Z. 7: „Das ist schlimm genug."
   Z. 8: „in meinen Augen noch viel erschreckender"
   Z. 19 f.: „Ist das wirklich Erziehung 2013?"

2 Sprachliche Besonderheiten:
- Ironie bzw. ironischer Unterton: „Und womöglich hatten sie dort sogar Väter und Mütter, die die Probleme erkannten und mit denen sie darüber sprechen konnten." (Z. 30–32)
- Rhetorische Frage: „Ist das wirklich Erziehung 2013?" (Z. 19 f.), „Was ist zu tun?" (Z. 41)
- Wertende Formulierungen: „Das ist schlimm genug." (Z. 7), „Cybermobbing ist brutal. Cybermobbing ist perfide." (Z. 21 f.), „geht natürlich in die richtige Richtung" (Z. 45 f.)

3 Autorenabsicht:
- Informationsvermittlung: Erläuterung von Details der Studie (Z. 9–19)
- Meinungsäußerung des Autors: „Eltern, die sich dem Internet verweigern, nehmen billigend in Kauf, dass ihre Kinder dem Psychoterror schutzlos ausgeliefert sind." (Z. 59–62)
- Hilfe bei der Meinungsbildung: Antworten auf die rhetorische Frage „Was ist zu tun?" ab Z. 41

4 **a** Mögliche Tabelle:

Textsortenmerkmale	Kennzeichen	Beispiele aus dem Text
Inhalt	persönliche Stellungnahme	„Das ist schlimm genug." (Z. 7), „in meinen Augen noch viel erschreckender" (Z. 8)
	Bezug auf ein aktuelles Thema	„hat jetzt eine neue Studie ergeben" (Z. 5 f.)
sprachliche Mittel	Ironie/ironischer Unterton	„Und womöglich hatten sie dort sogar Väter und Mütter, die die Probleme erkannten und mit denen sie darüber sprechen konnten." (Z. 30–32)
	rhetorische Frage	„Ist das wirklich Erziehung 2013?" (Z. 19 f.), „Was ist zu tun?" (Z. 41)
	wertende Formulierungen	„Das ist schlimm genug." (Z. 7), „Cybermobbing ist brutal. Cybermobbing ist perfide." (Z. 21 f.), „geht natürlich in die richtige Richtung" (Z. 45 f.)
Absicht des Autors	Informationsvermittlung	Erläuterung von Details der Studie (Z. 9-19)
	Meinungsäußerung	„Eltern, die sich dem Internet verweigern, nehmen billigend in Kauf, dass ihre Kinder dem Psychoterror schutzlos ausgeliefert sind." (Z. 59-62)
	Hilfe bei der Meinungsbildung	Antworten auf die rhetorische Frage „Was ist zu tun?" ab Z. 41

b Beispiel für eine Ausformulierung:

Bei dem vorliegenden Text handelt es sich um einen Kommentar, was zunächst am Inhalt erkennbar ist. Gleich zu Beginn (Z. 5 f.) bezieht sich der Autor auf eine aktuelle Studie, die ergeben hat, dass Schüler immer häufiger Opfer von Cybermobbing werden. Der Autor äußert auch an einigen Stellen seine Meinung zum Thema Cybermobbing, so beispielsweise in Zeile 21 f.: „Cybermobbing ist brutal. Cybermobbing ist perfide." Mit den beiden genannten Beispielen sind auch die für einen Kommentar typischen Autorenabsichten belegt, nämlich die Vermittlung von Informationen – über die aktuelle Studie vor allem in den Zeilen 9 bis 20 – und die Meinungsäußerung. Hinzu kommt das Ziel, den Leser bei der Meinungsbildung zu unterstützen. Dies gelingt Borowski z. B. mit der rhetorischen Frage „Ist das wirklich Erziehung 2013?" (Z. 19 f.) oder auch mit den Antworten auf die vom ihm gestellte Frage „Was ist zu tun?" (Z. 41). Ganz deutlich versucht er, die Meinung des Lesers am Schluss zu beeinflussen, indem er die Eltern als fahrlässig verurteilt, die sich „dem Internet verweigern" (Z. 59 f.). Auch einige sprachliche Mittel unterstützen die Einordnung des Textes als Kommentar. Neben der bereits erwähnten rhetorischen Frage sind dies die zahlreichen wertenden Formulierungen wie „Das ist schlimm genug" (Z. 7) oder „geht natürlich in die richtige Richtung" (Z. 45 f.) sowie der ironische Unterton in Zeile 30 bis 32: „Und womöglich hatten sie dort sogar Väter und Mütter, die die Probleme erkannten und mit denen sie darüber sprechen konnten."

||S. 192 Die Absicht des Autors erkennen

1 **a** Zielgruppe des Kommentars sind die Eltern. Weitere Textbelege sind: „Ist das wirklich Erziehung 2013?" (Z. 19 f.), „Gefragt sind also die Eltern selbst." (Z. 50)

b Kinder und Jugendliche, Lehrer und Erzieher

2 **a** Z. 30–32: Väter und Mütter sollten sich mehr um die Probleme ihrer Kinder kümmern.
Z. 35–40: Eltern sollten die Funktionsweise sozialer Netzwerke verstehen (wollen), um ihre Kinder schützen zu können.
Z. 50–62: Deutlicher Appell an die Eltern, sich dafür zu interessieren, wie das Internet funktioniert und wie die eigenen Kinder sich in den sozialen Netzwerken bewegen. Warnung an die Eltern, die dies nicht tun, denn sie bringen ihre Kinder fahrlässig in Gefahr.

b Absicht des Autors:
Mit seinem Kommentar „Cybermobbing: Liebe Eltern, ihr seid dran!" wendet sich der Autor Sascha Borowski, was bereits in der Überschrift zu erkennen ist, vor allem an die Eltern von Kindern und Jugendlichen. Da eine aktuelle Studie ergeben hat, dass immer mehr Kinder Opfer von Cybermobbing werden, möchte er die Eltern zunächst über die Ergebnisse dieser Studie informieren, da viele von ihnen die Gefahr von Cybermobbing offensichtlich nicht kennen (Z. 9–14). Er macht darauf aufmerksam, dass Cybermobbing viel gefährlicher ist als Mobbing, wie es früher auf dem Schulweg oder dem Pausenhof stattfand (Z. 21–34). Als eine Möglichkeit, das Problem zu lösen, nennt er die Sensibilisierung der Lehrer für das Phänomen Cybermobbing. Sein Hauptanliegen ist es aber, die Eltern in die Verantwortung für das Tun ihrer Kinder im Internet zu nehmen. Dies lässt sich sowohl an dem Appell der Überschrift „Liebe Eltern, ihr seid dran!" als auch an dem Satz „Gefragt sind also die Eltern selbst" (Z. 50) deutlich erkennen. Die Eltern, die sich nicht mit dem Internet auseinandersetzen (wollen), warnt der Autor im letzten Abschnitt (Z. 59–62) deutlich davor, dass sie ihre Kinder fahrlässig der Gefahr von Cybermobbing aussetzen.

||S. 192 Die Sprache des Kommentars untersuchen

1 **a** Knappe, einfache Hauptsätze: „Das ist schlimm genug" (Z. 7), „Cybermobbing ist brutal. Cybermobbing ist perfide." (Z. 21 f.), „Gefragt sind also die Eltern selbst." (Z. 50)
Komplexere Satzgefüge: „Nur sieben Prozent der Eltern […], wie die Autoren der Studie schreiben." (Z. 9–14), „Kommt dann noch hinzu, dass Kinder […] viel zerstörerischer." (Z. 35–40)

b Beispiele:
„Denn die Opfer – und geht es nach den Zahlen, gibt es in jeder einzelnen Klasse mehrere – werden nicht nur öffentlich gedemütigt und verletzt." (Z. 22–25)
„Sie müssen wissen, wie Facebook & Co. funktionieren, wie Kommunikation im Netz stattfindet, wie sich Nachrichten – und damit auch Gerüchte oder Verleumdungen – verbreiten, wie von jungen Menschen Freundschaften und Feindschaften am Computer gelebt werden." (Z. 52–58)
„So hart es klingen mag: Eltern, die …" (Z. 59)

Bevor die Schüler/-innen einen zusammenhängenden Text schreiben, könnte die Lehrkraft den Begriff der **Parenthese** erläutern, der sich dann in der Sprachbeschreibung als Stilmittel verwenden lässt.

Beispiel für eine zusammenhängende Formulierung:

An einigen Stellen verwendet der Autor Gedankenstriche und unterbricht damit den Lesefluss, um seine Aussagen zu ergänzen oder wichtige Informationen hervorzuheben. In den Zeilen 22 bis 25 rechtfertigt er mit den Worten „– und geht es nach den Zahlen, gibt es in jeder Klasse mehrere –" die Bedeutung seiner Erläuterungen, warum Cybermobbing so brutal ist, indem er betont, dass davon viele betroffen sind. Der Einschub „wie sich Nachrichten – und damit auch Gerüchte oder Verleumdungen – verbreiten" (Z. 54 ff.) soll die Eltern darauf aufmerksam machen, dass Kommunikation im Netz eben nicht nur freundschaftlich und positiv ist. Mit dem Setzen eines Doppelpunkts, z. B. „So hart es klingen mag: Eltern, die …" (Z. 59), möchte der Autor kennzeichnen, dass nun eine besonders bedeutsame Aussage folgt: der Hinweis auf die Mitverantwortung der Eltern.

2 **a** Fach- und Fremdwörter: Cybermobbing (Z. 1 f., 10, 21, 39, 42, 46 f.), Facebook (Z. 2 f., 37, 53, 60), Studie (Z. 6, 14), Aktivitäten (Z. 12 f.), Internet (Z. 13, 16, 19, 34, 37, 52), brutal (Z. 21), perfide (Z. 21 f.), Web (Z. 34), Mechanismen (Z. 37 f.), Appell (Z. 41), sensibilisieren (Z. 42 f.), Psychoterror (Z. 43 f., 61), engagiertesten (Z. 47), funktionieren (Z. 53 f.), Kommunikation (Z. 54)

Zweck: Der Autor vermittelt Seriosität und beweist Fachkompetenz auf dem Gebiet der sozialen Netzwerke und ihrer Mechanismen.

b Da Sascha Borowski in seinem Kommentar sehr viele Fremdwörter verwendet, z. B. „perfide" (Z. 21 f.), „sensibilisieren" (Z. 42 f.) oder „engagiertesten" (Z. 47), vermittelt er Seriosität und Kompetenz. Hinzu kommen Fachbegriffe aus dem Bereich der sozialen Medien wie „Cybermobbing" (z. B. Z. 1 f.) oder „Facebook" (z. B. Z. 2 f.), die belegen, dass der Autor sich im Bereich der sozialen Medien und ihrer Mechanismen sehr gut auskennt.

3 **b** Ergänzung der Sprachbeschreibung:

Der Autor verwendet in seinem Kommentar gezielt Stilmittel. So findet sich gleich zu Beginn die Aufzählung „Opfer von Beleidigungen, Verleumdungen oder gar von Straftaten" (Z. 3 ff.), womit die unterschiedlich starken Ausprägungen von Cybermobbing in steigender Reihenfolge deutlich gemacht werden. Auch am Ende seines Textes greift er noch einmal zu diesem Stilmittel, um aufzuzählen, für welche Bereiche des Internets sich Eltern besonders interessieren sollten: „wie Facebook & Co. funktionieren, wie Kommunikation im Netz stattfindet, wie sich Nachrichten – und damit auch Gerüchte oder Verleumdungen – verbreiten, wie von jungen Menschen Freundschaften und Feindschaften am Computer gelebt werden" (Z. 53–58).

Die am Ende dieses Zitats verwendete Alliteration „Freundschaften und Feindschaften" (Z. 57 f.) macht deutlich, wie nahe beides beieinanderliegen kann und wie schwer es vor allem im virtuellen Raum voneinander zu unterscheiden ist.

Mit der rhetorischen Frage in Zeile 19 f. „Ist das wirklich Erziehung 2013?" wendet sich Borowski direkt an den Leser. Die Art der Fragestellung nimmt die Antwort quasi schon vorweg, hofft auf Zustimmung und fordert dazu auf, auch die eigene Erziehung zu hinterfragen.

Ähnlich anklagend ist auch die Redewendung „nehmen billigend in Kauf" (Z. 60), da hier mit einprägsamen einfachen Worten deutlich betont wird, wie leichtsinnig und verantwortungslos Eltern, die sich dem Internet entziehen, handeln.

c Klimax: „Opfer von Beleidigungen, Verleumdungen oder gar von Straftaten" (Z. 3 ff.)

„Das ist schlimm genug. Doch eine andere Zahl ist in meinen Augen noch viel erschreckender" (Z. 7 f.)

„Cybermobbing ist brutal. Cybermobbing ist perfide." (Z. 21 f.)

„noch viel größer, viel zerstörerischer" (Z. 39 f.)

Anapher:

„Cybermobbing ist brutal. Cybermobing ist perfide." (Z. 21 f.)

„Sie müssen lernen und verstehen […]. Sie müssen wissen […]." (Z. 50 ff.)

Mögliche Fortsetzung der Sprachbeschreibung:

An einigen Stellen verwendet der Autor das sprachliche Mittel der <u>Klimax</u>, beispielsweise betont er gleich zu Beginn, <u>wie brutal Cybermobbing sein kann, indem er die unterschiedlichen Ausprägungen stufenweise steigert</u>: <u>„Opfer von Beleidigungen, Verleumdungen oder gar von Straftaten" (Z. 3 ff.)</u>. Ähnliche Wirkung hat die Verwendung der <u>Anapher</u> in den <u>Zeilen 50 ff.</u>: <u>„Sie müssen lernen und verstehen […]. Sie müssen wissen […]"</u>. Durch die wiederholte Voranstellung des Personalpronomens „Sie" an den Satzanfang <u>wird die Verantwortung der Eltern für das Verhalten ihrer Kinder im Internet betont</u>.

d <u>Sprachliches Mittel</u>, <u>Textbeleg</u>, Wirkung des sprachlichen Mittels

Zum Kommentar siehe auch die **Kopiervorlage 2** („Inhalt, Aufbau, Sprache und Layout eines Kommentars untersuchen").

9.2 Zeit, das Richtige zu tun – Weiterführende Schreibaufgaben im TGA unterscheiden

a argumentativ: mit Hilfe von Argumenten überzeugen
appellativ: auffordernd
kreativ: schöpferisch, mit Ideen gestalten

b Mögliche Tabelle:

Argumentative und appellative Schreibformen	Kreative Schreibformen
– Erörterung	– Schilderung
– Leserbrief	– Tagebucheintrag
– Beschwerde	– persönlicher Brief
– Artikel für eine Jugendzeitschrift	– Reizwortgeschichte
– sachlicher Brief	– Artikel für eine Jugendzeitschrift
– Charakteristik einer Person	– innerer Monolog
– Werbetext	– Dialog für eine Spielszene
– Aufruf	– Aufruf
– Rede	– Rede

Die Schüler/-innen sollten darauf hingewiesen werden, dass nicht alle Schreibformen eindeutig zugeordnet werden können. Eine Rede kann, je nachdem welchen Zweck sie verfolgt, durchaus kreativ sein oder ein persönlicher Brief auch Argumentationen enthalten. Ein Aufruf ist argumentativ, erfordert aber zugleich auch Kreativität im Schreiben und in der Gestaltung. Ein Artikel für eine Jugendzeitschrift ist als Schreibform ebenfalls offen, abhängig von der Themastellung.

|||S.194 Sich freiwillig engagieren – Kreative Schreibformen im TGA entwickeln

1 a Mögliche Mindmap:

b Im Klassengespräch können die Schüler/-innen von ihren eigenen Erfahrungen berichten und feststellen, dass sich viele ihrer Klassenkameraden in den unterschiedlichsten Bereichen freiwillig engagieren.
Mögliche Beispiele: Schule (SMV, Schülerlotsen, Schulsanitäter, Streitschlichter …), Sportverein (Mithilfe beim Training jüngerer Kinder, bei Veranstaltungen …), Kirche (Ministrant/-in, Jugendarbeit, Pfadfinder …), Mithilfe bei der Tafel, Besuche in Altenheimen / Kindergärten / Behinderteneinrichtungen, Unterstützung von Flüchtlingen und Asylbewerbern …

2 a Hannah: etwas Sinnvolles tun
Carolin: Abstand von Schule und Schreibtisch gewinnen und etwas Praktisches arbeiten, Berufswahl stützen
Anne: Ersatz für ein Praktikum und berufliche Weiterentwicklung
Zoé: Wartezeit auf einen Ausbildungsplatz überbrücken
Hauke: etwas anderes sehen und selbstständig werden

b/c Mögliche Tabelle *(eigene Überlegungen kursiv)*:

Vorteile eines freiwilligen Jahres	Nachteile eines freiwilligen Jahres
– Begegnung mit außergewöhnlichen Menschen, die bleibenden Eindruck hinterlassen – Einblick in einen Beruf gewinnen und ausprobieren, ob man für den gewählten Beruf geeignet ist oder nicht – Kennenlernen neuer Menschen, die vielleicht sogar Freunde für das Leben werden – sinnvolle Überbrückung der Zeit, wenn man auf einen Ausbildungsplatz warten muss – Einblicke in das Leben anderer, z. B. behinderter Menschen, gewinnen – Zuwachs an Selbstbewusstsein – *Trainieren von Durchhaltevermögen, wenn die Erwartungen nicht erfüllt werden* – *Kennenlernen anderer Länder* – *Verständnis für andere Lebenssituationen entwickeln* – *Selbstständigkeit und Unabhängigkeit von den Eltern trainieren und gewinnen* – *andere Sprachen lernen*	– Ausführen langweiliger Tätigkeiten – Unsicherheit bei der Bewerbung (man bekommt nicht immer das Ziel zugewiesen, das man gerne hätte) – Tätigkeiten entsprechen nicht immer den Erwartungen, sodass man am Ende die Zeit eher als verloren ansieht – *man kommt nicht mit den Menschen zurecht, mit denen man arbeiten soll* – *wenig Kontakt mit der Familie, mit Freunden → Heimweh* – *evtl. hohe Kosten, wenn der geringe Verdienst nicht für die Lebenshaltungskosten reicht*

3 Mögliche Mindmap:

Beginn einer Berufsausbildung	Auslandsaufenthalt
– berufliche Sicherheit – endlich eigenes Geld verdienen – feste Zukunftsplanung verwirklichen – selbstständig werden	– andere Länder und Kulturen kennenlernen – Sprachkenntnisse vertiefen oder eine neue Sprache lernen – Wartezeit überbrücken – Abstand von zu Hause gewinnen

Möglichkeiten nach meinem Schulabschluss – Gründe, die dafürsprechen

Besuch einer weiterführenden Schule	Ableisten eines freiwilligen Jahres
– einen höheren Schulabschluss erreichen – anschließend mehr Auswahl in der Berufswahl	– mögliche Wartezeit überbrücken – etwas Neues/Unbekanntes ausprobieren – Berufswunsch erst einmal ausprobieren – neue Menschen und Lebenswelten kennenlernen – etwas Gutes für Menschen/Umwelt tun

4 Im Rollenspiel sollten die Schüler/-innen die Argumentationen aus den vorhergehenden Aufgaben 1 bis 3 verwenden. Die Argumentationen können auf eine Rollenkarte notiert werden.

5 **a/b** Schreibformen:

Einen **Tagebucheintrag** schreibt jeder anders, es ist daher eine sehr freie Schreibform. Zu Beginn solltest du kurz klarstellen, mit welcher Situation der Schreibende sich auseinandersetzt. Du solltest dich möglichst gut in die Person hineinversetzen und ihre Gedanken und Gefühle in der Ich-Form schreiben. Ein Tagebucheintrag sollte ein Datum und kann auch eine Anrede und eine abschließende Unterschrift enthalten.

Bei einem **Dialog** sollte klar sein, wer wann spricht. Der Standpunkt des jeweiligen Sprechers sollte zu Beginn klar erkennbar sein. Die verschiedenen Ansichten musst du dann mit Argumenten deutlich machen, die du als wörtliche Rede aufschreibst. Der Sprachstil darf daher etwas freier als beim schriftlichen Argumentieren sein.

Bei einer **Schilderung** stehen nicht die Erlebnisse, sondern die Sinneseindrücke, Stimmungen, Gedanken und Gefühle im Vordergrund. Dabei musst du die Situation so anschaulich und lebendig darstellen, dass sie nacherlebt werden kann. Die richtige Zeitform ist das Präsens.

Ein **Artikel für eine Zeitung** sollte in erster Linie informativ sein. Denke daher daran, alle W-Fragen zu beantworten. Dann kannst du auf Einzelheiten, die dir wichtig sind, genauer eingehen. In einem Schluss kannst du über die Folgen des Geschehens schreiben. Wichtig ist, dass das Geschriebene gut nachvollziehbar, sachlich und objektiv ist.

c Schreibtipps für einen Tagebucheintrag:

– Schreibe in der Ich-Form.
– Beschreibe die Situation, in der sich die Person befindet.
– Versetze dich in die Person und formuliere ihre Gedanken und Gefühle.
– Verwende das Präsens oder das Präteritum.
– Verwende anschauliche Verben und Adjektive.
– Formuliere Fragen und Ausrufesätze.

- Verwende kurze Sätze und Satzbruchstücke.
- Denke an Datum, eventuell an Anrede (Liebes Tagebuch) und Schlussformel (Dein/Deine …).

Schreibtipps für einen Dialog:
- Versetze dich in die Personen, die miteinander sprechen, und formuliere deren Gesagtes jeweils in der Ich-Form in wörtlicher Rede.
- Schreibe im Präsens.
- Schreibe informativ und sachlich.
- Stelle Gefühle und Gedanken dem Thema angemessen dar.
- Verwende kurze Sätze und Satzbruchstücke.

Schreibtipps für eine Schilderung:
- Finde eine motivierende Überschrift.
- Schreibe im Präsens.
- Stelle Gefühle und Gedanken, Sinneseindrücke und Stimmungen dar.
- Verwende anschauliche Verben und Adjektive.
- Verwende sprachliche Bilder wie Vergleiche, Metaphern oder Personifikationen.
- Formuliere Fragen und Ausrufesätze.
- Verwende auch kurze Sätze und Satzbruchstücke.
- Teile deinen Text ein in Einleitung – Hauptteil – Schluss.

Schreibtipps für einen Artikel für eine Schülerzeitung:
- Finde eine motivierende Überschrift.
- Schreibe informativ und sachlich.
- Beantworte alle W-Fragen.
- Teile deinen Text ein in Einleitung – Hauptteil – Schluss.

Schwächeren Schülerinnen und Schülern können die Schreibtipps vorgegeben werden mit dem Arbeitsauftrag, sie der geeigneten Schreibform zuzuordnen. Sie sollten aber darauf hingewiesen werden, dass viele Tipps mehrfach Verwendung finden können.

6 **a–c** Die Lösungen werden je nach Interessenlage der Schüler/-innen sehr vielfältig sein. Sie sollen sich aus der Überarbeitung im stummen Schreibgespräch ergeben. Besonders gelungene Schülerergebnisse können nach Korrektur durch die Lehrkraft von einzelnen stärkeren Schülerinnen und Schülern als Musterlösung für die Klasse formal korrekt ausgearbeitet werden.

Schwächeren Schülerinnen und Schülern können für die vier Schreibaufgaben die folgenden Starthilfen angeboten werden:
- Tagebucheintrag:

Liebes Tagebuch,
heute haben wir im Unterricht über unsere Zeit nach der Schule diskutiert. O Mann, eigentlich wollte ich mir ja einen Ausbildungsplatz zu … suchen, aber nun bin ich mir plötzlich überhaupt nicht mehr sicher …
- Dialog:

Clara: Hey, wisst ihr eigentlich schon, was ihr nach der Schule machen wollt?
Sira: Na ja, eigentlich wollte ich mir einen Ausbildungsplatz zur Arzthelferin suchen, das hat mich schon immer interessiert. Ich habe sogar schon einmal bei unserem Kinderarzt nachgefragt, ob er ab September eine Stelle frei hätte.
Leon: Also ich weiß nicht, hast du wirklich Lust, gleich mit der Arbeit zu beginnen? Also ich würde lieber noch ein bisschen länger zur Schule gehen. Außerdem weiß ich sowieso noch nicht, was ich mal werden will.
- Schilderung:

Also gut, zum letzten Mal gehe ich heute ins Altenheim. Denn eigentlich habe ich es satt, mir jeden Mittwochnachmittag immer die gleichen Geschichten von Frau Schuster anzuhören. Wie sie damals ihren Friedrich kennengelernt hat. Wie schwer es damals war, als Frau einen Beruf zu ergreifen.

Wie lange es damals gedauert hat, in die Stadt zu kommen. Wie langweilen mich diese Geschichten! Gut, dass ich nur noch heute dorthin muss, nach den Ferien sind andere aus meiner Klasse dran!

(Anmerkung: Im Hauptteil kann eine Idee dafür entwickelt werden, was an diesem Tag passiert ist, dass der Ich-Erzähler doch weiter zu Frau Schuster ins Altenheim gegangen ist und das Engagement freiwillig weitergeführt hat. Sinneseindrücke während des Altenheimbesuchs – Gerüche, Geräusche usw. – sollten beschrieben werden.)

– Artikel für die Schülerzeitung:

Gemeinsam sind wir stark – Behinderte und nicht behinderte Schüler spielen gemeinsam – Die Projektgruppe „Sonnenschein" berichtet

Seit Beginn des Schuljahrs gibt es uns, die Projektgruppe „Sonnenschein". Zusammen mit unserer Betreuungslehrerin Frau Keller besuchen wir einmal in der Woche eine Kindergruppe im Blindeninstitut, einer Einrichtung für sehgeschädigte und geistig beeinträchtigte Kinder. Wir möchten euch heute darüber berichten, was wir dort machen und warum uns die Begegnungen mit behinderten Kindern so viel Spaß machen.

 7 Die Ergebnisse der Aufgaben 2 und 3 können von den Schülerinnen und Schülern als Grundlage für die Argumentation genutzt werden. Die Aufgabe stellt ein zusätzliches Übungsangebot für besonders motivierte Schüler dar. Die individuellen Lösungen sollten daher im Einzelfall von der Lehrkraft individuell korrigiert werden.

Siehe auch die **Kopiervorlage 3** („Als weiterführende Aufgabe einen sachlichen Brief schreiben").

S.198 Also los! – Einen Aufruf gestalten

 1 **a** Der Artikel „Suchen, wiegen, kaufen" beschreibt, wie drei Jugendliche einen Laden testen, in dem es nur unverpackte Lebensmittel gibt. Der Text erläutert dabei Vor- und Nachteile eines solchen Geschäfts.

b Der Text ist eine Reportage. Gründe dafür sind z. B.:
– aktuelles Thema: Läden, die Lebensmittel ohne Verpackung verkaufen
– Die Autorin ist direkt vor Ort. Sie begleitet Jugendliche in den Laden und beschreibt, wie sie dort einkaufen und auf welche Hindernisse sie dabei stoßen.
– Wechsel zwischen der Situation im Laden und Hintergrundinformationen, z. B. über die Einstellung der Jugendlichen zu Umweltschutz oder über Verpackungen
– Wechsel zwischen subjektiven Schilderungen, welche die Jugendlichen beim Ausprobieren des Ladens beschreiben, und objektiven Darstellungen der Hintergrundinformationen

 2 **a** Beispiele von hohem Müllaufkommen könnten sein: verpacktes Obst und Gemüse, Wurst- und Käseprodukte aus der Kühltheke, Fertiggerichte, unnötig große Mogelpackungen (z. B. bei Süßigkeiten), Verpackung von neuen Elektrogeräten …

c Bei Produktion und Entsorgung von Verpackungen wird viel Energie aufgewandt, nicht jede Verpackung kann recycelt werden, Müll wird in die Umwelt geworfen statt in die Mülltonne, hohe Müllgebühren, Rohstoffe könnten knapp werden …

d Als Einzelner / Familie: unverpackte oder wenig verpackte Waren im Supermarkt kaufen, unverpacktes Obst / Gemüse kaufen oder auf dem Wochenmarkt kaufen, beim Metzger / Bäcker kaufen anstatt verpackte Waren im Supermarkt, eigene Einkaufstaschen mitnehmen, auf Tüten verzichten, Einwegflaschen vermeiden …
Als Schulgemeinschaft: Pausenbrotdosen verwenden statt Tüten, auf Verkaufsautomaten, die verpackte Waren anbieten, verzichten, Wasserspender installieren, an dem die Schüler/-innen ihre Trinkflaschen auffüllen können …

3 **a** Ein Aufruf ist eine kreative und zugleich argumentative sowie appellative Schreibform. Mit einem Aufruf will man andere dazu bewegen, bei einer Sache mitzumachen oder diese zu unterstützen. In diesem Fall sollen die Schüler/-innen einer Schule überzeugt werden, dass es sich lohnt, etwas für den Umweltschutz zu tun, und dass dies auch jeder Einzelne tun kann, wenn er sein Konsumverhalten etwas verändert.

b Beispiel für einen Aufruf:

„Tausende Fische sterben in den Weltmeeren" – „Deutschland produziert zu viel Müll" – „Schon bald schwimmt mehr Plastik in unseren Ozeanen als Fische"

Dies sind nur einige der Schlagzeilen, die wir häufig in den Zeitungen lesen können. Es ist an der Zeit, dass wir uns um unsere Umwelt kümmern und bewusster hinsehen, was wir tun.

In vielen Bereichen unseres Alltags produzieren wir zu viel Müll. Vor allem Plastik ist umweltschädlich, besonders dann, wenn es nicht recycelt oder einfach in der Umwelt entsorgt wird. Am besten ist es, Plastik von vornherein zu vermeiden, um diesen Müll gar nicht erst entstehen zu lassen.

Auch wir können dazu beitragen und fordern dich auf:

Stopp den Verpackungswahn!

Hilf mit, den Plastikberg, unter dem unsere Umwelt leidet, zu verringern!

Mach mit bei der plastikfreien Woche!

Wann? Vom 2. bis 6. Februar

Was kannst du tun?

– Verpacke dein Pausenbrot in wiederverwendbare Dosen!

– Vermeide Einwegflaschen und nutze eine wiederverwendbare Trinkflasche!

– Verzichte beim Einkauf auf aufwändig verpackte Lebensmittel!

– Nimm zum Einkauf einen Beutel mit – er passt in jede Tasche!

– Versuche auch deine Eltern zu motivieren, beim Einkauf auf Plastikverpackungen zu verzichten!

Macht ihr mit? Dann kontrolliert am Ende des Tages zusammen mit der jeweiligen Lehrkraft die Mülleimer in eurem Klassenzimmer und macht ein Foto. Die Klasse, die über die gesamte Woche das geringste Müllaufkommen dokumentiert, bekommt eine Belohnung, gesponsert von unserem Müllheizkraftwerk. Viel Spaß beim Umweltschutz!

Eure SMV

Siehe hierzu auch die **Folie** „Einen Standpunkt vertreten und begründen".

9.3 Fit in ...? – Eine Reportage in einem TGA beschreiben

1 Mögliche Überarbeitung:

Die Reportage „Die Welt zu Gast in Rio" wurde von Sarah Mously verfasst und erschien in der zweiten Ausgabe 2014 von „MISEREOR aktuell". Die Autorin, eine freie Schriftstellerin, die gerne über außergewöhnliche Menschen schreibt, möchte mit diesem Artikel zum einen auf die Weltmeisterschaft der Straßenkinder aufmerksam machen, die parallel zur offiziellen Fußballweltmeisterschaft in Brasilien stattfand, und gleichzeitig über die Arbeit des Hilfsprojektes „O Pequeno Nazareno" informieren, welches von MISEREOR unterstützt wird.

Zu Beginn der Reportage (Z. 10–24) schildert die Autorin stimmungsvoll die Fußball spielenden Jugendlichen am abendlichen Strand der brasilianischen Stadt Fortaleza. Anschließend (Z. 25–36) wird erläutert, dass die Stadt, wie die anderen Austragungsorte der Fußballweltmeisterschaft 2014 in Brasilien auch, bestens auf das anstehende Großereignis vorbereitet ist. Im Folgenden (Z. 37–55) wird einer der Fußball spielenden Jungs, der 16-jährige Dario Santos, genauer vorgestellt. Wie viele der armen Menschen in Brasilien kann auch er nicht zu den Spielen der WM und fühlt sich daher ausgeschlossen. Im vierten Sinnabschnitt (Z. 56–73) wird die WM der Straßenkinder, die parallel zur offiziellen WM stattfindet und an der Dario teilnehmen wird, vorgestellt. Daraufhin (Z. 74–83) bietet die Autorin dem Leser einen Einblick in das anspruchsvolle Training der Jugendlichen, das von einem Profitrainer geleitet wird. Nun (Z. 84–91) erfährt man, dass das Projekt von der Hilfsorganisation „O Pequeno Nazareno" (OPN) begleitet wird, die seit 1994 Straßenkinder in Fortaleza betreut und von MISEREOR unterstützt wird. Auch Dario wurde, so berichtet der folgende Abschnitt (Z. 92–111), von OPN gefördert, sodass er nun nicht mehr auf der Straße leben muss und für sich selbst sorgen kann. Von Zeile 111 bis 147 lässt die Autorin den Leser an der Straßenkinder-WM teilhaben, indem sie die ausgelassene Stimmung unter den jungen Teilnehmern rund um die Spiele schildert. Zum Abschluss (Z. 148–160) erfährt man noch, dass Dario mit seiner Mannschaft die WM zwar nicht gewonnen hat, er aber trotz dieser Enttäuschung erkennt, wie wichtig es ist, dass sein Leben nun eine Zukunft hat.

Dass es sich bei dem vorliegenden Text um eine Reportage handelt, ist schon an dem auffälligen Layout gut zu erkennen. Im Jahr der Fußball-WM in Brasilien kann man schon an der Schlagzeile „Die Welt zu Gast in Rio" ablesen, dass sich der Artikel um Fußball dreht. Der für die Reportage typische Vorspann macht aber sofort deutlich, dass es um eine andere Art der WM geht, nämlich um eine alternative Veranstaltung für benachteiligte Straßenkinder. Auch die Angabe der Autorin Sarah Mously, die stimmungsvollen Bilder, die das Thema wirkungsvoll unterstützen, sowie die Zwischenüberschriften weisen auf die Reportage als Textsorte hin. Neben diesen äußeren Erkennungsmerkmalen deutet inhaltlich vor allem der häufige Perspektivenwechsel auf eine Reportage hin. Es werden, z. B. gleich zu Beginn in Zeile 10 bis 24, Stimmungen, welche die Autorin vor Ort erlebt, geschildert, Betroffene befragt (z. B. Z. 37 f.) oder aber Hintergründe sachlich erläutert (z. B. Z. 50–55, 84–91).

Untersucht man die Sprache der Reportage genauer, so lassen sich zahlreiche auffällige Merkmale feststellen. Der Satzbau ist insgesamt sehr abwechslungsreich. Es werden längere Satzgefüge gebildet, z. B. wenn Hintergründe genauer erläutert werden (Z. 50–55, 60 f.). Einfachere Satzreihen finden sich dagegen meist dann, wenn der Leser mitten im Geschehen dabei sein soll, beispielsweise gleich zu Beginn (Z. 10 f.), wenn das nächtliche Fortaleza beschrieben wird. Auffallend häufig konstruiert die Autorin ihre Sätze mit Doppelpunkten, z. B. in Zeile 29 f.: „Sie ist darauf bestens vorbereitet: …" Mit dieser Besonderheit im Satzbau möchte sie die Aussagen, die nach dem Doppelpunkt folgen, nachdrücklich hervorheben, in diesem Beispiel die herausgeputzte Stadt Fortaleza oder in Zeile 33 f. das modernisierte WM-Stadion.

Die Wortwahl der Reportage ist einfach, sodass der Text insgesamt sehr gut zu verstehen ist. Zwar werden im Zusammenhang mit dem beschriebenen Training oder der Erzählung während der Fußball-WM immer wieder Fachbegriffe wie „coach" (Z. 74), „Zweitligaverein" (Z. 81), „Profikarriere" (Z. 82 f.), „Trophäe" (Z. 151) oder „Turnier" (Z. 158) verwendet, aber diese sind ebenso wie die wenigen Fremdwörter, z. B. „profitiert" (Z. 92), für jedermann verständlich und tragen dazu bei, den Inhalt klar darzustellen. An Stellen, an denen Szenen anschaulich und wirklichkeitsnah geschildert werden, finden sich anschauliche Adjektive und Verben wie „sanft" (Z. 14), „tropisch warme" (Z. 14 f.), „dumpfe" (Z. 19) oder „plappern" (Z. 140). Auch Personifikationen werden an diesen Stellen verwendet, um die Szenen lebendiger zu gestalten: „Sterne glitzern" (Z. 12), „Wind […] fährt durch die Wipfel" (Z. 14 f.) oder „Die Sonne brennt vom Himmel" (Z. 139).

Siehe hierzu auch die **Folie** „Eine Meinung äußern und begründen".

2 Da in diesem Schuljahr die Fußball-WM in Brasilien stattfindet, möchte die SMV unserer Schule ein Fußballturnier zu Gunsten der Straßenkinder in Brasilien organisieren. Mit dem folgenden Aufruf möchten die Schülerinnen und Schüler der SMV möglichst viele Schüler, Lehrer und Eltern zur Teilnahme motivieren.

Ein sportlicher Sommer? Zeigt es uns!

Die heiß ersehnte Fußballweltmeisterschaft steht vor der Tür!

Endlich können wir wieder die Abende mit Chips und Süßgetränken vor dem Fernseher verbringen, um unsere favorisierte Mannschaft anzufeuern!

Ohne schlechtes Gewissen können wir kollektiv Bewegung vermeiden, mal abgesehen vom gelegentlichen Gang in die Küche. Sport, den müssen in diesem Sommer nur die Stars auf dem Platz machen! Doch wollt ihr das wirklich?

Wir nicht! Denn auch wir können Fußball spielen und fordern euch auf, gegen uns anzutreten.

Zeigt uns, dass ihr mehr könnt, als vor der Glotze zu sitzen!

Bewegt euch, damit ihr selbst fit bleibt!

Wann? Freitag, 7. Juli ab 13 Uhr

Wo?   Fußballplatz der Schule

Wer?   Mannschaft der SMV gegen euch: eure Klasse, eure Lehrer, eure Eltern

Was?   Spannende Fußballspiele, Getränke, Eis und Kuchen

Wie?   Anmeldegebühr: 1 EURO pro Person für einen guten Zweck

Bei all dem Trubel um die WM vergessen wir, dass es in Brasilien auch sehr viele sehr arme Menschen gibt, die von der WM nicht profitieren. Mit den Einnahmen aus dem Turnier möchten wir ein MISERE-OR-Projekt für Straßenkinder in Brasilien unterstützen, das ihnen hilft, Arbeit und Wohnung zu finden, sodass sie lernen, auf eigenen Beinen zu stehen. Mit eurer Teilnahme unterstützt ihr dieses Projekt. Neugierig geworden? Dann holt euch die Anmeldeformulare bei eurem Klassenlehrer!

Eure SMV

Weitere Ausschnitte aus dem TGA zur Reportage „Die Welt zu Gast in Rio" im Schülerbuch:

− S. 240 f.: Richtig zitieren in der Sprachanalyse
− S. 242: Im Schlussteil die Kommas richtig setzen
− S. 243: In der Schilderung (weiterführende Aufgabe) Rechtschreibstrategien anwenden

Vorschläge für einen Test oder eine Schulaufgabe

− Den Inhalt einer Reportage verstehen und für weiterführende Aufgaben nutzen
  Siehe die **Kopiervorlage 1**.
− Inhalt, Aufbau, Sprache und Layout eines Kommentars untersuchen
  Siehe die **Kopiervorlage 2**.
− Als weiterführende Aufgabe einen sachlichen Brief schreiben
  Siehe die **Kopiervorlage 3**.

Weiteres Übungsmaterial

Deutschbuch Arbeitsheft 10

− Eine Reportage untersuchen
  Stephan Scheuer: Ein Camp für Chinas kleine Kaiser, S. 56–61
− Einen Kommentar analysieren
  Marlene Weiss: Wahnwitzige Verschwendung, S. 62–67

Deutschbuch Schulaufgabentrainer 10

− „Klick – und ab geht die Post"
  Einen TGA zu einem journalistischen Text verfassen, S. 22–31
− „Meine kleine Revolte"
  Einen TGA zu einem journalistischen Text verfassen, S. 32–41

Den Inhalt einer Reportage verstehen und für weiterführende Aufgaben nutzen (1 von 4)

1 Lest den Text aufmerksam:

Antons neue Brüder

Viele junge Flüchtlinge kommen ohne ihre Eltern nach Deutschland.
Die Familie von Anton bietet einigen von ihnen ein Zuhause.
Text: Marie-Charlotte Maas

Plötzlich wird es laut im Haus. Durch die Tür zum Wintergarten, wo Anton und seine Mutter sitzen, stürmen drei Jungs. Sie werfen eine große Tüte auf den Tisch. „Hallo! Wir waren einkaufen und
5 haben Süßigkeiten mitgebracht", rufen sie fröhlich. Das sind Hoshank, Yousef und Amar – Antons Brüder auf Zeit. Die drei sind vor dem Krieg aus Syrien geflohen. In Deutschland sind sie ohne ihre Eltern angekommen. Dabei ist Yousef erst
10 15, Hoshank und Amar sind 17 Jahre alt.

Viele Kinder und Jugendliche aus Kriegsgebieten erreichen Deutschland gerade allein. Manche sind ohne Vater und Mutter losgezogen, andere haben ihre Eltern auf der Flucht verloren. Wer
15 kümmert sich um sie? „Wir!", haben Antons Mutter und ihr Mann beschlossen. Seit einem Jahr bietet die Familie aus Würzburg jungen Flüchtlingen für ein paar Wochen oder Monate ein Zuhause. Anton erinnert sich noch genau an den Moment,
20 als seine Mutter ihm sagte, dass zukünftig noch weitere Jungs zu ihnen ziehen sollen. „Erst fand ich das irgendwie komisch, von heute auf morgen Fremde im Haus zu haben", erzählt er an dem Tisch im Wintergarten. „Man kennt die Leute gar
25 nicht. Man weiß nicht, wie sie aufgewachsen sind und was sie mögen." Außerdem hat Anton, 13 Jahre, ja auch schon drei Brüder: Linus, Josef und Adam. Wie würde das mit noch mehr Menschen im Haus werden?
30 Inzwischen haben schon mehr als zwanzig Jungs nacheinander bei ihnen gewohnt. Sie waren zwischen 13 und 17 Jahre alt und kamen aus Somalia, Eritrea, Afghanistan, Pakistan, dem Iran und Syrien.

Flüchtlingsboot vor Lesbos, 2015

Schnell hat sich gezeigt, dass Platz kein Problem 35 ist. Das Haus der Familie ist groß genug. Anton und seine drei Brüder haben ihre eigenen Zimmer behalten. Die Flüchtlinge, die zu Besuch sind, teilen sich einen Raum und ein Badezimmer. Die Küche nutzen die Familie und ihre Gäste ge- 40 meinsam. „Ich hatte nie das Gefühl, dass ich mehr Platz für mich brauche", sagt Anton.

Amar und Yousef wohnen seit zwei Monaten bei der Familie. Hoshank ist schon vor vier Monaten eingezogen. Jetzt lässt er sich im Wintergarten 45 neben Anton auf den Stuhl fallen und erzählt von seiner Freundin, die er vor Kurzem kennengelernt hat. Alle hören aufmerksam zu. „Bring sie doch einmal zum Essen mit", sagt Antons Mutter. Das macht Hoshank etwas verlegen, aber er nickt. 50 Hoshank spricht fast fließend Deutsch. Das konnten nicht alle Flüchtlinge, die bisher bei der Familie gewohnt haben. „Mit den ersten konnte ich mich nicht so leicht unterhalten", erzählt Anton. „Damals hatte ich erst seit Kurzem Englischunterricht, und wir mussten uns mit Händen und Füßen verständigen."

Mittlerweile hat Anton sogar schon ein paar Sätze auf Arabisch gelernt. Für viele Dinge, die er mit seinen neuen Brüdern macht, braucht man aber keine Sprache. Zum Beispiel zum Fußballspielen,

Cornelsen

Autorin: Katrin Pfeuffer
Foto: action press / Laurence Geai / SIPA

Kopiervorlage ●●●/●○○

Den Inhalt einer Reportage verstehen und für weiterführende Aufgaben nutzen (2 von 4)

Waveboarden oder Kickern. Schießt Anton beim Kickern ein Tor, verstehen alle sofort, dass das ein Grund zum Jubeln ist.

65 Wenn Hoshank, Yousef und Amar herumalbern, merkt man fast gar nicht, was sie hinter sich haben. Aber während ihrer Flucht haben sie viele schlimme Dinge erlebt. Sie mussten ihre Familie, ihre Freunde und ihre Heimat verlassen, um mit

70 Zügen und Booten in Richtung Europa zu fliehen. Sie haben mitbekommen, wie Menschen auf der Flucht um ihr Leben gekämpft haben, und gesehen, wie einige gestorben sind.

„Als ich das erste Mal so eine Fluchtgeschichte

75 gehört habe, musste ich weinen", sagt Anton. „Ich wollte nicht mehr weiter zuhören." Er bohrt auch nicht nach, sondern wartet ab, ob die Jungs von sich aus von ihren Erlebnissen erzählen wollen. „Das ist ihre Sache", sagt er.

80 Nicht alle Flüchtlinge, die bei Antons Familie einziehen, wollen reden. Manche möchten auch nicht kickern oder Zeit mit Anton und seiner Familie verbringen. Sie wollen lieber alleine in ihrem Zimmer sein.

85 Dorthin verziehen sich jetzt auch Hoshank, Yousef und Amar. Sie wollen mit ihren Handys Nachrichten an ihre Eltern und Geschwister in Syrien schreiben. Für sie ist das die einzige Möglichkeit, Neuigkeiten aus der Heimat zu erfahren.

90 Später werden sie aber wieder zum Abendessen herunterkommen. Dazu setzt sich die Familie jeden Tag zusammen, damit die drei Jungs aus Syrien am deutschen Alltag teilnehmen können. „Bei uns kocht jeder mal", erzählt Anton. Er findet

95 das super. So lernt er auch das Essen aus der Heimat der Flüchtlinge kennen. „Anfangs waren mir viele Gerichte zu scharf", sagt Anton. „Aber mittlerweile mag ich das." Er findet es schade, dass die meisten seiner neuen Brüder nach kur-

AWO-Wohngruppe für minderjährige Flüchtlinge in München, 2014

zer Zeit wieder gehen müssen. Sie dürfen sich 100 bei seiner Familie nur in Deutschland eingewöhnen. Danach machen sie Platz für die nächsten Flüchtlinge, die ganz neu ankommen. Auch Yousef und Amar werden in ein paar Wochen ausziehen. Sie sollen dann gemeinsam mit ande- 105 ren Jugendlichen in einer Wohnung leben. Dort wird sich ein Betreuer um sie kümmern. An ihrem 18. Geburtstag entscheiden die Behörden, ob die beiden endgültig in Deutschland bleiben können.

Anton will auch nach ihrem Auszug mit ihnen in 110 Kontakt bleiben. Mit vielen der früheren Gäste schreibt er sich immer noch Nachrichten über das Internet. Diejenigen, die in der Nähe wohnen, kommen manchmal zu Besuch.

Hoshank aber wird in Antons Familie bleiben. 115 Weil er die neue Sprache so schnell und gut gelernt hat, besucht er seit diesem Schuljahr die zehnte Klasse an Antons Gymnasium. Er möchte sein Abitur machen und dann studieren, so, wie er es auch in seiner Heimat Syrien vorhatte, bevor der Krieg ausbrach.

Anton freut sich sehr darüber. „Ich bin glücklich, dass Hoshank bei uns bleibt", sagt er. „Er ist für mich wie ein Bruder geworden. Ich könnte mir gar nicht vorstellen, wie es wäre, wenn wir hier wieder alleine wohnen würden."

Zeit Leo, 6/2015, S. 26–30

Autorin: Katrin Pfeuffer
Foto: SZ Photo / Robert Haas

Kapitel 9

KV 1, Blatt 2

Kopiervorlage ●●●/●○○

Den Inhalt einer Reportage verstehen und für weiterführende Aufgaben nutzen (3 von 4)

2 **a** Markiert mit zwei verschiedenen Farben Vor- und Nachteile, die bei der Aufnahme von Flüchtlingskindern auf Zeit in Antons Familie genannt werden. Tragt diese anschließend in die Tabelle ein und ergänzt auch eigene Überlegungen.

Vorteile für die Familie	Nachteile für die Familie
• Fremde Sprache kann erlernt werden	• …

b Beantwortet die folgenden Fragen zum Text in jeweils einem Satz. Notiert die Zeile, in der die Antwort im Text zu finden ist.
   — Welche Kinder und Jugendlichen nimmt die Familie von Anton bei sich auf?

_____

_____

   — Wie lange dürfen die Kinder und Jugendlichen in der Gastfamilie bleiben?

_____

_____

   — Was passiert im Anschluss mit den minderjährigen Flüchtlingen?

_____

_____

c Könnt ihr euch vorstellen, dass auch in eurer Familie plötzlich Flüchtlingskinder wohnen? Begründet eure Antwort.

_____

_____

_____

3 Bestimmt die Textsorte und begründet sie stichpunktartig mit Hilfe von fünf charakteristischen Merkmalen. Denkt an die Textbelege.

Textsorte: _____

Charakteristisches Merkmal	Textbeleg mit Zeilenangabe

4 **a** Auch ihr **könnt** Flüchtlingskindern helfen. Sammelt Ideen, wie das gelingen könnte.

b Formuliert mit Hilfe eurer Ideen einen Aufruf der SMV, der eure Mitschüler dazu auffordern soll, Flüchtlingskindern zu helfen.

Cornelsen Autorin: Katrin Pfeuffer

Den Inhalt einer Reportage verstehen und für weiterführende Aufgaben nutzen (4 von 4)

2 **a** Sucht im Text nach Vor- und Nachteilen, die bei der Aufnahme von Flüchtlingskindern auf Zeit in Antons Familie genannt werden, und unterstreicht sie.

b Ordnet die folgenden Vor- und Nachteile der Tabelle zu. Übernehmt die Tabelle in euer Heft.
  - Fremde Sprache kann erlernt werden
  - Zeitpolitisches Geschehen wird hautnah erlebt
  - Kommunikationsprobleme
  - Nicht alle Flüchtlingskinder wollen am Familienleben teilnehmen
  - Neue Spielkameraden
  - Neue Kultur, neues Essen kennenlernen
  - Unsicherheit, da man die Jugendlichen und ihre Geschichte nicht kennt
  - Neue Freundschaften, auch nach dem Aufenthalt in der Familie
  - Empathie / Einfühlungsvermögen wird gefördert
  - Weniger Platz im Haus
  - Flüchtlingskinder müssen die Familie wieder verlassen

Vorteile für die Familie	Nachteile für die Familie
• …	• …

c Beantwortet die folgenden Fragen zum Text in jeweils einem Satz. Die Zeilenangaben helfen euch dabei.
  - Welche Kinder und Jugendlichen nimmt die Familie von Anton bei sich auf? Z. 7–14
  - Wie lange dürfen die Kinder und Jugendlichen in der Gastfamilie bleiben? Z. 18, 100 ff.
  - Was passiert im Anschluss mit den minderjährigen Flüchtlingen? Z. 105 ff.

d Könnt ihr euch vorstellen, dass auch in eurer Familie plötzlich Flüchtlingskinder wohnen? Begründet eure Antwort.

3 Übertragt die Tabelle in euer Heft.
Bestimmt die Textsorte und begründet sie stichpunktartig mit Hilfe von fünf charakteristischen Merkmalen. Denkt an die Textbelege.

Textsorte: _____

Charakteristisches Merkmal	Textbeleg mit Zeilenangabe
Unvermittelter szenischer Einstieg (Zoomtechnik)	
Aktuelles Thema, das die Reporterin vor Ort recherchiert hat	
Wechsel von subjektiven Schilderungen und sachlichen Hintergrundinformationen	
Zahlreiche Aussagen von persönlich Betroffenen	
Typisches Layout	

4 Versetzt euch in die Lage von Anton, der bereits seit einem Jahr immer wieder „neue Brüder" auf Zeit hat. Schreibt in euer Heft einen Tagebucheintrag, in dem er seine Erfahrungen, von denen in der Reportage erzählt wird, aufschreibt. Ihr könnt so beginnen:

Liebes Tagebuch,
heute Morgen ist wieder ein neuer „Bruder" bei uns angekommen. Ich war ganz schön aufgeregt. Mama hat ihn am Bahnhof abgeholt, nach der Schule habe ich ihn zum ersten Mal gesehen. Murat ist 16 und kommt aus Syrien. Leider spricht er …

Autorin: Katrin Pfeuffer

Kapitel 9
KV 1, Blatt 4

Kopiervorlage ●○○

Inhalt, Aufbau, Sprache und Layout eines Kommentars untersuchen (1 von 6)

1 Lest den Text aufmerksam:

Der Preis der Plastiktüte
In England müssen Einkaufstüten jetzt fünf Pence kosten. In Deutschland ist das längst überfällig.
Kommentar von Esther Widmann

Die englischen Boulevard-Zeitungen hatten ihre Leser vorgewarnt: „Chaos bahnt sich an", titelte die Daily Mail. Sie prophezeite Verwirrung und Diskussionen, der Mirror sagte „Frustration und
5 Wut" voraus. Es ging nicht um einen Hurrikan oder die Abschaffung des Arbeitslosengeldes. Nein, in England gilt seit dieser Woche: Plastiktüten kosten fünf Pence.

Auch wenn die Regelung zahlreiche Ausnahmen
10 zulässt, etwa für Unternehmen mit weniger als 250 Mitarbeitern, für rohes Fleisch oder „für lebendige Wasserlebewesen in Wasser", und auch, wenn in den anderen Ländern des Vereinigten Königreiches schon seit mehreren Jahren jede Plastiktüte bezahlt werden muss: Das Thema ist 15 in England offenbar ein Aufreger.

Angeblich hat eine führende Supermarktkette bereits 60 000 zusätzliche Einkaufskörbe aus Metall bestellt, weil so viele gestohlen wurden.

Dabei gibt es gar keinen Grund, sich aufzuregen: 20 zum einen, weil es eigentlich selbstverständlich ist, Dinge, die man aus einem Geschäft mitnimmt, auch zu bezahlen – also auch eine Tüte. Die Verpackung von Lebensmitteln ist im Verkaufspreis auch schon mit drin. Und zum anderen, und das ist entscheidend: Weil es aus Umweltschutzgründen mehr als vernünftig ist, die Kunden zur Reduzierung ihres Plastiktütenverbrauchs zu animieren.

Kopiervorlage ●●●/○○○

Autorin: Katrin Pfeuffer
Foto: picture alliance/dpa

Kapitel 9
KV 2, Blatt 1

Inhalt, Aufbau, Sprache und Layout eines Kommentars untersuchen (2 von 6)

30 Denn Plastiktüten sind ein gewaltiges Umweltproblem. Sie werden aus Mineralöl hergestellt, und die CO_2-Emissionen, die durch den weltweiten Verbrauch von einer Billion Plastiktüten jährlich entstehen, werden laut der Deutschen

35 Umwelthilfe auf knapp 31 Millionen Tonnen geschätzt. Weil sie nicht verrotten, verdrecken sie die Landschaft. Im Meer ersticken jedes Jahr Hunderttausende Meerestiere an ihnen. Oder sie landen, zu winzigen Partikeln zerrieben, als

40 Mikroplastik in Fischmägen und damit in der Nahrungskette.

Das EU-Parlament hat im April 2015 eine neue Richtlinie verabschiedet, die den Plastiktütenverbrauch bis 2019 um 50 Prozent und bis 2025

45 um 80 Prozent verringern soll. Das entspräche laut dem Umweltbundesamt einem Verbrauch von dann noch 90 beziehungsweise 40 Tüten pro Person und Jahr.

Allerdings sind davon nur Plastiktüten mit einer

50 Wandstärke von weniger als 0,05 Millimetern betroffen; Geschäftsinhaber könnten die Reglung also durch die Ausgabe von stabileren Tüten umgehen. Und die sehr dünnen Tüten, in die Käse oder Obst eingepackt werden, wären

55 von der Regelung auch ausgenommen.

In Deutschland verbraucht jeder durchschnittlich 71 Plastiktüten pro Jahr. Der Einzelhandel hat vor Jahren freiwillig eine Gebühr auf Plastiktüten erhoben, die allerdings fast nur Supermärkte

60 fordern. Umweltministerin Barbara Hendricks sieht keinen Grund, eine Bezahlpflicht einzuführen, weil Deutschland ja damit jetzt schon unter der EU-Vorgabe für 2019 liegt. „Bei einer Abwägung von Aufwand und Nutzen spricht derzeit aus unserer Sicht nichts dafür, in 65 Deutschland Abgaben oder gar Verbote einzuführen", ließ sie Anfang des Jahres verlauten. [...]

Hendricks beruft sich darauf, dass Deutschland im EU-Vergleich schon gut dastehe: In der 70 Tschechischen Republik waren es im Jahr 2011 bei der letzten Erhebung 297 Tüten pro Person, in Bulgarien 421 – jeden Tag mindestens eine. Trotzdem sind 71 Plastiktüten pro Kopf immer noch viel, und andere Länder haben vorge- 75 macht, wie effektiv eine Bezahlpflicht ist: In Wales, wo es im Gegensatz zu England schon seit 2011 eine Gebühr für Plastiktüten gibt, ist die Zahl von etwa 120 auf 24 gesunken, in Irland war der Effekt ähnlich. 80

Das Umweltbundesamt weist allerdings darauf hin, dass weniger als ein Prozent des Kunststoffverbrauchs, nämlich 68 000 Tonnen, in Deutschland auf Plastiktüten entfällt. Um den Kunststoffverbrauch zu vermindern, sind Plastik- 85 tüten also nicht der entscheidende Punkt – einen sehr viel größeren und oftmals vermeidbaren Anteil haben verpackte Lebensmittel.

Dennoch, um Einkäufe nach Hause zu tragen, braucht es keine Tüten aus Plastik, ein Stoff- 90 beutel passt auch in die kleinste Handtasche, hält ewig und schneidet schwer beladen nebenbei auch nicht so unangenehm in die Hände.

www.sueddeutsche.de/wirtschaft/umwelt-der-preis-der-plastiktuete-1.2684733, 09. Oktober 2015

Inhalt, Aufbau, Sprache und Layout eines Kommentars untersuchen (3 von 6)

2 Klärt folgende schwierige Wörter:

Boulevard-Zeitung: _____

Reduzierung: _____

animieren: _____

Mikroplastik: _____

effektiv: _____

Effekt: _____

3 **a** Teilt den Text in Sinnabschnitte und formuliert zu jedem Abschnitt eine kurze Überschrift.

  b Schreibt eine strukturierte Inhaltszusammenfassung in euer Heft.

4 Begründet anhand von Textaufbau und Layout, warum es sich bei diesem Text um einen Kommentar handelt.

5 Untersucht die sprachlichen Mittel des Kommentars und deren Wirkung.
Übertragt die Tabelle in euer Heft und ergänzt mit geeigneten Textbeispielen und Hinweisen zur Wirkung im Text.

Sprachliche Mittel	Textbeispiel	Absicht und Wirkung
Satzbau		
überwiegend komplizierte Satzgefüge		
selten kurze Aussagesätze		
Doppelpunkt		
Wortwahl		
Fremdwörter		
Fachbegriffe		
Stilmittel		
Aufzählung		
Wiederholung		
Vergleich		
Klimax		

Autorin: Katrin Pfeuffer

Inhalt, Aufbau, Sprache und Layout eines Kommentars untersuchen (4 von 6)

2   Unterstreicht im Text die Schlüsselwörter.

3   Bringt die folgenden Sinnabschnitte in die richtige Reihenfolge und schreibt die Ziffern in die Kästchen. Ergänzt die Zeilenangaben.

	Sinnabschnitt	Zeilenangabe
☐	Zusätzliche Legitimation vonseiten der Politik: Einen größeren Anteil am Kunststoffverbrauch haben nicht die Tüten, sondern verpackte Lebensmittel.	
☐	Meinung der Autorin: Die übertriebenen Reaktionen sind grundlos.	
☐	Zusätzliche Information: Richtlinien zum Verbrauch von Plastiktüten innerhalb der EU und Möglichkeit, diese zu umgehen	
☐	Aktuelle Meldung: Kosten für Plastiktüten sorgen in England für große Aufregung.	
☐	Appell an den Leser: Trotz aller Diskussion auf Plastiktüten verzichten!	
☐	Information über die gesetzliche Lage in Deutschland: keine Bezahlpflicht nach Meinung des Umweltministeriums nötig, da der Verbrauch von Tüten pro Kopf in Deutschland im EU-Vergleich bereits im unteren Bereich liegt.	
☐	Hintergrundinformation: Plastiktüten sind ein großes Umweltproblem.	

4   **a**   Die Textsorte Kommentar lässt sich mit Merkmalen des Layouts begründen. Formuliert mit Hilfe der folgenden Stichpunkte eine Begründung.

> Hinweis „Kommentar von …" • graue Hinterlegung • Name der Autorin • Kennzeichnung als Kommentar

b   Auch der Aufbau ist typisch für einen Kommentar. Vervollständigt den Lückentext, in dem der Aufbau des Kommentars beschrieben wird. Eine Hilfestellung dazu bietet der Wortspeicher.

> Schluss • Hintergrundinformationen • Meinung (2-mal) • aktuellen Nachricht • Einleitung • Aufbau • Hauptteil (2-mal) • begründet • appelliert • gut findet • kommentiert

Doch auch der _____ des Textes ist typisch für einen Kommentar. In der

_____ (Z. 1–19) wird der Bezug zur _____

_____, die gesetzliche Regelung von Kosten für Plastiktüten in England, die

_____ werden soll, hergestellt. Auch kann man an dieser

Stelle bereits die _____ der Autorin erahnen, welche die Aufregung

um den Preis für Einkaufstüten nicht teilt. Mit den Worten „Dabei gibt es gar keinen Grund, sich

aufzuregen" (Z. 20) macht sie zu Beginn des _____ (Z. 21–88)

Kopiervorlage ●○○

   Autorin: Katrin Pfeuffer   Kapitel 9   **KV 2, Blatt 4**

Inhalt, Aufbau, Sprache und Layout eines Kommentars untersuchen (5 von 6)

unmissverständlich klar, dass sie ein Bezahlsystem _____,

was sie im Anschluss ausführlich _____. Im _____

werden auch _____

zu Regelungen in der EU und in Deutschland gegeben (Z. 42–88). Im _____ (Z. 89–93)

fasst sie ihre _____, die der des deutschen Umweltministeriums

entgegensteht, zusammen, indem sie an die Leser _____, beim Einkauf

freiwillig auf Plastiktüten zu verzichten.

5   Untersucht die Sprache des Kommentars und deren Wirkung. Ergänzt hierzu die folgende Tabelle:

Sprachliche Mittel	Textbeispiel	Absicht und Wirkung
Satzbau		
überwiegend _____ _____	„Auch wenn die Regelung zahlreiche Ausnahmen zulässt, etwa für Unternehmen mit weniger als 250 Mitarbeitern, für rohes Fleisch oder ‚für lebendige Wasserlebewesen in Wasser‘, und auch, wenn in den anderen Ländern des Vereinigten Königreiches schon seit mehreren Jahren jede Plastiktüte bezahlt werden muss: Das Thema ist in England offenbar ein Aufreger." (Z. 9–16)	
selten kurze Aussagesätze		meist Aussagen, die im Folgenden erläutert werden
Doppelpunkt	„Nein, in England gilt seit dieser Woche: Plastiktüten …" (Z. 7 f.)	
Wortwahl		
Fremdwörter	„Reduzierung" (Z. 28), „aninmieren" (Z. 29), „effektiv" (Z. 76)	zeigen _____ der Autorin
Fachbegriffe		

 Autorin: Katrin Pfeuffer

Kapitel 9

KV 2, Blatt 5

Kopiervorlage ●○○

Inhalt, Aufbau, Sprache und Layout eines Kommentars untersuchen (6 von 6)

Stilmittel		
	„etwa für Unternehmen mit weniger als 250 Mitarbeitern, für rohes Fleisch oder ‚für lebendige Wasserlebewesen in Wasser'" (Z. 10 ff.)	Hervorhebung der zahlreichen Ausnahmen von der Regelung
Wiederholung		Hervorhebung des Kontrasts: im Vergleich mit anderen EU-Ländern einmal im positiven, einmal im negativen Sinn
		Betonung, dass die Reaktionen der Bürger übertrieben sind
	„Weil sie nicht verrotten, verdrecken sie die Landschaft ... Im Meer ersticken ... Meerestiere an ihnen. Oder sie landen ... in der Nahrungskette." (Z. 36 ff.)	Umweltschädlichkeit von Plastiktütenmüll wird betont.

Kopiervorlage ●○○

Autorin: Katrin Pfeuffer

Als weiterführende Aufgabe einen sachlichen Brief schreiben (1 von 6)

1 | Lest den Text aufmerksam:

Wie Kitzinger Lebensmittel teilen

Die Mitglieder der Facebook-Gruppe „Foodsharing Kitzingern"
tauschen gegenseitig übrig gebliebene Produkte aus.
Von unserem Redaktionsmitglied Teresa Bechtold

Voller Kühlschrank: Überflüssige Nahrung lieber verteilen statt wegwerfen!
Foto: Karl-Josef Hildenbrand / DPA

Der Kühlschrank quillt über. Im unteren Fach drängen sich Marmeladengläser und Joghurtbecher aneinander, Wurst- und Käsepackungen stapeln sich und Obst ist auch noch jede
5 Menge da. Gerade wenn ein Urlaub bevorsteht oder schlicht zu viel gekauft wurde, kommt es in Privathaushalten vor, dass Lebensmittel weggeworfen werden. Gut fühlt sich das nicht an, schließlich haben viele Menschen nicht
10 genug zu essen.

Die Kitzingerin Melanie Arnold hat im Landkreis eine Möglichkeit geschaffen, mit der jeder Einzelne gegen Lebensmittelverschwendung vorgehen kann. In der Facebook-Gruppe
15 „Foodsharing Kitzingen" (www.facebook.com/groups/316469045180024/) können Lebensmittel, die übrig geblieben sind, inseriert werden. Interessierte, die auf das Angebot stoßen, melden sich dann beim Anbieter und holen die Lebensmittel ab. In der Regel werden die Le- 20 bensmittel umsonst abgegeben, doch auch Tauschgeschäfte sind möglich.

Voraussetzung: Die Lebensmittel müssen noch gut sein. Empfehlenswert ist es auch, ein Foto der Produkte einzustellen, damit die Abnehmer 25 wissen, was sie da abholen. Arnold hat die Gruppe vor sieben Wochen gegründet. Inzwischen zählt sie knapp achtzig Mitglieder. Vorbild war die Facebook-Gruppe „Foodsharing Würzburg", die immerhin 2259 Mitglieder hat. 30 „Würzburg ist für viele Menschen im Landkreis Kitzingen zu weit weg, um spontan Lebensmittel abzuholen", so Arnold. Deshalb entschloss sich die 26-Jährige dazu, die Gruppe für Kitzingen zu gründen. Dass die Gruppe so gut ange- 35 nommen wird und wächst, hat sie überrascht: „Viele Leute suchen bei Facebook gezielt nach der Gruppe und treten bei. Es war gar keine Werbung nötig, um neue Mitglieder zu gewinnen", sagt sie. 40

Foodsharing ist ein Prinzip, das deutschlandweit vor allem unter jungen Menschen und Studenten Anklang findet. Dass Kitzingen keine typische Studentenstadt ist, sieht Arnold nicht als Hindernis: „Verschwendung geht alle an. Jeder hat mal etwas übrig, das beschränkt sich ja nicht nur auf Studenten", sagt sie.

Kopiervorlage ●●●/●○○

Als weiterführende Aufgabe einen sachlichen Brief schreiben (2 von 6)

> **„Verschwendung geht jeden etwas an.“**
> *Melanie Arnold, Gründerin Food-sharing Kitzingen"*

50 Einer Studie der Uni Stuttgart zufolge werfen Privathaushalte in Deutschland jedes Jahr 6,7 Millionen Tonnen Lebensmittel weg. Im Schnitt sind das 81,6 Kilogramm pro 55 Bundesbürger. Vieles davon ist noch verwertbar. Essen bleibt laut Arnold aus vielerlei Gründen übrig. „Gerade Alleinlebende kaufen oft zu viel ein. Doch auch in vielen Familien wird Essen weggeschmissen, zum Beispiel weil es 60 nicht den Geschmack trifft oder ein Urlaub ansteht."

Für die Zukunft wünscht sie sich, dass „Foodsharing Kitzingen" weiter wächst. Denn umso größer die Gemeinschaft ist, desto mehr Essen 65 kann geteilt werden. Ein weiterer Schritt für die Gruppe wären Kooperationen mit Supermärkten, Bäckereien und Cafés. Was dort am Ende eines Geschäftstages übrig bleibt und in die Mülltonne wandert, obwohl es noch gut ist, 70 könnte verteilt werden. Hier allerdings könnte

es Konflikte mit der Kitzinger Tafel geben, die schon seit Jahren auf diesem Weg Lebensmittel einsammelt und an Bedürftige verteilt.

Ebenfalls möglich wären öffentliche Kühlschränke, in denen Lebensmittel deponiert und 75 abgeholt werden können. In einigen Großstädten gibt es diese öffentlichen „Fairteiler" bereits.

Arnold schätzt am Foodsharing das Gemeinschaftsgefühl. Durch die Gruppe hat sie einige 80 Gleichgesinnte in der Region kennengelernt. Und das Prinzip Teilen muss sich nicht auf Lebensmittel beschränken. Viele Menschen teilen auf dieselbe Weise bereits Gebrauchsgegenstände. „Irgendwann wird das zur 85 Lebenseinstellung", sagt Arnold. Für sie ist das nichts anderes als ein Schritt zu einer besseren Welt. „Wenn jeder etwas teilt, was er nicht mehr braucht, haben alle was davon."

Main-Post, 27. September 2014
wm.mainpost.de/regional/kitzingen/Privater-Haushalt-Urlaub-und-Ferien;art773,8347882 [07.06.2016]

Als weiterführende Aufgabe einen sachlichen Brief schreiben (3 von 6)

2 Klärt aus dem Textzusammenhang oder durch Recherche die folgenden Begriffe:

Foodsharing: _____

Tafel: _____

Fairteiler: _____

3 **a** Lest den Text noch einmal aufmerksam durch und markiert Argumente, die für Foodsharing sprechen.

   b Findet Nachteile, die gegen Foodsharing sprechen. Formuliert in ganzen Sätzen.

4 Bearbeitet folgende weiterführende Aufgabe:
Kurz nach der Veröffentlichung des Artikels über Foodsharing setzt sich Melanie Arnold für einen öffentlichen Fairteiler in ihrer Heimatstadt ein. Schreibt einen sachlichen Brief von Melanie Arnold an den Oberbürgermeister von Kitzingen, mit dem sie ihn um Unterstützung bittet.

   a Notiert Stichpunkte für Einleitung, Hauptteil und Schluss eures Briefs.

Einleitung: _____

_____

_____

Hauptteil: _____

_____

_____

Schluss: _____

_____

_____

   b Formuliert den Brief. Beachtet die Regeln zur äußeren Form eines sachlichen Briefs.

Cornelsen Autorin: Katrin Pfeuffer

Kapitel 9

KV 3, Blatt 3

Kopiervorlage •••

Als weiterführende Aufgabe einen sachlichen Brief schreiben (4 von 6)

2 Klärt aus dem Textzusammenhang oder durch Recherche die folgenden Begriffe:

Foodsharing: _____

Tafel: _____

Fairteiler: _____

3 **a** Lest den Text noch einmal aufmerksam durch und markiert Argumente, die für Foodsharing sprechen.

    b Findet Nachteile, die gegen Foodsharing sprechen. Formuliert in ganzen Sätzen.
Folgende Stichworte können euch ein Denkanstoß sein: Handel, Hygiene, Geschmack.

4 Bearbeitet folgende weiterführende Aufgabe:
Kurz nach der Veröffentlichung des Artikels über Foodsharing setzt sich Melanie Arnold für einen öffentlichen Fairteiler in ihrer Heimatstadt ein. Schreibt einen sachlichen Brief von Melanie Arnold an den Oberbürgermeister von Kitzingen, mit dem sie ihn um Unterstützung bittet.

    a Ordnet die folgenden Stichpunkte den Bestandteilen Einleitung, Hauptteil und Schluss sinnvoll zu.

> Zusammenfassung des Anliegens • Grund für den Brief •
> Begründung des Anliegens (zu viele weggeworfene Lebensmittel, Bedürftige ohne Zugang zum Internet) • Einrichten eines Fairteilers in Kitzingen • Regeln für einen Fairteiler • Hinweis auf den vor Kurzem veröffentlichten Artikel • Bitte um Unterstützung • nochmalige Bitte um Unterstützung • Schlussformel • Erläuterung von Foodsharing und Fairteiler • Unterstützungsangebot beim Errichten des Fairteilers (Vor- und Nachteile diskutieren, Regeln aufstellen, Standort suchen)

Einleitung: _____

_____

_____

Hauptteil: _____

_____

_____

Schluss: _____

_____

_____

Autorin: Katrin Pfeuffer

Kopiervorlage ●○○

Als weiterführende Aufgabe einen sachlichen Brief schreiben (5 von 6)

b Der folgende Brief ist formal und inhaltlich unvollständig. Ergänzt die Lücken zu einem formal vollständigen und inhaltlich sinnvollen Brief und formuliert den Schluss.

Melanie Arnold

_____

_____

Herrn Oberbürgermeister
Herbert Maier
Rathausplatz 1
97318 Kitzingen

_____

Antrag: _____

Sehr geehrter Herr Oberbürgermeister,

wie Sie vielleicht _____

gelesen haben, habe ich vor einiger Zeit die Facebook-Gruppe „Foodsharing Kitzingen" initiiert, die es

Kitzinger Bürgern ermöglicht, Lebensmittel, die sie selbst nicht mehr benötigen, _____

_____. Gerne würde ich dieses Angebot für

meine Heimatstadt erweitern und Foodsharing auch Menschen zugänglich machen, die

_____.

Möglich wäre dies mit _____,

in den jeder Lebensmittel ablegen und aus ihm herausnehmen kann, der etwas übrig hat oder etwas

benötigt. Sie fragen sich vielleicht, warum ich es für notwendig halte, Foodsharing zu betreiben. Food-

sharing bietet jedem Bürger die Möglichkeit, aktiv etwas gegen die _____

_____ in Deutschland zu tun. Von privaten

Haushalten werden aus verschiedenen Gründen, zum Beispiel weil _____

oder ein Urlaub bevorsteht, viele Lebensmittel weggeworfen, die noch haltbar sind. Auf der anderen

Als weiterführende Aufgabe einen sachlichen Brief schreiben (6 von 6)

Seite gibt es – auch in Kitzingen – Menschen, die _____

_____. Diese beiden Gruppen können über Foodsharing zusammengeführt

werden, sodass insgesamt weniger weggeworfen wird. In der Facebook-Gruppe „Foodsharing

Kitzingen" können übrig gebliebene Lebensmittel inseriert werden, der Interessent muss dann die

Lebensmittel beim Anbieter selbst abholen. Würde man nun an einem gut zugänglichen und einsehba-

ren Platz einen öffentlichen Kühlschrank aufstellen, in den jeder etwas _____

oder _____ kann, würde man auch die wirklich bedürfti-

gen Menschen erreichen, die nicht die Möglichkeit haben, sich die Angebote im Internet anzusehen,

oder diejenigen, die nicht über Facebook vernetzt sein möchten. Selbstverständlich müsste man

_____ aufstellen, welche Dinge abgelegt werden

dürfen, wie die Verpackung aussehen muss und wer für den hygienischen Zustand des Kühlschranks

verantwortlich ist. Beispiele aus anderen Städten in Deutschland zeigen jedoch, dass dieses Prinzip

funktioniert und von den Menschen angenommen wird.

Da ich vom Prinzip des Foodsharings überzeugt bin, _____

_____

_____

_____

_____

_____

_____

_____

Mit freundlichen Grüßen

Melanie Arnold

Anlage: Reportage „Wie Kitzinger Lebensmittel teilen", Main-Post vom 27. September 2014

Autorin: Katrin Pfeuffer

Kopiervorlage ●○○

Den Inhalt einer Reportage verstehen und für weiterführende Aufgaben nutzen (KV 1)

Lösungen ●●●

2 a Vorteile für die Familie:

- Fremde Sprache kann erlernt werden
- Neue Spielkameraden
- Neue Kultur, neues Essen kennenlernen
- Neue Freundschaften, auch nach dem Aufenthalt in der Familie
- Empathie / Einfühlungsvermögen wird gefördert
- Zeitpolitisches Geschehen wird hautnah erlebt

Nachteile für die Familie:

- Weniger Platz im Haus
- Kommunikationsprobleme
- Flüchtlingskinder müssen die Familie wieder verlassen
- Nicht alle Flüchtlingskinder wollen am Familienleben teilnehmen
- Unsicherheit, da man die Jugendlichen und ihre Geschichte nicht kennt

b Z. 7–14: Kinder und Jugendliche, die ohne Familie nach Deutschland geflohen sind oder ihre Eltern auf der Flucht verloren haben

Z. 18: Für ein paar Wochen oder Monate; Z. 100 ff.: Sie dürfen nur so lange bleiben, bis sie sich in Deutschland eingewöhnt haben.

Z. 105 ff.: Anschließend leben sie mit anderen Jugendlichen zusammen in einer Wohnung und werden betreut, bis sie 18 Jahre alt sind.

3 Mögliche Tabelle:

Textsorte: Reportage	
Charakteristisches Merkmal	**Textbeleg mit Zeilenangabe**
Unvermittelter szenischer Einstieg (Zoomtechnik)	„Plötzlich wird es laut im Haus. Durch die Tür zum Wintergarten, wo Anton und seine Mutter sitzen, stürmen drei Jungs." (Z. 1–3)
Aktuelles Thema, das die Reporterin vor Ort recherchiert hat	„Viele junge Flüchtlinge kommen ohne ihre Eltern nach Deutschland. Die Familie von Anton bietet einigen von ihnen ein Zuhause." (Vorspann)
Wechsel von subjektiven Schilderungen und sachlichen Hintergrundinformationen	„Plötzlich wird es laut im Haus": Schilderung vor Ort (Z. 1–3), Situation in der betreuenden Familie (z. B. Z. 15 ff.) und Hintergrundinformationen zur Situation von minderjährigen Flüchtlingen in Deutschland (Z. 11 ff. oder 100 ff.)
Zahlreiche Aussagen von persönlich Betroffenen	Stellvertretend für die ganze Familie wird hauptsächlich Anton zitiert (Z. 21 ff., 41 f., 53 ff., 74 ff., 94 ff.)
Typisches Layout	Neugier weckende Schlagzeile, kurzer Vorspann, Name der Autorin, Bilder

4 a Freizeit mit den Kindern verbringen (Fußball spielen, Musizieren …), beim Deutschlernen unterstützen, Geld spenden oder Spendenaktion organisieren, Sachen spenden (Kleider, Spielsachen, Schultasche …), andere Helfer in der eigenen Gemeinde unterstützen …

b Beispiel für einen Aufruf:

Flüchtlinge willkommen! Hilf mit, dass sie auch gut ankommen!

Stell dir vor: Du kommst in ein fremdes Land, verstehst die Sprache nicht und kennst niemanden. Würdest du dich nicht auch freuen, wenn andere Menschen auf dich zukommen und dich unterstützen würden?

Auch an unserer Schule sind mittlerweile Flüchtlinge angekommen.

So kannst du ihnen helfen:

— Verbringe Zeit mit ihnen!

Sind auch in deiner Klasse Flüchtlingskinder? Dann kümmere dich um sie! Frage, ob sie Hilfe bei den Hausaufgaben brauchen! Sprich mit ihnen, damit sie möglichst schnell unsere Sprache erlernen! Schlage ihnen vor, am Nachmittag etwas mit dir zu unternehmen! Nimm sie mit zum Spielplatz, zum Sport oder zum Chor! Oder lade sie nach Absprache mit deinen Eltern zu dir nach Hause ein!

Damit hilfst du ihnen, sich einzuleben, sich zurechtzufinden und sich bei uns wohlzufühlen.

— Spende Sachen oder Geld!

Kleider, Spielsachen oder Schultasche – es gibt viele Dinge, die du nicht mehr brauchst. Diese kannst du spenden. Am Schwarzen Brett findest du eine aktuelle Liste, was in unserer Flüchtlingsunterkunft gerade benötigt wird. Hast du etwas davon übrig, gib es im Sekretariat ab, wir leiten es jeden Freitag weiter an die Sammelstellen.

Außerdem wollen wir einen Flohmarkt an unserer Schule organisieren, dessen Erlös der Flüchtlingshilfe zugute kommt. Näheres dazu erfahrt ihr schon bald. Wir freuen uns, wenn du dabei bist.

— Unterstütze unseren Helferkreis!

Jeden Freitagnachmittag besuchen wir Kinder von Asylbewerbern und spielen und basteln mit ihnen. Möchtest du uns unterstützen? Dann komm einfach mit! Treffpunkt ist immer freitags um 13 Uhr vor dem Schulhaus. Wir freuen uns auf dich!

Eure SMV

Lösungen ●○○

2 **a/b** Siehe Aufgabe 2a, Lösung ●●● .

c Siehe Aufgabe 2b, Lösung ●●● .

3 Siehe Aufgabe 3, Lösung ●●● .

4 Beispiel für einen Tagebucheintrag:

Liebes Tagebuch,

heute Morgen ist wieder ein neuer „Bruder" bei uns angekommen. Ich war ganz schön aufgeregt. Mama hat ihn am Bahnhof abgeholt, nach der Schule habe ich ihn zum ersten Mal gesehen. Murat ist 16 und kommt aus Syrien. Leider spricht er überhaupt kein Deutsch, sodass ich von ihm selbst noch nichts erfahren habe. Gott sei Dank ist Hoshank noch bei uns, so kann er uns übersetzen.

Ich bin sehr traurig, dass Amar und Yousef schon wieder gehen mussten, sie hatten sich so gut bei uns eingewöhnt und wir hatten richtig viel Spaß miteinander, vor allem beim Kickern. Besonders mein kleiner Bruder Adam hat so gerne mit Amar gespielt, er wird ihn bestimmt vermissen. Aber leider mussten beide am Wochenende in eine Wohngruppe ziehen. Zum Glück sind sie in Würzburg geblieben, so können wir uns bestimmt hin und wieder am Fußballplatz treffen. Darauf freue ich mich schon!

Eigentlich ist es schön, dass wir jetzt immer so eine große Familie sind und dass ich schon so viele liebe Menschen kennengelernt habe. Ich weiß noch, wie ich vor einem Jahr erschrocken bin, als mir Mama gesagt hat, dass sie Flüchtlingskinder in der Familie aufnehmen will. Auf gar keinen Fall wollte ich mein Zimmer mit Fremden teilen, aber das musste ich ja zum Glück auch nicht. Mir gefällt es, dass bei uns immer was los ist und dass ich immer jemanden zum Spielen habe. Besonders stolz bin ich, dass ich sogar schon ein paar Brocken Arabisch kann. Wer weiß, wie viel ich noch dazulernen werde.

Ob ich mich auch mit Murat verstehen werde? Er war sehr schüchtern, aber das sind alle, wenn sie neu zu uns kommen. Mal sehen, wie es sich entwickelt. Ich berichte dir davon beim nächsten Mal.

Dein Anton

Lösungen

Inhalt, Aufbau, Sprache und Layout eines Kommentars untersuchen (KV 2)

Lösungen ●●●

2 Begriffsklärung:
- Boulevard-Zeitung: Zeitung mit hoher Auflage, welche die Masse der Bevölkerung erreichen soll und nur am Kiosk verkauft wird
- Reduzierung: Begrenzung, Verringerung
- animieren: ermuntern, anregen
- Mikroplastik: winzig kleine Plastikteilchen
- effektiv: wirkungsvoll, nutzbringend
- Effekt: (Aus-)Wirkung

3 a Sinnabschnitte:

Z. 1–19: Aktuelle Meldung: Kosten für Plastiktüten sorgt in England für große Aufregung.

Z. 20–29: Meinung der Autorin: Die übertriebenen Reaktionen sind grundlos.

Z. 30–41: Hintergrundinformation: Plastiktüten sind ein großes Umweltproblem.

Z. 42–55: Zusätzliche Information: Richtlinien zum Verbrauch von Plastiktüten innerhalb der EU und Möglichkeit, diese zu umgehen

Z. 56–80: Information über die gesetzliche Lage in Deutschland: Keine Bezahlpflicht nach Meinung des Umweltministeriums nötig, da der Verbrauch von Tüten pro Kopf in Deutschland im EU-Vergleich bereits im unteren Bereich liegt.

Z. 81–88: Zusätzliche Legitimation vonseiten des Umweltbundesamts: Einen größeren Anteil am Kunststoffverbrauch haben nicht die Tüten, sondern verpackte Lebensmittel.

Z. 89–93: Appell an den Leser: Trotz aller Diskussionen auf Plastiktüten verzichten!

b Der Kommentar beginnt mit der aktuellen Nachricht, dass in England Einkaufstüten jetzt Geld kosten und dies bei den Engländern offensichtlich für große Aufregung sorgt (Z. 1–19). Anschließend vertritt die Autorin die Meinung, dass übertriebene Reaktionen nicht angebracht seien, da man immer alles bezahlen müsse, was man aus Geschäften mitnimmt, und es außerdem aus Umweltschutzgründen sinnvoll sei, den Plastiktütenverbrauch zu reduzieren (Z. 20–29). Warum diese ein großes Umweltproblem darstellen, erklärt die Verfasserin ausführlich in den Zeilen 30 bis 41. Im Folgenden (Z. 42–55) erläutert sie, das es innerhalb der EU zwar Richtlinien zum Plastiktütenverbrauch gebe, diese aber leicht umgangen werden könnten, indem stabilere Tüten verwendet werden. In den Zeilen 56 bis 80 ergänzt die Autorin, dass das Umweltministerium in Berlin keine Bezahlpflicht einführen will, da Deutschland mit einem Verbrauch von durchschnittlich 71 Tüten pro Kopf und Jahr EU-weit bereits im unteren Bereich liege. Zudem hätten verpackte Lebensmittel den größten Anteil am Kunststoffverbrauch und daher würden Plastiktüten bei der Reduzierung des Kunststoffverbrauchs ohnehin nicht so ins Gewicht fallen (Z. 81–88). Trotzdem appelliert die Autorin zum Schluss an ihre Leser, auf Plastiktüten beim Einkauf zu verzichten (Z. 89–93).

4 Bereits am Layout lässt sich erkennen, dass es sich bei diesem Text um einen Kommentar handelt, da er durch eine graue Hinterlegung kenntlich gemacht ist. Da in einem Kommentar immer eine subjektive Meinung geäußert wird, ist auch der Name der Autorin – Esther Widmann – gleich zu Beginn mit dem Hinweis „Kommentar von …" angegeben.

Doch auch der Aufbau des Textes ist typisch für einen Kommentar. In der Einleitung (Z. 1–19) wird der Bezug zur aktuellen Nachricht, die gesetzliche Regelung von Kosten für Plastiktüten in England, die kommentiert werden soll, hergestellt. Auch kann man an dieser Stelle bereits die Meinung der Autorin erahnen, welche die Aufregung um den Preis für Einkaufstüten nicht teilt. Mit den Worten „Dabei gibt es gar keinen Grund, sich aufzuregen" (Z. 20) macht sie zu Beginn des Hauptteils (Z. 21–88) unmissverständlich klar, dass sie ein Bezahlsystem befürwortet, was sie im Anschluss sofort ausführlich begründet. Im Hauptteil werden auch Hintergrundinformationen zu Regelungen in der EU und in Deutschland gegeben (Z. 42–88). Im Schluss (Z. 89–93) fasst sie ihre Meinung, die der des deutschen Umweltminis-

Lösungen

teriums entgegensteht, zusammen, indem sie an die Leser appelliert, beim Einkauf freiwillig auf Plastiktüten zu verzichten.

5 Mögliche Tabelle:

Sprachliche Mittel	Textbeispiel	Absicht und Wirkung
Satzbau		
überwiegend komplizierte Satzgefüge	„Auch wenn die Regelung zahlreiche Ausnahmen zulässt, etwa für Unternehmen mit weniger als 250 Mitarbeitern, für rohes Fleisch oder ‚für lebendige Wasserlebewesen in Wasser‘, und auch, wenn in den anderen Ländern des Vereinigten Königreiches schon seit mehreren Jahren jede Plastiktüte bezahlt werden muss: Das Thema ist in England offenbar ein Aufreger." (Z. 9–16)	Sachverhalte und Zusammenhänge werden erläutert.
selten kurze Aussagesätze	„Denn Plastiktüten sind ein gewaltiges Umweltproblem." (Z. 30 f.), „In Deutschland verbraucht jeder durchschnittlich 71 Plastiktüten pro Jahr." (Z. 56 f.)	meist Aussagen, die im Folgenden erläutert werden
Doppelpunkt	„Nein, in England gilt seit dieser Woche: Plastiktüten ..." (Z. 7 f.)	Hervorhebung wichtiger Aussagen
Wortwahl		
Fremdwörter	„Reduzierung" (Z. 28), „aninmieren" (Z. 29), „effektiv" (Z. 76)	zeigen Kompetenz der Autorin
Fachbegriffe	„CO_2-Emmissionen" (Z. 32), „Mikroplastik" (Z. 40)	zeigen Kompetenz in Umweltfragen
Stilmittel		
Aufzählung	„etwa für Unternehmen mit weniger als 250 Mitarbeitern, für rohes Fleisch oder ‚für lebendige Wasserlebewesen in Wasser‘" (Z. 10 ff.)	Hervorhebung der zahlreichen Ausnahmen von der Regelung
Wiederholung	„71 Plastiktüten pro Jahr" (Z. 57), „71 Plastiktüten pro Kopf" (Z. 74)	Hervorhebung des Kontrasts: im Vergleich mit anderen EU-Ländern einmal im positiven, einmal im negativen Sinn
Vergleich	„Es ging nicht um einen Hurrikan oder die Abschaffung des Arbeitslosengeldes." (Z. 5 f.)	Betonung, dass die Reaktionen der Bürger übertrieben sind
Klimax	„Weil sie nicht verrotten, verdrecken sie die Landschaft ... Im Meer ersticken ... Meerestiere an ihnen. Oder sie landen ... in der Nahrungskette." (Z. 36 ff.)	Umweltschädlichkeit von Plastiktütenmüll wird betont.

Lösungen

2 Mögliche Schlüsselwörter: England – Einkaufstüten / Plastiktüten – fünf Pence – Aufreger – kein Grund, sich aufzuregen – gewaltiges Umweltproblem – EU-Parlament – neue Richtlinie – Umweltministerin – kein Grund – Bezahlpflicht einzuführen – EU-Vergleich – gut dastehe – größeren Anteil – verpackte Lebensmittel – Einkäufe – braucht es keine Tüten

3 Siehe Aufgabe 3a, Lösung .

4 **a/b** Siehe Aufgabe 4, Lösung .

5 Siehe Aufgabe 5, Lösung ●●●.

✂ -

Als weiterführende Aufgabe einen sachlichen Brief schreiben (KV 3)

Lösungen ●●● | ●○○

2 Foodsharing: ein Netzwerk, bei dem sich Menschen anmelden, um Lebensmittel, die sie selbst übrig haben, zu verschenken oder zu tauschen
Tafel: Verein, der Lebensmittel bei Supermärkten, Bäckereien usw. einsammelt und an Bedürftige verteilt. Die Tafeln gibt es in vielen Städten in Deutschland.
Fairteiler: öffentliche Kühlschränke, in die Lebensmittel eingelagert und von dort abgeholt werden können

3 **a** Vorteile von Foodsharing:
– Sehr viele Lebensmittel werden weggeworfen, vor allem, wenn zu viel eingekauft worden ist oder ein Urlaub bevorsteht. (Z. 5 ff., 57 ff.)
– Wenn man etwas Essbares wegwirft, fühlt man sich schlecht, weil viele Menschen, auch bei uns in Deutschland, nicht genug zu essen haben. (Z. 8 ff.)
– Keine Kosten: Übrig gebliebene Lebensmittel werden verschenkt oder getauscht. (Z. 20 ff.)
– Gemeinschaftsgefühl: Man kann Gleichgesinnte kennenlernen. (Z. 79 ff.)
– Auch andere Dinge, für die der Einzelne keine Verwendung mehr hat, können verschenkt oder verteilt werden. (Z. 82 ff.)
– Entwicklung einer positiven Lebenseinstellung (Z. 85 ff.)

b Nachteile von Foodsharing:
– Der Einzelhandel macht weniger Umsatz, da infolge des Tauschs weniger weggeworfen, also auch weniger gekauft wird.
– Die Lebensmittel sind nicht einwandfrei oder verdorben, da man nicht weiß, wie die Lebensmittel vorher gelagert wurden oder wie die Hygiene bei der Zubereitung war.
– Es könnten hygienische Mängel an den Fairteiler-Kühlschränken entstehen, wenn sich niemand dafür verantwortlich fühlt.
– Man kann sich nicht darauf verlassen, dass das angebotene Essen den eigenen Geschmack trifft.

4 **a** Einleitung: Grund für den Brief: Einrichten eines Fairteilers in Kitzingen und Bitte um Unterstützung, evtl. unter Hinweis auf den vor Kurzem veröffentlichten Artikel
Hauptteil: Begründung des Anliegens (zu viele weggeworfene Lebensmittel, viele Bedürftige ohne Zugang zum Internet), Erläuterung von Foodsharing und Fairteiler, Regeln für einen Fairteiler
Schluss: Zusammenfassung des Anliegens mit der nochmaligen Bitte um Unterstützung, Unterstützungsangebot beim Einrichten des Fairteilers (Vor- und Nachteile diskutieren, Regeln aufstellen, Standort suchen), Schlussformel

Lösungen

b Beispiel für einen sachlichen Brief:

Melanie Arnold
Herbststraße 1
97318 Kitzingen

Herrn Oberbürgermeister
Herbert Maier
Rathausplatz 1
97318 Kitzingen

Kitzingen, den 1. Oktober 20XX

Antrag: Einrichtung eines Fairteilers für Lebensmittel

Sehr geehrter Herr Oberbürgermeister,

wie Sie vielleicht in der Main-Post vom 27. September gelesen haben, habe ich vor einiger Zeit die Facebook-Gruppe „Foodsharing Kitzingen" initiiert, die es Kitzinger Bürgern ermöglicht, Lebensmittel, die sie selbst nicht mehr benötigen, an andere abzugeben oder mit anderen zu tauschen. Gerne würde ich dieses Angebot für meine Heimatstadt erweitern und Foodsharing auch Menschen zugänglich machen, die nicht über Facebook vernetzt sind. Möglich wäre dies mit einem öffentlich zugänglichen Kühlschrank, in den jeder Lebensmittel ablegen und herausnehmen kann, der etwas übrig hat oder etwas benötigt.

Sie fragen sich vielleicht, warum ich es für notwendig halte, Foodsharing zu betreiben. Foodsharing bietet jedem Bürger die Möglichkeit, aktiv etwas gegen die Lebensmittelverschwendung in Deutschland zu tun. Von privaten Haushalten werden aus verschiedenen Gründen, zum Beispiel weil zu viel gekauft worden ist oder ein Urlaub bevorsteht, viele Lebensmittel weggeworfen, die noch haltbar sind. Auf der anderen Seite gibt es – auch in Kitzingen – Menschen, die nicht genug zu essen haben. Diese beiden Gruppen können über Foodsharing zusammengeführt werden, sodass insgesamt weniger weggeworfen wird. In der Facebook-Gruppe „Foodsharing Kitzingen" können übrig gebliebene Lebensmittel inseriert werden, der Interessent muss dann die Lebensmittel beim Anbieter selbst abholen. Würde man nun an einem gut zugänglichen und einsehbaren Platz einen öffentlichen Kühlschrank aufstellen, in den jeder etwas hineinlegen oder aus ihm herausnehmen kann, würde man auch die wirklich bedürftigen Menschen erreichen, die nicht die Möglichkeit haben, sich die Angebote im Internet anzusehen, oder diejenigen, die nicht über Facebook vernetzt sein möchten. Selbstverständlich müsste man Regeln aufstellen, welche Dinge abgelegt werden dürfen, wie die Verpackung aussehen muss und wer für den hygienischen Zustand des Kühlschranks verantwortlich ist. Beispiele aus anderen Städten in Deutschland zeigen jedoch, dass dieses Prinzip funktioniert und von den Menschen angenommen wird.

Da ich vom Prinzip des Foodsharings überzeugt bin, würde ich mich über Ihre Unterstützung zur Einrichtung eines öffentlichen Fairteilers in Kitzingen sehr freuen. Gerne bin ich bereit, Ihnen das Projekt persönlich vorzustellen und mit Ihnen Vor- und Nachteile eines Fairteilers zu diskutieren. Auch für die Erstellung notwendiger Regelungen und für die Suche eines geeigneten Standortes würde ich mich einsetzen.

Über eine Rückmeldung von Ihrer Seite freue ich mich daher sehr.

Mit freundlichen Grüßen
Melanie Arnold

Anlage: Reportage „Wie Kitzinger Lebensmittel teilen", Main-Post vom 27. September 2014

10 Wenn Eltern schwierig werden – Glossen lesen und verstehen

Konzeption des Gesamtkapitels

Nach den Textsorten Bericht, Reportage und Kommentar in den vorhergehenden Jahrgangsstufen lernen die Schüler/-innen in der 10. Klasse mit der Textsorte Glosse eine journalistische Ausdrucksform kennen, die auf Grund ihrer Ironie und des benötigten Vorwissens nicht immer leicht zu verstehen ist. Um das Interesse der Lernenden zu wecken, wurde bei der Textauswahl vor allem auf jugendtypische Themen geachtet, die wegen ihrer Alltagsrelevanz leicht verständlich sind. Alle Texte setzen sich dabei mit dem übergeordneten Thema „Erziehung" auseinander. Die Blickrichtung des gesamten Kapitels zielt auf den textgebundenen Aufsatz, wobei im ersten Teilkapitel die textanalytischen Fragestellungen dominieren, im zweiten weiterführende Aufgabenstellungen aufgezeigt werden und das dritte Teilkapitel der Prüfungsvorbereitung dient.

Das erste Teilkapitel (**„Darauf hat die Welt gewartet – Eine Glosse in einem TGA beschreiben"**) stellt die neue Textsorte zunächst vor. Besonderer Wert wird dabei darauf gelegt zu vermitteln, dass Ironie und der bissig-spöttische Unterton entscheidende Kennzeichen der Glosse sind. Im Anschluss daran werden – zunächst noch am Ausgangstext – die analytischen Teilaufgaben behandelt: Inhaltszusammenfassung und Verfasserabsichten. Die Beschreibung von Layout und Sprache erfolgt an einem neuen Text, mit dessen Hilfe die Schüler/-innen auch üben, einen Schlussgedanken in Form einer Stellungnahme zum Text zu verfassen.

Im zweiten Teilkapitel (**„Erziehen, aber wie? – Weiterführende Schreibaufgaben im TGA bearbeiten"**) werden zunächst zentrale analytische Aufgabenstellungen wiederholt, bevor sich der Blick auf die weiterführenden Schreibaufgaben richtet. Die Erörterung als argumentative Schreibform und die Schilderung als Form des freieren Schreibens werden dabei genauer angeleitet.

Das dritte Teilkapitel (**„Fit in ...? – Eine Glosse in einem TGA beschreiben"**) steht im Zeichen der Vorbereitung auf eine Schulaufgabe und bietet eine Glosse mit konkreter Aufgabenstellung, wie sie in der 10. Klasse üblich ist. Die Übungen geben Hilfestellungen zur Bearbeitung einzelner Aufgaben und fordern dazu auf, typische Fehler in einem Schülerbeispiel zu verbessern. Mit Hilfe der Checkliste am Schluss des Kapitels können die Schüler/-innen ihre Verbesserung inhaltlich und sprachlich kontrollieren und überarbeiten.

Literaturhinweise

Grosser-Glosowitz, Anita / Kapfer, Marion / Oppacher, Barbara: Texte analysieren und verfassen: Klasse 8–10. Bange, Hollfeld [3]2013

Thiede-Kumher, Elisabeth: Das braucht kein Mensch – Stellung nehmen in Glossen. Praxis Deutsch 225/2011, S. 47

Inhalte	**Kompetenzen**

Die Schülerinnen und Schüler können

– an einem Text den spöttisch-ironischen,
übertreibenden und subjektiv-wertenden Stil
einer Glosse nachweisen
– die Textsorte von einem Kommentar unterscheiden
– in einer Textsortenbegründung die wesentlichen
Merkmale einer Glosse beschreiben
– in einem eigenen kurzen Text den ironisch-
spöttischen Stil einer Glosse nachahmen

– eine Einleitung mit Kernsatz zu einem TGA
verfassen
– die Grundprinzipien einer strukturierten
Inhaltszusammenfassung berücksichtigen
und in eigenen Texten umsetzen

– die glossentypischen Verfasserabsichten
erkennen und mit Hilfe von Textbeispielen
beschreiben

– eine Karikatur als typische Form der Abbildung
in einer Glosse in ihrer Funktion und Wirkung
beschreiben
– typische sprachliche Auffälligkeiten erkennen
und in ihrer Funktion und Wirkung beschreiben

– im Schluss eines TGA Stellung zu Kernaus-
sagen des Textes nehmen

– mit Hilfe erlernter Techniken den Inhalt einer
Glosse zusammenfassen und textsorten-
typische Merkmale nachweisen
– einen Text so vortragen, dass der ironische und
spöttische Unterton deutlich wird

– eine kurze Erörterung zu einem textverwandten
Thema verfassen
– mit Hilfe von Anregungen zu wichtigen Stilele-
menten eine Schilderung zu einem textnahen
Thema schreiben

– mit Hilfe von Anregungen Aufgabenstellungen
des TGA bearbeiten
– in einem Schülertext inhaltliche und sprachliche
Fehler erkennen und mit Hilfe einer Checkliste
überarbeiten

253

S. 207 Auftaktseite

1/2 Die Abbildung und die Überschrift werden die Schüler/-innen schnell zum Thema bringen, dass Eltern das Handyverbot gerne als erzieherisches Mittel einsetzen. Eigene Erfahrungen damit werden einen Gesprächsanlass bieten, um den Gebrauch des Smartphones im Allgemeinen zu thematisieren, aber auch Diskussionen hervorrufen, inwiefern der Einsatz des Handys durch die Schüler/-innen von den Eltern geregelt wird bzw. zu Konflikten mit ihnen führt.

3 Die Schreibaufgabe soll unangeleitet gestellt werden, um die Schüler/-innen nicht zu sehr in ihrer Kreativität einzuschränken. Beim Vorlesen der Ergebnisse werden sicherlich bereits Stilmittel wie Ironie oder Übertreibung auftauchen, auf die besonders aufmerksam gemacht werden kann und die bei der Begegnung mit den nachfolgenden Glossen erneut aufgegriffen werden können.
Denkbare Umsetzungsmöglichkeiten:
– Innerer Monolog aus Sicht des „angeketteten Handys":
  Ich will sofort wieder zu Vanessa, ich sehne mich so nach ihren zarten Händen. So viel weicher als diese harte Kette. Alles würde ich dafür tun: Ihren Lieblingssong in meiner besten Audioqualität vorspielen, beim nächsten Selfie alle Farben aus mir rausholen, noch schneller auf ihren Tastendruck reagieren …
– Urteilsverkündung:
  Hiermit verurteile ich den Angeklagten, das iPhone 6s, zu einem einwöchigen Arrest. Dem Schuldigen wird vorgeworfen, dass es maßgeblich das schulische Scheitern seines Besitzers mitverursacht hat, indem es durch ständiges Blinken, Klingeln und durch permanenten WhatsApp-Nachrichtenempfang die Konzentration des Opfers in einer Weise gestört hat, dass dieses kaum mehr in der Lage war, seinen schulischen Verpflichtungen nachzukommen …
– Rapsong, Songtext
– Märchen
Siehe auch die **Folie** „Eine Illustration untersuchen".

10.1 Darauf hat die Welt gewartet – Eine Glosse in einem TGA beschreiben

S. 208 Überwachen per App – Eine Glosse erschließen

1 a Ironie:
  – „Darauf hat die Welt gewartet." (Z. 1)
  – „Endlich mal wieder was Gutes aus Amerika!" (Z. 6)
  – „Da ist die App doch wirklich ein unverzichtbares Sanktionstool." (Z. 25 ff.)
  – „Überhaupt ist es wirklich eine Erleichterung, dass man diese lästige Sache mit dem Erziehen heute nicht mehr selber machen muss." (Z. 28 ff.)
  – „Sind auch ganz günstig, keine 200 Euro für zwei Nachmittage." (Z. 37 f.)
  – „Es ist einfach wichtig, dass man nicht so viele Diskussionen führen muss …" (Z. 54 ff.)

b Übertreibungen:
  „Wie konnten Eltern eigentlich bisher ohne diese App leben?" (Z. 6 ff.)
  „Oder ihre fünf Liter Wasser am Tag zu trinken zum Beispiel!" (Z. 10 ff.)
  „Ohne die kriegt man doch unter zehn Grad gleich eine Lungenentzündung!" (Z. 14 f.)
  „Bis die Kinder in der Oberstufe sind, können sie eigentlich immer Matschhosen anhaben." (Z. 50 ff.)

c Kritik an den Eltern:

„Oder – noch viel schlimmer – die gehen irgendwohin und man weiß nicht, wo sie sind! Man stelle sich vor, die könnten sich langweilen!" (Z. 17 ff.)

„Es ist einfach wichtig, dass man nicht so viele Diskussionen führen muss, dass Kinder ..." (Z. 54 ff.)

„Vielleicht sollten Sie jetzt schnell mal Ihre Kinder anrufen und ihnen ein paar Sachen vorschlagen, die die spielen könnten." (Z. 72 ff.)

d Kritik an den Jugendlichen:

„Auf langen Autofahrten spielen die einfach ein paar Stunden lang Angry Birds auf dem Smartphone." (Z. 41 ff.)

„Wobei wirklich ganz rätselhaft ist, wie wenig Selbstständigkeit die Kinder von heute haben ..." (Z. 61 ff.)

2 Die Autorin hält wenig von der neuen „Überwachungs-App", weil sie diese für einen neuen Beweis hält, dass Eltern ihre Kinder heute oft falsch erziehen. Die App sei nichts anderes als ein weiteres Beispiel dafür, dass Eltern ihre Kinder heute zu sehr behüten und ihnen zu wenig Freiräume lassen, damit sie Selbstständigkeit erlernen.

3 Korrigierte Aussagen:

- In dieser Glosse äußert die Autorin ihre eigene Meinung, was vor allem auf spöttische und übertriebene Art und Weise geschieht.
- Wie in diesem Text zu sehen ist, werden Glossen auch zu alltagsnahen Themen verfasst.
- Die Autorin setzt sich auf ironische Weise mit bestimmten Verhaltensweisen auseinander.
- Die Überschrift „Wenn die Eltern das Smartphone lahmlegen" zeigt, dass Überschriften von Glossen in der Regel provozieren und Interesse wecken wollen.
- An diesem Beispiel kann man erkennen, dass Glossen von ihrem bissigen und spöttischen Sprachstil leben.
- Als Leser darf man die Aussagen der Autorin Korinna Hennig nicht immer wörtlich nehmen.

Siehe auch die **Folie** „Was ist eine Glosse?"

4 Bei dem Text „Wenn die Eltern das Smartphone lahmlegen" handelt es sich um eine Glosse. Dabei geht es um ein aktuelles Thema aus dem Alltagsleben, in diesem Fall um die Entwicklung einer neuen App, die den Eltern die Kontrolle über die Handynutzung ihrer Kinder ermöglicht. Die Auseinandersetzung mit der Thematik erfolgt jedoch nicht sachlich, sondern auf überspitzte, übertriebene und ironische Weise. So scheint die Autorin glücklich über die Erfindung der neuen App zu sein, indem sie z. B. schreibt, dass „die Welt [darauf] gewartet" habe (Z. 1) oder dass „endlich mal wieder was Gutes aus Amerika" (Z. 5) komme. In Wirklichkeit macht sie sich aber über die neue Kontrollmöglichkeit und über die Eltern, die sie einsetzen, auf spöttische Weise lustig, was ebenfalls typisch für eine Glosse ist. Besonders deutlich wird dies an den Übertreibungen in den Zeilen 8 bis 19, in denen sie so überzogene Beispiele dafür anführt, warum es wichtig sei, die Kinder zu überwachen, dass man das Ganze nicht mehr ernst nehmen kann.

Auf Grund des spöttischen Stils könnten sich manche Eltern ertappt fühlen, vor allem diejenigen, die vielleicht selbst dazu neigen, ihre Kinder zu sehr kontrollieren zu wollen. Der Text äußert aber auch Kritik an den heutigen Kindern und Jugendlichen, denen die Autorin vor allem mangelnde Selbstständigkeit und fehlende Kreativität vorwirft. Das Bloßstellen bestimmter Verhaltensweisen ist typisch für Glossen.

Ebenfalls auf eine Glosse verweist die Pointe am Schluss. Obwohl sich die Autorin eigentlich dafür ausspricht, den Kindern mehr Freiheiten zuzugestehen, und deren Überbehütung beklagt, rät sie am Ende doch wieder zum Einsatz der App, falls Eltern ihren Kindern Spieltipps geben wollen und diese nicht ans Handy gehen (Z. 74 f.).

Auffällig ist auch die Überschrift, deren ausdrucksstarke und provokante Formulierung ebenfalls schon einen spöttischen Unterton erkennen lässt.

Glossen lassen sich aber auch mit der Verwendung ihrer sprachlichen Besonderheiten nachweisen. Neben dem bereits erwähnten ironischen Unterton fallen zahlreiche weitere Besonderheiten auf, z. B. rhetorische Fragen (Z. 6 ff.), Ellipsen (Z. 20 f.) oder ein Sprachstil, der auf Grund des Satzbaus und der Wortwahl häufig an den mündlichen Sprachgebrauch erinnert (Z. 8–20). Auch dies verweist auf die Textsorte Glosse.

5 a Der Verfasser / Die Verfasserin ist der Meinung, dass eine Überwachungs-App überflüssig ist, weil es für Kinder und Jugendliche wichtig sei, auch einmal nicht erreichbar zu sein.

b Mögliche Tabelle:

Gemeinsamkeiten	Unterschiede
– Glosse und Kommentar sind subjektive Textsorten, bei denen der Autor seine Meinung zu einem aktuellen bzw. alltags-nahen Thema äußert. – Sie wollen den Leser zur Meinungsbildung anregen. – Sie versuchen durch den Einsatz sprachlicher Mittel zu überzeugen.	– Der Kommentar bleibt in seiner Argumentation ernster und seriöser, die Glosse will auf witzige und spöttische Weise überzeugen. – Kommentare sind, was den Sprachstil betrifft, sachlicher als Glossen, die oft als Stilmittel die Übertreibung verwenden.

S. 211 **Den Inhalt einer Glosse strukturiert zusammenfassen**

1 Mögliche Einleitung:
Die Glosse mit dem Titel „Wenn Eltern das Smartphone lahmlegen" von Korinna Hennig wurde am 20.08.2014 von der Kulturredaktion des Norddeutschen Rundfunks veröffentlicht. Darin thematisiert die Autorin eine neue App aus den USA, mit deren Hilfe die Eltern ihre Kinder überwachen können. Auf spöttische Weise führt sie dabei den Lesern vor Augen, dass diese Erfindung ein weiteres Beispiel dafür ist, wie sehr Eltern selbst schuld daran sind, wenn ihre Kinder immer unselbstständiger werden.

2 a/b Ergänzung der Tabelle:

	Allgemeine Aussagen zum Textaufbau	Kernaussagen zum Inhalt
Z. 1–5	Vorspann: Hintergrundinformationen zur Handy-App „Ignore no more"	Erklärung der Vorgeschichte und der Funktionsweise
Z. 6–27	Auflistung von Beispielen, die zeigen sollen, wie wichtig eine ständige Überwachung der Kinder ist	Beispiele veranschaulichen übertriebene Gefahrenquellen für Kinder und Jugend-liche, z. B. das Vergessen von Essen und Trinken.
Z. 28–60	Ausweitung: Verdeutlichung anhand vieler Beispiele, wie Eltern sich heute bei der Erziehung helfen lassen	Hilfe in Form von externen Betreuungs-angeboten Hilfe durch „technische" Neuerungen, um Konflikte mit den Kindern zu vermeiden und um sich als Eltern möglichst viele eigene Freiräume schaffen zu können
Z. 61–71	Gespielte Verwunderung über Unselbstständigkeit heutiger Kinder	Beispiele für Unselbstständigkeit: nicht verlieren können; Probleme, sich alleine zu beschäftigen
Z. 72–75	Pointe am Ende	Tipp für Eltern, Spielvorschläge per Handy und Verweis auf App „Ignore no more", falls Kinder nicht ans Handy gehen

3 **a** Es entsteht der Eindruck, die App sei sinnvoll, weil sie die Erziehung erleichtere.

b Es wird deutlich, dass die Autorin nur „so tut", als vertrete sie die Meinung, die App sei nützlich. Gleichzeitig wird bei der Wiedergabe der Aussage die indirekte Rede verwendet.

c Die Autorin verdeutlicht anhand von Beispielen, dass es heutigen Eltern oft darum gehe, Konflikte mit den Kindern zu vermeiden.
Es wird von der Autorin herausgestellt, dass es früher üblich gewesen sei, als Kind den ganzen Tag zu spielen, während heute viele Kinder nichts mehr mit ihrer Freizeit anzufangen wüssten.

4 Beispiel für eine Inhaltszusammenfassung:
Der Text beginnt (Z. 1–5) mit einem Vorspann, der Hintergrundinformationen zur neuen Überwachungs-App „Ignore no more" liefert. Der Leser erfährt, dass die Idee von einer amerikanischen Mutter stammt, die mit Hilfe der Anwendung vermeiden wollte, dass ihr Sohn weiterhin ihre Anrufe ignoriert.
Von Zeile 8 bis Zeile 27 werden zunächst zahlreiche übertrieben wirkende Gefahren aufgelistet, denen Kinder sich scheinbar aussetzen, wenn sie unterwegs sind. Die Autorin tut so, als wäre es deshalb wichtig, dass Eltern jederzeit wissen, was ihre Kinder gerade machen, auch um z. B. jederzeit – im Gegensatz zu früher – erzieherisch eingreifen zu können. Die neue App sei hierfür unverzichtbar.
Anschließend (Z. 28–60) weitet die Autorin die Thematik aus und verweist darauf, dass Eltern heute prinzipiell gerne Hilfe bei der Betreuung und Erziehung in Anspruch nehmen. Als Beispiele werden zunächst die Ganztagsbetreuung oder „Sag-Nein!"-Kurse genannt. Danach folgen weitere überspitzte und nicht ganz ernst zu nehmende Beispiele, wie Eltern mit Hilfe technischer Neuerungen, wie dem Smartphone oder auch Klettverschlüssen bei Schuhen, sich nicht mehr selbst so viel um die Betreuung und Erziehung kümmern müssen. Vor allem gehe es heutigen Eltern darum, Konflikte mit den Kindern zu vermeiden, um z. B. mehr Zeit für sich zu haben.
Im nächsten Abschnitt (Z. 61–71) bringt die Autorin ihre gespielte Verwunderung darüber zum Ausdruck, dass heute viele Kinder so unselbstständig seien, dass sie sich z. B. nicht die Schuhe binden oder Niederlagen nicht verkraften könnten. Sie beklagt auch, dass viele Kinder – im Gegensatz zur Elterngeneration – nichts mit ihrer Freizeit anzufangen wüssten.
Der Text endet mit einer Schlusspointe (Z. 72–75). Um den Kindern Ideen für die Freizeitgestaltung mitzuteilen, wird der Anruf mit dem Handy empfohlen. Und falls das Kind den Anruf verweigert, könne man ja die neue App verwenden.

S.213 Mögliche Absichten des Autors beschreiben

1 Der Text wendet sich an Jugendliche und Eltern gleichermaßen. Das alltagsnahe Thema „Smartphone", dessen Nutzung durch die Kinder und das Bedürfnis von Eltern, ihre Kinder ständig zu betreuen und zu überwachen, sind Aspekte, die in jeder Familie relevant sind und zu Konflikten führen können.

2 Typische Verfasserabsichten:
– zur Meinungsbildung beitragen, z. B. Leser vom Unsinn der Überwachungs-App zu überzeugen
– sich lustig machen, auf spöttische Weise kritisieren, verspotten, Verhaltensweisen entlarven und missbilligen, z. B. Eltern, die ihre Kinder zu stark kontrollieren und/oder sich vor der eigenen Erziehung drücken wollen; Kinder, die nichts mehr mit sich anfangen können
– provozieren, dass sich der Leser ertappt fühlt, kritisch hinterfragen, den Leser zum Nachdenken anregen, z. B. Eltern, die ihre Kinder übertrieben kontrollieren wollen, könnten sich ertappt fühlen und das eigene Erziehungsverhalten überdenken
– in ironischer Weise Kritik üben: Die Autorin erweckt den Anschein, dass sie die App eigentlich sinnvoll findet.
– auf humorvolle Weise unterhalten: Darauf weist der witzige und humorvolle Sprachstil hin.

3 **a/b** Wie es für eine Glosse typisch ist, macht sich Korinna Hennig über bestimmte Verhaltensweisen lustig und übt dadurch indirekt Kritik. Hier geht es insbesondere um das Erziehungsverhalten vieler Eltern. Den Anlass dafür bietet die Erfindung der neuen App „Ignore no more", mit deren Hilfe sich Kinder und Jugendliche noch besser überwachen lassen.

257

Die Autorin belächelt hierbei vor allem, dass manche Eltern in ihrer elterlichen Sorge immer gleich das Schlimmste befürchten, wenn ihre Kinder einmal unterwegs sind, und dass sie sich dementsprechend ständig in deren Leben einmischen. Der ironische Schreibstil lässt darauf schließen, dass die Eltern laut Autorin selbst daran schuld sind, wenn ihr Nachwuchs nicht lernt, selbstständig zu werden. Gleichzeitig übt sie aber auch Kritik an den Eltern, die ihren Erziehungsaufgaben nicht mehr nachkommen wollen und Betreuungsangebote in Anspruch nehmen, um ihren eigenen Interessen nachgehen zu können. Doch auch die Kinder und Jugendlichen ernten den Spott der Autorin. Denn sie spricht typische Defizite junger Menschen an. So thematisiert sie z. B., dass Kinder heute in ihrer Freizeit oft nichts mit sich anzufangen wissen oder es ihnen auch an sozialen Fähigkeiten wie dem Verlierenkönnen mangelt. Adressaten dieser Glosse sind demnach vor allem Eltern. Sie könnten angeregt durch den Text ihr Erziehungsverhalten hinterfragen und sich eventuell dabei ertappt fühlen, dass auf sie die genannten Verhaltensweisen zutreffen.

Der Text trägt aber auch zur Meinungsbildung bei, was die Beurteilung der neuen Anwendung aus Amerika betrifft. Da die Autorin sich über den Kontrollwahn, der sich hinter dieser Erfindung verbirgt, lustig macht, könnte sie auch manche Leser zu einer kritischen Sicht bewegen. Darüber hinaus ist aber auch die Unterhaltung ihrer Leser eine Intention der Autorin. Ihr ironischer und humorvoller Sprachstil trägt zur Belustigung der Leser bei.

Zur Glosse „Wenn die Eltern das Smartphone lahmlegen …“ siehe die **Kopiervorlage 1** („Inhalt und Sprache einer Glosse beschreiben“) und die **Folie** „Eine Illustration untersuchen“.

S. 214 Mamas kapieren nichts – Layout und sprachliche Mittel einer Glosse untersuchen

1 a In der Glosse „Mamas kapieren nichts“ macht sich die Autorin Birgit Heinrichs über das Kleidungsverhalten vieler Jugendlicher lustig. Um akzeptiert zu werden und um nach außen „cool“ zu wirken, ziehen sich ihrer Meinung nach nämlich viele sowohl im Winter als auch im Sommer völlig unangemessen an.

b Inhaltliche Merkmale:
– „Alltägliche“ Begebenheit: Jugendliche ziehen sich gerne nicht den Temperaturen angepasst an.
– Satirische Elemente, z. B. der steif gefrorene Zopf nach der Fahrt mit offenem Haar bei Eiseskälte
– Eine Schlusspointe bringt die Einstellung der Jugendlichen noch einmal zugespitzt auf den Punkt.

2 Die Abbildungen veranschaulichen einzelne Aspekte, um die es im Text geht:
– Der Junge an der Bushaltestelle ist viel zu dünn angezogen, wahrscheinlich weil er die daneben abgebildeten Kleidungsstücke Mütze, Schal und Handschuhe als „uncool“ empfindet.
– Die Zeichnung mit dem Turnbeutel veranschaulicht die Textstelle, in der die Mutter ihrem Sprössling droht, ihn vor seinen Freunden zu blamieren.
– Das abgebildete Mädchen verdeutlicht die Aussage im Text, dass sich weibliche Jugendliche auch im Sommer oft unpassend kleiden, wie sich an den Stiefeln erkennen lässt, und dabei in Kauf nehmen, gehörig zu schwitzen.

3 a/b Beispiel für eine Beschreibung der Gestaltungsmerkmale:
Auch das Layout des Textes ist typisch für eine Glosse. So enthält der Text einen Vorspann, der die Thematik der Glosse bekannt gibt. Nach den wenigen Zeilen weiß der Leser, dass es im Text um Jugendliche geht, die so tun, als würden sie sich von Kälte und Hitze nicht beeindrucken lassen.
Die Überschrift spricht ebenfalls für diese Textsorte, da die subjektive Behauptung „Mamas kapieren nichts“ sehr provokant wirkt und dadurch auf den Text neugierig macht.

Viele Glossen beinhalten zudem Abbildungen, die den Inhalt auf witzige Weise veranschaulichen. Die vier Abbildungen nehmen Bezug auf einzelne Textstellen. So ist der abgebildete Junge an der Bushaltestelle viel zu dünn angezogen, wahrscheinlich weil er Mütze, Schal und Handschuhe als „uncool" ablehnt. Die Zeichnung mit dem Turnbeutel veranschaulicht die Textstelle, in der die Mutter ihrem Sprössling droht, ihn vor seinen Freunden zu blamieren, indem sie ihm den Turnbeutel nachträgt. Die karikaturhafte Abbildung des schwitzenden Mädchens verdeutlicht die Aussage im Text, dass sich weibliche Jugendliche auch im Sommer oft unpassend kleiden, wie sich an den Stiefeln erkennen lässt. Alle Zeichnungen dienen als Blickfang und wecken das Interesse des Lesers.

4 **a/b** Sprachliche Auffälligkeiten:

Die Autorin will in ihrem Text zeigen, für wie abgehärtet sich viele Jugendliche halten. Dies vermittelt sie auch mit Hilfe sprachlicher Mittel. So erinnert die Textstelle „Kälte? Pah. Frost, Schnee und eisiger Wind? Lächerlich" in Zeile 3 f. an eine Art **Dialog** mit einem Jugendlichen. Dieser besteht aus **elliptischen** Frage- und Antwortsätzen. Durch die Reduzierung auf das Wesentliche und durch die Verwendung der **Ausrufewörter** „Pah" und „Lächerlich" als Antworten wird der Eindruck erzeugt, dass Jugendliche hart im Nehmen seien. Besonders betont wird die Aussage noch durch den parallelen Satzbau und die dramatisierend wirkende **Steigerung** in der Fragestellung „Kälte, Frost, Schnee, eisiger Wind?". Da klar ist, dass auch kein Jugendlicher derartige Witterungsbedingungen mag, kann man davon ausgehen, dass sich die Autorin in **spöttischer** Weise über die übertrieben zur Schau gestellte Unempfindlichkeit **lustig macht**.

c Weitere Textbelege:

Die übertrieben „cool" dargestellte Haltung von Jugendlichen wird auch noch an anderen Stellen deutlich, so beispielsweise in Zeile 36 f.: „Winter – du bist cooler – du bist der Coolste." Bei dieser Steigerung wird durch die Verwendung des Komparativs und des Superlativs von „cool" deutlich gemacht, dass dem Sprecher die Kälte des Winters nichts anhaben kann.

Gleiches gilt auch für die Zeilen 51–57. Zunächst wird mit Hilfe von anschaulichen Adjektiven wie „nass" oder „steif gefroren" sowie mit ausdrucksstarken Formulierungen wie „läuft dir das Wasser den Rücken hinunter" vermittelt, wie kalt es der betroffenen Person sein muss. Umso heldenhafter wirkt die anschließende Redewendung „Doch du zuckst mit keiner Wimper", die eine Unerschütterlichkeit besonders betont.

5 Textbelege:
- Z. 1 f., 38, 57 f.: „Wenn du zwischen 12 und 17 (Jahren alt) bist …"
- Z. 6 f.: „Jeden Morgen fangen sie dich an der Haustüre ab …"
- Z. 11: „Stell dir vor …"
- Z. 39: „Glaub mir …"
- Z. 68: „Wenn du 18 Jahre alt wirst …"
- Z. 72 f.: „Und wenn du zurückdenkst …"

Wirkung:
- Jugendliche Leser können sich aus eigener Erfahrung in die beschriebenen Situationen hineinversetzen, erwachsene Leser erinnern sich an ihre eigene Jugend zurück.
- Als Leser fühlt man sich direkt angesprochen und dazu aufgefordert, das Beschriebene mit der eigenen Lebenssituation zu vergleichen.
- Die Aussagen des Textes erhalten durch die direkte Anrede mehr Überzeugungskraft (z. B.: „Stell dir vor …").

6 **a** Es handelt sich um umgangssprachliche Formulierungen aus der Jugendsprache.

b Sie verleihen dem Text mehr Glaubwürdigkeit, weil sie eben typisch für die Sprechweise Jugendlicher sind, um deren Denkweise es hier ja geht.
Beleidigungen wie „Looser", „Weichei" oder „Memme" wirken besonders drastisch und sind Bezeichnungen dafür, wie Jugendliche auf keinen Fall wahrgenommen werden wollen. Die Konsequenz ist eine übertrieben zur Schau gestellte Abhärtung.

7 „… und versuchen dir Schal, Mütze und Goretex-Schuhe anzudrehen" (Z. 7 f.): Die Textstelle beschreibt umgangssprachlich und spöttisch, wie Jugendliche die Fürsorge ihrer Eltern erleben.
„Also hast du halt den Schal umgelegt …" (Z. 29) betont die lässig-widerwillige Verhaltensweise, wie der Jugendliche der Mutter nachgibt.
„… nur mit kurzen Hosen und Kniestrümpfen rumgerannt" (Z. 42 f.) wirkt lebensnah und authentisch, weil es sich um eine mündlich erzählte Episode des Opas handelt.

8 **a** Mit der Übertreibung (Hyperbel) verdeutlicht die Autorin, wie verhasst es manchen Jugendlichen zu sein scheint, sich im Sommer wenig modisch kleiden zu können, weshalb sie lieber auf Komfort, z. B. Sandalen, verzichten.

b Weitere Übertreibungen:
- Goretex-Schuhe werden verballhornt („Gooo-reeee-tex") und als „Teddybärschuhe" bezeichnet (Z. 10, 12).
- „Das wäre mein Untergang.'" (Z. 24 f.)
- „Wer bibbert, hat in der Steinzeit wie in der Schule verloren." (Z. 40 f.)
- „Dafür verbirgst du deine Füße sogar im höchsten Hochsommer in kniehohen Lederstiefeln." (Z. 66 ff.)

9 Mögliche Fortsetzung:
Auffällig ist bei dieser Glosse die Perspektive, aus welcher der Text verfasst ist. Hier versetzt sich die Autorin in die Rolle eines Jugendlichen und schreibt aus seiner Sicht. Deutlich wird dies daran, dass sie den Leser immer wieder mit „Du" bzw. direkt anspricht, z. B. in den Zeilen 1 f., 38 und 57 f. („Wenn du zwischen 12 und 17 [Jahren alt] bist …"), in Z. 6 f. („Jeden Morgen fangen sie dich an der Haustüre ab …"), in Z. 11 („Stell dir vor …") oder in Z. 68 („Wenn du 18 Jahre alt wirst …"). So fühlt man sich als Leser angesprochen, als ob man selbst ein Jugendlicher wäre, mit der Folge, dass man das Beschriebene mit der eigenen Lebenssituation bzw. den eigenen Erfahrungen vergleicht. Andererseits erhalten Aussagen durch die direkte Anrede, z. B. „Glaub mir …" (Z. 39), mehr Überzeugungskraft.

10 **a–c** Beispiel für eine Zusammenfassung der sprachlichen Besonderheiten und ihrer Wirkung:
Die Glosse „Mamas kapieren nichts" enthält noch weitere sprachliche Mittel. So bemüht sich die Autorin an vielen Stellen um eine bildhafte Ausdrucksweise. Das gelingt ihr beispielsweise, indem sie Redewendungen benutzt. In Zeile 56 f. („Doch du zuckst mit keiner Wimper") stellt sie z. B. besonders deutlich heraus, wie abgehärtet sich die Jugendlichen geben. Auch die Personifikation „… dass Ausschnitt und kurzer Rock den Jungs zahlreiche Schweißausbrüche verschaffen" (Z. 64 ff.) ist eine Formulierung, mit der sich der Leser die Situation spärlich gekleideter Mädchen und deren Wirkung auf Jungs bildlich vorstellen kann. Am Ende gelingt es der Autorin in Zeile 69 ff. durch die Verwendung zahlreicher Adjektive („Du entdeckst flauschige Schals, kaufst dir gefütterte Schuhe und kuschlige Anoraks, kurze Hosen und luftige Sandalen") die genannten Kleidungsstücke besonders anschaulich zu beschreiben. Die positiven Attribute stehen im Gegensatz zu dem, was der Text bisher vermitteln sollte, nämlich dass bequeme Kleidung nicht „cool" genug sei. Auffällig ist zudem der Neologismus „Solange-du-deine-Füße-unter-meinen-Tisch-Blick" (Z. 26 f.). Durch diese originelle Kombination einer Redewendung mit dem Wort „Blick" entsteht ein neuer Begriff. Der hier umschriebene bevormundende „Elternblick" wird vielen Lesern bekannt vorkommen. Mit dem Vergleich „Klingt wie der Zauberspruch von Bibi Blocksberg" (Z. 10 f.) wird die Marke „Goretex", die für optimalen Kälteschutz im Winter spricht, lächerlich gemacht. Auch Steigerungen sind im Text nach-

zuweisen. In Zeile 36 f. („Winter – du bist cooler – du bist der Coolste") wird durch die Verwendung des Komparativs und des Superlativs von „cool" deutlich gemacht, dass dem Sprecher die Kälte des Winters nichts anhaben kann. Im Gegensatz dazu bringt die leicht einprägbare Alliteration „Kälte – Kinder krank" (Z. 35) den einfachen Gedankengang vieler Eltern und Erwachsener kurz auf den Punkt.

11 a–c Mögliches Beispiel einer Zusammenfassung:

Textstelle	Sprachliche Auffälligkeit	Funktion / Wirkung dieser Textstelle
Der Warmduscher. *Die Memme.*	elliptischer Satzbau	Reduzierung der Aussage auf den inhaltlichen Kern unterstreicht deren Endgültigkeit.
„Oma", musst du dann jedes Mal erklären, „das sind keine Stoffschuhe, das sind Chucks!!!"	Verwendung von wörtlicher Rede / Wiedergabe von Dialogen	Beschreibung von Alltagsszenen wirken besonders lebensecht und nachvollziehbar.
Dreimalige Wiederholung von: *Wenn du zwischen 12 und 17 bist …* **dann in Z. 68:** *Wenn du 18 Jahre alt wirst …*	Wiederholung desselben Satzanfangs / Satzbaumusters	Schwerpunkt auf der Regelmäßigkeit. Leser kann Gefühlslage der Tochter besser nachvollziehen.

S.219 ## Den Schluss eines TGA schreiben

1 David hat die Ironie des Textes nicht erkannt und bei der Begründung seiner Aussagen so getan, als müsse man die völlig überzogenen Aussagen der Autorin wörtlich nehmen.

2 Folgende Aussagen treffen zu:
– Die Autorin macht sich über Jugendliche lustig, die sich aus modischen Gründen oder um cool zu sein kleidungsmäßig nicht an die Witterung anpassen.
– Die Frage nach der angemessenen Kleidung führt häufig zu Konflikten zwischen Jugendlichen und ihren Eltern.

3 Beispiel für einen Schluss:
Die Glosse „Mamas kapieren nichts" hat mich zum Schmunzeln gebracht und mir sind einige der beschriebenen Szenen bekannt vorgekommen. Auch bei mir zu Hause gibt es wegen der Kleidung immer wieder Konflikte. Beispielsweise neige ich dazu, sehr schnell zur kurzen Hose zu greifen, selbst wenn es draußen noch keine 10 Grad hat. Und da nehme ich tatsächlich auch in Kauf zu frieren. Es ist nämlich tatsächlich so, dass man damit Eindruck bei anderen Jugendlichen schinden kann. Allerdings macht die Autorin auch darauf aufmerksam, dass es dieses Phänomen anscheinend schon immer gegeben hat und auch unsere Großeltern sich nicht immer der Witterung gemäß angezogen haben. Wahrscheinlich hat sie deshalb auch recht, wenn sie vermutet, dass sich dieses Verhalten im Erwachsenenalter wieder ändert. Ich bin der Meinung, der Autorin ist eine pointierte und lustige Glosse gelungen, die dem Leser eigene Verhaltensweisen auf humorvolle Weise vor Augen führt.

Zu einem weiterem Übungsbeispiel siehe die **Kopiervorlage 2** („Inhalt und Sprache einer Glosse beschreiben").

10.2 Erziehen, aber wie? – Weiterführende Schreibaufgaben im TGA bearbeiten

S. 220 Früher war alles besser? – Den Inhalt einer Glosse verstehen

1 b In der Glosse geht es um die Vielzahl von Erziehungsratgebern, die es heute überall zu kaufen gibt. Die Autorin betont, das Bemühen um das Kindeswohl habe dazu beigetragen, dass unterschiedlichste und oft sich auch völlig widersprechende Werke auf dem Markt sind und bei vielen Eltern für Unsicherheit und Verwirrung sorgen, ob sie ihre Kinder nun besonders streng oder sehr liberal erziehen sollen. Die Autorin selbst plädiert für mehr Gelassenheit und weist auf Studien hin, die belegen, dass letztlich die elterliche Erziehung gar nicht so schlecht zu sein scheint in Anbetracht der großen Zufriedenheit vieler Kinder und Jugendlicher.

c Die Autorin sieht die Masse an Erziehungsratgebern eher kritisch, weil sie befürchtet, dass die unterschiedlichsten Konzepte zur Verunsicherung der Eltern beitragen. Dies lässt sich auch bereits an der Überschrift erkennen, die ironisch verstanden werden will. Die Autorin selbst plädiert dafür, sich auf die eigene Intuition zu verlassen, und versucht Eltern zu beruhigen.
Über viele der im Text genannten Erziehungsratgeber macht sich die Autorin auch lustig, z. B. „Väter – Warum sie trotzdem wichtig sind" oder „Jedes Kind kann schlafen lernen". Dies geschieht auf spöttische und ironische Weise.

3 Merkmale für eine Glosse:
– Aktuelles Thema aus dem Alltagsleben: Erziehungsratgeber sind allgegenwärtig.
– Die Auseinandersetzung mit der Thematik erfolgt nicht sachlich, sondern auf überspitzte, übertriebene und ironische Weise: Die Autorin macht sich über viele Erziehungsratgeber und die darin gegebenen Ratschläge lustig.
– Auf Grund des spöttischen Stils könnten sich zudem manche Eltern ertappt fühlen, vor allem solche, die vielleicht selbst dazu neigen, ihre Kinder zu sehr kontrollieren zu wollen.
– Pointe am Schluss: Die Autorin fordert dazu auf, keine Erziehungsratgeber zu benutzen, sondern mehr Kinder zu bekommen.
– Bereits die Überschrift formuliert provokant und ironisch.
– Sprachliche Besonderheiten: ironischer Unterton, Anlehnung an mündlichen Sprachgebrauch, zum Teil sehr deutliche Wortwahl, rhetorische Fragen
Merkmale für einen Kommentar:
– Die Autorin äußert ihre Meinung nicht nur spöttisch, sondern zum Teil auch ernst gemeint, z. B. mit dem Hinweis auf die positiven Ergebnisse der Shell-Studie und das damit verbundene Fazit, dass Erziehung anscheinend gut funktioniert.

4 Ironische Aussagen im Text:
– Überschrift: Eigentlich kritisiert die Autorin die Vielzahl der Ratgeber.
– „Da haben die in der Redaktion gedacht, Humor hat die ja bestimmt. Sonst wär die ja schon tot, so umgeben von Tyrannen" (Z. 4–7): spöttische, übertriebene, fast schon makabre Darstellung, warum die Autorin beauftragt wurde, diese Glosse zu schreiben
– „Wir waren einfach viel an der frischen Luft …" (Z. 15–18): Die Autorin kontrastiert die frische Luft mit dem Rauchen der Eltern im Auto.
– „Warten Sie, ich mach mal die Türe zu, der Nachwuchs plärrt" (Z. 47 f.): Nachdem die Autorin gerade noch den Erziehungsratgeber „Jedes Kind kann schlafen lernen" kritisiert hat, scheint sie beim Verfassen dieser Glosse ihr Kind selbst schreien zu lassen.

S. 222 Eine weiterführende Erörterung im TGA schreiben

1 a Themenbegriff: Erziehung
Einschränkung: Es geht um die Eltern und um besonders wichtige Grundsätze der Erziehung.

b Beispiel für eine (ungeordnete) Argumentationssammlung:
- konsequent sein in der Erziehung
- nicht immer gleich nachgeben
- nicht zu streng sein
- Hilfe und Trost bei Problemen
- beim Lernen helfen
- körperliche Nähe, Kuscheln
- Motivation
- Eltern als Vorbild

c Überarbeitung der Argumentationssammlung:
- Konsequent sein in der Erziehung, nicht immer gleich nachgeben = inhaltlich sehr ähnliche Aspekte, dem Stil einer Gliederung nicht angemessen → Zusammenfassung der beiden Aspekte zu einem Gliederungspunkt: Konsequenz in der Erziehung
- nicht zu streng sein = Widerspruch zu den beiden oben genannten Aspekten → besser in der Ausführung weglassen
- Hilfe und Trost bei Problemen
- beim Lernen helfen = konkretes Beispiel für „Hilfe und Trost bei Problemen" → deshalb in der Gliederung weglassen und später als Teil der Begründung verwenden
- körperliche Nähe, Kuscheln: besser allgemeiner formulieren → Vermittlung des Gefühls von Geborgenheit
- Motivation = unklar formuliert → besser weglassen
- Eltern als Vorbild

Daraus ergibt sich folgende mögliche Gliederung:
- Konsequenz in der Erziehung
- Hilfe und Trost bei Problemen
- Vermittlung des Gefühls von Geborgenheit
- Eltern als Vorbild

d Es wird noch einmal auf den Text Bezug genommen und die Kernaussage der Autorin kurz zusammengefasst. Davon ausgehend wird zur Themenfrage übergeleitet.

e Beispiel für Argumentationen:

Julia Schmidt-Jortzig macht sich in ihrer Glosse „Erziehungsratgeber – Schön, dass es euch gibt!" über die Flut an pädagogischen Büchern lustig, vor allem darüber, dass in ihnen völlig unterschiedliche Vorstellungen von Erziehung vertreten werden. Im Folgenden soll der Frage nachgegangen werden, worauf Eltern bei der Erziehung unbedingt achten sollten.

Zunächst ist es wichtig, dass Eltern konsequent sein müssen. Damit ist gemeint, dass für die Kinder Regeln klar definiert sind. Verstößt ein Kind dagegen, sollte eine echte Reaktion erfolgen. Wenn ein Kind z. B. weiß, dass es nicht mit dem Handy des Vaters spielen darf, muss es sich an das Verbot auch halten. Nimmt das Kind das Handy trotzdem in die Hand, hat eine Reaktion zu erfolgen. Wird lediglich gedroht ohne echte Konsequenz oder lässt man das Kind auch gewähren, kann man nicht erwarten, dass es sein Verhalten ändert. Gleichzeitig besteht die Gefahr, dass die Eltern als Autorität und in ihrer Erziehungsrolle bald nicht mehr ernst genommen werden. Für Eltern ist es also unabdingbar, dass sie die Verhaltensregeln, die sie aufgestellt haben, auch konsequent einfordern.

Allerdings geht es in der Erziehung nicht nur darum, streng zu sein. Eltern müssen auch Ansprechpartner sein, wenn ihre Kinder Hilfe und Trost benötigen. Dies kann z. B. die Hilfe bei den Hausaufgaben oder beim Lernen sein. Noch wichtiger ist es jedoch, dass die Eltern von ihren Kindern als Vertrauenspersonen erlebt werden, mit denen auch private Probleme besprochen und geklärt werden können, z. B. der Streit mit Freunden im Kindergarten oder Schwierigkeiten mit Klassenkameraden oder Lehrkräften in der Schule. Als Vater oder Mutter ist es wichtig, sich in diesen Situationen Zeit für das Kind zu nehmen, Verständnis zu zeigen, Trost zu spenden oder nach möglichen Lösungen zu suchen.

Am wichtigsten in der Erziehung ist aber, dass Eltern ihren Kindern ein Vorbild sind. Denn viele Kinder ahmen später bewusst oder unbewusst Verhaltensweisen ihrer Eltern nach. Werden z. B. Konflikte von den Eltern friedlich gelöst, hat dies auch Folgen darauf, wie ihre Kinder Streitigkeiten in ihrem sozialen Umfeld regeln. Auch was die Gesundheit und das Freizeitverhalten betrifft, haben Eltern einen großen Einfluss. Eltern, die selbst gesund leben, Sport treiben, auf ihre Ernährung achten und sinnvolle Hobbys betreiben, üben eine Vorbildfunktion für ihre Kinder aus und tragen somit dazu bei, dass den Kindern in ihrem späteren Leben Gesundheit und ausgefüllte Freizeit ebenfalls sehr wichtig sind.

S. 222 Eine Schilderung im TGA verfassen

2 f Beispiel für eine Schilderung:

Na klasse. Jetzt schreit der kleine Lars. Kaum bin ich 5 Minuten alleine mit ihm. Na, ob sich das mal nicht als der größte Fehler meines Lebens erweist. Einmal nett sein wollen und schon hat man den Zweijährigen vom Nachbarn am Hals. Dabei könnte alles so einfach sein. Das luxuriöse Wohnzimmer der Nachbarn, WLAN-Zugang, mein Smartphone und ein Film, den ich schon lange sehen wollte. Und die ersten Minuten scheint mein Plan auch aufzugehen. Bis gerade liegt Lars nämlich zufrieden in seinem kleinen Bett neben dem Sofa. Ganz friedlich. Mit seinem Steckdosennäschen und dem halb offenen Mündchen, das sich alle paar Sekunden zu einem Grinsen verzieht. Blonde Haarsträhnchen in der Stirn und seinen rechten Arm um einen Stofftiger geklammert. Von dem hat er bis eben wohl auch geträumt, seinen gelegentlichen Knurrgeräuschen nach. Aber damit ist es jetzt vorbei. Eben noch ein Postkartenmotiv, das in jedem weiblichen Wesen unter 40 spontanen Kinderwunsch auslöst, und mit einem Schlag alles vorbei. Für jeden Verhaltensforscher ein Feiertag, wie sich das gerade noch so entspannte Gesichtchen in alle Richtungen verzieht. Wie sämtliche Gesichtsmuskeln sich gleichzeitig um Faltenbildung bemühen und die Unterlippe am liebsten nach unten aus dem Gesichtsfeld fliehen möchte. Und das alles noch ohne Geräusch. Das kommt erst, wenn das Furchenendstadium erreicht ist und sich in das Gesicht eines leidgeprüften 80-Jährigen verwandelt hat. Inzwischen rot wie der Teppich bei den Berliner Filmfestspielen. Und dieses Schreien setzt nicht schlagartig ein. Vielmehr tastet sich der kleine Lars vorsichtig an die Schallgrenze heran, zunächst mit zeitlich versetzten Schluchzern, mit zusehend kleineren Pausen, um dann endlich in ein anhaltendes ohrenbetäubendes Geschrei auszubrechen, bei dem man geneigt ist, sich lieber einen Presslufthammer ans Ohr zu halten. Dabei bebt das Gesichtchen so stark, dass man hier locker eine 9 auf der Richterskala vergeben kann.

Es hilft alles nichts. Ich lege mein Smartphone auf den Tisch, hole den Kleinen mitsamt seinem Tiger, den er immer noch fest umschlingt, aus dem Bett und trage ihn im Wohnzimmer spazieren. Dabei hüpfe ich ein wenig, damit sich die hässlichen Falten glätten. Und tatsächlich. Das Wunder geschieht. Der kleine Lars beruhigt sich, sein freies Händchen landet auf meiner Schulter, dann im Haar. Die Unterlippe rutscht wieder in Normalposition, was auch ein zaghaftes erstes Lächeln ermöglicht. Und dann ist es wieder still. Ich wage es nicht, ihn sofort wieder in Schlafposition zu bringen. Stattdessen schaukle ich ihn, mich von einer Seite des Raums auf die andere bewegend. Dabei summe ich die Reste eines Schlaflieds, an das ich mich noch erinnern kann. La le lu ... Ja. Seht alle her. Hier kommt der Kleinkindflüsterer. Der Bezwinger aller Weinkrämpfe. Langsam nähere ich mich dem Bett, lege das kleine Bündel mitsamt Tiger und inzwischen geschlossenen Augen in die Tiefen der Kissen und ... Es schläft weiter. Halleluja.

S.223 10.3 Fit in …? – Eine Glosse in einem TGA beschreiben

1 Die Glosse „Gar nicht pipieierleicht" stammt von Jan Weiler und erschien 2007 in der 45. Ausgabe der Zeitschrift Stern. Im Text schildert ein Vater, wie er seiner 9-jährigen Tochter bei den Hausaufgaben hilft und dabei sowohl fachlich als auch erzieherisch an seine Grenzen stößt. Am Ende kommt es schließlich zu einem Rollentausch.

2 **a** Der Text „Gar nicht pipieierleicht" klärt eingangs die Ausgangssituation (Z. 1–17). Ein Vater soll an einem Sonntagabend seiner Tochter bei den Hausaufgaben helfen, muss aber erkennen, dass er ihren Ansprüchen nicht gerecht wird.
Die „Weltsicht" der Tochter wird anhand eines Beispiels verdeutlicht (Z. 18–29). Den schulischen Spendenlauf stellt sie in Frage, weil ein Spenden auch ohne Laufen möglich gewesen wäre.
Im weiteren Verlauf (Z. 30–55) geht es um die gemeinsame Erledigung der Hausaufgaben. Dabei wird deutlich, dass der Vater in Anbetracht der Vielzahl der Aufgaben Mitleid mit seiner Tochter hat, dies aber nicht offen zugibt, sondern stattdessen auf deren Frage nach dem Sinn wenig überzeugend argumentiert.
Als die Aufgaben schwieriger werden, offenbaren sich zunehmend die Wissenslücken des Vaters, sodass es zu einem Rollentausch kommt, indem die Tochter dem Vater die Lösungen erklärt und ihn ihre restlichen Hausaufgaben erledigen lässt, während sie sich selbst ins Wohnzimmer zum Telefonieren und Fernsehen zurückzieht (Z. 56–82).
Am Ende (Z. 82–86) zeigt sich, dass die Rollen komplett vertauscht sind, da die Tochter die Arbeitsergebnisse des Vaters lobt und er ins Bett muss.

3 Mögliche Überarbeitung:
Bei dem Text „Gar nicht pipieierleicht" handelt es sich um eine Glosse, was sich anhand zahlreicher Merkmale nachweisen lässt. So steht eine Alltagsszene im Vordergrund. Ein Vater hilft seinem Grundschulkind bei den Hausaufgaben. Diese Situation wird auf überspitzte und spöttische Weise dargestellt.
Im Laufe der Handlung kehrt sich das Verhaltensmuster völlig um. Der eigentlich dem Kind überlegene Vater lässt sich von seiner selbstbewussten Tochter um den Finger wickeln und erledigt am Ende deren Aufgaben.
Typisch für die Glosse sind dabei auch die Übertreibungen. So ist es sicherlich überzogen und nicht realistisch, dass der Vater ganz alleine die Aufgaben macht, während die Tochter mit ihrer Freundin telefoniert und jenen am Ende nach getaner Arbeit auch noch ins Bett schickt.
Glossen machen sich auf spöttische Weise über bestimmte Verhaltensweisen lustig. Dies trifft hier ebenfalls zu, indem der Autor in selbstironischer Weise zeigt, wie sehr sich manche Eltern heute von ihren Kindern manipulieren lassen. Auch wenn es hier übertrieben dargestellt ist, so mischen sich viele Eltern in die schulischen Belange ihrer Kinder ein und erledigen im Einzelfall deren Aufgaben. Auf spöttische Weise wird zudem thematisiert, dass Kinder inzwischen oft den Ton zu Hause angeben. Der Vater lässt sich von seiner Tochter herumkommandieren und verhält sich unterwürfig.
Bei diesen Verhaltensweisen könnte sich der Leser ertappt fühlen, weil er vielleicht selbst Kinder hat, die sich zu Hause sehr dominant verhalten. Auch das spricht für die Textsorte Glosse.
Charakteristisch ist zudem, dass all diese Vorwürfe nicht direkt zur Sprache kommen, sondern sich hinter dem witzigen und humorvollen Schreibstil des Autors verstecken.

4 Bei der Auseinandersetzung mit markanten sprachlichen Mitteln und deren Wirkung fällt zunächst die Wortwahl auf. Die allgemein verständliche Standardsprache des Textes weicht an einigen Stellen umgangssprachlichen Ausdrücken wie „dämliche" (Z. 27), „schmierte" (Z. 41), „Himmelarsch" (Z. 48), „pipieierleicht" (Z. 68) und „schnallst" (Z. 73), wodurch die Nähe zur Sprache einer alltäglichen Familiensituation deutlich wird. Mathematische (Fach-)Ausdrücke, z. B. „Addieren und Quersumme" (Z. 37), „multiplizieren" (Z. 55) und „dividieren" (Z. 63), veranschaulichen die Auseinandersetzung von Vater und Tochter mit der Mathematikhausaufgabe. Die lateinische Wendung „divide et impera" in Zeile 65 zeigt die Bildung des Autors, der aber mit den Hausaufgaben seiner 9-jährigen Tochter überfordert ist. Dass die Rollen bei dieser Situation zwischen Vater und Tochter vertauscht sind, verdeutlichen aussagekräftige Verben wie „belehren" (Z. 9), „frohlockte" (Z. 66) seitens der Tochter sowie „maulte" (Z. 69) und „jammerte" (Z. 76) seitens des Vaters.

Ferner wirken die wörtlichen Reden (z. B. Z. 24 ff., 66 ff.) im Hinblick auf den Satzbau lebensnah und lassen den Rezipienten den verbalen Schlagabtausch zwischen Vater und Tochter nachvollziehen. Insbesondere wird dies auch in den Zeilen 46 bis 48 deutlich: Der Wortwechsel steigert sich bis zum Fluch des Vaters, der seine Gereiztheit zum Ausdruck bringt. Längere Satzgefüge, z. B. in den Zeilen 7 ff. oder 57 ff., enthalten umfangreichere Erläuterungen der Tochter oder Gedankengänge des Vaters. Die vielen kurzen Sätze („Das kann ja jeder", Z. 51; „Das heißt multiplizieren'", Z. 55; „Sie war ganz zufrieden", Z. 62) geben prägnante, pointierte Aussagen wieder. Die zahlreichen Ellipsen, z. B. in Zeile 1 f., 33, 36–38, 52, scheinen durch ihre Nüchternheit und Kürze den Vorgang des Rechnens nachzuahmen, indem sie die jeweiligen Aussagen verdichten.

Neben dem bereits genannten Stilmittel der Ellipse fällt die dreimalige Wiederholung des Wortes „später" in Zeile 46 f. auf. Damit wird die schon immer von Eltern angeführte Begründung für die Notwendigkeit des Lernens in Bezug auf das zukünftige Leben betont und zugleich ins Lächerliche gezogen, da der Vater schließlich selbst an den Mathematikaufgaben scheitert. Hier tritt bereits das für die Glosse typische Stilmittel der Ironie zutage. Diese erkennt man ebenfalls in Zeile 6 ff., als die Tochter die Hausaufgaben erst am Sonntagabend beginnt, „rechtzeitig […] gegen neunzehn Uhr", was aus der Sicht des Vaters eigentlich zu spät ist. Ironisch ist ebenso die Belehrung des Vaters durch seine Tochter in Zeile 9 ff. zu sehen, weil man eher eine Zurechtweisung der Tochter durch den Vater erwartet. Zeile 85 f. schließlich enthält die Pointe, dass der Vater ins Bett muss und die Tochter scheinbar nicht.

Die Textstelle „Endlose Zahlenkolonnen marschierten über das weiße Arbeitsblatt […]" (Z. 34 f.) stellt eine Personifikation dar. Der Vater fühlt sich offenbar durch die Rechenaufgaben überfordert. Diese Anzeichen der Überforderung werden durch den Vergleich der Zahlenkolonnen mit Flüchtlingsströmen (Z. 35) bestätigt. Die Überforderung zeigt sich überdies durch die Hyperbel „Zwanzigmal. Dreißigmal" (Z. 37 f.) in Bezug auf die Addition und das Bilden von Quersummen. Allerdings beweist der nächste Vergleich, nämlich „kafkaesker Buchhalter" (Z. 40), durchaus wieder den gebildeten Autor, der das exakte Arbeiten seiner Tochter mit einer Figur aus Kafkas Werken vergleicht. Dies betont den Gegensatz zwischen der an sich hohen Bildung und der momentanen Überforderung des Autors. Für einen Rechenschritt des Multiplizierens verwendet er die Metapher des „Bartes" (Z. 58), die seine nur vage Erinnerung an jenen Rechenvorgang unterstreicht.

5 Beispiel für einen Leserbrief:

> Sehr geehrter Herr Weiler,
> sehr geehrte Redaktion des Stern,
>
> die im Stern abgedruckte Glosse „Gar nicht pipieierleicht" hat mich wegen ihres witzigen und humorvollen Schreibstils sehr amüsiert. Doch so lustig der Text auch sein mag, er macht zugleich nachdenklich. Denn es ist ja eine Tatsache, dass sich Eltern heute nur allzu gerne in sämtliche Belange ihrer Kinder einmischen. Gerade während der Grundschulzeit kontrollieren die meisten Eltern noch sehr gründlich sämtliche Hausaufgaben ihrer Kinder, schießen dabei aber auch oft über das Ziel hinaus, indem sie am Ende – wie im Text überspitzt dargestellt – die Hausaufgaben gleich selbst erledigen. Konflikte sind dadurch aber vorprogrammiert. Einerseits mit den Kindern selbst, die ja z. B. aus eigenen Fehlern lernen können. Aber auch mit den Lehrern, die ja durchaus bemerken, wenn die Hausaufgaben nicht von den Schülern selbst erledigt worden sind. Abgesehen davon ist es unpädagogisch, sich allzu sehr einzumischen. Wie sollen Kinder selbstständig werden, wenn sie es gewohnt sind, dass Mama und Papa immer als Helfer bereitstehen? Wie soll jemals eine Motivation angebahnt werden, auch schwierige Aufgaben alleine zu lösen?
> Sicherlich ist es schön, wenn die Eltern helfend zur Verfügung stehen, aber doch nur als Lernberater im Hintergrund, die nur bei Bedarf mit Rat und Tat zur Seite stehen. Es gehört doch unabdingbar zum Lernprozess dazu, sich selbst zu organisieren und den eigenen Weg beim Lernen zu entdecken. Helikoptereltern behindern diesen Prozess nur.

Insofern vielen Dank, Herr Weiler, für die unterhaltsame Glosse, die natürlich überspitzt und humorvoll diese Thematik aufgreift, vielleicht aber auch manchen übermotivierten Eltern die Augen öffnet, in Zukunft vielleicht doch etwas zurückhaltender bei der Hausaufgabenüberwachung zu sein.

Mit freundlichen Grüßen
Lisa Schmidt

6 Die Glosse „Gar nicht pipieierleicht" von Jan Weiler hat mich sehr gut unterhalten und an viele Szenen aus meinem eigenen Leben erinnert. Dass wir Kinder unsere Eltern ganz erheblich beeinflussen können, ist nämlich ein offenes Geheimnis. Auch ich habe meine Tricks, wie ich manche Dinge bei meinen Eltern ganz leicht erreichen bzw. durchsetzen kann. Natürlich darf man nicht alle Aussagen des Textes wörtlich nehmen, aber die Situation, dass meine Eltern – mit deutlich mehr Motivation als ich – versuchen, schwere Matheaufgaben zu lösen, kommt mir bekannt vor. Besonders gelungen finde ich zudem die Szene, als es dem Vater nicht gelingt, der Tochter klarzumachen, welchen Sinn die Rechenaufgaben haben, und er sich in fadenscheinigen Begründungen verliert. Auch dazu fallen mir einige Situationen mit meinen Eltern und Lehrern ein.

Vorschlag für einen Test oder eine Stegreifaufgabe

– Inhalt und Sprache einer Glosse beschreiben
  Siehe die **Kopiervorlagen 1 und 2**.

Weiteres Übungsmaterial

Deutschbuch Arbeitsheft 10
– Eine Glosse untersuchen, S. 68–75
  Meike Winnemuth: Wer braucht eigentlich Facebook-Schwätzer?

Deutschbuch Schulaufgabentrainer 10
– „Gimme a job!"
  Einen TGA zu einer Glosse schreiben

Inhalt und Sprache einer Glosse beschreiben (1 von 5)

Die folgenden Aufgaben beziehen sich auf den Text „Erziehungsratgeber – Wie gut, dass es euch gibt" auf Seite 220 f. im eurem Schülerbuch.

1 Fasst den Inhalt der Glosse zusammen, sodass der Textaufbau erkennbar wird.
a Ergänzt zu jedem Sinnabschnitt stichpunktartig den inhaltlichen Kerngedanken.

Z. 1–12: Die Verfasserin erklärt, wie sie als Mutter von ihrer Redaktion _____

_____

_____

Z. 12–24: Rückblick in die eigene Kindheit, als _____

_____

_____

Z. 25–61: Verweis auf die allzu autoritäre Erziehung in früheren Jahren und darauf, dass es auch

früher schon _____

_____

_____

Z. 62–73: Die Autorin macht darauf aufmerksam, dass heute _____

_____

_____

Z. 74–85: Aufzählung von Beispielen, _____

_____

_____

Z. 86–102: Aufruf zu mehr Gelassenheit und Betonung, dass _____

_____

_____

Z. 102–105: Schlusspointe: Aufruf, _____

Autor: Gunder Wießmann

Kapitel 10
KV 1, Blatt 1

Kopiervorlage

Inhalt und Sprache einer Glosse beschreiben (2 von 5)

b Ergänzt mit Hilfe der Stichpunkte das folgende Beispiel einer ausformulierten strukturierten Inhaltszusammenfassung:

Zu Beginn des Textes (Z. 1–12) weist die Autorin darauf hin, dass die zahlreichen Neuerscheinungen von Erziehungsratgebern mit zum Teil fragwürdigen Titeln Anlass für die Redaktion ihres Senders war, eine Glosse darüber verfassen zu lassen. Auf Grund ihrer Mutterrolle schien die Autorin
für diese Aufgabe besonders gut geeignet.

Die eigentliche Auseinandersetzung mit der Thematik beginnt zunächst mit einem Blick zurück in die

eigene Kindheit, als _____

_____

_____ (Z. 12–24).

Im Folgenden (Z. 25–61) verweist die Autorin darauf, dass Erziehung früher _____

_____

_____

Auch damals gab es schon Erziehungsratgeber, die _____

_____

Nun stellt die Autorin fest, dass im Gegensatz zu dem früher eher autoritären Erziehungsstil heute

bei der Erziehung vor allem _____

_____ (Z. 62–73).

Die Autorin kommt nun zurück zu dem Problem, dass man bei der Vielzahl der heutigen Ratgeberbücher kaum wissen kann, wie richtige Erziehung funktioniert. Um dies zu verdeutlichen, zählt die

Autorin _____

_____

_____ (Z. 74–85).

Am Ende (Z. 86–102) versucht die Autorin, die Leser zu beruhigen, indem sie zu mehr Gelassenheit

in Erziehungsfragen aufruft. Anhand von Studienergebnissen betont sie, dass _____

_____

Autor: Gunder Wießmann

Kapitel 10

KV 1, Blatt 2

Kopiervorlage

Inhalt und Sprache einer Glosse beschreiben (3 von 5)

Der Text endet schließlich mit einer _____ (Z. 102–105),

in der die Autorin _____

_____

2　Auffällig am Text „Erziehungsratgeber – Wie gut, dass es euch gibt" ist vor allem der Sprachstil, der an vielen Stellen in der Wortwahl ans Mündliche erinnert.

　a　Ordnet zunächst aus dem folgenden Wortspeicher die passenden sprachlichen Auffälligkeiten in der Tabelle ein:

> ausdrucksstarke Verben • umgangssprachliche Ausrufewörter •
> Füllwörter, die typisch für den mündlichen Sprachgebrauch sind • Redewendungen •
> umgangssprachliche Formulierung • Kraftausdrücke, derbe Wortwahl • bildhafte Formulierungen

　b　Ergänzt in der rechten Spalte der Tabelle die Beschreibung der Wirkung.

Textstelle	Sprachliche Auffälligkeit	Wirkung / Funktion
„Mach doch mal eine lustige Glosse …" (Z. 3 ff.)	umgangssprachliche Formulierung	wirkt sehr lebensnah; man kann sich als Leser gut vorstellen, wie die Autorin _____ _____
„Hä?" (Z. 12), „Hallo?!" "(Z. 57), „Hm" (Z. 61)		Die Autorin kommentiert Inhalte des Textes auf _____ Weise. Das bringt ihre jeweilige _____ noch deutlicher zum Ausdruck.
„Na ja, jedenfalls …" (Z. 7), „Sprich" (Z. 77), „Also" (Z. 105)		Es wirkt so, als würde sich die Autorin in einem persönlichen _____ mit dem Leser befinden, den sie gerade mit ihren Aussagen zu _____ versucht.
„bekloppt" (Z. 9), „Die würde doch drauf …" (Z. 22 f.), „bescheuerte Grundidee" (Z. 42), „verdammt gute Argumente" (Z. 68)		_____ die eigentliche Aussage, z. B. bei „verdammt gute Argumente", wie überzeugend Eltern heute _____ _____

 Autor: Gunder Wießmann

Kopiervorlage

Kapitel 10

KV 1, Blatt 3

Inhalt und Sprache einer Glosse beschreiben (4 von 5)

„der Nachwuchs plärrt" (Z. 48), „verzärteln" (Z. 54), „drillen Sie ihr Kind" (Z. 80), „man würde durchdrehen" (Z. 84 f.)		Aussagen werden _____ dargestellt und _____ vorstellbar.
„Werke füllen … Regalmeter" (Z. 9 f.), „Fressattacken" (Z. 71 f.), „Helikoptereltern" (Z. 77), „bierernst" (Z. 86)		unterstreichen die Absicht der Autorin, einen _____ und anschaulichen Text zu schreiben
„Das ist jetzt nicht auf meinem Mist gewachsen." (Z. 63 f.)		hebt die Aussage besonders hervor, dass _____ _____

c Auch der Satzbau erinnert an den mündlichen Sprachgebrauch und enthält viele Auffälligkeiten. Findet für die folgenden sprachlichen Mittel Beispiele aus dem Text. Passende Zeilenangaben sind bereits vorgegeben.

Auffälligkeit	Textbeispiele	Wirkung
Elliptischer Satzbau	Z. 33 f.: „Schwarze Pädagogik. Stockschläge inklusive. Nein danke."	wirkt auf Grund der Kürze sehr _____
Aufforderungssätze	Z. 105:	Aussagen wirken _____ _____
Rhetorische Fragen	Z. 60 f.: Z. 70 ff.:	Autorin gibt durch ihre Formulierung, Antworten bereits _____, legt sie dem Leser, der zudem _____ angesprochen wird, sogar in den Mund.
Ungewöhnlicher Satzbau	Z. 8 f.: Z. 54 f.: Z. 64 f.:	erinnert ans _____; Aussagen erhalten dadurch eine _____, lebensnahe und durch ihre elliptische Verkürzung auch eine überzeugendere Wirkung.
Paralleler Satzbau	Z. 76, 79: S. 82:	Durch den sich wiederholenden Satzbau werden die sich widersprechenden Aussagen noch stärker _____.

Autor: Gunder Wießmann

Kopiervorlage

Inhalt und Sprache einer Glosse beschreiben (5 von 5)

d Ergänzt die Aussagen zur Wirkung in der rechten Spalte der Tabelle.

e Auffällig sind im Text auch Formulierungen wie „Warten Sie, ich mach mal die Türe zu …" (Z. 46 f.) oder „Würden Sie einer brütenden Rabenmutter …" (Z. 19 ff.).
Erklärt, worin die Besonderheit bei diesen Formulierungen besteht und was die Autorin damit erreichen will.

_____

_____

_____

f Fasst eure Ergebnisse aus den Teilaufgaben a bis e in einer zusammenhängenden Sprachuntersuchung zusammen. Schreibt in euer Heft.

Kopiervorlage

Cornelsen   Autor: Gunder Wießmann

Kapitel 10

Inhalt und Sprache einer Glosse beschreiben (1 von 6)

1 Lest die Glosse „Ein Roboter wird Lehrer".

Ein Roboter wird Lehrer

Maschinenwesen, die Kinder unterrichten? Geht das überhaupt?
Ein EU-Projekt hat den Versuch gestartet und will Robotern zu mehr Empathie verhelfen.

Von Manfred Lindinger

Nao ist ein äußerst schlauer und bescheidener Alleskönner, dessen runder Kopf immer freundlich dreinblickt. Er kennt keine Arbeitszeiten, keinen Stress und verlangt keinerlei
5 Bezahlung für seine Dienste. Kein Wunder, denn Nao ist ein humanoider Roboter der neuesten Generation. Im Kopf sitzt der Prozessor, die Ohren sind zwei Lautsprecher, und in der Stirn steckt eine Kamera. Bislang hat das
10 knapp 60 Zentimeter große und überaus gelenkige Maschinenwesen vor allem beim Roboterfußball als Stürmer, Torwart oder Verteidiger brilliert.

Doch Nao hat vom Kicken genug und sucht
15 nun einen anspruchsvolleren Job. Denn seine Erbauer haben ihn aufgerüstet, ihm reichlich Hirnschmalz eingehaucht und eine Stimme gegeben. Aber nicht irgendeinen Job will Nao. Nein, er will Lehrer werden. Sein erstes Enga-
20 gement hat er im Rahmen des EU-Projekts „Emote" seit Kurzem als Mathe- und Erdkundelehrer. Dort soll er zeigen, ob er überhaupt das Zeug zum Pauker hat, also ob er mehr kann, als nur Lernstoff vermitteln und abfragen. Nao
25 soll nach seiner Ausbildung auch empathisch mit seinen Schülern interagieren und deren emotionale Signale deuten können – Fähigkeiten, an denen es vielen seiner menschlichen Kollegen bisweilen mangelt.
30 Derzeit übt sich Nao im Einzelunterricht mit 8- bis 11-Jährigen in Erdkunde. Dabei sitzt ihm ein Schüler gegenüber, der ein überdimensionales iPad vor sich hat, auf dessen Display eine Landkarte zu sehen ist. Auf Anweisung des

Roboters geht der Schüler auf Schatzsuche – 35 mal nach Norden oder Süden, dann nach Osten oder Westen – und lernt so die Himmelsrichtungen kennen. Nao spricht mit seinem Gegenüber, gestikuliert dabei mit seinen Armen und sagt, ob eine Antwort falsch oder richtig ist. 40 Die Schüler sind begeistert, schwärmt der Projektleiter Arvid Kappas von der Jacobs University Bremen. Sie nähmen den Roboter ernst, er motiviere sie zum Lernen.

Allerdings steckt in ihm noch immer der Auto- 45 mat der alten Schule. Dadurch kann Nao nicht erkennen, ob ein Kind generelle Lernschwierigkeiten hat und deshalb eine falsche Antwort gibt. Einen Sachverhalt noch einmal zu erklären kommt dem künstlichen Tutor nicht in den 50 Sinn. Das wollen die Forscher von Emote ändern. Der Roboter der Zukunft soll einschätzen können, ob sich ein Kind langweilt oder ob es überfordert ist. Er soll in der Lage sein, an der Körperhaltung oder an der Mimik die Befind- 55 lichkeit des Schülers abzulesen und mit Gesten und Worten auf sein Gegenüber entsprechend einzugehen.

Nao muss offenkundig noch sehr viel lernen, bevor man ihn auf die Schüler loslassen und als 60 zusätzliches Instrument bei der Unterrichtsgestaltung nutzen kann. Allerdings kann er allenfalls mit einer kleinen Gruppe Schüler gut arbeiten. Bei einer ganzen Klasse sei er heillos überfordert. Ein bekanntes Manko, das er mit 65 vielen seiner menschlichen Kollegen teilt.

www.faz.net/aktuell/wissen/physik-mehr/glosse-ein-roboter-wird-lehrer-12914886.html [29.04.2016]

Inhalt und Sprache einer Glosse beschreiben (2 von 6)

2 Klärt mit Hilfe eines Wörterbuchs folgende Begriffe:

humanoid: _____

brillieren: _____

Pauker: _____

empathisch: _____

interagieren: _____

Manko: _____

3 Ergänzt die folgenden Satzanfänge zu einer vollständigen und sinnvollen Einleitung.
Wählt bei den Formulierungen des Kernsatzes eine der vorgegebenen Möglichkeiten aus.
Schreibt in euer Heft.

Der Text „Ein Roboter wird Lehrer" erschien am … bei/in … und wurde von …
Die Glosse setzt sich mit … auseinander … / In dieser Glosse geht es um … /
Der Autor beschäftigt sich in dieser Glosse mit …

4 Lest die Glosse noch einmal.

a Legt sinnvolle Sinnabschnitte fest und ergänzt die bereits vorgegebenen Zusammenfassungen.

Z. 1–13: Das Aussehen von Nao, einem Roboter, wird _____

Z. 14–____: Nach einer technischen Aufrüstung soll Nao _____

_____

Z. ____–44: Konkretes Beispiel, wie _____

_____

Z. 45–____: Hinweis auf aktuell noch vorliegende _____

Z. ____–66: Schlusspointe / Fazit: Ähnlich wie viele menschliche Lehrer ist auch Nao _____

_____

b Verfasst mit Hilfe der Stichpunkte eine vollständige Inhaltszusammenfassung.
Beachtet, dass die Inhalte der einzelnen Sinnabschnitte ausführlicher dargestellt werden müssen als in der Teilaufgabe a.
Um von einem Sinnabschnitt zum anderen überzuleiten, könnt ihr die folgenden Formulierungsmöglichkeiten verwenden:

Die Glosse „Ein Roboter wird Lehrer" beginnt damit, dass …
Von Zeile 14 bis Zeile ____ klärt der Autor darüber auf, …
Im Folgenden (Z. ____–44) wird … vorgestellt, wie …
Nun erfährt der Leser, dass Nao …
Am Ende (Z. ____–66) erfolgt das Fazit, dass …

Cornelsen   Autor: Gunder Wießmann

Kapitel 10
KV 2, Blatt 2

Kopiervorlage

Inhalt und Sprache einer Glosse beschreiben (3 von 6)

5 **a** Der Text wurde unter der Rubrik „Glosse" veröffentlicht. Dennoch treffen hier auch Merkmale anderer Textsorten zu.
Findet Textbelege, die für den Kommentar bzw. die Reportage als Textsorte sprechen.

Reportage:

Szenische Beschreibungen, z. B.: _____

_____

Hintergrundinformationen zu Nao, z. B.: _____

_____

Wiedergabe von Rechercheergebnissen, z. B.: _____

_____

Kommentar:

Eigene Meinung des Autors, z. B.: _____

_____

_____

b Dass der Text als Glosse bezeichnet werden kann, liegt an seinem leicht spöttisch-ironischen Unterton.
Findet drei Textstellen, in denen sich der Autor indirekt über den Roboter lustig macht. Schreibt in euer Heft.

c Formuliert in eurem Heft das Merkmal, dass Glossen in einem spöttisch-ironischen Unterton verfasst werden, ausführlich aus. Schreibt auch eine Überleitung, mit der man in einem TGA die Textsortenbeschreibung einleiten kann. Ihr könnt so beginnen:

Auch wenn auf diesen Text Merkmale einer Reportage und eines Kommentars zutreffen, lässt sich „Ein Roboter wird Lehrer" als Glosse einordnen. Dies liegt vor allem an dem spöttisch-ironischen Unterton, der typisch für diese Textsorte ist und der sich im gesamten Text immer wieder finden lässt. Der Autor zeigt auf diese Weise seine persönlichen Bedenken, den Roboter Nao als vollwertigen Ersatz für einen menschlichen Lehrer einzuordnen. Deutlich wird dies zum Beispiel …

d Nennt stichpunktartig weitere Merkmale, warum es sich bei diesem Text um eine Glosse handelt. Lest dazu noch einmal den Wissen und Können-Kasten auf Seite 218 in eurem Schülerbuch.

_____

_____

_____

Autor: Gunder Wießmann

Kapitel 10
KV 2, Blatt 3

Kopiervorlage

Inhalt und Sprache einer Glosse beschreiben (4 von 6)

6 a Sucht für die folgenden sprachlichen Auffälligkeiten Beispiele aus dem Text. Zeilenangaben für weitere geeignete Beispiele sind bereits angegeben. Schreibt die passenden Textstellen in die Tabelle.

Sprachliche Auffälligkeiten	Zeilenangabe	Textbeleg
Umgangssprachliche Formulierungen, die an den mündlichen Sprachgebrauch erinnern	Z. 18 f. Z. 23 Z. 36 Z. 60	„Aber nicht irgendeinen Job will Nao. Nein, er will Lehrer werden.“
Ungewöhnlicher Satzbau	Z. 49 ff.	„Einen Sachverhalt noch einmal zu erklären kommt […] nicht in den Sinn.“
Ellipsen	Z. 65 f.	
Aufzählungen	Z. 7 ff. Z. 12	„Im Kopf sitzt der Prozessor, die Ohren sind zwei Lautsprecher, und in der Stirn steckt eine Kamera.“
Anschauliche Attribute	Z. 1 f. Z. 9 ff.	„äußerst schlauer und bescheidener Alleskönner“
Wiederholungen	Z. 3 ff.	„Er kennt keine Arbeitszeiten, keinen Stress und verlangt keinerlei Bezahlung für seine Dienste.“
Bildhafte Ausdrücke	Z. 17 Z. 45 f.	„Automat der alten Schule“
Fremdwörter	Z. 6 Z. 13 Z. 25 Z. 26	„humanoid“

Cornelsen   Autor: Gunder Wießmann

Kopiervorlage

Inhalt und Sprache einer Glosse beschreiben (5 von 6)

b Überprüft eure Ergebnisse mit dem Lösungsteil und erstellt dann eine ausformulierte Sprachuntersuchung, bei der ihr auch genau auf die Wirkung der einzelnen Textstellen eingeht.
Ihr könnt folgende Formulierungshilfen nutzen:

Bei dem Text „Ein Roboter wird Lehrer" handelt es sich um eine Glosse, weshalb sich viele
sprachliche Auffälligkeiten nachweisen lassen. Typisch sind z. B. Formulierungen, die an den
mündlichen bzw. umgangssprachlichen Sprachgebrauch erinnern. So wirkt beispielsweise die
Textstelle … so, als … Gleiches gilt für die Formulierung „das Zeug zum Pauker hat" (Z. 23).
Auch diese Wendung … Bei der Beschreibung der Unterrichtsszene verwendet der Autor …
Eine Formulierung, die nicht der Hochsprache zugeordnet werden kann, ist zudem …
An den mündlichen Sprachgebrauch erinnert außerdem an einigen Stellen der Satzbau …
Des Weiteren fällt auf, dass sich der Autor um eine anschauliche Ausdrucksweise bemüht.
So benutzt er immer wieder Aufzählungen, um … Gelegentlich ergänzt er Aufzählungen durch
anschauliche Attribute, z. B. …
Andere Eigenschaften, z. B. die Vorzüge des Lehrer-Roboters, werden durch Wortwiederho-
lungen betont. …
An einigen Stellen verwendet der Autor auch besonders bildhafte Ausdrücke, z. B. … Neben
den genannten sprachlichen Mitteln, die zum Teil der Umgangssprache zuzuordnen sind, lassen
sich aber zugleich immer wieder Ausdrücke finden, die auf eine gehobene Sprachebene verweisen. Fremdwörter wie …

7 Erörtert zwei Vorteile, die mit einem Roboter als Lehrer verbunden sein können.

a Kreuzt an, welche zwei der folgenden Behauptungen sich besonders eignen:

☐ Größerer Respekt der Schüler vor einem Roboter-Lehrer

☐ Mehr Objektivität und Gerechtigkeit

☐ Größerer Lernanreiz auf Grund der faszinierenden Technik

☐ Größere Einfühlsamkeit bei Robotern

☐ Intensivere Betreuung möglich

b Findet mit Hilfe der folgenden Fragen stichpunktartig eine logische Gedankenführung für die Argumentation:

Behauptung: Roboter können objektiver und gerechter sein als menschliche Lehrer.
– Inwiefern sind menschliche Lehrer manchmal nicht gerecht?

_____

_____

– Warum, wie und in welchen Bereichen könnte ein Roboter „gerechter" sein?

_____

_____

Kopiervorlage

Autor: Gunder Wießmann

Kapitel 10
KV 2, Blatt 5

Inhalt und Sprache einer Glosse beschreiben (6 von 6)

Behauptung: Roboter könnten auf Grund ihrer faszinierenden Technik dazu beitragen, dass Schülern das Lernen mehr Spaß macht.

– Worin liegt die technische Faszination? Welche konkreten technischen Möglichkeiten könnten Roboter mit sich bringen?

_____

_____

– Wieso könnten diese Möglichkeiten die Lernfreude fördern?

_____

_____

c Formuliert die weiterführende Erörterung nun aus, indem ihr die folgende Überleitung und Einleitung fortsetzt:

Der Autor Manfred Lindinger stellt in seiner Glosse „Ein Roboter wird Lehrer" klar, dass aktuell noch vieles gegen die Ersetzung menschlicher Lehrer durch Roboter spricht. Dennoch könnten mit einem Roboter auch Vorteile verbunden sein. Zwei davon sollen im Folgenden erörtert werden.

Zunächst einmal …

Autor: Gunder Wießmann

Kapitel 10
KV 2, Blatt 6

Kopiervorlage

Inhalt und Sprache einer Glosse beschreiben (KV 1)

Lösungen

1 a Inhaltlicher Kerngedanke:

Z. 1–12: Die Verfasserin erklärt, wie sie als Mutter von ihrer Redaktion als Autorin für das Thema „Erziehungsratgeber" ausgewählt wurde.

Z. 12–24: Rückblick in die eigene Kindheit, als Erziehungsratgeber keine Rolle spielten

Z. 25–61: Verweis auf die allzu autoritäre Erziehung in früheren Jahren und darauf, dass es auch früher schon Ratgeber gab, vor allem solche mit sehr strengen Erziehungstipps.

Z. 62–73: Die Autorin macht darauf aufmerksam, dass heute bei der Erziehung vor allem Verhandlungsgeschick nötig sei, wobei Fachbücher eine Hilfe bieten können.

Z. 74–85: Aufzählung von Beispielen, wie unterschiedlich und widersprüchlich die heutigen Ratgeber oft sind

Z. 86–102: Aufruf zu mehr Gelassenheit und Betonung, dass es Kindern heute an sich gut geht und die elterliche Erziehung funktioniert

Z. 102–105: Schlusspointe: Aufruf, mehr Kinder zu bekommen

b Zu Beginn des Textes (Z. 1–12) weist die Autorin darauf hin, dass die zahlreichen Neuerscheinungen von Erziehungsratgebern mit zum Teil fragwürdigen Titeln Anlass für die Redaktion ihres Senders war, eine Glosse darüber verfassen zu lassen. Auf Grund ihrer Mutterrolle schien die Autorin für diese Aufgabe besonders gut geeignet.

Die eigentliche Auseinandersetzung mit der Thematik beginnt zunächst mit einem Blick zurück in die eigene Kindheit, als Erziehungsratgeber anscheinend keine Rolle spielten und Eltern sich noch auf ihre Intuition verlassen haben (Z. 12–24).

Im Folgenden (Z. 25–61) verweist die Autorin darauf, dass Erziehung früher allerdings auch nicht einfacher war und auf Grund der autoritären Verhaltensweisen auch nicht als Vorbild für heute dienen kann. Auch damals gab es schon Erziehungsratgeber, die vor allem zu Strenge und Härte rieten.

Nun stellt die Autorin fest, dass im Gegensatz zu dem früher eher autoritären Erziehungsstil heute bei der Erziehung vor allem Verhandlungsgeschick nötig sei, wobei Fachbücher eine Hilfe bieten können (Z. 62–73).

Die Autorin kommt nun zurück zu dem Problem, dass man bei der Vielzahl der heutigen Ratgeberbücher kaum wissen kann, wie richtige Erziehung funktioniert. Um dies zu verdeutlichen, zählt die Autorin zahlreiche Beispiele auf, die zeigen, wie unterschiedlich und widersprüchlich die heutigen Ratgeber oft sind (Z. 74–85).

Am Ende (Z. 86–102) versucht die Autorin, die Leser zu beruhigen, indem sie zu mehr Gelassenheit in Erziehungsfragen aufruft. Anhand von Studienergebnissen betont sie, dass es den meisten Kindern heute an sich gut geht und die elterliche Erziehung funktioniert.

Der Text endet schließlich mit einer Schlusspointe (Z. 102–105), in der die Autorin dazu aufruft, mehr Kinder zu bekommen.

2 a/b Ergänzung der Tabelle:

Textstelle	Sprachliche Auffälligkeit	Wirkung / Funktion
„Mach doch mal eine lustige Glosse ..." (Z. 3 ff.)	umgangssprachliche Formulierung	wirkt sehr lebensnah; man kann sich als Leser gut vorstellen, wie die Autorin den Auftrag von der Redaktion erhalten hat
„Hä?" (Z. 12), „Hallo?!" (Z. 57), „Hm" (Z. 61)	umgangssprachliche Ausrufewörter	Die Autorin kommentiert Inhalte des Textes auf auf sehr knappe, subjektive Weise. Das bringt ihre jeweilige Verwunderung bzw. Empörung noch deutlicher zum Ausdruck.

„Na ja, jedenfalls …" (Z. 7), „Sprich" (Z. 77), „Also" (Z. 105)	für den mündlichen Sprachgebrauch typische Füllwörter	Es wirkt so, als würde sich die Autorin in einem persönlichen Gespräch mit dem Leser befinden, den sie gerade mit ihren Aussagen zu überzeugen versucht.
„bekloppt" (Z. 9), „Die würde doch drauf …" (Z. 22 f.), „bescheuerte Grundidee" (Z. 42), „verdammt gute Argumente" (Z. 68)	Kraftausdrücke, derbe Wortwahl	verstärken die eigentliche Aussage, wie überzeugend Eltern heute ihren Kindern gegenüber auftreten müssen
„der Nachwuchs plärrt" (Z. 48), „verzärteln" (Z. 54), „drillen Sie ihr Kind" (Z. 80), „man würde durchdrehen" (Z. 84 f.)	ausdrucksstarke Verben	Aussagen werden anschaulich dargestellt und bildhaft vorstellbar.
„Werke füllen … Regalmeter" (Z. 9 f.), „Fressattacken" (Z. 71 f.), „Helikoptereltern" (Z. 77), „bierernst" (Z. 86)	bildhafte Formulierungen	unterstreichen die Absicht der Autorin, einen unterhaltsamen und anschaulichen Text zu schreiben
„Das ist jetzt nicht auf meinem Mist gewachsen." (Z. 63 f.)	Redewendung	hebt die Aussage besonders hervor, dass die vorher genannten Begriffe nicht von ihr erfunden worden sind

c/d Ergänzung der Tabelle:

Auffälligkeit	Textbeispiele	Wirkung
Elliptischer Satzbau	Z. 33 f.: „Schwarze Pädagogik. Stockschläge inklusive. Nein danke."	wirkt auf Grund der Kürze sehr eindringlich
Aufforderungssätze	Z. 105: „Buch weg. Licht aus. Weitermachen."	Aussagen wirken auf Grund des elliptischen Gebrauchs noch strenger.
Rhetorische Fragen	Z. 60 f.: „War sicher irgendwie leichter …, aber besser?" Z. 70 ff.: „Oder wissen Sie, was zu tun ist, wenn Ihre Kinder … wie sie selbst?"	Autorin gibt durch ihre Formulierung Antworten bereits vor, legt sie dem Leser, der zudem persönlich angesprochen wird, sogar in den Mund.
Ungewöhnlicher Satzbau	Z. 8 f.: „Weil, es ist ja auch echt bekloppt, oder?" Z. 54 f.: „Bloß nicht verzärteln, den kleinen Tyrannen." Z. 64 f.: „Heißt in der Fachwelt so …"	erinnert ans Mündliche; Aussagen erhalten dadurch eine authentische, lebensnahe und durch ihre elliptische Verkürzung auch eine überzeugendere Wirkung.
Paralleler Satzbau	Z. 76, 79: „Die einen sagen. … Die anderen sagen. …" S. 82: „Dann wieder: … Dann wieder: …"	Durch den sich wiederholenden Satzbau werden die sich widersprechenden Aussagen noch stärker hervorgehoben.

e Die Autorin spricht den Leser immer wieder direkt an, bezieht ihn in die eigenen Überlegungen ein, legt ihm die eigene Argumentation in den Mund. Der Leser fühlt sich direkt angesprochen, so als würde er direkt am Schreibprozess der Autorin beteiligt sein.

f Mögliche Zusammenfassung der Sprachuntersuchung:

Typisch für eine Glosse ist, dass die Autorin versucht, durch den bewussten Einsatz sprachlicher Mittel eine humorvolle und unterhaltsame, aber auch überzeugende Wirkung zu erzielen. Dies lässt sich an diesem Text besonders gut nachweisen.

Auffällig ist das Bemühen der Autorin, sich an den mündlichen Sprachgebrauch anzulehnen. So finden sich sehr häufig umgangssprachliche Wendungen. Immer wieder verwendet sie z. B. „mal" wie im Satz „Mach doch mal eine lustige Glosse" (Z. 3 ff.). Als Leser kann man sich gut vorstellen, wie die Autorin den Auftrag zu dieser Glosse von der Redaktion erhalten hat. Auch Formulierungen wie „Hä?" (Z. 12), „Hallo?!" (Z. 57) oder „Hm" (Z. 61) wirken sehr lebensnah. Dadurch kommentiert sie Inhalte des Textes auf sehr knappe, subjektive Weise, was ihre jeweilige Verwunderung bzw. Empörung noch deutlicher zum Ausdruck bringt. Typisch für mündlich geführte Gespräche sind auch Füllwörter wie „Na ja, jedenfalls" (Z. 7), „Sprich" (Z. 77) oder „Also" (Z. 105). Sie vermitteln den Eindruck, als würde sich die Autorin in einem persönlichen Gespräch mit dem Leser befinden, den sie gerade mit ihren Aussagen zu überzeugen versucht. Auffällig sind zudem Kraftausrücke wie „bekloppt" (Z. 9), „Die würde doch drauf …" (Z. 22 f.), „bescheuerte Grundidee" (Z. 41 f.) oder „verdammt" (Z. 68). Die zum Teil derbe Wortwahl verstärkt die eigentliche Aussage. So verdeutlicht beispielsweise die Formulierung „verdammt gute Argumente" (Z. 68), wie überzeugend Eltern heute ihren Kindern gegenüber auftreten müssen.

Daneben fallen aber auch immer wieder ausdrucksstarke Verben auf. Wörter wie „plärrt" (Z. 48), „verzärteln" (Z. 54), „drillen" (Z. 80) oder „durchdrehen" (Z. 84 f.) stellen Aussagen anschaulich dar, sodass sie bildlich vorstellbar sind. Gleiches gilt für bildhafte Formulierungen wie „Werke füllen […] Regalmeter" (Z. 9 f.), „Fressattacken" (Z. 71 f.) oder „Helikoptereltern" (Z. 77). Auch sie zeigen die Absicht der Autorin, einen unterhaltsamen und anschaulichen Text zu schreiben. Die Redewendung „Das ist jetzt nicht auf meinem Mist gewachsen" (Z. 63 f.) hebt zudem die Aussage hervor, dass die vorher genannten Begriffe nicht von ihr erfunden worden sind.

Neben der Wortwahl erinnert auch der Satzbau an den mündlichen Sprachgebrauch. So lassen sich viele Ellipsen finden, z. B. in Zeile 33 f.: „Schwarze Pädagogik. Stockschläge inklusive. Nein danke." Diese Aneinanderreihung knapp formulierter Aussagen wirkt sehr eindringlich und betont die Ablehnung autoritärer Erziehung durch die Autorin. Um Ellipsen handelt es sich auch bei dem Schlussappell der Autorin: „Buch weg. Licht aus. Weitermachen." (Z. 105) Die reduzierte Ausdrucksweise enthält zudem einen besonders hohen Aufforderungscharakter.

Im Bereich des Satzbaus sind als weitere Auffälligkeit die rhetorischen Fragen zu nennen: „Oder wissen Sie, was zu tun ist, wenn Ihre Kinder plötzlich […] wie sie selbst" (Z. 70 ff.) oder „War sicher irgendwie leichter …, aber besser?" (Z. 61). In beiden Fällen gibt die Autorin durch ihre Formulierung Antworten bereits vor und legt sie dem Leser, der persönlich angesprochen wird, sogar in den Mund.

Ungewöhnlich sind zudem Satzbaumuster wie in den Sätzen „Weil, es ist ja auch echt bekloppt, oder?" (Z. 8 f.), „Bloß nicht verzärteln, den kleinen Tyrannen" (Z. 54 f.) oder „Heißt in der Fachwelt so" (Z. 64 f.). Der Satzbau erinnert in allen drei Fällen an den mündlichen Sprachgebrauch, sodass die Aussagen eine authentische, lebensnahe und durch ihre elliptische Verkürzung auch eine überzeugendere Wirkung erhalten.

Eine weitere Besonderheit ist der parallele Satzbau von Zeile 76 bis 82: „Die einen sagen. … Die anderen sagen …", „Dann wieder: … Dann wieder: …" Durch die Anapher werden die sich widersprechenden Aussagen, die sich in der heutigen Erziehungsratgeberliteratur finden lassen, noch stärker hervorgehoben.

Sprachlich typisch für die Textsorte ist zudem, dass die Autorin die Leser immer wieder direkt anspricht. Durch Formulierungen wie „Würden Sie einer brütenden Rabenmutter …" (Z. 19 f.) oder „warten Sie, ich mach mal die Türe zu …" (Z. 47 f.) bezieht sie ihn scheinbar in die eigenen Über-

legungen mit ein und legt ihm die eigene Argumentation in den Mund. Der Leser fühlt sich direkt angesprochen, so als würde er „live" am Schreibprozess der Autorin beteiligt sein.

✂ ---

Inhalt und Sprache einer Glosse beschreiben (KV 2)

Lösungen

2 Begriffsklärung:
humanoid: menschenähnlich
brillieren: glänzen, sich hervortun
Pauker: umgangssprachlich für Lehrer
empathisch: einfühlsam
interagieren: mit jemandem in Kontakt sein, kommunizieren
Manko: Schwachstelle, Defizit

3 Mögliche Einleitung:
Der Text „Ein Roboter wird Lehrer" erschien am 2. Mai 2014 in der Online-Ausgabe der FAZ und wurde von Manfred Lindinger verfasst. In dieser Glosse geht es um einen Roboter, der künftig als Lehrer eingesetzt werden soll. Der Autor setzt sich auf humorvolle Weise mit den Vorzügen, aber auch Schwächen dieses neuen „Lehrertyps" auseinander.

4 **a** Sinnabschnitte:
Z. 1–13: Das Aussehen von Nao, einem Roboter, wird beschrieben.
Z. 14–29: Nach einer technischen Aufrüstung soll Nao als Lehrer im Rahmen eines EU-Projekts getestet werden.
Z. 30–44: Konkretes Beispiel, wie der Erdkundeunterricht mit Nao aussieht
Z. 45–62: Hinweis auf aktuell noch vorliegende Schwächen und Defizite
Z. 62–66: Schlusspointe / Fazit: Ähnlich wie viele menschliche Lehrer ist auch Nao bei zu großen Lerngruppen überfordert.

b Mögliche Inhaltszusammenfassung:
Die Glosse „Ein Roboter wird Lehrer" beginnt damit, dass das Aussehen von Nao, dem Roboter, um den es geht, genauer beschrieben wird. Man erfährt, dass die Maschine zunächst als Roboterfuß-baller konzipiert worden ist (Z. 1–13).
Von Zeile 14 bis 29 klärt der Autor darüber auf, dass Nao nach einer technischen Aufrüstung im Rahmen eines EU-Projekts als „Lehrer" getestet werden soll. Er vermittelt aber nicht nur Lernstoff, sondern soll auch pädagogisch wirken können.
Im Folgenden (Z. 30–44) wird eine konkrete Unterrichtssituation vorgestellt, wie Nao begeisterten Grundschulkindern Erdkundeunterricht erteilt.
Nun erfährt der Leser, dass Nao vor allem im sozialen und emotionalen Bereich noch Defizite hat. Deshalb ist geplant, ihn auf diesen Feldern noch zu optimieren (Z. 45–62).
Am Ende (Z. 62–66) erfolgt das Fazit, nämlich dass Nao im aktuellen Zustand noch nicht im Unter-richt eingesetzt werden kann, vor allem weil er ähnlich wie viele menschliche Lehrer bei zu großen Lerngruppen überfordert ist.

5 **a** Textsortenbegründung:
Reportage:
– Szenische Beschreibungen, z. B. anschauliche Beschreibung des Aussehens von Nao oder der konkreten Unterrichtssituation (Autor hat vor Ort recherchiert)
– Hintergrundinformationen zu Nao, z. B. dessen ursprüngliche Funktion als Roboterfußballer
– Wiedergabe von Rechercheergebnissen, z. B. Aussagen des Projektleiters

Cornelsen

Lösungen

Kommentar:
- Eigene Meinung des Autors, z. B. Beurteilung des Roboters als „schlauen und bescheidenen Alleskönner" (Z. 1 f.)
- Einschätzung, dass auch viele menschliche Lehrer überfordert sind (Z. 65 f.)

b Mögliche Textstellen:
- Z. 18 f.: „Aber nicht irgendeinen Job will Nao. Nein, er will Lehrer werden."
- Z. 45 f.: „Automat der alten Schule"
- Z. 49 ff.: „Einen Sachverhalt noch einmal zu erklären kommt dem künstlichen Tutor nicht in den Sinn."
- Z. 59 ff.: „Nao muss offenkundig noch sehr viel lernen, bevor man ihn auf die Schüler loslassen […] kann."

c Mögliche Textsortenbeschreibung:
Auch wenn auf diesen Text Merkmale einer Reportage und eines Kommentars zutreffen, lässt sich „Ein Roboter wird Lehrer" als Glosse einordnen. Dies liegt vor allem an dem spöttisch-ironischen Unterton, der typisch für diese Textsorte ist und der sich im gesamten Text immer wieder finden lässt. Der Autor zeigt auf diese Weise seine persönlichen Bedenken, den Roboter Nao als vollwertigen Ersatz für einen menschlichen Lehrer einzuordnen. Deutlich wird dies z. B. an folgenden Textstellen. In Zeile 18 f. schreibt der Autor: „Aber nicht irgendeinen Job will Nao. Nein, er will Lehrer werden." Das klingt so, als würde sich der Roboter Nao völlig überschätzen und als wäre es völlig undenkbar, dass er als Lehrer eingesetzt werden könnte. Auch Formulierungen wie „bevor man ihn auf die Schüler loslassen […] kann" (Z. 60 ff.) oder „einen Sachverhalt noch einmal zu erklären kommt dem künstlichen Tutor nicht in den Sinn" (Z. 49 ff.) lassen erkennen, dass sich der Autor in gewisser Weise über Nao lustig zu machen scheint, was aber immer auch eine Absicht von Glossen ist.

d Weitere Merkmale:
- Thema: aktuelle gesellschaftliche Erscheinung
- Autor äußert seine Meinung auf zum Teil überspitzte Art und Weise
- humorvoller Stil

6 a Mögliche Tabelle:

Sprachliche Auffälligkeiten	Zeilenangabe	Textbeleg
Umgangssprachliche Formulierungen, die an den mündlichen Sprachgebrauch erinnern	Z. 18 f. Z. 22 f. Z. 36 Z. 60	„Aber nicht irgendeinen Job will Nao. Nein, er will Lehrer werden." „das Zeug zum Pauker hat" „mal" „auf die Schüler loslassen"
Ungewöhnlicher Satzbau	Z. 49 ff.	„Einen Sachverhalt noch einmal zu erklären kommt […] nicht in den Sinn."
Ellipsen	Z. 65 f.	„Ein bekanntes Manko, das er mit vielen seiner menschlichen Kollegen teilt."
Aufzählungen	Z. 7 ff. Z. 12	„Im Kopf sitzt der Prozessor, die Ohren sind zwei Lautsprecher, und in der Stirn steckt eine Kamera." „als Stürmer, Torwart oder Verteidiger"
Anschauliche Attribute	Z. 1 f. Z. 9 f.	„äußerst schlauer und bescheidener Alleskönner" „das knapp 60 Zentimeter große und überaus gelenkige Maschinenwesen"
Wiederholungen	Z. 3 ff.	„Er kennt keine Arbeitszeiten, keinen Stress und verlangt keinerlei Bezahlung für seine Dienste."

Bildhafte Ausdrücke	Z. 17	„Hirnschmalz eingehaucht"
	Z. 45 f.	„Automat der alten Schule"
Fremdwörter	Z. 6	„humanoid"
	Z. 13	„brilliert"
	Z. 25	„empathisch"
	Z. 26	„interagieren"

b Mögliches Beispiel:

Bei dem Text „Ein Roboter wird Lehrer" handelt es sich um eine Glosse, weshalb sich viele sprachliche Auffälligkeiten nachweisen lassen. Typisch sind z. B. Formulierungen, die an den mündlichen bzw. umgangssprachlichen Sprachgebrauch erinnern. So wirkt beispielsweise die Textstelle „Aber nicht irgendeinen Job will Nao. Nein, er will Lehrer werden" (Z. 18 f.) so, als hätte der Roboter tatsächlich einen menschlichen Willen, indem er Lehrer werden will. Die Aussage erhält dadurch einen spöttischen Unterton. Gleiches gilt für die Formulierung „das Zeug zum Pauker hat" (Z. 22 f.). Auch diese Wendung erinnert eher an die Umgangssprache. Bei der Beschreibung der Unterrichtsszene verwendet der Autor zudem das umgangssprachliche „mal" (Z. 36). Eine Formulierung, die nicht der Hochsprache zugeordnet werden kann, ist zudem „auf die Schüler loslassen" in Zeile 60. Auch diese überspitzte Wendung verstärkt den Eindruck, dass es sich bei Nao eben doch nicht um einen vollwertigen Lehrer handelt.

An den mündlichen Sprachgebrauch erinnert außerdem an einigen Stellen der Satzbau. Der Satz „Einen Sachverhalt noch einmal zu erklären kommt dem künstlichen Tutor nicht in den Sinn" (Z. 49 ff.) z. B. wirkt eigenwillig. Die Voranstellung des Infinitivsatzes betont die Verweigerung des nochmaligen Erklärens besonders deutlich. Elliptisch, also grammatisch unvollständig, ist der Schlusssatz „Ein bekanntes Manko, das er mit vielen seiner menschlichen Kollegen teilt" (Z. 65 f.). Die eigentliche Aussage, dass der Roboter nicht in der Lage ist, eine große Lerngruppe zu unterrichten, wird besonders hervorgehoben.

Des Weiteren fällt auf, dass sich der Autor um eine anschauliche Ausdrucksweise bemüht. So benutzt er immer wieder Aufzählungen, um z. B. den Roboter möglichst genau zu beschreiben: „Im Kopf sitzt der Prozessor, die Ohren sind zwei Lautsprecher, und in der Stirn steckt eine Kamera" (Z. 7 ff.). Gelegentlich ergänzt er Aufzählungen durch anschauliche Attribute, z. B. Adjektive („das knapp 60 Zentimeter große und überaus gelenkige Maschinenwesen", Z. 9 ff.). Die genauen Beschreibungen ermöglichen es dem Leser, sich ein Bild von dem Roboter zu machen.

Andere Eigenschaften, z. B. die Vorzüge des Lehrer-Roboters, werden durch Wortwiederholungen betont: „Er kennt keine Arbeitszeiten, keinen Stress und verlangt keinerlei Bezahlung für seine Dienste" (Z. 3 ff.). Die dreimalige Wiederholung „kein" verstärkt den Eindruck, dass mit dem Roboter viele Vorzüge verbunden sind.

An einigen Stellen verwendet der Autor auch besonders bildhafte Ausdrücke, z. B. „Hirnschmalz eingehaucht" (Z. 17) oder „Automat der alten Schule" (Z. 45 f.). Die Wendungen dienen wieder der Absicht des Autors, seinen Aussagen einen spöttisch-ironischen Unterton zu geben. Neben den genannten sprachlichen Mitteln, die zum Teil der Umgangssprache zuzuordnen sind, lassen sich aber zugleich immer wieder Ausdrücke finden, die auf eine gehobene Sprachebene verweisen. Fremdwörter wie „humanoid" (Z. 6), „brilliert" (Z. 13) „empathisch" (Z. 25) oder „interagieren" (Z. 26) zeigen den hohen Bildungsstand des Autors und dessen Absicht, einen unterhaltsamen, aber gleichzeitig geistreichen Text zu verfassen.

7 a Besonders geeignete Behauptungen:
- Mehr Objektivität und Gerechtigkeit
- Größerer Lernanreiz auf Grund der faszinierenden Technik

b Mögliche Argumentation:

Behauptung: Roboter können objektiver und gerechter sein als menschliche Lehrer.
- Lehrer finden Schüler sympathisch oder unsympathisch.
- Ungerechtigkeiten bei der Benotung bzw. Bewertung
- Roboter hat keine Gefühle.
- Persönliche Vorlieben spielen im Unterricht und bei der Bewertung keine Rolle.

Behauptung: Roboter könnten auf Grund ihrer faszinierenden Technik dazu beitragen, dass Schülern das Lernen mehr Spaß macht.
- Bei jungen Menschen ist die Begeisterung für Technik und künstliche Intelligenz sehr groß.
- Interesse an digitalen Formen des Lernens mit Hilfe von Notebook oder Tablet
- Unterricht wird interessanter erlebt.
- Motivation und Lernfreude sind größer.
- Beispiel: Erdkundeunterricht aus dem Text

c Mögliches Beispiel für eine Erörterung:

Der Autor Manfred Lindinger stellt in seiner Glosse „Ein Roboter wird Lehrer" klar, dass aktuell noch vieles gegen die Ersetzung menschlicher Lehrer durch Roboter spricht. Dennoch könnten mit einem Roboter auch Vorteile verbunden sein. Zwei davon sollen im Folgenden erörtert werden.

Zunächst einmal gewährleisten Roboter, dass kein Schüler mehr benachteiligt wird. Denn ein Roboter hat ja keine Gefühle. Sympathie und Antipathie gegenüber seinen Schülern spielen also keine Rolle. Menschliche Lehrkräfte lassen sich dagegen häufig auch von ihren Gefühlen beeinflussen. Schüler, die sie weniger mögen, werden so möglicherweise schlechter behandelt oder können es schwerer haben, bessere Noten zu bekommen. Diese subjektive Ebene entfällt bei Robotern. Für eine Maschine sind seine Gegenüber alle gleich, Leistungen können deshalb völlig unabhängig von der Person beurteilt werden. Bevorzugungen und „Lieblingsschüler" sind ausgeschlossen.

Weiterhin könnten Roboterlehrer dazu beitragen, dass die Lernfreude bei Schülern steigt. Vor allem junge Menschen zeigen sich von technischen Phänomenen begeistert. Roboter mit künstlicher Intelligenz, die z. B. Inhalte in digitaler Form präsentieren und eigenständiges Lernen am Computer, Smartphone oder Tablet ermöglichen, würden mit Sicherheit große Motivation und Lerneifer bewirken. Das im Text genannte Beispiel aus dem Erdkundeunterricht, bei dem der Roboter eine digitale Schatzsuche anleitet, zeigt ja, wie begeistert die Schüler bei der Sache sind. Auch der Projektleiter Arvid Kappas bestätigt das. Viele Schüler/-innen würden diese Art Unterricht sicher interessanter finden als z. B. den Frontalunterricht.

11 Grammatiktraining

Konzeption des Gesamtkapitels

Da in der 10. Klasse die grundlegenden grammatischen und orthografischen Phänomene als bekannt vorauszusetzen sind, stehen in diesem Kapitel Wiederholung und Festigung einzelner Phänomene im Bereich der Rechtschreibung und Syntax sowie das Anwenden der Kenntnisse bei der Textproduktion im Vordergrund. Die Schüler/-innen sollen sich der Vielfalt der Ausdrucksmöglichkeiten sowie ihrer unterschiedlichen Funktionen und Wirkungen bewusst werden.

Jedes der drei Teilkapitel enthält mehrere kurze, eigenständige Einheiten zu verschiedenen Rechtschreib- oder Grammatikphänomenen. Es werden Angebote zum Einprägen, Anwenden, Wiederholen, Überarbeiten und Nachdenken (z. B. durch Erklären des Fehlerphänomens) gemacht. Das Kapitel ist so angelegt, dass die drei Teilkapitel in beliebiger Reihenfolge – je nach unterrichtlicher Situation – bearbeitet werden können.

Das erste Teilkapitel (**„Vielfalt und Wandel der Sprache"**) beschäftigt sich mit unterschiedlichen sprachlichen Phänomenen wie Fachsprache, Fremdwörter, Anglizismen, Dialekt und SMS-Sprache. Die Schüler/-innen sollen erkennen, dass auch die Sprache einem ständigen Änderungsprozess unterliegt, und sie sollen diese Phänomene kritisch beleuchten.

Im zweiten Teilkapitel (**„Aufsätze überarbeiten – Schwerpunkt: Grammatik und Rechtschreibung"**) werden Hilfen und Übungen zur Vorbereitung von Schulaufgaben und der Abschlussprüfung bzw. zum Aufsatzschreiben angeboten. Anhand von Auszügen aus Schülerarbeiten zu Texten aus den vorherigen Kapiteln befassen sich die Lernenden u. a. mit Problemen der Kommasetzung, der Ausdrucksweise, der das/dass-Schreibung und der Zitierweise.

Im dritten Teilkapitel (**„Fit in …? – Einstellungstests"**) lernen die Schüler/-innen verschiedene Aufgabenarten in Einstellungstests kennen. Viele Firmen legen heute großen Wert auf korrekte Rechtschreibung, Zeichensetzung und Grammatik und testen ihre Bewerber/-innen dahingehend.

Literaturhinweise

Augst, Gerhard / Dehn, Mechthild: Rechtschreibung und Rechtschreibunterricht. Können – Lehren – Lernen. Klett, Stuttgart [3]2007

Ausdruck – Sprache differenziert gebrauchen. Der Deutschunterricht 1/2009

Baurmann, Jürgen: Überarbeiten von Texten. In: Deutschunterricht 1/2005, S. 4–9

Eisenberg, Peter: Grundriss der deutschen Grammatik. Band 1: Das Wort; Band 2: Der Satz. Stuttgart, Metzler [3]2006

Herausforderung Rechtschreiben. Praxis Deutsch 248/2014

Karg, Ina: Diagnose und Förderung von Orthografiekompetenz. In: Der Deutschunterricht 6/2010

Komma & Co. – Zeichen setzen. Deutschunterricht 3/2009

Mann, Christine: Strategiebasiertes Rechtschreiblernen. Beltz, Weinheim 2010

Mit Fehlern umgehen. Deutschunterricht 4/2012

Orthographische und grammatische Spielräume. Deutschunterricht 1/2012

Sätze gestalten. Praxis Deutsch 242/2013

Tendenzen der Gegenwartssprache. Deutschunterricht 2/2011

Wörter und Sätze. Sammelband Praxis Deutsch 2008

Zeichen setzen. Praxis Deutsch 191/2005

Inhalte	Kompetenzen

Die Schülerinnen und Schüler können

– Fremdwörter identifizieren, im Wörterbuch nachschlagen, die Bedeutung klären bzw. Umschreibungen finden, richtig schreiben

– Anglizismen erkennen und deren Bedeutung klären bzw. Umschreibungen finden
– den Sinn von Anglizismen kritisch hinterfragen

– verschiedene Dialekte unterscheiden und Texte in Mundart übersetzen
– die Vor- und Nachteile des Dialektsprechens erkennen

– die Merkmale der SMS-Sprache beschreiben
– Vor- und Nachteile der SMS-Sprache erkennen

– Verbal- in Nominalstil umwandeln
– Sätze durch Konjunktionen verknüpfen
– „man" durch Alternativen ersetzen

– „dass" durch Alternativen ersetzen
– passende Präpositionen finden und das nachfolgende Nomen mit der korrekten grammatischen Form ergänzen
– die Zeichensetzung bei Zitaten anwenden
– „das" durch Ersatzwörter ersetzen, die Wortart bestimmen, „das"/„dass" richtig schreiben
– die Regeln der Kommasetzung bei Satzreihen, Satzgefügen, Aufzählungen, Infinitivsätzen und Appositionen anwenden
– die Kommas in längeren Satzkonstruktionen richtig setzen
– nominalisierte Verben, Adjektive und andere Wortarten und deren Begleiter erkennen und beschreiben
– Regeln der Zusammenschreibung anwenden
– aus Stichpunkten grammatisch korrekte Sätze bilden

– Regelwissen bzw. Rechtschreibstrategien anwenden
– ein Partnerdiktat durchführen

– testen, ob sie Rechtschreibfehler erkennen und verbessern können, die Regeln der Kommasetzung anwenden, passende Präpositionen finden, grammatische Endungen ergänzen und Fremdwörter zu deutschen Entsprechungen finden

Auftaktseite

 1 **a** Sprachliche Erscheinungen:
  - Schaumküsse statt Negerküsse bzw. Mohrenköpfe
  - Vermischung von deutscher und englischer Sprache (z. B. fresh belegt), Anglizismen
  - Umgangssprache (z. B. krass)
  - Abkürzungen, Emoticons, Smileys

b Gründe für die sprachlichen Neuerungen:
  - Die Bezeichnungen „Negerkuss" und „Mohrenkopf" werden in jüngerer Zeit wegen der rassistischen Konnotation der Ausdrücke „Neger" und „Mohr" im offiziellen Sprachgebrauch nicht mehr verwendet.
  - Zeit- bzw. Platzgründe (bei der SMS-Sprache)
  - Globalisierung (Englisch ist Weltsprache)
  - Junge Generation will sich von der älteren abgrenzen.
  - Vereinfachung (→ Abkürzungen)
  - Anglizismen klingen moderner, jugendlicher, weltgewandt.

c Weitere sprachliche Veränderungen:
  - häufig Dativ statt Genitiv (wegen dem Regen – wegen des Regens)
  - Jugendsprache (z. B.: Massage für heftige Abreibung)
  - Kiezdeutsch (z. B.: Ich geh' Schule – Ich gehe in die Schule)
  - Neologismen (z. B.: alken – sich hemmungslos betrinken)
  - fehlende Kasusmarkierung (z. B.: Ich habe ein Typ gesehen.)
  - Verbzweitstellung in Nebensätzen (z. B.: Ich habe keinen Hunger, weil ich habe gerade erst gegessen.)

Siehe auch die **Folie** „Sprache untersuchen".

11.1 Vielfalt und Wandel der Sprache

 Fachbegriffe und Fremdwörter

1 **a** Wer kein Computerfachmann ist bzw. sich nicht gut mit Computern auskennt, wird nur wenig verstehen.

b Mögliche Tabelle:

Fachbegriffe aus dem Bereich „Computer"		Weitere Fremdwörter
DSL-Modem	PC	integriert
VDSL2	Web-Portal	installiert
ADSL	loggen	automatisch
ADSL 2+	Homepage	funktioniert
Konfigurationsprogramm	User	registriert
Internet-Browserbasierte	Website	LED
LAN	Internetverbindung	regulär
WLAN	Mail	
gebootet	Online	
Desktop	surfen	
Internet-Browser		

c Mögliche Probleme:
- Fachbegriffe sind zumeist gleichzeitig Fremdwörter.
- Bei manchen Begriffen lässt sich schwer entscheiden, ob es ein spezieller Fachbegriff aus dem jeweiligen Fachgebiet oder ein Fremdwort (z. B. installieren, registrieren) ist.

2 a Beispiel für eine Umformulierung:

Herzlichen Glückwunsch zum Kauf dieses Gerätes! Dies ist ein Breitband-Netzwerkgerät mit eingebautem digitalem Teilnehmeranschluss-Verständigungsgerät, das die Anbindung an den weltweiten Verbund von Rechnernetzwerken über den hochgeschwindigkeitsdigitalen Teilnehmeranschluss 2, ungleichmäßigen digitalen Teilnehmeranschluss und ungleichmäßigen digitalen Teilnehmeranschluss 2+ ermöglicht.

Das Betriebsanpassungsprogramm Ihres Netzwerkgerätes, das Netzwerkpakete zwischen mehreren Rechnernetzen weiterleiten kann, ist eine Bedienoberfläche, die Seiten im Netz darstellt. Gehen Sie folgendermaßen vor:

Stellen Sie zuerst fest, ob das netzwerkfähige Gerät eine Verbindung zum lokalen Netzwerk oder drahtlosen lokalen Netzwerk aufgebaut hat. Nachdem Sie auf dem Rechner das Betriebsverfahren gestartet haben, starten Sie auf Ihrer grafischen Benutzeroberfläche den Internet-Browser, der auf Ihrem Rechner eingerichtet ist. Die Netzadresse zur „Selbstständigen Betriebsanpassung" wird von selbst geöffnet. Falls dies nicht klappt, geben Sie als erfasster Benutzer bestimmte Daten (wie Benutzername und Passwort) auf unserer Hauptseite ein. Folgen Sie jetzt den Anweisungen auf dem Netzauftritt, damit Ihr Breitband-Netzwerkgerät, das Netzwerkpakete zwischen mehreren Rechnernetzen weiterleiten kann, eingerichtet wird. Überprüfen Sie, ob Ihre Netzverbindung aufgebaut wird, indem Sie z. B. eine Nachricht übers Netz verschicken. Wenn die von selbst erfolgende Betriebsanpassung erfolgreich war, leuchtet das Lämpchen „im Netz" dauerhaft auf. Jetzt können Sie wie gewohnt im Netz nach Auskünften suchen.

b Fachbegriffe und Fremdwörter drücken präzise aus, was gemeint ist, sonst müsste man die Begriffe umständlich erklären. Somit kann man schneller kommunizieren. Fachleute bzw. Experten können nur schwer auf Fachbegriffe, die meist weltweit gelten, verzichten.

3 a/b Mögliche Übersicht:

Textauszug	Fremdwort / Deutsche Entsprechung	Grund für Verwendung
Schlagzeile	Eliminierung = Vernichtung	Verharmlosung dessen, was tatsächlich geschehen ist
Werbung	suboptimal = schlecht Herbizide = Unkrautvernichtungsmittel Qualität = Güte	Herbizide ist ein Fachbegriff aus dem landwirtschaftlichen Bereich, dadurch werden die Landwirte angesprochen.
Seniorenresidenz	Seniorenresidenz = Altersheim Domizil = Heim / Haus Ambiente = Umgebung / besondere Stimmung kulinarisch = köstlich / fein / erlesen mediterran = aus dem Mittelmeerraum stammend Delikatessen = Leckerbissen / Schmankerl	Heim wirkt stilvoll, von gehobenem Niveau.

289

Kontaktanzeige (Mann)	charmant = liebenswürdig / nett romantisch = gefühlsbetont, idealisierend introvertiert = zurückhaltend / verschlossen korpulent = wohlbeleibt / dick	Person wirkt gebildet, klug, seriös.
Kontaktanzeige (Junge)	Handicap = Behinderung	Das Wort „behindert" hat einen schlechten Beigeschmack.

c Mögliche Euphemismen: Eliminierung, suboptimal, Herbizide, Seniorenresidenz, introvertiert, korpulent, Handicap

4 a Einige Fremdwörter wurden falsch verwendet: Stadium, Couch, Konifere, korpulent, authentischen, intrigieren, infizieren, intensiv, euphemistisch, Rezession, karikativ, Atmosphäre, flambierte

b/c Mögliche Übersicht:

Fremdwort	Deutsche Entsprechung	Richtiges Fremdwort
Stadium	Abschnitt	Stadion
Couch	Sofa	Coach
Konifere	Nadelbaumart	Koryphäe
korpulent	mollig, dick, wohlbeleibt	kompetent
authentisch	wahr, echt, beglaubigt	autistisch
intrigieren	hintergehen, aufhetzen, betrügen	integrieren
infizieren	anstecken	identifizieren
intensiv	stark, nachdrücklich	impulsiv
euphemistisch	beschönigend	euphorisch
Rezession	Wachstumsrückgang	Rezension
karikativ	verzerrt, komisch (im Sinne einer Karikatur)	karitativ
Atmosphäre	Stimmung (auch: Lufthülle)	Affäre
flambieren	abflammen	flanieren

5 a/b Lateinische und griechische Vorsilben:
- multi = viel: multinational, multifunktional, multikulturell
- thermo = warm: Thermostat, Thermometer
- anti = gegen: Antibiotika, Antigen, Antipol, Antikörper
- mikro = winzig: Mikroskop, Mikrokosmos, Mikrobe

6 a/b Vorsilben:
- Tele-/tele- = fern: Telefon, Telefax, Television, Telepathie
- Hyper-/hyper- = über: hyperaktiv, hyperventilieren, Hypertonie
- Auto-/auto- = selbst: Autobiografie, Autogramm, Automat, Automobil
- Homo-/homo- = gleich: homogen, homosexuell, homophob
- Prä-/prä- = vorne / vorzeitig: Präfix, Präposition, Prävention
- Inter-/inter- = zwischen / mitten / unter: Internet, Intercity, interkulturell, interdisziplinär

7 Fremdwörter:
- Inter-/inter-: international, Interview, Intervall
- Mono-/mono-: Monogamie, Monokultur, Monopol, Monolog, monoton
- Ortho-/ortho-: Orthografie, Orthopädie
- Re-/re-: recyceln, Restaurierung, reagieren, reparieren

Zu den Fremdwörtern siehe auch die **Kopiervorlage 1** („Fremdwörter richtig schreiben").
Siehe auch die **Folie** „Fachbegriffe und Fremdwörter".

S. 231 Anglizismen

1 b In der deutschen Sprache werden heutzutage immer mehr englische Begriffe, sog. Anglizismen, verwendet.

c Die Gruppe möchte, dass statt der englischen Begriffe deutsche Bezeichnungen verwendet werden. Allerdings wird auch aufgezeigt, dass wir für manche Anglizismen gar keine deutschen Entsprechungen haben. So klingen die Begriffe „Nordisch-Geher" und „Lufttasche" bizarr in unseren Ohren. Da im Lauf der Zeit immer mehr englische Begriffe in unserer deutschen Sprache Verwendung finden, hat die Band auch Angst, dass die deutsche Sprache irgendwann ausstirbt. Außerdem wollen die Sänger zeigen, dass manche Menschen (vor allem ältere) die englischen Begriffe gar nicht verstehen können.

d Zum Text siehe wiseguys.de/songtexte/details/denglisch/; der Song selbst ist auf Youtube zu hören (www.youtube.com/watch?v=VnA5WG39eJ8).

2 b Beispiel für eine sinngemäße Übertragung:
Hi Amelie,
entschuldige, ich muss für heute Abend absagen, denn ich gehe auf eine absolut angesagte Feier in der Kneipe. Es wird vom Plattenaufleger vor allem House, Hip-Hop und Soul aufgelegt. Ach, das wird so verrückt werden! Ich freue mich schon aufs Tanzen und die lustigen Gespräche mit den Jungs. Ich war heute extra noch einkaufen und habe mir moderne Kleidung gekauft: ein glitzerndes langes Oberteil, eine graue, hautenge Hose und Schuhe mit hohen Absätzen. Sogar einen passenden Lippenstift habe ich mir gegönnt. Ich habe ein Foto von meinem neuen Aussehen bei WhatsApp hochgeladen und dir geschickt. Bin ich zu sehr herausgeputzt?
Treffen wir uns nächste Woche wieder zum Fahrradfahren oder zum schnellen Radfahren im Fitnessstudio?
Bis bald
Veronika

c Der Text wirkt gekünstelt, nüchtern und altbacken, nicht wie eine Unterhaltung zweier Jugendlicher.

d Mögliche Gründe:
- Teils gibt es keine deutschen Entsprechungen, z. B. House, Hip-Hop, Soul; viele technische und wissenschaftliche Neuerungen werden heute mit englischen Namen in den USA geboren.
- Teils wird die Bedeutung durch die deutschen Umschreibungen verändert bzw. geht die ursprüngliche Bedeutung verloren, z. B. crazy – verrückt.
- Anglizismen sind oftmals kürzer, knapper und prägnanter als deren Übersetzungen, z. B. High-heels – Schuhe mit hohen Absätzen.
- Anglizismen wirken modern, exklusiv, weltgewandt, jugendlich.
- Übersetzungen würden oftmals verwirren, z. B. Maus = Computermaus oder Tier?

3 a Berufsbezeichnungen:
Discjockey = Plattenaufleger • Coach = Ausbilder, Trainer • Promoter = Verkaufshelfer, Werbehelfer (verteilt Proben und Kleingeschenke auf Messen, in Supermärkten, betreut Werbestände) • Sales Manager = Verkaufsleiter • Hairstylist = Haarschneider • Facility Manager = Hausmeister • Freelancer = freier Mitarbeiter / Selbstständiger • Artdirector = Chef der Werbeabteilung • Waste Removal Engineer = Müllmann • Office Managerin = Büroleiterin • Performer = Künstler / Darsteller / Interpret

c Berufsbezeichnungen in Englisch wirken aufgewertet (Euphemismus), schinden Eindruck, es werden Modernität, Vitalität und Weltoffenheit vermittelt. Allerdings sind im Zeichen der Globalisierung gleiche Stellenbezeichnungen in international agierenden Firmen unerlässlich.

4 a Wir finden uns heutzutage gar nicht mehr zurecht, da es sehr viele Anglizismen in der deutschen Sprache gibt.

   b Kritikpunkte an Anglizismen:
- Manche Menschen, vor allem ältere, verstehen die Anglizismen nicht.
- Die deutsche Sprache könnte aussterben, da immer mehr deutsche Begriffe durch englische ersetzt werden.
- Teils sind Anglizismen Euphemismen, beschönigen also Tatsachen.
- Auch die deutsche Grammatik leidet unter der Vielzahl der Anglizismen.
- Es gibt viele unnötige Anglizismen (talken statt sprechen, open statt offen).

5 a Scheinanglizismen:
- Handy: mobile phone (britisches Englisch), cellular phone (amerikanisches Englisch)
- Oldtimer: vintage car, classic car
- Beautyfarm: spa
- Hometrainer: exercise bicycle
- Castingshow: talent show
- Happy End: happy ending
- Beamer: video projector, digital projector

   b Public Viewing bedeutet öffentliche Aufbahrung eines Toten.

||S.233 Dialekte

1 a–c Mögliche Übersicht:

Übertragung ins Hochdeutsche	Erklärung	Dialekt	Regionale Zugehörigkeit
Der Käse ist gegessen.	Das ist erledigt / vorbei.	Hessisch	Mitteldeutsch
Dumm darf man schon sein, bloß zu helfen muss man sich wissen.	Man kann sich dumm anstellen, aber man muss trotzdem wissen, wie man zu einem optimalen Ergebnis kommt.	Bairisch	Oberdeutsch
Ein gesunder Mensch hat tausend Wünsche, ein Kranker bloß einen.	Wenn man krank ist, will man nur gesund werden, wenn man gesund ist, wünscht man sich allerlei.	Schwäbisch	Oberdeutsch
Das gibt es für einen Apfel und ein Ei.	Das ist sehr günstig.	Ripuarisch / Kölsch	Mitteldeutsch
Keine Haare auf dem Kopf, aber einen Kamm in der Tasche!	Die Redensart beschreibt Angeber und Blender.	Brandenburgisch	Niederdeutsch
Die dümmsten Bauern haben die dicksten Kartoffeln.	Obwohl jemand keine Ahnung von etwas hat, verdient er gut daran.	Nordniedersächsisch / Plattdeutsch	Niederdeutsch

2 a Die Lehrerin will sich mit den Schülern über Würmer unterhalten (Dialekt: „Würma"). Allerdings kommt die Klasse immer mehr vom Thema ab, da „würma" auch „wärmer" und „wie man" bedeutet.

b Mögliche Übertragung ins Hochdeutsche:

Die Lehrerin in der Tölzer Grundschule sagt zu den Kindern: „Wir haben jetzt alles über die verschiedenen Würmer gelernt, nun möchte ich, dass jeder von euch einen Satz sagt, in dem das Wort ‚Würmer' vorkommt." Da meldet sich der Pauli aus Tölz und sagt: „Wenn der Papa zum Angeln geht, dann nimmt er immer Würmer als Köder mit." Die Lehrerin ist zufrieden und nimmt den Benni aus Wackersberg dran, der sich auch gemeldet hat. Der Benni steht auf und sagt: „Gestern war es noch kalt, heute ist es schon wärmer!" Das war nicht, was sich die Lehrerin vorgestellt hat. Da sieht sie, wie in der letzten Reihe der Seppi aus der Jachenau immer den Kopf schüttelt. „Warum schüttelst du immer deinen Kopf, Seppi?", fragt sie ihn. Da steht der Bub auch auf und meint, immer noch kopfschüttelnd: „Wie man nur so einen Unsinn reden kann!"

„Würma" ist in diesem Fall ein Homonym, denn es kann „Würmer", „wärmer" und „wie man" bedeuten. Dieses Homonym geht verloren, wenn man den Witz ins Hochdeutsche übersetzt.

c Dialektsprecher werden oft nicht ernst genommen, sie gelten häufig als ungebildet, dumm, naiv. Viele verspotten Dialekt als bauern-, tölpelhaft. Die Abwertung kann auch daher rühren, dass Dialekt nicht überall verstanden wird und sich die anderen deshalb ausgegrenzt fühlen.

3 a Filme oder Serien: Dahoam is dahoam; Winterkartoffelknödel; Dampfnudelblues; Wer früher stirbt, ist länger tot; Beste Zeit; Beste Gegend; Eine ganz heiße Nummer; Brandner Kaspar

Musiker oder Bands: Biermösl Blosn; LaBrassBanda mit Stefan Dettl; Haindling; Da Huawa, da Meier und I, Claudia Koreck, Hans Söllner, Die Cubaboarischen, Spider Murphy Gang

Kabarettisten: Monika Gruber, Günter Grünwald, Bruno Jonas, Django Asül, Martina Schwarzmann, Willy Astor, Bernd Regenauer, Chris Böttcher, Matthias Egersdörfer, Erwin Pelzig, Gerhard Polt, Waltraud und Mariechen (Volker Heißmann, Martin Rassau), Luise Kinseher, Herbert und Schnipsi, Toni Lauerer, Helmut Schleich, Christian Springer, Michael Mittermeier

b Mögliche Gründe:
- Heimatverbundenheit
- Aufmerksam machen auf regionale Traditionen und Besonderheiten, was nur im jeweiligen Dialekt gelingt
- Direkte Ansprache des Publikums (mit dem gleichen Dialekt), bewirkt Verbundenheit mit dem Künstler

4 a Mögliche Übertragung:
Denkt einmal ein bisschen nach,
was die Mundart für eine Sprache ist,
sie ist blumenreich und gewiss viel anschaulicher
als das Schriftdeutsch.
Ist die Mundart nicht die Sprache,
die das aussagt, was richtig ist,
weil die Sprache vom Herzen kommt?

b In Mundart kann man
- sich anschaulicher und präziser ausdrücken,
- ausdrücken, was man wirklich denkt bzw. meint.

5 a Mögliche Übertragung:
Der Nachbar schreit von unten rüber:
„Heute habe auch ich ein Ei übrig!"
Und ich, ich sage zu dem Mann noch hinüber,
dass ich auch ein Ei übrig habe.
Da schreit der Gockel: „Kikeriki!
Alle zwei haben ein Ei übrig!"
Oh heiliger Apfelstecher!
Der Gockel kann rechnen!

6 Mundart: im Sportverein, im Unterricht (wenn Mundart ein gewisses Maß nicht übersteigt), Gespräch mit Nachbarn, Gespräch unter Freunden (Mundart wird von den Beteiligten verstanden, wirkt kameradschaftlich, erzeugt Gemeinschafts-/Zusammengehörigkeitsgefühl)
Hochsprache: Bewerbungsgespräch, Interview, telefonische Anfrage, Gespräch mit Austauschschülern, Vortrag eines Referats (man will seriös wirken und ernst genommen werden; man muss/will von sich selbst überzeugen; eventuell könnte einen das Gegenüber nicht verstehen, wenn man Mundart spricht)

S. 235 SMS, Instant Messenger, Chat – Verständigung leicht gemacht?

1 a Dialekt („mer", „glaubn", „i"), Umgangssprache („nix") und kurze bzw. unvollständige Sätze („sag i dir dann")

b Merkmale der Chatsprache und Beispiele:
- Fehlende Satzzeichen: logo könn mer uns treffn.
- Durchgängige Kleinschreibung: hi, sarah!
- Emoticons / Smileys: ☺
- Abkürzungen / Akronyme: ok, cu
- Dialekt: sag i dir dann.
- Umgangssprache: nix
- Grammatische Fehler bzw. Satzbaufehler: hast heut nach schule zeit?

c Beispiel für eine Mitteilung:
Hi, Sarah! (Ich lächle dich an.)
Hi, Leo! (Ich lächle zurück.)
Hast du heute nach der Schule Zeit? Das wäre cool, denn ich habe eine Idee! (Ich grinse vor Vorfreude.)
Natürlich können wir uns treffen. Ich habe noch nichts vor. Was war denn gestern los? (Ich war gestern sehr traurig.)
Entschuldige, das ist dumm gelaufen. Das sage ich dir dann, okay?
Okay.
See you. Ich freue mich.
Bis bald! Ich umarme und drücke dich. (Ich küsse dich.)

d Vorteile der vorgegebenen Mitteilung:
- Durch Emoticons kann man Mimik und Gefühle eindeutig und präzise darstellen.
- Die vorgegebene Mitteilung ist auf Grund der Emoticons, der Umgangssprache und der Abkürzungen wesentlich kürzer.
- Man benötigt nur kurze Zeit, um die Nachricht zu schreiben, da man nicht auf Zeichensetzung, Rechtschreibung und Grammatik achten muss.
- Der Empfänger der Nachricht hat einen schnellen Überblick über die Mitteilung.

2 Sarah sollte sich für Variante 2 (rechte Spalte) entscheiden. Denn sie kann nicht voraussetzen, dass jeder Abkürzungen wie „we" oder „L2T" versteht. Außerdem ist die Formulierung „bin voll" missverständlich: Ist Sarah betrunken oder ist sie heute Abend ausgebucht? Außerdem sollte Sarah auf Rechtschreibung, Zeichensetzung und Grammatik Wert legen, denn die SMS sollte in diesem Fall seriös wirken, da es ja um ihren Nebenjob geht.

3 a/b Neologismen und ihre Bedeutung:
- Bettdeckung: Unter der Bettdecke geschützt in Deckung sein
- Dönerstag: Am Donnerstag gibt es Döner.
- jemensch: jemand wäre zu anonym; jemensch wirkt wie eine Personifizierung, die Leser sollen sich angesprochen fühlen

c Neologismen sind oftmals eine Verschmelzung von zwei Wörtern, dadurch kann etwas präzise und anschaulich dargestellt werden. Außerdem wird die Kreativität des Posters ersichtlich und der Post zieht dadurch Aufmerksamkeit auf sich, weckt Neugierde.

4 b Wenn Nutzer nach den Hashtags #crazy, #bamberg, #hbf oder #dönermachtschöner suchen, werden ihnen neben dem abgedruckten Beispielpost alle Posts angezeigt, die mit den gleichen Hashtags versehen sind. So kann ich mir beispielsweise schnell ein Bild davon machen, was gerade als crazy angesehen wird oder was in Bamberg gerade passiert. Außerdem erfahre ich, was an den Hauptbahnhöfen geschieht oder wer ebenfalls gerne Döner isst bzw. Döner anbietet.

11.2 Aufsätze überarbeiten – Schwerpunkt: Grammatik und Rechtschreibung

S. 237 Erörterungen sprachlich überarbeiten

S. 237 Den Nominalstil in der Gliederung anwenden

1 a Die Gliederung enthält Nominal- und Verbalstil nebeneinander.

b Korrigierte Gliederung (siehe auch Schülerbuch, S. 65 f.):

A In Deutschland verlassen junge Menschen im Durchschnitt erst mit 25 Jahren endgültig ihr Elternhaus.

B Welche Ursachen gibt es für dieses „Nesthocker-Dasein"? Was spricht dafür, sich eine eigene Wohnung zu nehmen?
  I. Ursachen für das „Nesthocken"
    1. Mehr Bequemlichkeit
    2. Geringere Kosten
    3. Allgemeine Wohnungsnot
    4. Angst vor Veränderung
    5. „Klammerverhalten" der Eltern
  II. Gründe für eine eigene Wohnung
    1. Erleben von Selbstständigkeit
    2. Mehr Kontakt zu Gleichaltrigen (WG)
    3. Größere Freiheiten
       a) Beliebige Tagesgestaltung
       b) Treffen mit Freunden ohne Absprache mit den Eltern
       c) Freie Wohnungsgestaltung

C Sobald ich genug Geld verdiene, werde ich eine eigene Wohnung mieten.

Siehe auch die **Kopiervorlage 2** („Den Nominalstil in der Gliederung anwenden").

S. 238 Sätze durch Konjunktionen miteinander verknüpfen

1 a Beispiel für eine Überarbeitung:
Eine Ursache, weshalb viele junge Menschen lange zu Hause wohnen, ist, dass man dadurch Geld spart, denn oftmals verlangen die Eltern nichts bzw. nur einen kleinen Beitrag für Kost und Logis. Gerade als Jugendlicher verdient man noch nicht viel, da man womöglich noch studiert oder eine gering bezahlte Ausbildung absolviert. Wenn man sich die Kosten für die Miete, die Nebenkosten sowie die Lebensmittel sparen kann, hat man die geringen Einkünfte für Freizeitbeschäftigungen zur Verfügung. Aus diesem Grund wohnen junge Menschen oftmals zumindest so lange bei den Eltern, bis sie ausreichend Lohn für eine eigene Wohnung bekommen.

b/c Nachdem die Ursachen für das „Nesthocken" aufgezeigt worden sind, wird nun auf die Gründe für eine eigene Wohnung eingegangen (= Satzgefüge). In einem eigenen Appartement wird man schneller selbstständig, denn man muss sich alleine um den Haushalt kümmern (= Satzreihe). Dadurch werden neue Fähigkeiten wie das Bügeln oder Kochen erlernt. Außerdem muss man viele Entscheidungen selbst treffen, da die Unterstützung bzw. Hilfe der Eltern nun wegfällt (= Satzgefüge). Jetzt muss der Jugendliche beispielsweise sein Geld eigenständig sinnvoll einteilen. Junge Menschen werden also eigenständiger und erwachsener, wenn sie sich eine Wohnung nehmen (= Satzgefüge).

Zu einer weiteren Übungsmöglichkeit siehe die **Kopiervorlage 3** („Sätze mit Konjunktionen verknüpfen").

S. 239 **Die Wiederholung von „man" vermeiden**

1 Darüber hinaus können junge Menschen mehr Freiheiten genießen, wenn sie eine eigene Wohnung haben. Zum einen können Jugendliche dann den Tag beliebig gestalten, da sie dahingehend nicht mehr von den Eltern bzw. familiären Traditionen beeinflusst werden, sondern selbst dafür verantwortlich sind, sich die Zeit optimal einzuteilen. Daher kann man beispielsweise eigenständig entscheiden, wann Schlafens-, Putz- oder Essenszeit ist, ohne ein schlechtes Gewissen gegenüber den Eltern zu haben, die vielleicht eine andere Vorstellung von einem perfekt durchgeplanten Tagesablauf haben als man selbst. Folglich verstehen sich viele Familien nach dem Auszug des Sprösslings besser, da über solche Kleinigkeiten wie die Tagesgestaltung nicht mehr gestritten wird.

S. 239 Textgebundene Aufsätze überarbeiten

S. 239 **Die Wiederholung der Konjunktion „dass" in der Inhaltsangabe vermeiden**

1 **a** Eintönig wirkt die Inhaltsangabe wegen des häufigen Gebrauchs der Nomen Vater und Tochter und der Konjunktion „dass".

b Siehe auch Schülerbuch, S. 223 ff.
Zuerst (Z. 1–17) berichtet ein Vater davon, seiner Tochter spätabends bei den Hausaufgaben helfen zu sollen und dabei gegen ihre „abgeklärte Weltsicht" (Z. 16 f.) nicht anzukommen. Dies wird auch in den Zeilen 18–29 offensichtlich, denn der Vater muss seiner Tochter darin recht geben, dass schulische Spendenläufe sinnlos sind. Danach (Z. 30–53) beklagt sich die Tochter darüber, Mathematik sei überflüssig, worauf der Vater keine passable Erklärung findet. Im nächsten Sinnabschnitt (Z. 54–76) werden die Probleme des Vaters beim Lösen der Mathematikaufgaben ersichtlich, da er die Grundrechenarten nicht mehr beherrscht. Deshalb muss die Tochter ihm diese erst wieder beibringen. Daraufhin (Z. 77–82) wird ein Rollentausch geschildert, denn der Vater erledigt die Hausaufgabe, während sich die Tochter ins Wohnzimmer zurückzieht. Zuletzt (Z. 82–86) spitzt sich die Glosse zu, da die Tochter ihren Vater für die zumeist richtig gelösten Aufgaben lobt und diesen ins Bett schickt.

Zur Vermeidung von Wiederholungen siehe die **Kopiervorlage 4** („In der Inhaltsangabe und Charakterisierung Wortwiederholungen vermeiden").

S. 240 **Passende Präpositionen verwenden**

1 Textbeispiel:
Der Text soll verdeutlichen, dass man das in der Schule Gelernte, welches laut den Erwachsenen wichtig für das spätere Leben ist (Z. 45 ff.), dennoch schnell wieder vergisst bzw. verlernt. So muss die Tochter mit ihrem gutmütigen Vater erst einmal die Grundrechenarten wiederholen, bevor er ihr beim Erledigen der Hausaufgaben helfen kann. Außerdem wird der Leser auf amüsante Weise unterhalten, denn der Autor macht sich darüber lustig, wie sehr sich Eltern trotz ihres Alters und ihrer Autorität von ihren minderjährigen Kindern manipulieren lassen bzw. die Spröss-

linge den Ton zu Hause angeben. Der Vater zeigt nämlich auf selbstironische Art, dass er seiner Tochter recht gibt (Z. 55), sich von ihr herumkommandieren lässt (Z. 77 f.) und sich völlig unterwürfig verhält. Auch wenn es natürlich hier übertrieben dargestellt ist, so mischen sich viele Eltern ganz massiv in die schulischen Belange ihrer Kinder ein und erledigen für ihren Nachwuchs im Einzelfall sicherlich die Hausaufgaben. Mit dem vorliegenden Text sollen die Erziehungsberechtigten daher zum Nachdenken über ihr eigenes Erziehungsverhalten in Bezug auf Selbstständigkeit gebracht werden.

Siehe auch die **Kopiervorlage 5** („Texte auf Grammatikfehler untersuchen").

S. 240 Richtig zitieren in der Sprachanalyse

1 a Möglichkeiten, Zitate einzubinden (siehe auch Schülerbuch, S. 201 ff.):
  – Zitate werden mit Doppelpunkt eingeleitet: Das erste Beispiel findet sich gleich zu Beginn: „Zwei Tore, eine Handvoll Teenager in leuchtend gelben Trikots" (Z. 20 ff.).
  – Zitate werden in den fortlaufenden Text eingefügt: Ebenso trägt die Ellipse „Ein Fest der Farben und der Musik" (Z. 115) dazu bei, dass sich der Leser innerhalb kürzester Zeit einen Eindruck von dem Bild machen kann, das sich der Reporterin bietet.
  – Zitate werden mit z. B. eingeleitet: Darüber hinaus hat die Autorin einige rhetorische Fragen in die Reportage eingebaut, z. B. „Alles gut also in Fortaleza?" (Z. 38).
  – Zitate stehen in Klammern: Wörtliche Reden von Dario („Ich fühle mich von der WM ausgeschlossen", Z. 38 f.; „Wir sind Teil der Gesellschaft", Z. 108) finden sich an mehreren Stellen im Text und machen ihn lebendig und glaubwürdig.

 b Beispiel für eine Überarbeitung:
 Im weiteren Verlauf bedient sich die Autorin einer Klimax, die die Enttäuschung des Jungen noch stärker hervorhebt: „Dario ist bitter enttäuscht über die Niederlage, über das Ende seines Traums vom WM-Titel" (Z. 153 f.). Auch Aufzählungen kann man an Stellen finden, an denen etwas besonders deutlich gemacht werden soll. Zum Beispiel will die Autorin den Luxus an der langen Strandpromenade Fortalezas mit einer Aufzählung verdeutlichen („Restaurants servieren Fisch und Langusten, Caipirinha und eisgekühltes Bier", Z. 31–33). Oder sie möchte mit diesem Stilmittel die Teilhabe Darios an der Gesellschaft betonen, der nun wie alle Mitarbeiter „eine schwarze, gebügelte Uniform, ein Namensschild auf der Brust und ein Funkgerät am Gürtel" (Z. 104 ff.) trägt. Außerdem wird die gesamte Stadt Fortaleza personifiziert, z. B. „Sie ist vorbereitet" (Z. 29 f.) oder „Eine Parade von Hoteltürmen wacht entlang der Küste, Restaurants servieren […]" (Z. 30 ff.). Mit diesen Personifikationen werden die Veränderungen dieses Ortes auf Grund der WM verdeutlicht. Die Anapher „Wir sind Teil der Gesellschaft. […] Wir werden für alle Welt sichtbar" in den Zeilen 108 bis 111 betont, welch große Bedeutung die Straßenkinder-WM für Dario und seine Spielkameraden hat, da er hofft, dass die ganze Welt endlich auf sie aufmerksam wird. Mit einer weiteren Anapher („Seit 1994 […]. Seit 1997 […]", Z. 89–91) wird verdeutlicht, dass sich verschiedene Organisationen bereits seit vielen Jahren für die Straßenkinder einsetzen.

Siehe auch die **Folie** „Richtig zitieren".

S. 241 Im Schlussteil Sätze mit „das" / „dass" richtig schreiben

1 a „Das" kann durch „dieses", „dies" und „welches" ersetzt werden.
 b Textergänzung (siehe auch Schülerbuch, S. 84 f.):
 Mir persönlich hat die Geschichte „Ringelspiel" sehr gut gefallen, denn gerade das [A] Weihnachtsfest verlangt uns ab, dass [K] wir vielen Leuten etwas schenken müssen. Das [D] stellt für viele ein großes Problem dar, und deshalb überlegen nicht alle genau, was sich der andere eigentlich wünscht oder über was er sich freuen könnte. Oft nimmt man dann irgendetwas, manchmal sogar etwas Unbrauchbares, das [R] man selbst hässlich findet, aus dem eigenen Regal, um schnell ein Geschenk parat zu haben. Gleichzeitig erwartet man aber, dass [K] sich

der andere außerordentlich über das [A] Präsent freut und dazu betont, dass [K] der Schenker das [D] doch wirklich gut ausgesucht habe. Das [D] bedeutet folglich, man sollte sich für das [A] Aussuchen der Geschenke mehr Mühe geben, sodass [K] man auch das [A] Passende für die zu beschenkende Person findet und dieser eine wahre Freude bereitet. Was gibt es Schöneres als das [A] Leuchten der Augen beim Auspacken eines Geschenks?

S. 242 Im Schlussteil die Kommas richtig setzen

1 Ergänzung der Kommas (siehe auch Schülerbuch, S. 201 ff.):
Die Weltmeisterschaft in Brasilien liegt zwar schon einige Zeit zurück, [Satzreihe] aber dennoch hat mich dieser Artikel, [Satzgefüge] für den Sarah Mously ausgiebig recherchiert hat, [Ende Satzgefüge] sehr nachdenklich gemacht. Neben dem Glanz, [Satzgefüge] den eine Fußballweltmeisterschaft auf ein Land wirft, [Ende Satzgefüge] erinnert die Reportage nämlich auch an die Schattenseiten, [Satzgefüge] indem sie darüber informiert, [Satzgefüge] dass sich viele Brasilianer die WM-Tickets nicht leisten konnten. Des Weiteren macht der Artikel aber auch Mut, [Satzreihe] denn er informiert anschaulich, [Satzgefüge] wie sich einige mittellose, [Aufzählung] hilfsbedürftige und notleidende Jugendliche schon zum zweiten Mal zu einer eigenen WM, [Apposition] der so genannten Straßenkinder-WM, [Ende Apposition] organisiert haben. Allerdings ist ihnen das nur mit Hilfe von MISEREOR, [Apposition] einer internationalen Hilfsorganisation, [Ende Apposition] gelungen, [Satzgefüge] was bedeutet, [Satzgefüge] dass sie auf die Unterstützung anderer angewiesen sind. Daher wünsche ich mir, [Satzgefüge] dass diese Reportage viele dazu animiert, [Infinitivsatz] für solche Hilfsprojekte zu spenden, [Satzgefüge] damit diesen Menschen wieder Hoffnung auf ein gutes Leben gegeben werden kann. Ich selbst möchte baldmöglichst eine Kuchenaktion an unserer Schule, [Apposition] der Johann-Turmair-Realschule, [Ende Apposition] durchführen, [Infinitivsatz] um den Erlös spenden zu können.

S. 242 Im Leserbrief (weiterführende Aufgabe) auf Groß-, Klein-, Getrennt- und Zusammenschreibung achten

1 a Es fehlen der Briefkopf mit Ort, Datum, die Adressen des Empfängers und Absenders und der Betreff. Zudem muss die Anrede höflich sein, z. B. Sehr geehrte Damen und Herren, ist die Grußformel in der Abkürzung inakzeptabel (stattdessen: Mit freundlichen Grüßen) und muss die Unterschrift Vor- und Nachnamen enthalten.

b/c Siehe auch Schülerbuch, S. 84 f.
Ihrer (Höflichkeitsform), ihrer (Possessivpronomen), einmischen, im Folgenden (Nominalisierung), Stellung nehmen (kein Hinweis für Zusammenschreibung), im Großen und Ganzen (Nominalisierung), eigenverantwortliche (Adjektiv), Lernen (Nominalisierung), Hausaufgabenmachen (Nominalisierung), da sind (Verbindung mit „sein"), Gelerntes (Nominalisierung), überprüfen (untrennbares Verb), genau erklären (Adverb und Verb), Hilfe (Nomen), voranzukommen (Verbindung aus Adverb / Präposition + Verb), erfolgversprechende / Erfolg versprechende (Nomen + Verb), schuld (Verbindung mit „sein"), untergraben (Verbindung aus Präposition + Verb), des Weiteren (Nominalisierung), ihr (Possessivpronomen), Lernen (Nominalisierung), Arbeiten (Nominalisierung)

d Beispiel für ein vollständiges Argument:
Des Weiteren ist es wichtig, dass Kinder ihr Lernen und Arbeiten, vor allem die Hausaufgaben, frühzeitig selbst organisieren, denn sie müssen üben, sich ihre Zeit am Nachmittag sinnvoll einzuteilen. Einerseits sollen sie ihre Hausaufgaben zu einem Zeitpunkt machen, zu dem sie konzentriert und motiviert sind, und dem Lernen ausreichend Zeit widmen, andererseits müssen sie Freizeitaktivitäten wie Fußballtraining, Chorprobe usw. einplanen. Ein fester Arbeitsplatz und ein festgelegter Zeitplan helfen dem Kind, die Hausaufgaben zu einem Ritual im Tagesablauf werden zu lassen. Kinder sollen also in jungen Jahren lernen, ihre Zeit nicht zu vergeuden. Sie sollen nicht erst abends merken, dass sie Arbeiten, die unbedingt hätten erledigt werden müssen, außer Acht gelassen haben.

e Zuletzt darf nicht außer Acht gelassen werden, dass Lehrer nicht sehen wollen, ob Mama oder Papa mit dem Unterrichtsstoff zurechtkommen, sondern sie wollen den Lernfortschritt des Schülers erkennen. Wenn alle Kinder mit perfekten Hausaufgaben in die Schule kämen, wäre der Lehrer dazu verführt, rasch im Unterrichtsstoff fortzufahren und den Schülern wieder etwas Neues beizubringen, obwohl viele das vorherige Thema noch nicht vollständig durchdacht haben.

Daher würde ich mir wünschen, dass Eltern ihren Kindern beim Erledigen der Hausaufgaben nicht mehr helfen, selbst wenn diese hilfesuchend / Hilfe suchend umherblicken. Falls Schülern eine Aufgabe tatsächlich schwerfällt, sollten sie ihren Gedankengang bzw. ihre Probleme niederschreiben, sodass der Lehrer Bescheid darüber weiß, was er noch einmal wiederholen muss oder auf was er genauer eingehen muss.

Mit freundlichen Grüßen

Alice Gruber

S. 243 In der Schilderung (weiterführende Aufgabe) Rechtschreibstrategien anwenden

1 a Rechtschreibstrategien:
- endlich (Ableitungsprobe: das Ende)
- ertönt (Ableitungsprobe: der Ton)
- Trainieren (Nominalisierung, Signalwort „vom")
- heftiger (Silbentrennung: hef | tig)
- Bänderriss (kurz gesprochener Vokal)
- schmerzverzerrtem (Ableitungsprobe: zerren, Zerrung)
- Singen (Nominalisierung, Signalwort „das" = Artikel)
- Publikums (Fremdwort → Wörterbuch)
- Erstes (nominalisierte Ordnungszahl)
- dass (Konjunktion, nicht ersetzbar durch „welches", „dies" oder „dieses")
- direkter (Fremdwort → Wörterbuch; bei Fremdwörtern gibt es kein „ck")
- Mannschaft (Ableitungsprobe: Mann, Männer, männlich)
- unbedingt (Verlängerungsprobe: unbedingte Wertschätzung)
- sengenden (Ableitungsprobe: hat nichts mit „Gesang" zu tun)
- Schweiß (Diphthong)
- spüre (Ableitungsprobe: Gespür, spürbar)
- Schienbeinschoner (Ableitungsprobe: schonen, Schonung)

b Stadion (Fremdwort → Wörterbuch), enormen (Silbenprobe: enorm; lang gesprochenes e), Euphorie (Fremdwort → Wörterbuch), gewisse (kurz gesprochener Vokal, stimmloses s), Taktik (Fremdwort → Wörterbuch), Tribüne (Fremdwort → Wörterbuch), Chance (Fremdwort → Wörterbuch), rasanter (stimmhaftes s, Ableitungsprobe: rasen), Richtung (Nomen), blende (Silbenprobe: blen | de), herum (Silbenprobe: he | rum), Panik (Fremdwort → Wörterbuch; bei Fremdwörtern gibt es kein „ck"), geschieht (Ableitungsprobe: das Geschehen, Geschehnis), Nervosität (Fremdwort → Wörterbuch; Ableitungsprobe: nervös), dennoch (Silbenprobe: den | noch), Wucht (Nomen), Jubelschreie (Silbenprobe: Ju | bel), fassen (kurz gesprochener Vokal, stimmloses s), Freuen (nominalisiertes Verb, Signalwort „zum"), Anstoß (lang gesprochener Vokal, stimmloses s).

Siehe auch die **Kopiervorlage 6** („Eine Schilderung auf Rechtschreibfehler untersuchen").

S. 244 In der Argumentation (weiterführende Aufgabe) auf einen korrekten Satzbau achten

1 a Satzbaufehler:
- unvollständige Sätze / Ellipsen
- Nebensätze nicht mit Hauptsätzen verbunden
- finites Verb in Nebensätzen an zweiter Satzgliedstelle
- falsche Wortstellung

b Siehe auch Schülerbuch, S. 113 ff.

Der 20-jährige Hiro, die Hauptperson des Romans „Ich nannte ihn Krawatte", litt unter dem Erwartungsdruck, den die Schule und die Gesellschaft auf ihn ausübten. Dies stellt den Anlass für mich dar, mir zu überlegen, was ich persönlich tun könnte, um erfolgreich in das Berufsleben zu starten.

Die Chance auf einen begehrten Arbeitsplatz kann erhöht werden, indem man die Lern- und Leistungsbereitschaft steigert, um gute Zeugnisnoten zu erreichen. Denn es ist keine Seltenheit, dass von Unternehmen oder Behörden ein Notendurchschnitt von mindestens 2,0 verlangt wird, damit der Bewerbung überhaupt Beachtung geschenkt wird. Abgesehen von den Noten ist es für den zukünftigen Arbeitgeber auch wichtig, dass bereits berufliche Erfahrungen, also Berufspraktika in den Ferien, gesammelt wurden. Damit zeigt ein Schulabgänger nämlich, wofür er sich interessiert und welche Fähigkeiten und Kenntnisse er mitbringt. So kann es sein, dass jemand mit absolvierten Praktika eventuell gegenüber anderen Bewerbern bevorzugt wird, obwohl diese vielleicht bessere Noten gehabt hätten.

c Außerdem sollte man sich Mühe beim Erstellen der Bewerbungsmappe geben, denn sie ist der erste Eindruck, den der Personalchef von einem bekommt, und sie kann somit der Schlüssel für eine mögliche Einstellung sein. Deshalb muss die Mappe sauber angelegt, fehlerfrei und vollständig sein und sie muss auch Aussagen über besondere Fähigkeiten und die Eignung für den gewählten Arbeitsplatz beinhalten. Da Unternehmen viele Bewerbungen erhalten, sollte man kein Standardschreiben, sondern ein individuelles Schreiben verfassen, damit man die Aufmerksamkeit auf die eigene Mappe lenkt.

d Die Sätze sind sehr lang bzw. verschachtelt.

e Nicht zu vergessen ist eine gute Vorbereitung auf das Vorstellungsgespräch selbst. Es ist wichtig, dass sich der Bewerber schon davor Gedanken darüber macht, welche Fragen auf ihn zukommen und wie sie beantwortet werden könnten. In einer solch ungewohnten Gesprächssituation steht man nämlich unter großem Druck, auch immer das Richtige zu sagen und sich korrekt zu verhalten. Außerdem sollte man Informationen über die zukünftige Arbeitsstelle einholen, um sein Interesse an dem Arbeitsplatz, den man unbedingt haben möchte, zu beweisen. Dies ist beispielsweise durch gut durchdachte Fragen zum Unternehmen oder zur Ausbildung möglich. Um für diese ungewohnte Gesprächssituation fit zu sein, werde ich das Wahlfach „Bewerbungstraining", das an unserer Schule für Neunt- und Zehntklässler angeboten wird, belegen. Ein solches Training, welches die Themen „Bewerbungsmappe", „Soft Skills", „Einstellungstest" und „Bewerbungsgespräch" aufgreift, sollte für jeden Schulabgänger, der sich erfolgreich um einen Arbeitsplatz bewerben will, ein Muss sein.

||S. 246 Häufig falsch geschriebene Wörter diktieren

 **a** Rechtschreibstrategien:
- im Allgemeinen, im Wesentlichen (Nominalisierung, Signalwort „im")
- im Folgenden, im Großen und Ganzen (Nominalisierung, Signalwort „im")
- im Übrigen, im Einzelnen (Nominalisierung, Signalwort „im")
- im Voraus (Nominalisierung, Signalwort „im")
- das Zuhause (Nominalisierung), zu Hause / zuhause (Adverb kann zusammen- oder getrennt- geschrieben werden)
- des Weiteren, des Öfteren (Nominalisierung)
- alles Gute, nichts Erfreuliches (Nominalisierung)
- viel Interessantes, viel Schönes (Nominalisierung)
- nichts Ungewöhnliches, nichts Erfreuliches (Nominalisierung)
- als Erstes, als Nächstes (nominalisierte Ordnungszahlen)
- etwas Ähnliches (Nominalisierung), ein ähnliches Thema (Adjektiv, Artikel bezieht sich auf das Nomen)

- beim Schreiben, beim Lesen (Nominalisierung, Signalwort „beim" = bei dem)
- im Einzelnen (Nominalisierung, Signalwort „im"), der Einzelne (Nominalisierung), einzeln (Adjektiv, Adverb)
- der Sechzehnjährige / der 16-Jährige (Nominalisierung), der sechzehnjährige Schüler / der 16-jährige Schüler (Adjektiv, Artikel bezieht sich auf das Nomen)
- die rhetorische Frage (Fremdwort → Wörterbuch, „rhetorische" = Adjektiv, Artikel bezieht sich auf das Nomen)
- zum einen, zum anderen (Die Wörter viel, wenig, [der] eine, [der] andere werden in der Regel mit allen Beugungs- und Steigerungsformen kleingeschrieben.)
- am liebsten, am schönsten, am besten (Superlativ)
- beide, alle beide, wir beide (Pronomen und Zahlwort)
- derselbe, dieselbe, denselben Geschmack (Pronomen)
- das Kennenlernen (Nominalisierung)
- widerspiegeln, widersprechen („wider" im Sinne von „gegen")
- zurzeit, derzeit (Adverb)
- allmählich (Silbenprobe: all | mäh | lich; lang gesprochener Vokal durch Dehnungs-h verdeutlicht), ziemlich (Silbenprobe: ziem | lich; lang gesprochenes i durch ie verdeutlicht)
- die Aggression, aggressiv sein (Fremdwort → Wörterbuch)
- die Pubertät, pubertieren (Fremdwort → Wörterbuch)
- die Kompetenz, kompetent sein (Fremdwort → Wörterbuch)
- Bescheid wissen (der Bescheid = Nomen)
- die Maßnahme (lang gesprochener Vokal; stimmloses s)
- rhythmisch, der Rhythmus (Fremdwort → Wörterbuch)
- intensiv, die Intensität (Fremdwort → Wörterbuch)
- nachmittags, abends, nachts (Zeitangaben auf -s)
- heute Mittag, gestern Abend (zweiteilige Zeitangaben, Adverb klein-, Nomen großgeschrieben)
- am Sonntagmorgen (Nomen, Signalwort „am" = an dem)
- die Voraussetzung, voraussetzen (Silbenprobe: Vo | raus | set | zung oder Vor | aus | set | zung)
- meist, meistens, am meisten (Adjektiv, Adverb)
- interessant, das Interesse, interessiert sein (Fremdwort → Wörterbuch)
- riesig (Ableitungsprobe: der Riese; lang gesprochener Vokal; stimmhaftes s)
- bewusst, das Bewusstsein (Ableitungsprobe: wissen; kurz gesprochener Vokal; stimmloses s)
- ein bisschen (kurz gesprochener Vokal; stimmloses s)
- das Ereignis, die Ereignisse (Endsilbe -nis mit einfachem s; Pluralform mit ss)
- der Anlass, veranlassen, anlässlich (kurz gesprochener Vokal; stimmloses s)
- der Anschluss (kurz gesprochener Vokal; stimmloses s), anschließend (lang gesprochener Vokal; stimmloses s)
- ausschließlich (lang gesprochener Vokal; stimmloses s)
- das Missverständnis, unmissverständlich (kurz gesprochener Vokal; stimmloses s)
- außerdem, außer, außerhalb (Diphthong; stimmloses s)
- allzu viel, allzu sehr, allzu bald (allzu = Adverb)

301

▌S. 247 11.3 Fit in …? – Einstellungstests

▌1 Fremdwörter und Erklärung:

quantitativ – mengenmäßig

akut – augenblicklich, dringend

separat – einzeln, abgesondert

royal – königlich

pragmatisch – auf praktisches Handeln gerichtet, sachbezogen

potenziell – möglich, denkbar

rational – vernunftmäßig, sinnvoll, gut überlegt

loyal – anständig, auch den Gegner respektierend

individuell – einzigartig

akribisch – peinlich genau

rationell – wirtschaftlich, zweckmäßig

▌2 Richtige Schreibweise und Beispielsatz:

A Konkurrenz – Unser Produktangebot sollte anders bzw. besser sein als das der Konkurrenz.

B Entgelt – Als Entgelt wird die Vergütung eines Arbeitnehmers für seine geleistete Arbeit bezeichnet.

C Parallele – Zwei Geraden heißen Parallelen, wenn sie in einer Ebene liegen und sich nirgends schneiden.

D Reparatur – Mein Computer ist kaputt. Ich muss ihn unbedingt zur Reparatur geben.

E Terrasse – Wollen wir uns bei dem schönen Wetter auf die Terrasse setzen?

F Verwandtschaft – Kommt deine Verwandtschaft zu deinem 16. Geburtstag?

G widerlich – Was stinkt denn hier so widerlich?

H sympathisch – Ich finde die Neue in der Klasse wirklich sympathisch.

I voraussichtlich – Voraussichtlich werde ich um 19 Uhr bei dir vorbeikommen.

J Abonnement – Ich habe meiner Mutter zum Geburtstag ein Jahresabonnement ihrer Lieblingszeitschrift geschenkt.

K Standard – Eine Waschmaschine gehört heute zum Standard eines jeden Haushalts.

L Original – Ist dieses Bild eine Kopie oder das Original?

M Ressourcen – Meine Ressourcen sind jetzt erschöpft.

▌3 Mein Computer ist leistungsfähiger als deiner.

Herr Feuchter hat heute ein Gespräch mit einem anstrengenden Kunden.

Das ist Peters Arbeitsplatz.

Ich muss bald Feierabend machen, damit ich mit Julia ins Kino gehen kann.

Wegen des heftigen Regens fällt der Ausflug aus.

▌4 Wegen / Auf Grund des fortschreitenden Klimawandels, der zunehmenden Umweltverschmutzung und der Endlichkeit fossiler Energieträger, die sich erst im Zeitraum von Millionen von Jahren regenerieren, haben vor einigen Jahren viele Länder mit dem intensiven Ausbau der alternativen Energien begonnen. Diese Energieträger stehen unerschöpflich zur Verfügung oder erneuern sich in / innerhalb kurzer Zeit. Neben dem klassischen Bereich Wasserkraft setzt man auch auf Wind-, Sonnen- und Bioenergie und Erdwärme. Erneuerbare Energien emittieren in der Regel deutlich geringere Mengen an klimaschädlichen Treibhausgasen. Trotz dieser Vorteile haben diese Energieträger leider auch gravierende Nachteile.

▌5 **a/b** In Deutschland setzt man heute darauf, (Infinitivkonstruktion mit dem hinweisenden Wörtchen „darauf") Biokraftstoffe **herzustellen,** (Satzgefüge, Relativsatz) deren Grundstoff Getreide oder Ölpflanzen sind. Obwohl der Einsatz von Biosprit noch relativ gering ist, (Satzgefüge) müssen Rohstoffe importiert werden, (Satzreihe) denn wir haben zu wenig Fläche. Dafür werden **Urwälder** für den Anbau von Zuckerrohr oder Ölpalmen **gerodet** – mit zum Teil besorgniserregenden/ Besorgnis erregenden **beziehungsweise fatalen** Folgen für Bewohner und Umwelt. So wird beim **Erzeugen** dieser Energie so viel Kohlendioxid **freigesetzt, dass** (Satzgefüge) die Klimaneutralität nicht mehr gegeben ist. **Des Weiteren** steht die Produktion von Biokraftstoffen häufig in **Konkurrenz** zur Nahrungsmittelherstellung, (Satzreihe) weshalb in einigen Ländern die Grundnahrungsmittel nicht mehr angepflanzt werden und die Preise hierfür drastisch angestiegen sind. Ein großer Teil der Bevölkerung muss deshalb sogar Hunger leiden. Außerdem werden die Pflanzen für Biokraftstoffe nicht **ökologisch** angebaut, (Satzreihe) d. h., es werden teils **synthetische** Dünger, (Aufzählung) gentechnisch verändertes Saatgut und Pestizide mit chemischen **Substanzen** eingesetzt. Dies führt dazu, (Satzgefüge) dass die Gewässer **verseucht** werden. Leider verdienen auch nicht die Kleinbauern am Biokraftstoff, (Satzreihe) sondern die Großunternehmer. Die Arbeitskräfte werden meist ausgebeutet, (Satzgefüge) indem man ihnen einen geringen Lohn zahlt. Zumeist vergeben die Geschäftsführer lediglich **Saisonverträge**, (Infinitivsatz) um sich die Sozialversicherungskosten zu sparen.

Weiteres Übungsmaterial

Deutschbuch Arbeitsheft 10
– Grammatik trainieren
    Exakt und treffend formulieren, S. 76–79
    Sätze abwechslungsreich gestalten und sinnvoll verknüpfen, S. 80–84
    Teste dich! Rund um die Grammatik, S. 85
– Rechtschreibung
    Rechtschreibung und Zeichensetzung trainieren, S. 86
    Regeln kennen, Proben anwenden – Richtig schreiben, S. 86–87
    Fremdwörter verstehen und richtig schreiben, S. 88–89
    Am PC geschriebene Texte überprüfen, S. 90
    Zusammen- und Getrenntschreibung üben, S. 91
    Zeichensetzung beherrschen, S. 92–93
    Richtig zitieren, Zeichen korrekt setzen, S. 94
    Teste dich! Rund um Rechtschreibung und Zeichensetzung, S. 95

Fremdwörter richtig schreiben

1 Findet die Fremdwörter mit den angegebenen Vorsilben. Verwendet eventuell ein Wörterbuch.

Dis-/dis- (ab-, auseinander, miss-, zer-) Streit: _____

Streitgespräch / Meinungsaustausch: _____

Missklang / Unstimmigkeit: _____

Syn-/syn- (gemeinsam, zusammen) gleichzeitig: _____

Wort mit gleicher Bedeutung: _____

Zusammenwirken von Kräften mit gemeinsamem Nutzen: _____

Trans-/trans- (quer, hindurch) verpflanzen (z. B. ein Organ): _____

Beförderung / Lieferung / Versand: _____

durchsichtig: _____

2 Unterstreicht die richtige Schreibweise des Fremdworts.
Schreibt in Klammern die deutsche Entsprechung des Fremdworts.

Die Sielhouette / Sielhuette / Silhouette / Silhuette (_____) des Berges Hasenburg

gilt als Wahrzeichen des Böhmischen Mittelgebirges. Die deutsche Bundeskanzlerin genießt weltweit

große Popularität / Popolarität / Popullarität / Poppularität (_____). Die Dynasty /

Dynastie / Dynasti / Dynnastie (_____) der Wittelsbacher hat Bayern

geprägt und deutsche Geschichte geschrieben. Auf Grund der mangelnden Nachfrage kam es zu

einer Staggnation / Staknation / Stacknation / Stagnation (_____) der Absätze.

3 Ergänzt die Tabelle.

Nomen mit Artikel	Verb	Adjektiv
	diskutieren	
die Tendenz		
	reparieren	
		konstruktiv
das Recycling		
	appellieren	
	integrieren	

Autorin: Anja Zwengauer

Kapitel 11

KV 1

Kopiervorlage

Den Nominalstil in der Gliederung anwenden

1 Streicht unter Gliederungspunkt I die Aspekte durch, die im Verbalstil stehen, und formuliert sie in den Nominalstil um.

2 Formuliert die Aspekte aus dem Wortspeicher in den Nominalstil um und notiert sie an der richtigen Stelle unter Gliederungspunkt II.

> Es wird viel Energie verbraucht • Viele nehmen Alkohol bzw. Drogen zu sich •
> Es werden Gegenstände im näheren Umkreis beschädigt • Es müssen viele Sicherheitsvorkehrungen
> getroffen werden • Es kann zu Gehörschäden kommen • Es liegt nachher überall Müll herum •
> Während des Festivals ist es sehr laut • Es kommt zu Ausschreitungen bzw. Gedränge •
> Es wird oft etwas gestohlen oder zerstört • Es mangelt an Hygiene •
> Man kann nicht abschätzen, ob man Gewinn schreibt

A Auch in unserem Landkreis gibt es einige große Open-Air-Festivals.

B Warum sind diese Festivals gerade bei Jugendlichen so beliebt? Welche negativen

   Begleiterscheinungen sind mit diesen Veranstaltungen verbunden?

   I. Gründe für die Beliebtheit von Open-Air-Festivals

       1. Man vergisst den stressigen Alltag _____

       2. Erlebnis in freier Natur _____

       3. Man erlebt etwas gemeinsam mit anderen _____

       4. Kennenlernen neuer Freunde _____

       5. Man hat Spaß _____

       6. Man kann intensiv Musik genießen _____

   II. Negative Begleiterscheinungen

       1. Für die Umwelt

           a) _____

           b) _____

       2. Für die Anwohner

           a) _____

           b) _____

       3. Für die Veranstalter

           a) _____

           b) _____

       4. Für die Besucher

           a) _____

           b) _____

           c) _____

           d) _____

           e) _____

C Ich werde dieses Jahr zum ersten Mal das Taubertal-Festival besuchen.

Autorin: Anja Zwengauer

Kapitel 11
KV 2

Kopiervorlage

Sätze mit Konjunktionen verknüpfen

1   Ordnet die Konjunktionen aus dem Wortspeicher den unten stehenden Kategorien richtig zu.

> aber • als • anstatt • bevor • da • damit • denn • doch • falls • jedoch • nachdem • obwohl • seitdem • sodass • statt • um … zu • während • weil • wenn • wenn auch • weshalb • weswegen

begründend	bedingend	zeitlich	folgend	beabsichtigend	einräumend	entgegensetzend

2   Setzt im folgenden Argument passende Konjunktionen ein:

Der wohl wichtigste Grund, _____ so viele junge Menschen Open-Air-Festivals

besuchen, ist, _____ man dort intensiv Musik genießen kann. _____ bei diesen

Veranstaltungen fast rund um die Uhr Bands auftreten, kommt jeder Musikfan auf seine Kosten. Bei

den meisten Festivals sind sogar mehrere Bühnen aufgebaut, _____ mancher Festivalbesu-

cher vor der Qual der Wahl steht und gut überlegen muss, welche der Musikgruppen er live sehen

möchte. _____ die Besucher beim Taubertal-Festival in Rothenburg beispielsweise

Rockmusik erwartet, wird beim Summerbreeze Festival in Dinkelsbühl Heavy Metal Musik gespielt.

_____ man also Musikfan ist, ist solch ein Festival eine gute Gelegenheit, viele

verschiedene Bands eines bestimmten Musikgenres spielen zu hören.

3   Das folgende Argument besteht überwiegend aus Hauptsätzen.
Verbindet diese durch Konjunktionen zu Satzreihen und Satzgefügen und schreibt das Argument verbessert in euer Heft.

Es wurden die Gründe für die Beliebtheit von Open-Air-Festivals aufgezeigt. Jetzt werden die negativen Begleiterscheinungen dieser Veranstaltungen erörtert. So wird die Umwelt beeinträchtigt. Viele Menschen hinterlassen auf dem Festivalgelände ihren Müll. Sie machen sich nicht die Mühe, ihren Unrat mit nach Hause zu nehmen. Sie werfen ihn achtlos auf die Wiese. Bei solchen Festivals fühlen sich alle anonym. Niemand fühlt sich für den Müll verantwortlich. Viele Arbeiter werden im Nachhinein benötigt. Auf dem Festivalgelände wird alles an leeren Flaschen, Blechbüchsen, Einwegbesteck usw. eingesammelt. Es ist Folgendes erwiesen: Jeder Festivalbesucher hinterlässt fast 15 Kilo Abfall. Dies lässt erkennen: Die Müllentsorgung ist ein großes Problem bei Festivals.

   Autorin: Anja Zwengauer   Kapitel 11

KV 3

Kopiervorlage

In der Inhaltsangabe und Charakterisierung Wortwiederholungen vermeiden

1   Verbessert die folgende Inhaltsangabe in eurem Heft, indem ihr die Häufung der Konjunktion „dass" vermeidet:

Munnicher, ein Ex-Häftling, beschließt, dass er seinem aus seiner Sicht wertlosen Leben ein Ende setzen will. Deshalb begibt er sich in eine Apotheke und sagt, dass er frei verkäufliches Pflanzengift möchte. Während der Arzneimittelverkäufer das Gift sucht, erfreut es ihn, dass eine Apothekengehilfin seinen Gruß erwidert. Da ihm der zurückkommende Apotheker die Sicht auf das Mädchen versperrt, kommt ihm kurzzeitig in den Sinn, dass er Hustenbonbons bestellen könnte, sodass der Blick frei auf die Angestellte wäre. Stattdessen nimmt er aber sein Gift, geht nach Hause und trinkt das vermeintliche Toxikum. Während er auf das Einsetzen der tödlichen Wirkung wartet, bereut er, dass er sich nicht noch rasiert hat, weil er beim Auffinden seiner Leiche keinen schlechten Eindruck machen möchte. Der Selbstmordversuch scheitert allerdings daran, dass der Apotheker die Suizidgedanken des Mannes durchschaut und ihm deshalb Gurgelwasser statt Gift verkauft hat. Auf die Beschwerde Munnichers erklärt dieser ihm, dass die meisten, denen er in einer ähnlichen Situation kein Gift verkauft habe, im Nachhinein froh darüber gewesen seien, dass er so gehandelt habe, und die Chance ergriffen hätten, ein neues Leben zu beginnen. Nachdem er gespiegelt den Namen der Apotheke Nova Vita, was neues Leben bedeutet, gelesen hat, äußert er den Wunsch, dass er Hustenbonbons kaufen möchte.

2   In der Charakterisierung Munnichers werden häufig die Wörter „Mann" und „Text" verwendet. Streicht diese Wörter durch und schreibt darüber passende Entsprechungen.

Von dem in dem Text genannten Mann ist lediglich dessen Nachname, Munnicher, bekannt. Beim

Lesen des Textes wird deutlich, dass es sich bei dem Mann um einen Ex-Häftling handelt, der eine Haft

von drei Jahren verbüßt hat. Zudem geht aus dem Text hervor, dass der Mann älter ist und herunterge-

kommen wirkt, denn man sieht ihm seine eben genannten Lebensumstände an, zudem trägt er einen

verschlissenen Frack. Außerdem ist anzunehmen, dass der Mann alleine wohnt, da er laut dem Text

nicht befürchtet, dass ihn zu Hause jemand davon abhalten könnte, sich das Leben zu nehmen. Des

Weiteren leidet der Mann unter der für ihn unmenschlichen Gesellschaft und will bei seiner „letzten

Besorgung" mit wenig Menschen in Kontakt kommen, denn er geht extra in eine abgelegene Apotheke.

Auf Grund seines Gefängnisaufenthalts fühlt sich der Mann minderwertig und unsicher. Aus dem Text

wird nämlich ersichtlich, dass sich der Mann beobachtet fühlt, sich wegen eines kleinen, unbedeuten-

den Grußes der Apothekengehilfin freut, sich Gedanken darüber macht, wie er auf die Gesellschaft

wirkt, und dass er über sein Aussehen nachdenkt – selbst während er auf seinen Tod wartet. Nach dem

erfolglosen Selbstmordversuch des Mannes wird am Ende des Textes sein Interesse am eigenen

Leben deutlich. Der Mann wünscht sich folglich einen Neuanfang.

Kopiervorlage

Texte auf Grammatikfehler untersuchen

1 Ergänzt passende Präpositionen und fügt die Wörter in Klammern in der grammatisch richtigen Form ein.

Dorit Linke ist 1971 _____ (die norddeutsche Hanse-

stadt) Rostock geboren und wuchs _____ (die DDR) auf. Sie machte Abitur und war

Leistungssportlerin sowie Rettungsschwimmerin. Den politischen Wandel Ende der 1980er-Jahre

erlebte sie bewusst mit und sie nahm _____

(die Montagsdemonstrationen) teil. Sie studierte Landschaftsplanung in Berlin und wohnte außerdem

einige Zeit in Großbritannien. Heute lebt sie wieder in Berlin. _____ (einige

Jahre) begann sie _____ (das professionelle

Schreiben). _____ (das beliebte Kinderbuch) „Fett Kohle"

wurde _____ ihr _____ Jahr 2015 der Jugendroman „Jenseits der blauen Grenze"

veröffentlicht. _____ (dieser Roman) wurde

sie _____ (die besondere Erzählweise)

_____ (der Deutsche Jugendliteraturpreis) nominiert.

2 **a** Unterstreicht in der folgenden Inhaltsangabe zu „Jenseits der blauen Grenze" alle Grammatik- und Satzbaufehler.

b Schreibt die Inhaltsangabe verbessert in euer Heft.

VORSICHT FEHLER!

Der Roman „Jenseits der blauen Grenze" spielt in den 1980er-Jahren in den DDR und handelt von den Jugendlichen Hanna und Andreas. Sie geraten ins Visier der Staatsmacht. Weil sich die beiden nicht ans System anpassen wollen. Vor allem für Andreas spitzt sich alles zu, sodass er muss die Schule verlassen und wegen seinen rebellischen Verhalten sogar in einen Jugendwerkhof geschickt wird, wo er „umerzogen" werden soll. Als er wieder nach Hause kommt, sieht er in seinen Leben keinen Sinn mehr und überlegt, ob er soll sich umbringen. Doch schließlich fliegt auch Hanna wegen einer unbedachten Aktion ihres Opa von der Schule. Kein Abitur, kein Studium und kein Wunschberuf. Daher schmieden die beiden den Plan, über die Ostsee in die BRD zu fliehen. Da Hanna ist Leistungsschwimmerin. Sie traut sich zu, Andreas mitzuziehen. Damit sie sich nicht verlieren, verbinden sie sich am Handgelenk mit einem kurzem Seil. Die Dramatik ihrer Flucht haben die beiden gründlich unterschätzt und so stolpern sie nicht nur von einen brenzligen Situation in die andere, sondern je länger ihre Flucht dauert, desto wahrscheinlicher wird es, dass sie nicht überleben. Zuerst Gefahr von Booten der DDR-Küstenwache, später sorgen das lebensfeindliche Meer und die zur Neige gehende Vorräte für immer bedrohlichere Situationen. Und als Andreas und Hanna sind in internationalen Gewässern, treffen sie nicht – wie erhofft – auf Boote, die sie aufnehmen kann …

Autorin: Anja Zwengauer

Kapitel 11
KV 5

Kopiervorlage

Eine Schilderung auf Rechtschreibfehler untersuchen (1 von 2)

1 Im ersten Teil der folgenden Schilderung sind viele Wörter falsch geschrieben und es fehlen Kommas.

a Unterstreicht die 20 Rechtschreibfehler.

b Legt in eurem Heft eine Tabelle nach folgendem Muster an und ordnet die korrigierten Wörter richtig zu. Begründet (wenn möglich) in Klammern die jeweilige Schreibweise.

Groß- und Kleinschreibung	Getrennt- und Zusammenschreibung	Sonstiges
		Leseerlebnis (Nachsilbe –nis mit einfachem s, stimmhaft)

c Setzt die zehn fehlenden Kommas.

Leseerlebniss in angenehmer Atmosphäre

Endlich sind Ferien und es ist ein schöner heißer Sommertag. Jetzt ist die perfekte Zeit mit meinem neuen Buch „The Hunger Games" dem Buch „Die Tribute von Panem" auf englisch, anzufangen. Wird das Buch wohl so spannend sein wie das Letzte, das ich gelesen habe? Ich kann es kaum noch erwarten bis ich irgendwo die erste Seite aufschlagen kann.

Voller Vorfreude schnappe ich mir die Lektüre atme bewusst die schwüle Luft ein und mache mich auf die Suche nach einem optimalen Platz zum lesen. Mit einer Decke bewaffnet schlendere ich über unsere Terasse in den angrenzenden Park. Die Steine sind so heiß das meine nackten Füße zu Glühen scheinen. Das kühle Gras kitzelt dann aber an den Fußsohlen. Nach langem Hin und her habe ich einen atemberaubenden Platz gefunden: einen alten Buchenbaum mit einer dichten Krone, die den Baum wie ein schützendes Dach umgibt. Nachdem ich Freude strahlend und mit einem breiten grinsen auf dem Gesicht meine flauschige Decke ausgebreitet habe lasse ich mich räckelnd und aufatmend darauf nieder fallen. Auf der rießigen Decke kann ich mich richtig breitmachen. Dabei schmiege ich mich an den dicken, knorigen Stamm mit seiner Rinde, die so rauh ist, dass es im ersten Moment fast schmerzt. Zwei sonnengelbe Falter fliegen wie zwei Tänzer vor mir. Überall duftet es nach Rosen. Welch ein angenehmer Geruch! Ein zarter, wohltuender Lufthauch streichelt meine Haut und ich spühre, wie sich die Häärchen an meinen Armen kurzzeitig aufstellen. Hier ist es so ruhig und friedlich!

Eine Schilderung auf Rechtschreibfehler untersuchen (2 von 2)

Nur das Zwitschern der Vögel ist zu hören. Das ist der perfekte Platz um in Ruhe zu lesen! Weit und

breit ist niemand zusehen! Ich kann also sicher gehen dass ich hier nicht gestört werde. Ich fühle mich

absulut entspannt. Ehrfürchtig greife ich nach dem Buch und schlage die erste Seite auf die sich noch

ganz steif anfühlt weil das Buch nagelneu ist. Hoffentlich verstehe ich überhaupt alles!

2 Schreibt den zweiten Teil der Schilderung in der korrekten Groß- und Kleinschreibung, Getrennt- und Zusammenschreibung in euer Heft.

ENGLISCHISTJANICHTUNBEDINGTMEINESTÄRKE.DASWÖRTERBUCHHABEICHLEIDERZU

HAUSEVERGESSEN.ICHBLICKEZUMHAUS,DASKILOMETERWEITENTFERNTSCHEINT.NEIN,

ZUMZURÜCKLAUFENBINICHJETZTZUFAUL.SCHONNACHDENERSTENABSÄTZENBINICH

GEFESSELTUNDFIEBERESCHWEISSGEBADETMITDENHAUPTPERSONENMIT.DASIST

JANOCHBESSER,ALSICHDACHTE!DASBUCHZUKAUFENWAREINDEUTIGDIERICHTIGE

ENTSCHEIDUNG.MEINEAUGENFLIEGENBLITZSCHNELLVONWORTZUWORT.

LÄCHELNDDREHEICHMICHAUFMEINERDECKEUMUNDVERTIEFEMICHWEITERINDAS

BUCH.STIRNRUNZELNDUNDHOCHKONZENTRIERTLESEICHEINESEITENACHDERANDEREN.

MITDERZEITVERGESSEICHALLESUMMICHHERUM,DIEWELTVERSCHWIMMTUNDICHT

AUCHEIMMERWEITEREININDIENERVENAUFREIBENDEUNDANGSTEINFLÖSSENDEWELT

VON KATNISS.

AMLIEBSTENWÜRDEICHGARNICHTMEHRAUFHÖRENZULESEN!ICHWILLANDAUERNDWISSEN,

WIEESWEITERGEHT!KÖNNTEICHNURHELLSEHENUNDKÖNNTEDASENDEERAHNEN!ES

WIRDMIRSCHWERFALLEN,MICHVONDERLEKTÜRELOSZUREISSEN.SOMITWIRDESWOHLNOCH

DAUERN,BISICHWIEDERHEIMGEHE!

Kopiervorlage

 Autorin: Anja Zwengauer

Fremdwörter richtig schreiben (KV 1)

Lösungen

1 Disput, Diskussion, Disharmonie
synchron, Synonym, Synergie
transplantieren, Transport, transparent

2 Silhouette (Schattenbild) – Popularität (Bekanntheit, Berühmtheit) – Dynastie (Herrschergeschlecht) –
Stagnation (Stillstand)

3 Ergänzte Tabelle:

Nomen mit Artikel	Verb	Adjektiv
die Diskussion	diskutieren	diskutabel
die Tendenz	tendieren	tendenziell
die Reparatur	reparieren	reparabel
die Konstruktion	konstruieren	konstruktiv
das Recycling	recyceln	recycelbar
der Appell	appellieren	appellativ
die Integration	integrieren	integrativ

✂ --

Den Nominalstil in der Gliederung anwenden (KV 2)

Lösungen

1/2 Gliederung:
A Auch in unserem Landkreis gibt es einige große Open-Air-Festivals.
B Warum sind diese Festivals gerade bei Jugendlichen so beliebt? Welche negativen Begleiterschei-
nungen sind mit diesen Veranstaltungen verbunden?
  I. Gründe für die Beliebtheit von Open-Air-Festivals
    1. Abstand vom Alltag
    2. Erlebnis in freier Natur
    3. Gemeinschaftserlebnis
    4. Kennenlernen neuer Freunde
    5. Spaßfaktor
    6. Intensiver Musikgenuss
  II. Negative Begleiterscheinungen
    1. Für die Umwelt
      a) Müllproblematik
      b) Hoher Energieverbrauch
    2. Für die Anwohner
      a) Lärmbelästigung
      b) Sachbeschädigung
    3. Für die Veranstalter
      a) Hoher Sicherheitsaufwand
      b) Finanzielles Risiko

4. Für die Besucher
    a) Ausschreitungen bzw. Gedränge
    b) Gehörschäden
    c) Mangelnde Hygiene
    d) Diebstahl und Vandalismus
    e) Übermäßiger Alkohol- bzw. Drogenkonsum
C Ich werde dieses Jahr zum ersten Mal das Taubertal-Festival besuchen.

✂ --

Sätze mit Konjunktionen verknüpfen (KV 3)

Lösungen

1 Tabelle:

begründend	bedingend	zeitlich	folgernd	beabsichtigend	einräumend	entgegensetzend
da	falls	als	weshalb	damit	wenn auch	aber
denn	wenn	bevor	weswegen	um … zu	obwohl	anstatt
weil		nachdem	sodass			doch
		seitdem				jedoch
		während				statt
						während

2 Der wohl wichtigste Grund, weshalb / weswegen so viele junge Menschen Open-Air-Festivals besuchen, ist, dass man dort intensiv Musik genießen kann. Da / Weil bei diesen Veranstaltungen fast rund um die Uhr Bands auftreten, kommt jeder Musikfan auf seine Kosten. Bei den meisten Festivals sind sogar mehrere Bühnen aufgebaut, sodass mancher Festivalbesucher vor der Qual der Wahl steht und gut überlegen muss, welche der Musikgruppen er live sehen möchte. Während die Besucher beim Taubertal-Festival in Rothenburg beispielsweise Rockmusik erwartet, wird beim Summerbreeze Festival in Dinkelsbühl Heavy Metal Musik gespielt. Wenn / Falls man also Musikfan ist, ist solch ein Festival eine gute Gelegenheit, viele verschiedene Bands eines bestimmten Musikgenres spielen zu hören.

3 Nachdem die Gründe für die Beliebtheit von Open-Air-Festivals aufgezeigt worden sind, werden jetzt die negativen Begleiterscheinungen dieser Veranstaltungen erörtert. So wird die Umwelt beeinträchtigt, da viele Menschen auf dem Festivalgelände ihren Müll hinterlassen. Sie machen sich nicht die Mühe, ihren Unrat mit nach Hause zu nehmen, sondern werfen ihn achtlos auf die Wiese. Bei solchen Festivals fühlen sich alle anonym, weswegen sich auch niemand für den Müll verantwortlich fühlt. Viele Arbeiter werden im Nachhinein benötigt, um auf dem Festivalgelände leere Flaschen, Blechbüchsen, Einwegbesteck usw. einzusammeln. Es ist erwiesen, dass jeder Festivalbesucher fast 15 Kilo Abfall hinterlässt. Dies lässt erkennen, dass die Müllentsorgung ein großes Problem bei Festivals ist.

✂ --

In der Inhaltsangabe und Charakterisierung Wortwiederholungen vermeiden (KV 4)

Lösungen

1 Munnicher, ein Ex-Häftling, fasst den Entschluss, seinem aus seiner Sicht wertlosen Leben ein Ende zu setzen. Deshalb begibt er sich in eine Apotheke und verlangt frei verkäufliches Pflanzengift. Während der Arzneimittelverkäufer das Gift sucht, erfreut es ihn, dass eine Apothekengehilfin seinen Gruß erwidert. Da ihm der zurückkommende Apotheker die Sicht auf das Mädchen versperrt, kommt ihm kurzzei-

Lösungen

tig in den Sinn, Hustenbonbons zu bestellen, sodass der Blick frei auf die Angestellte wäre. Stattdessen nimmt er aber sein Gift, geht nach Hause und trinkt das vermeintliche Toxikum. Während er auf das Einsetzen der tödlichen Wirkung wartet, bereut er, sich nicht noch rasiert zu haben, weil er beim Auffinden seiner Leiche keinen schlechten Eindruck machen möchte. Der Selbstmordversuch scheitert allerdings, da der Apotheker die Suizidgedanken des Mannes durchschaut und ihm deshalb Gurgelwasser statt Gift verkauft hat. Auf die Beschwerde Munnichers erklärt dieser ihm, die meisten, denen er in einer ähnlichen Situation kein Gift verkauft habe, seien im Nachhinein froh darüber gewesen, dass er so gehandelt habe, und hätten die Chance ergriffen, ein neues Leben zu beginnen. Nachdem er gespiegelt den Namen der Apotheke Nova Vita, was neues Leben bedeutet, gelesen hat, äußert er den Wunsch, Hustenbonbons kaufen zu wollen.

2 Von dem in der Kurzgeschichte genannten Mann ist lediglich dessen Nachname, Munnicher, bekannt. Beim Lesen des Textes wird deutlich, dass es sich bei der Hauptperson um einen Ex-Häftling handelt, der eine Haft von drei Jahren verbüßt hat. Zudem geht aus dem Kontext hervor, dass der Protagonist älter ist und heruntergekommen wirkt, denn man sieht ihm seine eben genannten Lebensumstände an, zudem trägt er einen verschlissenen Frack. Außerdem ist anzunehmen, dass er alleine wohnt, da er nicht befürchtet, dass ihn zu Hause jemand davon abhalten könnte, sich das Leben zu nehmen. Des Weiteren leidet Munnicher unter der für ihn unmenschlichen Gesellschaft und will bei seiner „letzten Besorgung" mit wenig Menschen in Kontakt kommen, denn er geht extra in eine abgelegene Apotheke. Auf Grund seines Gefängnisaufenthalts fühlt sich die Hauptfigur minderwertig und unsicher. Aus dem Text wird nämlich ersichtlich, dass sich der Ex-Häftling beobachtet fühlt, sich wegen eines kleinen, unbedeutenden Grußes der Apothekengehilfin freut, sich Gedanken darüber macht, wie er auf die Gesellschaft wirkt, und dass er über sein Aussehen nachdenkt – selbst während er auf seinen Tod wartet. Nach seinem erfolglosen Selbstmordversuch wird am Ende der Geschichte sein Interesse am eigenen Leben deutlich. Er wünscht sich folglich einen Neuanfang.

✂ - ✂

Texte auf Grammatikfehler untersuchen (KV 5)

Lösungen

1 Dorit Linke ist 1971 in der norddeutschen Hansestadt Rostock geboren und wuchs in der DDR auf. Sie machte Abitur und war Leistungssportlerin sowie Rettungsschwimmerin. Den politischen Wandel Ende der 1980er-Jahre erlebte sie bewusst mit und sie nahm an den Montagsdemonstrationen teil. Sie studierte Landschaftsplanung in Berlin und wohnte außerdem einige Zeit in Großbritannien. Heute lebt sie wieder in Berlin. Vor einigen Jahren begann sie mit dem professionellen Schreiben. Neben dem beliebten Kinderbuch „Fett Kohle" wurde von ihr im Jahr 2015 der Jugendroman „Jenseits der blauen Grenze" veröffentlicht. Mit diesem Roman wurde sie wegen der besonderen Erzählweise für den Deutschen Jugendliteraturpreis nominiert.

2 a/b Der Roman „Jenseits der blauen Grenze" spielt in den 1980er-Jahren in der DDR und handelt von den Jugendlichen Hanna und Andreas. Sie geraten ins Visier der Staatsmacht, weil sich die beiden nicht ans System anpassen wollen. Vor allem für Andreas spitzt sich alles zu, sodass er die Schule verlassen muss und wegen seines rebellischen Verhaltens sogar in einen Jugendwerkhof geschickt wird, wo er „umerzogen" werden soll. Als er wieder nach Hause kommt, sieht er in seinem Leben keinen Sinn mehr und überlegt, ob er sich umbringen soll. Doch schließlich fliegt auch Hanna wegen einer unbedachten Aktion ihres Opas von der Schule. Den zwei Jugendlichen wird das Abitur verwehrt, sie dürfen weder studieren noch ihrem Wunschberuf nachgehen. Daher schmieden die beiden den Plan, über die Ostsee in die BRD zu fliehen. Da Hanna Leistungsschwimmerin ist, traut sie sich zu, Andreas mitzuziehen. Damit sie sich nicht verlieren, verbinden sie sich am Handgelenk mit einem kurzen Seil. Die Dramatik ihrer Flucht haben die beiden gründlich unterschätzt und so stolpern sie nicht nur von einer brenzligen Situation in die andere, sondern je länger ihre Flucht dauert, desto wahrscheinlicher wird es, dass sie nicht überleben. Zuerst droht Gefahr von Booten

der DDR-Küstenwache, später sorgen das lebensfeindliche Meer und die zur Neige gehenden Vorräte für immer bedrohlichere Situationen. Und als Andreas und Hanna in internationalen Gewässern sind, treffen sie nicht – wie erhofft – auf Boote, die sie aufnehmen können …

✂ --

Eine Schilderung auf Rechtschreibfehler untersuchen (KV 6)

Lösungen

1 **b** Groß- und Kleinschreibung:
- Englisch (kann man mit „Was?" erfragen)
- letzte (bezieht sich auf das Nomen „Buch")
- Lesen (Nominalisierung, Signalwort: „zum")
- glühen (kein Signalwort für Nominalisierung)
- Her (Nominalisierung, Signalwort: Adjektiv „langem")
- Grinsen (Nominalisierung, Signalwort: Artikel „einem")

Getrennt- und Zusammenschreibung:
- freudestrahlend (Nomen + Partizip)
- niederfallen (Adverb + Verb, Hauptbetonung liegt auf dem ersten Bestandteil)
- zu sehen (Infinitiv)
- sichergehen (Adjektiv + Verb, übertragene Bedeutung: kein Risiko eingehen)

Sonstiges:
- Leseerlebnis (Nachsilbe -nis mit einfachem s, stimmhaft)
- Terrasse (Fremdwort)
- dass (nicht durch „dies", „dieses" oder „welches" ersetzbar)
- räkelnd (Silbenprobe: rä-kelnd, lang gesprochener Vokal)
- riesigen (stimmhaftes s, Ableitungsprobe: der Riese)
- knorrigen (Silbenprobe: knor | ri | gen, kurz gesprochener Vokal)
- rau
- spüre (Ableitungsprobe: das Gespür)
- Härchen (keine Verdopplung von Umlauten)
- absolut (Fremdwort)

c Leseerlebnis in angenehmer Atmosphäre

Endlich sind Ferien und es ist ein schöner heißer Sommertag. Jetzt ist die perfekte Zeit, mit meinem neuen Buch „The Hunger Games", dem Buch „Die Tribute von Panem" auf Englisch, anzufangen. Wird das Buch wohl so spannend sein wie das letzte, das ich gelesen habe? Ich kann es kaum noch erwarten, bis ich irgendwo die erste Seite aufschlagen kann.

Voller Vorfreude schnappe ich mir die Lektüre, atme bewusst die schwüle Luft ein und mache mich auf die Suche nach einem optimalen Platz zum Lesen. Mit einer Decke bewaffnet schlendere ich über unsere Terrasse in den angrenzenden Park. Die Steine sind so heiß, dass meine nackten Füße zu glühen scheinen. Das kühle Gras kitzelt dann aber an den Fußsohlen. Nach langem Hin und Her habe ich einen atemberaubenden Platz gefunden: einen alten Buchenbaum mit einer dichten Krone, die den Baum wie ein schützendes Dach umgibt. Nachdem ich freudestrahlend und mit einem breiten Grinsen auf dem Gesicht meine flauschige Decke ausgebreitet habe, lasse ich mich räkelnd und aufatmend darauf niederfallen. Auf der riesigen Decke kann ich mich richtig breitmachen. Dabei schmiege ich mich an den dicken, knorrigen Stamm mit seiner Rinde, die so rau ist, dass es im ersten Moment fast schmerzt. Zwei sonnengelbe Falter fliegen wie zwei Tänzer vor mir. Überall duftet es nach Rosen. Welch ein angenehmer Geruch! Ein zarter, wohltuender Lufthauch streichelt meine

Haut und ich spüre, wie sich die Härchen an meinen Armen kurzzeitig aufstellen. Hier ist es so ruhig und friedlich! Nur das Zwitschern der Vögel ist zu hören. Das ist der perfekte Platz, um in Ruhe zu lesen! Weit und breit ist niemand zu sehen! Ich kann also sichergehen, dass ich hier nicht gestört werde. Ich fühle mich absolut entspannt. Ehrfürchtig greife ich nach dem Buch und schlage die erste Seite auf, die sich noch ganz steif anfühlt, weil das Buch nagelneu ist. Hoffentlich verstehe ich überhaupt alles!

2 Englisch ist ja nicht unbedingt meine Stärke. Das Wörterbuch habe ich leider zu Hause / zuhause vergessen. Ich blicke zum Haus, das kilometerweit entfernt scheint. Nein, zum Zurücklaufen bin ich jetzt zu faul. Schon nach den ersten Absätzen bin ich gefesselt und fiebere schweißgebadet mit den Hauptpersonen mit. Das ist ja noch besser, als ich dachte! Das Buch zu kaufen war eindeutig die richtige Entscheidung. Meine Augen fliegen blitzschnell von Wort zu Wort. Lächelnd drehe ich mich auf meiner Decke um und vertiefe mich weiter in das Buch. Stirnrunzelnd und hochkonzentriert lese ich eine Seite nach der anderen. Mit der Zeit vergesse ich alles um mich herum, die Welt verschwimmt und ich tauche immer weiter ein in die nervenaufreibende und angsteinflößende Welt von Katniss.
Am liebsten würde ich gar nicht mehr aufhören zu lesen! Ich will andauernd wissen, wie es weitergeht! Könnte ich nur hellsehen und könnte das Ende erahnen! Es wird mir schwerfallen, mich von der Lektüre loszureißen. Somit wird es wohl noch dauern, bis ich wieder heimgehe!

Lösungen

12 Alles klar? – Die Abschlussprüfung vorbereiten

Konzeption des Gesamtkapitels

Das Kapitel soll Lehrkräfte und Schüler/-innen dabei unterstützen, schon ab dem Beginn des Schuljahres gezielt auf die Anforderungen der Abschlussprüfung im Fach Deutsch hinzuarbeiten. Das Kapitel gibt dazu Hilfestellungen und bietet konkrete Anleitungen.

Das erste Teilkapitel (**„Mach dir einen Plan! – Langfristige Vorbereitung auf die Abschlussprüfung"**) gibt Tipps und Hinweise, wie sich die Schüler/-innen bereits von Beginn des Schuljahres an auf die Abschlussprüfung vorbereiten können. Im Mittelpunkt steht dabei die Erarbeitung eines konkreten Arbeitsplans mit Hilfe eines Kalenders.

Das zweite Teilkapitel (**„Fit für die Prüfung – Prüfungstraining mit Methode"**) bietet fünf bewährte Lernmethoden. An vielen Realschulen wird „Lernen lernen" zwar in der 5. Klasse als Zusatzstunde oder einmaliges Seminar angeboten, doch die meisten Schüler/-innen besinnen sich nicht mehr darauf oder sind der Meinung, die damals erteilten Ratschläge bezögen sich nur auf die Unterstufe. Deshalb erscheint es sinnvoll, einige Lernmethoden im Hinblick auf die Abschlussprüfung zu wiederholen und zu vertiefen.

Im dritten Teilkapitel (**„Endspurt! – Wiederholen und vertiefen"**) erhalten die Schüler/-innen für die unmittelbare Zeit vor der Prüfung und für den Prüfungstag selbst praktische Tipps, die es ihnen ermöglichen, ruhig und gelassen an die Arbeit zu gehen und sich nicht durch Vergesslichkeit und banale Dinge wie falsche Kleidung etc. beeinträchtigen zu lassen und sich unnötigen Stress zu schaffen.

Literaturhinweise

Abschlussprüfung Realschule Bayern – Deutsch. Stark, Freising 2016 (mit Tipps zur Bearbeitung der Aufsatzarten Erörterung und Textgebundener Aufsatz)

Mackowiak, Klaus: Die 101 häufigsten Fehler im Deutschen und wie man sie vermeidet. C. H. Beck, München 2009

Professionell schreiben. Praktische Tipps für alle, die Texte verfassen – Rechtschreibung, Stilmittel, Layout, Arbeitstechniken und vieles mehr. Hg. v. Alexander Goldberg, Franz Prinz, Gerhard Seitfudem. Publicis MCD, Erlangen 1997

www.schuelerzeitung.de (enthält auf die praktische Schülerzeitungsarbeit zugeschnittene Themen, dazu gehören Kapitel zu den Textsorten und Stilmitteln)

Inhalte	Kompetenzen

Die Schülerinnen und Schüler können

– selbstständig einen Arbeitsplan zur Vorbereitung auf die Abschlussprüfung erstellen
– Tipps in ihrer praktische Arbeit anwenden

– Lernmethoden (Lernplakate gestalten, Karteikästen anlegen, Memoryspiele nutzen, Textsorten erkennen, Spickzettel gestalten) für das Prüfungstraining anwenden

– Arbeitsanweisungen verstehen und mit ihnen umgehen
– in Gedanken die Zeit vor der Prüfung und den Prüfungstag selbst durchspielen

Auftaktseite

 a Die Schüler/-innen auf dem Originalfoto von einer Abschlussprüfung wirken angespannt, konzentriert und in ihre Arbeit vertieft. Vermutlich sind einige von ihnen sehr aufgeregt, finden aber im Lauf der Arbeit zur Ruhe.

b Die Stimmung der Zehntklässler kann unterschiedlich sein, weil sich Schüler/-innen vielleicht nicht mit gleichem Einsatz auf die Prüfung vorbereitet haben. Einige sind es vermutlich gewöhnt, gute Noten in den Deutschschulaufgaben zu bekommen, andere wissen, dass sie sich sehr anstrengen müssen, um eine gute oder zufriedenstellende Note zu erreichen.
Auch das „Nervenkostüm" ist bei den Schülerinnen und Schülern unterschiedlich. Manchen machen Stress und Leistungsdruck gar nichts aus, sie steigern sich sogar noch in Prüfungssituationen, andere kommen schwer mit einer Stresssituation zurecht und arbeiten dadurch sogar unter ihren Möglichkeiten.

 a Manche Schüler/-innen sind schon aufgeregt, wenn sie nur daran denken, dass sie in wenigen Monaten ihre Abschlussprüfung schreiben werden, anderen erscheint der kommende Juni noch so weit entfernt, dass sie zu Beginn des Schuljahres gar nicht daran denken. Manche hoffen, dass sie im Schuljahr noch genug lernen werden, um locker an die Prüfung herangehen zu können.

b Wenn man rechtzeitig anfängt, sich auf die Prüfung und ihre Anforderungen einzustellen, dann kann man beruhigt in die Prüfung gehen. Dazu gehört, dass man sich von Anfang an anstrengt, im Unterricht gut aufpasst, sich auch zu den Hefteinträgen zusätzliche Notizen macht, seine Hausaufgaben zuverlässig erledigt, die Schulaufgaben gründlich verbessert, um aus seinen Fehlern zu lernen.

Siehe hierzu auch die **Folie** „Gefühle und Stimmungen beschreiben".

12.1 Mach dir einen Plan! – Langfristige Vorbereitung auf die Abschlussprüfung

 Die Lehrkraft im Fach Deutsch sollte kontrollieren, ob sich die Schüler/-innen einen Arbeitsplan gemacht haben. Sie könnte auch mit ihnen einen Kalender ausfüllen und gemeinsam die Termine eintragen lassen, die alle betreffen. Persönliche Termine können dann noch selbstständig vermerkt werden.

Schulaufgabentermine und Termine für die Referate könnten schon frühzeitig festgelegt werden. Eine Absprache mit den Lehrkräften der anderen Prüfungsfächer kann vermeiden, dass sich Schulaufgaben in bestimmten Wochen häufen.

Auch das Heft, das sich die Schüler/-innen anlegen sollen, um ihre Hauptfehler einzutragen, sollte von der Lehrkraft wenigstens einmal eingesammelt werden. Erfahrungsgemäß machen manche auch in Verbesserungen wieder Fehler. Die Lehrkraft kann durch eine Korrektur dieses Heftes vermeiden, dass sich die Schüler Falsches einprägen.

Auch die Kontrolle der Hausaufgaben ist in der 10. Klasse noch sehr wichtig.

Die in diesem Abschnitt empfohlenen Lerngruppen kann man auch im Deutschunterricht arbeiten lassen, nicht nur in der Freizeit der Schüler/-innen. So hat die Lehrkraft Gelegenheit, die Gruppenarbeit zu begleiten und Tipps für Arbeitsabläufe zu geben.

An der Pinnwand im Klassenzimmer können die Schüler/-innen – jeweils sortiert – Beispiele für Textsorten aus der Zeitung anheften, z. B. Reportagen, Glossen, Kommentare, Leserbriefe.

Die letzte Deutschschulaufgabe sollte als Generalprobe für die Abschlussprüfung dienen. Günstig ist, wenn die Lehrkraft die Schüler/-innen dazu anhält, sich während der Schulaufgabe auf einem Zettel zu notieren, wie lange sie für welchen Arbeitsschritt gebraucht haben. Dann können sie anschließend überlegen, für welchen Teil sie zu viel Zeit verwendet haben und wofür sie bei der Prüfung mehr Zeit veranschlagen sollten. So können sich die Schüler/-innen für die Prüfung schon eine grobe persönliche Zeiteinteilung machen, die ihnen hilft, mit der Arbeitszeit auszukommen, auch nicht zu früh fertig zu werden und damit Zeit zu verschenken.

Die Schüler/-innen könnten auch dazu angehalten werden, Themen, die sie in einer Schulaufgabe nicht gewählt haben, selbstständig auf freiwilliger Basis zu bearbeiten.

12.2 Fit für die Prüfung – Prüfungstraining mit Methode

║S. 253 Methoden zum Lernen

║S. 253 Lernplakate gestalten

1 Es hat sich bewährt, eine Sammelbestellung für Plakate zu machen. Nicht alle Schüler/-innen haben ein Schreibwarengeschäft in der Nähe und reden sich darauf gern heraus, wenn sie noch keine Plakate angeschafft haben. Außerdem ist eine Sammelbestellung meist kostengünstiger.

Die Schüler/-innen können die Plakate in der Schule oder zu Hause gestalten und miteinander vergleichen. Auf dem PC könnten die Tabellen besonders übersichtlich gestaltet werden, Einträge lassen sich dann auch handschriftlich vornehmen.

a Mögliche Tabelle zu den literarischen Textsorten:

Literarische Textsorten				
Textsorte	**Kurzgeschichte**	**Parabel**	**Satirischer Text**	**Romanausschnitt**
Definition	„short story" aus dem Amerikanischen, in Deutschland vor allem nach dem Zweiten Weltkrieg („Trümmerliteratur")	„parabola" aus dem Lateinischen = Gleichnis (vgl. Mathematik: Formel für eine Kurve)	„satira" aus dem Lateinischen, eine Spott-dichtung	„Roman" aus dem Französischen, längere Textsorte in Prosa
Merkmale	Unvermittelter Beginn mitten ins Geschehen, meist alltägliche Personen und Handlung, allerdings in einer besonderen Situation, Ausschnitt aus dem Leben, erzählte Zeit nur wenige Minuten oder Stunden, keine Nebenhandlung, auf eine Pointe, einen Wendepunkt ausgerichtet, offener Schluss, Themen: Probleme der Zeit, Ziel: oft Erschütterung des Lesers	Eine epische Kleinform; eine kurze, lehrhafte Textsorte, die durch den Leser entschlüsselt werden muss; eine Geschichte, die sich auf eine eigentlich gemeinte Situation übertragen lässt. (2 Ebenen: vorder-gründige Bildebene und Sachebene) Mehrere Schlüsse und Deutungen sind „erlaubt". Themen: gesell-schaftlich, religiös, politisch	Eine kritische und belehrende Textsorte; Zustände oder Missstände werden in überspitzter und verspottender Form themati-siert, dem Leser wird ein Spiegel vorgehalten, er soll sein Verhalten überdenken und womöglich ändern.	Der Romanauszug wird meist vom Anfang des Romans oder von einer wichtigen Passage gewählt. In der Angabe erhält man genauere Hinweise zum Thema, zum Autor, zur Hauptperson. Es ist nicht nötig, dass man den Roman bereits kennt.

Stil	Häufig Ich-Erzähler, auch Dialekt und Umgangssprache, einfache Sprache, wörtliche Reden, oft ohne Anführungszeichen, Metaphern, Vergleiche, Dingsymbole, Farbsymbole	Sehr bildhaft, Metaphern, Vergleiche, Allegorien und Personifikationen werden eingesetzt.	Meist witzig, übertrieben, spöttisch, frech, kritisch, amüsant, parodistisch, lebendig, bringt auch Vergleiche, Metaphern, Personifikationen	Der Stil kann nicht allgemein beschrieben werden, er hängt vom jeweiligen Romanautor ab. Meist werden Romanauszüge von aktuellen Jugendbüchern gewählt.
Beispiele	…	…	…	…

Unter „Beispiele" sollten Titel aufgeführt sein, welche die Schüler/-innen gelesen und im Unterricht oder zu Hause bearbeitet haben.

b Mögliche Tabelle zu den Sachtexten:

Sachtexte					
Textsorte	Bericht	Kommentar	Interview	Reportage	Glosse
Definition	sachlicher, informativer Text, der auf die W-Fragen antwortet	meinungsbildender, appellativer Text	Stellen vorbereiteter Fragen an eine Person	Bericht eines Reporters, der am Ort eines Geschehens war und den Leser daran teilhaben lässt	**wit**ziger, auch polemischer Text, verwandt mit der Satire
Merkmale	Im Vergleich zur Nachricht enthält er weitere Informationen zum Vorgang, auch Hintergrundinformationen, Vorgeschichte und Folgen.	dient dem Leser zur Meinungsbildung, beleuchtet meist ein Thema von zwei Seiten, bringt die Meinung des Autors zum Ausdruck.	Es gibt Interviews zur Person und zur Sache. Der Autor gibt Fragen und Antworten wörtlich wieder oder formuliert einen zusammenhängenden Text.	Wie ein Film aufgebaut, mit verschiedenen Kameraeinstellungen: Zoom, Totale, Nah; eingebaute Interviews, Hintergründe, Meinungen	weist auf Missstände hin, ist aber nicht sachlich geschrieben, regt zum Nachdenken an.
Stil	sachlich, klar, ohne Wertung, Einschätzungen und Kommentare	sachlich, auch appellativ, meist anspruchsvoll, Hochsprache	hängt vom Interviewten ab bzw. vom Redakteur, außerdem vom Thema (ernst, sachlich oder auch individuell und witzig)	lebendig, anschaulich, spannend, abwechslungsreich	witzig, polemisch, übertrieben, nicht ernsthaft, bringt Beispiele, auch Neologismen und Metaphern werden oft verwendet
Beispiele	…	…	…	…	…

Beispiele sollten die Schüler/-innen aus aktuellen Tages- und Wochenzeitungen ausschneiden. Eine (anspruchsvolle) Glosse findet man täglich auf der ersten Seite der Süddeutschen Zeitung als „Streiflicht".

S. 253 Karteikästen anlegen

Auch hier wäre es sehr sinnvoll, wenn die Karteikarten von der Lehrkraft in einer Sammelbestellung angeschafft werden könnten, damit jeder Schüler / jede Schülerin damit ausgerüstet ist. Karteikästen müssen nicht unbedingt gekauft werden, denn sie sind relativ teuer. Man kann auch CD-Boxen oder einfache Schachteln verwenden.

Auf den Karteikarten sollen die Schüler/-innen ihre eigenen Fehler vermerken und sich dann die richtige Schreibweise einprägen. Im Unterricht kann man allerdings auch einige Wörter, die von den Schülerinnen und Schülern häufig falsch geschrieben werden, eintragen. Diese Wörter können sich die Schüler/-innen auch gegenseitig diktieren und dann verbessern.

Zu den Wörtern, die häufig falsch geschrieben werden, siehe S. 246 im Schülerbuch (S. 300 f. in diesen Handreichungen).

Auf den Karteikärtchen können die Schüler/-innen auch Grammatikprobleme vermerken, z. B. die richtige Verwendung des Genitivs:

Achtung: Genitiv!
Nach „wegen" folgt der Genitiv:
    wegen des schlechten Wetters
    wegen seines guten Konzentrationsvermögens
    wegen seines schlechten Gewissens
Nach bestimmten Verben steht ebenfalls der Genitiv:
    Er erbarmte sich seines Banknachbarn und ließ ihn abschreiben.
    Die Lehrkraft verdächtigte ihn des Unterschleifs, weil er einen Spicker hatte.
    Sie beschuldigte ihn des Betrugs.

Auch die Unterscheidung von *das* und *dass* bereitet vielen Schülerinnen und Schülern der 10. Klassen noch Schwierigkeiten:

***das* oder *dass*?**
das als <u>Artikel</u>: <u>das</u> Buch
das als <u>Demonstrativpronomen</u>: <u>Das</u> ist aber schön! <u>Das</u> dort gefällt mir!
das als <u>Relativpronomen</u>: Das Buch, <u>das</u> du mir geliehen hast, ist sehr spannend.
das kann ersetzt werden durch *welches, jenes, dies*.
dass ist eine Konjunktion (ein Bindewort) und kann durch kein anderes Wort ersetzt werden.

Übungen zur Rechtschreibung bietet die **Kopiervorlage 1**.

S. 254 Memory zu rhetorischen Mitteln

4 Richtige Zuordnung:

Stilmittel	Beispiel
Anapher	Ich mag nicht mehr. Ich bin erledigt. Ich gehe. *Ich kam. Ich sah. Ich siegte.*
Vergleich	Sie schwimmt wie ein Fisch. *Er singt wie ein Zeisig.* *Er fährt wie ein Rennfahrer.* *Sie weint wie ein Schlosshund.*

Metapher	Er hinterlässt eine riesige Lücke in der Klasse. *Sie ist unser Sonnenschein.* *Er verschlingt Bücher.*
Euphemismus	Mein Hund ist nicht dick, er ist nur gut genährt. *Gottesacker* *das Zeitliche segnen* *vollschlank*
Hyperbel	Nach der Hausaufgabe war ich todmüde. *Sie weint sich die Augen aus.* *Sie schwimmt in einem Meer von Tränen* (auch Metapher).
Neologismus	Der Handyvertrag ist eine App-Zocke. *RTL ist verjaucht und vergottschalkt.* *Geschichte wird verknoppt.* (Anspielung auf die Sendungen von Guido Knopp)
Ellipse	Ständig unterwegs. *Dauernd besetzt.* *Dumm gelaufen.* *Pech gehabt.*
Parenthese	Ihr seid – das muss einmal gesagt werden – eine außergewöhnliche Klasse. *Ich finde, und das ist wirklich nicht übertrieben, dass du heute blendend aussiehst.*
Personifikation	Die Sonne lacht. *Die Tür weinte.* (Borchert: Die drei dunklen Könige)
rhetorische Frage	Wer ist schon perfekt? *Was will man da noch sagen?*
Alliteration	Milch macht müde Männer munter. *Über Stock und Stein* *Kinder, Küche, Kirche*

Neue Bespiele für das Memoryspiel (Aufgabe 3b) sind *kursiv* gedruckt.
Siehe hierzu auch die **Folie** „Beispiele für Stilmittel finden".

Die Schüler/-innen können weitere Beispiele suchen zu Fachausdrücken aus dem medizinischen (Infusion, Defibrillator, stabile Seitenlage, Intensivstation, Blutdruckmessgerät, Kreislauf), technischen und dem sportlichen Bereich, aus der Computersprache (downloaden, App, Speicherkapazität, Gigabite, iPhone, iPad, surfen), der Jäger- (Waidmannsheil, Treibjagd, Strecke legen, Spürhund, Fährte aufnehmen, Hochsitz, ein Reh aufbrechen, Blattschuss) und der Fischersprache (Petri Heil, Haken, Schwimmer, Blinker, Fliegenfischen), der Schifffahrt (Knoten, Lot, Sextant) usw.

Wichtig ist auch, auf die Wirkung der Stilmittel einzugehen. Diese Einschätzung muss sich aber genau auf den Inhalt des vorliegenden Textes beziehen.

– Euphemismen werden verwendet, um niemanden zu verletzen, um nicht zu krass zu formulieren. Eine dicke Dame wird als „vollschlank" oder „mollig" freundlicher beschrieben.
– Werden rhetorische Fragen gestellt, so wird der Leser miteinbezogen und zum Nachdenken angeregt. Im TGA wird auch erklärt, worüber er nachdenken soll.
– Ellipsen drücken oft Hetze, Nervosität oder Aufregung aus.
– Mit der Verwendung von treffenden Fremdwörtern oder Fachausdrücken wird ein Text anspruchsvoller, er wirkt in bestimmten Fällen wissenschaftlich, der Autor beweist Fachwissen und Kompetenz.

- Wörtliche Reden wirken lebendig, anschaulich und lassen auf die Stimmung oder auf den Charakter des Sprechers schließen.
- Ironie trägt dazu bei, dass ein Text witzig, unterhaltsam wirkt und den Leser zum Schmunzeln oder Lachen bringt. Das gilt auch meist für Hyperbeln.
- Wiederholungen verstärken die Aussage, sind einprägsam, nachhaltig.
- Metaphern wirken bildhaft, veranschaulichen und verstärken die Beschreibung einer Person oder einer Situation.
- Neologismen beschreiben aktuelle Erfindungen oder Situationen, wirken oft witzig und überraschend, beleben den Text, regen zum Nachdenken oder auch zum Schmunzeln an.

 Textsorten erkennen

5 c Zuordnung der Textsorten:
- Textausschnitt 1: Anfang einer Kurzgeschichte von Harald Grill
  Es gibt einen Ich-Erzähler. Dieser ist vermutlich noch ein Kind, denn es erzählt vom Schuhkauf, dass die Verkäuferin in einen dunklen Kasten schaut und dass es hinterher ein Lurchi-Heft bekommt. Lurchi, ein Feuersalamander, war ein Held, der braune Stiefel trug. Das Heft wurde früher in den Schuhgeschäften an Kinder verteilt.
  Das Wort „brav" wird wiederholt, das ist eine für das Kind wichtige Eigenschaft. Wenn es brav ist, hat es Vorteile. Der erste Satz ist sehr lang und typisch für ein Kind, das ohne Punkt und Komma einfach so dahinerzählt. Dieser erste Satz springt mitten ins Geschehen. Der Leser erfährt nicht, wie die Person heißt, wie alt sie ist, ob es sich um einen Jungen oder um ein Mädchen handelt. Auch der Ort wird nicht erwähnt. Im Lauf des Textes muss sich der Leser alles erschließen und auch „zwischen den Zeilen lesen".
- Textausschnitt 2: Satirischer Text
  Der Leser wird unmittelbar miteinbezogen und direkt angesprochen. Es finden sich Ellipsen, welche die Aufregung und Hektik des Erzählers zeigen. Hyperbeln verstärken die Situation des Autors, der mit der Überflutung durch die moderne Technik nur schwer zurechtkommt. Metaphern veranschaulichen das Geschilderte bildhaft („fließen […] gurgelnd E-Mails hinein").
- Textausschnitt 3: Glosse („Streiflicht") aus der Süddeutschen Zeitung
  Der Stil ist witzig, übertrieben, ironisch, geht ins Makabre. Komisches und Brutales werden nebeneinandergestellt. Ein Euphemismus („da hat er nicht gut ausgesehen, der kleine Mann") verstärkt die Erzählung ins Groteske. Anspielungen, z. B. „der Adi" schlägt mit dem Maßkrug auf den Kopf des Kleineren oder dass es ausgerechnet „acht Metzger" sind, die „ungefragt" am Tisch sitzen, weisen auch auf eine Glosse hin. Die Brutalität und Rücksichtslosigkeit mancher Menschen wird angeprangert.
- Textausschnitt 4: Anfang einer Reportage aus einer Schülerzeitung
  Die Redakteure reagierten auf einen Zeitungsartikel, in dem Kritik an einem Tierheim geäußert wurde. Ein Team besuchte das Heim, interviewte mehrere Pfleger und die Leiterin des Heims und machte sich ein Bild von den Zuständen im Tierheim.
  Der Beginn spricht alle Sinne an und ist anschaulich. Die Redakteure schreiben, was sie gehört und gesehen haben: Hundegebell, Eselsgeschrei, lebhafte Hunde, die Klingel, schließlich die Leiterin des Tierheims und die Reaktion der Tiere auf ihr Erscheinen.
  Vermutlich folgen dann ein Interview mit der Frau und eine Beschreibung der Tierhaltung in diesem Heim. Die Redakteure stellen sich und ihren Lesern gleich zu Beginn die Frage, ob die Tiere hier gut untergebracht sind. Dieser Frage wollen sie mit ihrer Reportage nachgehen.

Spickzettel als nützliches Geschenk oder zum Tauschen

 Das Spickzettelschreiben kann auch als Hausaufgabe erledigt werden, für die sich die Schüler/-innen gründlich Gedanken machen sollen, was wichtig ist und was sie sich vielleicht nicht so gut merken können.

Eine weitere Übungsmöglichkeit, die den Schülern Spaß macht, ist das **Tempospiel**. Die Schüler/-innen suchen im Duden nach Wörtern, deren Schreibung Probleme bereiten könnte. Die Wörter sollten aber nicht so ausgefallen sein, dass ihre Verwendung ziemlich unwahrscheinlich ist.

Ein Spieler nennt das Wort, die anderen versuchen es so schnell wie möglich im Duden zu finden. Wer es zuerst gefunden hat und die Schreibung erklären kann, bekommt einen Punkt. Dabei kommt jeder reihum zum Zug und darf ein schwieriges Wort nennen.

Dieses Spiel ist sehr nützlich, denn manche Schüler/-innen verwenden den Duden bei Schulaufgaben und bei der Abschlussprüfung nicht. Sie brauchen zu lang, um das Wort zu finden, weil sie darin keine Übung haben. Das Alphabet sollte bei allen unbedingt „sitzen". Außerdem sollen die Schüler/-innen immer wieder erkennen, wie viele Informationen (Trennung, Pluralbildung, Bedeutung) sie dem Duden entnehmen können.

Problemwörter könnten z. B. sein: kompromissbereit, alkoholisiert, Zigarettenkonsum, Nummerierung, Stresssituation, Schwarzweißmalerei, im Nachhinein, Balletttänzerin, Aggressivität, Dritte Welt, Rotes Kreuz, für Groß und Klein.

Man kann auch Aufgaben zur Worttrennung, zur Pluralbildung oder zum Genitiv stellen.

Ratespiele sind bei vielen Schülerinnen und Schülern beliebt und regen ihre Kreativität an. Durch ein Spiel kann man sich z. B. die Sprachebenen (Hochsprache, Standardsprache, Umgangssprache, Dialekt, Jugendsprache, Fachsprache) klarmachen.

Jeder Mitspieler (Gruppenarbeit) wählt ein Thema, z. B. Fasching, Speisen, Getränke, Social Media, Wetter. Jeder denkt sich zu jeder Sprachebene einen Satz aus und notiert ihn auf einem Blatt. Im Anschluss liest jeder Teilnehmer abwechselnd seinen Mitspielern einen Satz vor. Diese müssen so schnell wie möglich die Sprachebene bestimmen und notieren (oder schnell sagen).

Beispiel: Thema „Fasching"

Es bereitet ihm immer wieder ein großes Vergnügen, sich in der Karnevalszeit in Gesellschaft von anderen Menschen zu amüsieren. – Hoch- oder Standardsprache

Der Unsinnige Donnerstag wird bestimmt saucool heuer. Es sind wieder krasse Partys angesagt. – Uumgangs- oder Jugendsprache

Am 11. 11. beginnt jedes Jahr die Faschingszeit, die in den ersten Wochen des neuen Jahres ihren Höhepunkt erreicht. – Standardsprache

Jedes Jahr im Fasching hamma mia a rechte Gaudi. Auf de gfrei i mi scho gscheit! – Dialekt

Am Rhein arbeiten Karnevalsgesellschaften das ganze Jahr über an der Organisation der Events; Elferräte, Festkomitees und Faschingsregierungen werden gewählt, Büttenredner eingeladen … – Fach- oder Standardsprache

Wir latschen natürlich im Fasching nicht mit normalen Klamotten rum. – Umgangssprache

Wegen des übermäßigen Alkoholkonsums steigt die Zahl der Straftaten und Unfälle während der Karnevalszeit auffallend an. – Standardsprache

Die alljährlichen Veranstaltungen ziehen zahlreiche Schaulustige an, die solche Spektakel gerne miterleben möchten. – Standardsprache

Bei der nächsten Faschingsparty werde ich mich in ein chillig-peppiges Erdbeeroutfit werfen. – Jugendsprache

Zu einer weiteren Lernmethode siehe die **Kopiervorlage 2** („Sinnvolles Markieren trainieren").

12.3 Endspurt! – Wiederholen und vertiefen

S. 256 Was wird erwartet? – Arbeitsanweisungen richtig umsetzen

1 **a/b** Die Schüler/-innen können Beispiele aus ihren Schul- und Hausaufgaben suchen, aber auch in Vorbereitungsbüchern auf die Abschlussprüfung Beispiele finden.

2 Mögliche weiterführende Aufgaben zum Thema „Fremdsprachen":
- Schreiben Sie einen Artikel für die Schülerzeitung, in dem Sie die Schülerinnen und Schüler der 6. Klasse davon zu überzeugen versuchen, dass sie sich für das Wahlpflichtfach Französisch entscheiden sollen.
- Schreiben Sie eine Bewerbung an eine Firma, die einige Zweigstellen im Ausland hat, und verweisen Sie dabei besonders auf Ihre Sprachkenntnisse.
- Schildern Sie einen Traum, in dem Sie plötzlich alle fremden Sprachen verstehen, und was Sie dabei erleben.
- Führen Sie mindestens drei Argumente aus, die dafür sprechen, moderne Fremdsprachen zu erlernen.

Die Rechtschreibung üben

1 Schreibt den folgenden Text in euer Heft und ergänzt den richtigen s-Laut (s, ss oder ß):

Da??? uns unsere Abschlu???prüfung keine Angst macht, da??? ist doch klar. Schlie???lich bereiten wir uns gut darauf vor. Da??? Übungsbeispiel, da??? uns am meisten nützt, notieren wir uns auf einem Karteikärtchen, da??? wir in eine Schachtel stecken. Da??? da??? wirkungsvoll ist, da??? ist wi???enschaftlich bewie???en. Auch für da??? Fach Deutsch kann man viel tun, um seine Note zu verbe???ern. Natürlich freuen wir uns, da??? bald der ganze Stre??? vorbei sein wird. Wir hoffen, da??? wir alle so gut wie möglich abschneiden. Da??? Gute ist, da??? man durch die mündliche Prüfung noch eine Möglichkeit hat, die be???ere Jahresfortgangsnote zu bestätigen, falls man in der schriftlichen Prüfung zum Beispiel da??? Erörterungsthema, da??? man gewählt hat, verfehlt. Au???erdem kommt da??? gar nicht so häufig vor.

Aber da??? ist alles nicht so schlimm, denn: „Die Hauptsache ist, da??? man gesund ist!" – Da??? sagt meine Oma immer.

2 Schreibt den folgenden Text in euer Heft und ergänzt die richtigen Kasusformen:

Was die Lebensweisheiten meine??? Oma betrifft, so sind dies??? sehr vielfältig. Eine davon ist: „Tue recht und scheue niemand???!" Der Satz „Wer einmal lügt, de??? glaubt man nicht – und wenn er auch die Wahrheit spricht!" hat mich als kleine??? Junge??? schon sehr zu??? Nachdenken gebracht. „Wer ander??? eine Grube gräbt, fällt selbst hinein!" bewahrheitet sich bestimmt auch in viel??? Fälle???. Wenn ich mit meine??? ältere??? Bruder streite, dann ergreift meine Oma nicht Partei für eine??? von uns beide???, sondern sie weist jede??? in sein??? Schranken, denn sie meint, dass jede??? sein??? Teil zum vermeidbar??? Streit beigetragen hat. Mit eine??? freundliche??? Lächeln bringt sie uns immer wieder dazu, dass wir uns ein??? Bessere??? besinnen. Man sollte sich sowieso immer de??? Schwächer??? erbarmen. Das sage ich auch manchmal zu meine??? stark??? Bruder. Aber meistens verstehe ich mich mit meine??? zwei Geschwistern sehr gut und jede??? von uns versucht, de??? andere??? zu helfen, wenn sie Probleme haben. Meist sind wir wirklich recht nett zueinander. Meine Oma hat uns eingetrichtert: „Was du nicht willst, das man dir tu, das füg auch kein??? ander??? zu!"

Kopiervorlage

Autorin: Franziska Klingelhöfer

Sinnvolles Markieren trainieren

Es ist eine große Arbeitserleichterung, einen Text sinnvoll zu markieren. Ihr braucht den Text dann nicht immer wieder im Ganzen zu lesen. Verwendet ihr mehrere unterschiedliche Farben, um inhaltliche und sprachliche Auffälligkeiten hervorzuheben, spart ihr viel Zeit. Wichtiges könnt ihr auch einkreisen, unterstreichen und mit Pfeilen sowie Randnotizen versehen. Dabei verwendet ihr immer die gleichen Abkürzungen. Markiert nicht zu viel, aber auch nicht zu wenig!
An dem folgenden Beispiel könnt ihr üben:

Katryn Forbes: **Mamas Bankkonto**

Jeden Samstagabend setzte sich Mama an den gescheuerten Küchen-

tisch, zog ihre sonst so glatte Stirn in Falten und ging daran, von dem

Geld, das Papa in einem kleinen Briefumschlag heimgebracht hatte,

verschiedene Häufchen abzuteilen. „Für den Hauswirt", sagte Mama

und schichtete die großen Silberstücke übereinander. „Für den Kauf-

mann." Ein zweites Häufchen. „Für Karins Schuhe zu besohlen." Mama

zählte kleines Silber auf den Tisch. „Der Lehrer sagt, dass ich diese

Woche ein Schreibheft brauche." Das kam von Dagmar oder Kristin

oder Nels oder mir, und Mama sonderte feierlich ein Fünfer- oder Zeh-

nerstück ab und legte es beiseite. Wir sahen mit atemloser Spannung

zu, wie der Haufen sich verminderte. Zuletzt fragte Papa: „Ist das

alles?", und wenn Mama nickte, konnten wir aufatmen und zu den

Schulbüchern oder zur Handarbeit greifen, indes sie aufblickte und

lächelnd sagte: „Ist gut, wir brauchen nicht auf die Bank zu gehen."

Es war eine wundervolle Sache, dieses Bankkonto von Mama. Wir

waren alle stolz darauf. Es gab uns ein warmes, sicheres Gefühl. Nie-

mand sonst, den wir kannten, besaß Geld auf der großen Bank in der

Stadt.

Katryn Forbes: Mamas Bankkonto. Deutsche Buch-Gemeinschaft, Berlin 1962, S. 5–10 (gekürzt)

Autorin: Franziska Klingelhöfer

Kapitel 12
KV 2

Kopiervorlage

Die Rechtschreibung üben (KV 1)

Lösungen

1 Dass uns unsere Abschlussprüfung keine Angst macht, das ist doch klar. Schließlich bereiten wir uns gut darauf vor. Das Übungsbeispiel, das uns am meisten nützt, notieren wir uns auf einem Karteikärtchen, das wir in eine Schachtel stecken. Dass das wirkungsvoll ist, das ist wissenschaftlich bewiesen. Auch für das Fach Deutsch kann man viel tun, um seine Note zu verbessern. Natürlich freuen wir uns, dass bald der ganze Stress vorbei sein wird. Wir hoffen, dass wir alle so gut wie möglich abschneiden. Das Gute ist, dass man durch die mündliche Prüfung noch eine Möglichkeit hat, die bessere Jahresfortgangsnote zu bestätigen, falls man in der schriftlichen Prüfung zum Beispiel das Erörterungsthema, das man gewählt hat, verfehlt. Außerdem kommt das gar nicht so häufig vor.
Aber das ist alles nicht so schlimm, denn: „Die Hauptsache ist, dass man gesund ist!" – Das sagt meine Oma immer.

2 Was die Lebensweisheiten meiner Oma betrifft, so sind diese sehr vielfältig. Eine davon ist: „Tue recht und scheue niemanden!" Der Satz „Wer einmal lügt, dem glaubt man nicht – und wenn er auch die Wahrheit spricht!" hat mich als kleinen Jungen schon sehr zum Nachdenken gebracht. „Wer anderen eine Grube gräbt, fällt selbst hinein!" bewahrheitet sich bestimmt auch in vielen Fällen. Wenn ich mit meinem älteren Bruder streite, dann ergreift meine Oma nicht Partei für einen von uns beiden, sondern sie weist jeden in seine Schranken, denn sie meint, dass jeder seinen Teil zum vermeidbaren Streit beigetragen hat. Mit einem freundlichen Lächeln bringt sie uns immer wieder dazu, dass wir uns eines Besseren besinnen. Man sollte sich sowieso immer des Schwächeren / der Schwächeren erbarmen. Das sage ich auch manchmal zu meinem starken Bruder. Aber meistens verstehe ich mich mit meinen zwei Geschwistern sehr gut und jedes von uns versucht, den anderen zu helfen, wenn sie Probleme haben. Meist sind wir wirklich recht nett zueinander. Meine Oma hat uns eingetrichtert: „Was du nicht willst, das man dir tu, das füg auch keinem anderen zu!"

Sinnvolles Markieren trainieren (KV 2)

Lösung

Kathryn Forbes: **Mamas Bankkonto**

Jeden Samstagabend setzte sich Mama an den ==gescheuerten== Küchentisch, zog ihre sonst so ==glatte== Stirn in Falten und ging daran, von dem Geld, das Papa in einem kleinen Briefumschlag heimgebracht hatte, verschiedene Häufchen abzuteilen. ==„Für den Hauswirt"==, sagte Mama und schichtete die großen Silberstücke übereinander. ==„Für den Kaufmann." Ein zweites Häufchen. „Für Karins Schuhe zu besohlen."== Mama zählte kleines Silber auf den Tisch. „Der Lehrer sagt, dass ich diese Woche ein Schreibheft brauche." Das kam von ==Dagmar oder Kristin oder Nels oder mir==, und Mama sonderte feierlich ein Fünfer- oder Zehnerstück ab und legte es beiseite. Wir sahen mit ==atemloser== Spannung zu, wie der Haufen sich verminderte. Zuletzt fragte Papa: „Ist das alles?", und wenn Mama nickte, konnten wir aufatmen und zu den Schulbüchern oder zur Handarbeit greifen, indes sie aufblickte und lächelnd sagte: „Ist gut, wir brauchen nicht auf die Bank zu gehen." Es war eine wundervolle Sache, dieses Bankkonto von Mama. ==Wir waren alle stolz darauf. Es gab uns ein warmes, sicheres Gefühl.== Niemand sonst, den wir kannten, besaß Geld auf der großen Bank in der Stadt.	_Satzgefüge_, <u>Adj.</u> _Adj._ _wörtl. Rede_ _Ellipse_, <u>Sb!, Wdh.</u> (Für …) _5 Kinder!_ _Adj._ _Satzgefüge_ <u>Ich-Erzähler</u> <u>einf. HS</u>

Schulwochen (Datum)	Kapitel/Abschnitt Zeitaufwand (Richtwert)	Kompetenzbereiche	Anmerkungen
	1 Ob im Beruf oder privat – Angemessen kommunizieren		
	1.1 Mündliche Gesprächsformen – Alltagssituationen sprachlich meistern S. 14–19 ca. 3–5 Std.	**Sprechen und zuhören** • sprachliche und außersprachliche Mittel situationsangemessen anwenden • Alltagssituationen sprachlich bewältigen, z. B. Smalltalk, Vermittlungsgespräch, Gespräche mit Vorgesetzten	
	1.2 Der Ton macht die Musik – Situationsangemessen kommunizieren S. 20–24 ca. 3–5 Std.	**Schreiben** • argumentative und appellative Schreibformen weiterentwickeln, z. B. Leserbrief, Beschwerde, Anfrage, Aufruf • standardisierte Schreiben verfassen, v. a. Geschäftsbrief • persönliche Schreiben zu besonderen Anlässen verfassen und gestalten, z. B. Einladung, Gratulation, Genesungswünsche, Kondolenzschreiben	
	1.3 Fit in …? – Einen Beschwerdebrief verfassen S. 25–26 ca. 3–4 Std.	**Schreiben** • argumentative und appellative Schreibformen weiterentwickeln, z. B. Leserbrief, Beschwerde, Anfrage, Aufruf • Schreibabsicht, Adressatenbezug, Sprachrichtigkeit, Verständlichkeit und äußere Form berücksichtigen	
	2 Leben in Digitalien – Soziale Medien analysieren und diskutieren		
	2.1 Fremd und nah – Soziale Medien untersuchen S. 28–33 ca. 3–5 Std.	**Mit Texten und Medien umgehen** • Inhalt und wesentliche Merkmale von Texten selbstständig erschließen • Einflüsse der Medien auf den Einzelnen und die Gesellschaft erkennen **Schreiben** • die Ergebnisse einer Texterschließung zusammenhängend darstellen und sich mit dem Textinhalt auseinandersetzen • komplexere Sachverhalte und Probleme aus dem eigenen Erfahrungsbereich erörtern und werten • argumentative und appellative Schreibformen weiterentwickeln, z. B. Leserbrief, Aufruf	

Schulwochen (Datum)	Kapitel/Abschnitt Zeitaufwand (Richtwert)	Kompetenzbereiche	Anmerkungen
	2.2 Der Preis der Daten – Diskussionsrunden durchführen S. 34–40 ca. 5–7 Std.	**Sprechen und zuhören** • eigene Gedanken deutlich artikulieren • sprachliche und außersprachliche Mittel situationsangemessen anwenden • anderen auch über einen längeren Zeitraum konzentriert zuhören • zum Gehörten Fragen stellen und Stellung nehmen • Informationen aufnehmen und differenziert verarbeiten, z. B. für die Zusammenfassung von Diskussionsergebnissen, für ein Protokoll, für Argumentationen • mit Argumenten für etwas eintreten • zu Sachverhalten oder Problemen begründet Stellung nehmen • Diskussionsregeln und Argumentationstechniken weitgehend sicher anwenden • eine Diskussion vorbereiten, durchführen und leiten: sich auf eine Diskussion thematisch und strategisch vorbereiten, eine strittige Position oder/und einen vorgegebenen Standpunkt in Diskussionen vertreten, die Gesprächsleitung bei Diskussionen übernehmen; verbale Gewalt vermeiden	
	2.3 Projekt – Foren und Blogs präsentieren S. 41–42 ca. 3–4 Std.	**Sprache untersuchen und grammatische Strukturen beherrschen** • vielfältige Einflüsse auf die Sprachentwicklung an Beispielen untersuchen und kritisch bewerten • die Bedeutung und soziokulturelle Aufgabe der Dialekte kennen und die Verwendungsmöglichkeiten beurteilen	
	3 Der Weg ist das Ziel? – Erörtern		
	3.1 Spielsucht? – Ein Thema erörtern S. 44–55 ca. 8–12 Std.	**Schreiben** • komplexere Sachverhalte und Probleme aus dem eigenen Erfahrungsbereich erörtern und werten • argumentative Schreibformen weiterentwickeln: Erörterung • Schreibabsicht, Adressatenbezug, Sprachrichtigkeit, Verständlichkeit und äußere Form berücksichtigen	
	3.2 Auf und davon – Erörterungen mit Material schreiben S. 56–64 ca. 7–9 Std.	**Schreiben** • argumentative Schreibformen weiterentwickeln: Erörterung • Schreibabsicht, Adressatenbezug, Sprachrichtigkeit, Verständlichkeit und äußere Form berücksichtigen **Mit Texten und Medien umgehen** • Lesetechnik verfeinern • Methoden der Texterschließung an Sachtexten sicher anwenden • Inhalt und wesentliche Merkmale von Texten selbstständig erschließen	

Schulwochen (Datum)	Kapitel/Abschnitt Zeitaufwand (Richtwert)	Kompetenzbereiche	Anmerkungen
	3.3 Fit in ...? – Eine zweigliedrige Erörterung verfassen S. 65–66 ca. 2–3 Std.	**Schreiben** • argumentative Schreibformen weiterentwickeln: Erörterung • Schreibabsicht, Adressatenbezug, Sprachrichtigkeit, Verständlichkeit und äußere Form berücksichtigen	
	4 Scharfe Zunge, spitze Feder – Satire und Satirisches		
	4.1 Skurrile Verhaltensweisen aufs Korn nehmen – Parodie und Kabarett S. 68–77 ca. 5–7 Std.	**Mit Texten und Medien umgehen** • Methoden der Texterschließung an Sachtexten und literarischen Texten sicher anwenden • Merkmale einer Satire beschreiben	
	4.2 Satirische Texte in einem TGA beschreiben S. 78–83 ca. 3–5 Std.	**Mit Texten und Medien umgehen** • Merkmale einer Satire beschreiben **Schreiben** • die Ergebnisse einer Texterschließung zusammenhängend darstellen und sich mit dem Textinhalt auseinandersetzen	
	4.3 Fit in ...? – Einen satirischen Text in einem TGA beschreiben S. 84–88 ca. 1–2 Std.	**Mit Texten und Medien umgehen** • Inhalt und wesentliche Merkmale von Texten selbstständig erschließen • Merkmale einer Satire beschreiben **Schreiben** • die Ergebnisse einer Texterschließung zusammenhängend darstellen und sich mit dem Textinhalt auseinandersetzen	
	5 Gesagtes, Gemeintes, Gedachtes – Literarische Kurzformen erschließen		
	5.1 Und was ist mit mir? – Klassische Kurzgeschichten erschließen S. 90–99 ca. 4–6 Std.	**Mit Texten und Medien umgehen** • Inhalt und wesentliche Merkmale von Texten selbstständig erschließen • sich mit weiteren Beispielen literarischer Kurzformen beschäftigen, v. a. Kurzgeschichte, Erzählung • Werke z. B. von Franz Kafka, Bertolt Brecht und mindestens einer weiteren Autorin oder einem weiteren Autor der Gegenwart in Auszügen und Inhaltszusammenfassungen oder als Ganzschriften lesen	

Schulwochen (Datum)	Kapitel/Abschnitt Zeitaufwand (Richtwert)	Kompetenzbereiche	Anmerkungen
	5.2 Ungesagt: Das interessante Gegenüber – Mit literarischen Kurzformen arbeiten S. 100–107 ca. 3–5 Std.	**Mit Texten und Medien umgehen** • Inhalt und wesentliche Merkmale von Texten selbstständig erschließen • sich mit weiteren Beispielen literarischer Kurzformen beschäftigen, v. a. Kurzgeschichte, Erzählung • Werke z. B. von Franz Kafka, Bertolt Brecht und mindestens einer weiteren Autorin oder einem weiteren Autor der Gegenwart in Auszügen und Inhaltszusammenfassungen oder als Ganzschriften lesen	
	5.3 Fit in ...? – Einen TGA zu einer Kurzgeschichte schreiben S. 108–110 ca. 2–3 Std.	**Schreiben** • die Ergebnisse einer Texterschließung zusammenhängend darstellen und sich mit dem Textinhalt auseinandersetzen **Mit Texten und Medien umgehen** • Methoden der Texterschließung an literarischen Texten sicher anwenden • Inhalt und wesentliche Merkmale von Texten selbstständig erschließen	
	6 Jung sein in verschiedenen Zeiten – Romanauszüge erschließen		
	6.1 Jugend im 20. Jahrhundert – Erzähltexte untersuchen S. 112–122 ca. 8–12 Std.	**Mit Texten und Medien umgehen** • sich mit weiteren Beispielen literarischer Kurzformen beschäftigen, v. a. Gedichte unterschiedlichen Inhalts und unterschiedlicher Form, Kurzgeschichte, Erzählung • Werke z. B. von Franz Kafka, Bertolt Brecht und mindestens einer weiteren Autorin oder einem weiteren Autor der Gegenwart in Auszügen und Inhaltszusammenfassungen oder als Ganzschriften lesen • deutsche Literatur-Nobelpreisträger: Hermann Hesse, Thomas Mann, Heinrich Böll und Günter Grass	
	6.2 Liebe und Leidenschaft – Moderne Romanauszüge erschließen S. 123–132 ca. 3–4 Std.	**Mit Texten und Medien umgehen** • Werke z. B. von Franz Kafka, Bertolt Brecht und mindestens einer weiteren Autorin oder einem weiteren Autor der Gegenwart in Auszügen und Inhaltszusammenfassungen oder als Ganzschriften lesen • unterschiedliche literarische Aussagen zu einem Thema oder Problem, möglichst auch zum pädagogischen Leitthema, vergleichen	
	6.3 Fit in ...? – Eine weiterführende kreative Schreibaufgabe zu einem Romanauszug verfassen S. 133–136 ca. 2–3 Std.	**Mit Texten und Medien umgehen** • Inhalt und wesentliche Merkmale von Texten selbstständig erschließen • Werke z. B. von Franz Kafka, Bertolt Brecht und mindestens einer weiteren Autorin oder einem weiteren Autor der Gegenwart in Auszügen und Inhaltszusammenfassungen oder als Ganzschriften lesen • den kreativen Umgang mit literarischen Texten weiterentwickeln **Schreiben** • kreativ mit Texten umgehen • Texte nach literarischen Vorbildern gestalten (hier: Innerer Monolog)	

Schulwochen (Datum)	Kapitel/Abschnitt (Richtwert)	Kompetenzbereiche	Anmerkungen
	7 Zeit für Lyrik – Gedichte als Ausdruck ihrer Zeit		
	7.1 Vom Impressionismus zum Expressionismus – Lyrik Ende des 19. und Anfang des 20. Jahrhunderts S. 138–145 ca. 6–9 Std.	**Mit Texten und Medien umgehen** • Werke z. B. von Franz Kafka, Bertolt Brecht und mindestens einer weiteren Autorin oder einem weiteren Autor der Gegenwart in Auszügen und Inhaltszusammenfassungen oder als Ganzschriften lesen • sich mit weiteren Beispielen literarischer Kurzformen beschäftigen, v. a. Gedichte unterschiedlichen Inhalts • Beispiele aus der Lyrik des 20. Jahrhunderts bis zur Gegenwart (z. B. expressionistische Lyrik), motivgleiche Lyrik aus verschiedenen Jahrhunderten • literarische Texte gestaltend vortragen **Sprechen und zuhören** • Texte für einen Vortrag aufbereiten und vortragen, v. a. Gedichte	
	7.2 „… flög ich zu dir!" – Liebeslyrik aus mehreren Jahrhunderten S. 146–152 ca. 5–7 Std.	**Mit Texten und Medien umgehen** • unterschiedliche literarische Aussagen zu einem Thema oder Problem, möglichst auch zum pädagogischen Leitthema, vergleichen • Beispiele aus der Lyrik des 20. Jahrhunderts bis zur Gegenwart (z. B. expressionistische Lyrik), motivgleiche Lyrik aus verschiedenen Jahrhunderten	
	7.3 Gedichte kreativ präsentieren S. 153–154 ca. 5–6 Std.	**Mit Texten und Medien umgehen** • Inhalt und wesentliche Merkmale von Texten selbstständig erschließen • sich mit weiteren Beispielen literarischer Kurzformen beschäftigen, v. a. Gedichte unterschiedlichen Inhalts • literarische Texte gestaltend vortragen **Sprechen und zuhören** • Texte für einen Vortrag aufbereiten und vortragen, v. a. Gedichte	
	8 Verboten, verschlungen, vermarktet – Einblicke in die Literatur des 20. Jahrhunderts und der Gegenwart		
	8.1 Leben und Überleben fern der Heimat – Die deutsche Exilliteratur von 1933 bis 1945 S. 156–165 ca. 5–8 Std.	**Mit Texten und Medien umgehen** • Inhalt und wesentliche Merkmale von Texten selbstständig erschließen • Werke z. B. von Franz Kafka, Bertolt Brecht und mindestens einer weiteren Autorin oder einem weiteren Autor der Gegenwart in Auszügen und Inhaltszusammenfassungen oder als Ganzschriften lesen • unterschiedliche literarische Aussagen zu einem Thema oder Problem, möglichst auch zum pädagogischen Leitthema, vergleichen	

Schulwochen (Datum)	Kapitel/Abschnitt Zeitaufwand (Richtwert)	Kompetenzbereiche	Anmerkungen
	8.2 Jugendliche und junge Erwachsene in der Literatur seit 1945 bis zur Gegenwart S. 166–176 ca. 4–6 Std.	**Mit Texten und Medien umgehen** • Inhalt und wesentliche Merkmale von Texten selbstständig erschließen • Werke z. B. von Franz Kafka, Bertolt Brecht und mindestens einer weiteren Autorin oder einem weiteren Autor der Gegenwart in Auszügen und Inhaltszusammenfassungen oder als Ganzschriften lesen • unterschiedliche literarische Aussagen zu einem Thema oder Problem, möglichst auch zum pädagogischen Leitthema, vergleichen	
	8.3 Projekt: Den literarischen Markt veranschaulichen S. 177–180 ca. 3–5 Std.	**Mit Texten und Medien umgehen** • Inhalt und wesentliche Merkmale von Texten selbstständig erschließen • zeitgenössische Bestseller, auch von ausländischen Autorinnen und Autoren, vorstellen, den literarischen Markt und seine Mechanismen hinterfragen und über Gründe für Erfolge sprechen	
	9 Was wirklich zählt – Journalistische Texte erschließen		
	9.1 Cybermobbing – Journalistische Texte in einem TGA beschreiben S. 182–193 ca. 5–8 Std.	**Mit Texten und Medien umgehen** • Methoden der Texterschließung an Sachtexten sicher anwenden • unterschiedliche journalistische Textsorten vergleichen, v. a. Reportage, Kommentar, Glosse • argumentative und appellative Schreibformen weiterentwickeln, z. B. Leserbrief, Beschwerde, Anfrage, Aufruf **Schreiben** • die Ergebnisse einer Texterschließung zusammenhängend darstellen und sich mit dem Textinhalt auseinandersetzen	
	9.2 Zeit, das Richtige zu tun – Weiterführende Schreibaufgaben im TGA unterscheiden S. 194–200 ca. 5–8 Std.	**Mit Texten und Medien umgehen** • Methoden der Texterschließung an Sachtexten sicher anwenden • unterschiedliche journalistische Textsorten vergleichen, v. a. Reportage, Kommentar, Glosse **Schreiben** • die Ergebnisse einer Texterschließung zusammenhängend darstellen und sich mit dem Textinhalt auseinandersetzen • argumentative und appellative Schreibformen weiterentwickeln, z. B. Leserbrief, Beschwerde, Anfrage, Aufruf	
	9.3 Fit in …? – Eine Reportage in einem TGA beschreiben S. 201–206 ca. 2 Std.	**Schreiben** • die Ergebnisse einer Texterschließung zusammenhängend darstellen und sich mit dem Textinhalt auseinandersetzen	

Schulwochen (Datum)	Kapitel/Abschnitt Zeitaufwand (Richtwert)	Kompetenzbereiche	Anmerkungen
	10 Wenn Eltern schwierig werden – Glossen lesen und verstehen		
	10.1 Darauf hat die Welt gewartet – Eine Glosse in einem TGA beschreiben S. 208–219 ca. 7–10 Std.	**Mit Texten und Medien umgehen** • sich kritisch zu Texten äußern, z. B. zu Inhalt, Sprache, Aufmachung • unterschiedliche journalistische Textsorten vergleichen, v. a. Reportage, Kommentar, Glosse **Schreiben** • die Ergebnisse einer Texterschließung zusammenhängend darstellen und sich mit dem Textinhalt auseinandersetzen	
	10.2 Erziehen, aber wie? – Weiterführende Schreibaufgaben im TGA bearbeiten S. 220–222 ca. 6–9 Std.	**Mit Texten und Medien umgehen** • Inhalt und wesentliche Merkmale von Texten selbstständig erschließen • unterschiedliche journalistische Textsorten vergleichen, v. a. Reportage, Kommentar, Glosse **Schreiben** • die Ergebnisse einer Texterschließung zusammenhängend darstellen und sich mit dem Textinhalt auseinandersetzen • argumentative und appellative Schreibformen weiterentwickeln, z. B. Leserbrief, Beschwerde, Anfrage, Aufruf	
	10.3 Fit in …? – Eine Glosse in einem TGA beschreiben S. 223–226 ca. 2 Std.	**Mit Texten und Medien umgehen** • unterschiedliche journalistische Textsorten vergleichen, v. a. Reportage, Kommentar, Glosse **Schreiben** • die Ergebnisse einer Texterschließung zusammenhängend darstellen und sich mit dem Textinhalt auseinandersetzen	
	11 Grammatiktraining		
	11.1 Vielfalt und Wandel der Sprache S. 228–236 ca. 4–6 Std.	**Sprache untersuchen und grammatische Strukturen beherrschen** • vielfältige Einflüsse auf die Sprachentwicklung an Beispielen untersuchen und kritisch bewerten • bestimmte Sprachentwicklungen hinterfragen, z. B. Euphemismen, Neubildungen • die Bedeutung und soziokulturelle Aufgabe der Dialekte kennen und die Verwendungsmöglichkeiten beurteilen • die Funktion von Fachsprachen erkennen und bewerten	

Schulwochen (Datum)	Kapitel/Abschnitt Zeitaufwand (Richtwert)	Kompetenzbereiche	Anmerkungen
	11.2 Aufsätze überarbeiten – Schwerpunkt: Grammatik und Rechtschreibung S. 237–246 ca. 3–4 Std.	**Sprache untersuchen und grammatische Strukturen beherrschen** • Zusammenhänge mit der Rechtschreibung und Zeichensetzung beherrschen • syntaktische Strukturen zweckmäßig verwenden, z. B. Sätze sinnvoll verknüpfen, Schachtelsätze auflösen • das Sprachgefühl und die Sprachsicherheit weiterentwickeln und sichern **Schreiben** • Kenntnisse in Rechtschreibung und Zeichensetzung vertiefen und verfeinern • individuelle Fehlerschwerpunkte korrigieren und richtige Schreibung üben • Fehler selbstständig erkennen und verbessern	
	11.3 Fit in …? – Einstellungstests S. 247–248 ca. 3–4 Std.	**Sprache untersuchen und grammatische Strukturen beherrschen** • den verfügbaren Fremdwortschatz und Fachbegriffe situations- und sachbezogen einsetzen • Zusammenhänge mit der Rechtschreibung und Zeichensetzung beherrschen • syntaktische Strukturen zweckmäßig verwenden, z. B. Sätze sinnvoll verknüpfen	
	12 Alles klar? – Die Abschlussprüfung vorbereiten		
	12.1 Mach dir einen Plan! – Langfristige Vorbereitung auf die Abschlussprüfung S. 250–252 ca. 4–6 Std.	**Sprache untersuchen und grammatische Strukturen beherrschen** • Zusammenhänge mit der Rechtschreibung und Zeichensetzung beherrschen • syntaktische Strukturen zweckmäßig verwenden, z. B. Sätze sinnvoll verknüpfen **Schreiben** • Kenntnisse in Rechtschreibung und Zeichensetzung vertiefen und verfeinern • individuelle Fehlerschwerpunkte korrigieren und richtige Schreibung üben • Fehler selbstständig erkennen und verbessern	
	12.2 Fit für die Prüfung – Prüfungstraining mit Methode S. 253–255 ca. 3–4 Std.	**Sprache untersuchen und grammatische Strukturen beherrschen** • den verfügbaren Fremdwortschatz und Fachbegriffe situations- und sachbezogen einsetzen **Mit Texten und Medien umgehen** • Methoden der Texterschließung an Sachtexten und literarischen Texten sicher anwenden • Merkmale einer Satire beschreiben • unterschiedliche journalistische Textsorten vergleichen, v. a. Reportage, Kommentar, Glosse	
	12.3 Endspurt! – Wiederholen und Vertiefen S. 256–258 ca. 1–2 Std.		